존경하는 은사님께 이 책을 바칩니다.

故 조 성 식 교수님

1922.9.2 — 2009.12.23
전 고려대학교 명예교수
전 학술원 회원

의사소통을 위한
새로운영문법해설

3

『의사소통을 위한 새로운영문법해설』전 4권
Communicative Approaches to
a New English Grammar

의사소통을 위한

새로운영문법해설

3

고 경 환

한국문화사

2020

서문

『의사소통을 위한 새로운영문법해설』전 4권을 펴내면서

All grammars leak. — E. Sapir (1884-1939)
   [완벽한 문법이란 존재하지 않는다.]
The natural condition of a language is to preserve one form for one meaning, and one meaning for one form.
— D. Bolinger (1907-1992). 1977. *Meaning and Form*.
   [한 언어의 자연스러운 상황은 하나의 뜻에는 하나의 형태가, 그리고 하나의 형태에는 하나의 뜻이 존재한다는 점이다.]

| 1. 영문법의 필요성 | 2. 언어는 심상의 표현 | 3. 학자들의 문법관 |
| 4. 문법 기술의 방향 | 5. 맺음말 | |

1. 영문법의 필요성

영어의 중요성은 아무리 강조해도 지나치지 않다. 적어도 현재 전 세계의 80% 이상의 각종 정보들이 영어를 매개로 하여 전달되고 있으며, 유럽 여러 나라에서 이루어지는 상거래 활동의 거의 절반 정도가 영어로 이루어지며, 절반 이상의 과학 기술 분야의 각종 정기 간행물이 영어로 발행되어 나오고 있다. 또한 한 언어를 모국어로 사용하는 모국어 인구수로 보면 중국어와 인도어가 각각 1, 2위를 차지하겠지만, 영어가 사용되는 '지리적 분포'로 보면 단연코 영어가 '세계어'(global language)라고 부르기에 조금도 손색이 없다고 말할 수 있다.

"언어는 규칙의 지배를 받는"(Language is rule-governed) 의사전달의 수단이기 때문에 듣기·말하기·읽기·쓰기 능력을 향상시켜 장차 영어를 필요로 하는 전문인이 되려고 한다면 의사소통에 절대 필요한 올바른 영문법 지식을 갖추는 것이 무엇보다도 중요하다고 하겠다. 물론 우리가 언어를 처음 배우는 어린이들처럼 영어를 모국어로 사용하는 사회에서 저절로 배워 생활화하는 경우라면 굳이 영문법을 익히지 않더라도 '무의식적으로' 영어를 쉽게 습득(acquisition)할 수 있겠지만, 적어도 현재로서는 우리가 "외국어로서 영어"를 가장 빠르게 습득하는 길은 곧 **"문법을 통한 영어 학습"**이라고 감히 말하고 싶다.

문법을 통한 영어 학습에 있어서 가장 큰 문제는 영어 교육 담당자는 물론이고, 영어 학습자들이 한결같이 영문법을 "딱딱하다"고 생각하고, 영문법을 가까이 하지 않으려는 경향이 있다는 점이다. 그렇지만 영문법은 딱딱하다고 생각될 정도로 무미건조한 내용을 담고 있는 것은 결코 아니다. 실제로 문제가 되는 것은 영문법이 딱딱하게 느껴지는 것이 아니라, 영문법을 대하는 사람들의 선입견 때문에 마음 자체가 굳어져 있어서 영문법이라고 하면 무엇보다도 먼저 마음의 문을 굳게 닫아버리는 경향이 있다는 점이다. 이것이 바로 영어 교육과 영어 학습에 커다란 장애 요인이 아닐 수 없다.

2. 언어는 심상의 표현

무엇보다도 언어는 인간의 심상을 표현(representation of mental images)하는 것이다. 즉, 언어행위는 A라는 사람의 뇌리에서 어떤 한 생각이 이루어지고 이러한 생각이 말이나 글이라는 표현 형식을 빌려 B라는 사람에게 전달되는 작용이다. 그러므로 생각이 말이나 글로 전달될 때, 언어 사용자들 각자의 생각이 다를 수 있고, 또한 어떤 한 사람의 똑같은 생각일지라도 마음속에 내재된 심리적 상황이 달라지면 이와 동시에 표현도 달라져야 한다. 일찍이 D. Bolinger (1907-1992)는 **"생각이 다르면 표현이 다르다."** 라고 자신의 저서 *Meaning and Form* (1977)에서 말하였다. 그럼에도 불구하고 우리는 It's time **to do something**.과 It's time **you did something**.이라는 두 개의 문장이 하나의 생각을 두 가지 표현, 즉 풀어쓰기(paraphrase)라는 형식을 빌려 나타낸 것으로 생각하고 있으며(→ 11.10.2 참조), "우리 아버지 내일 한국에 오십니다." 라는 말을 다음과 같은 문장에 들어 있는 어떤 동사를 사용해서 표현하더라도 같은 내용을 전달하는 것으로 잘못 이해하는 경향이 있다. 현재 시중에 나와 있는 영문법 책에서는 단순히 미래를 나타낼 때에는 다음과 같은 표현을 사용한다고 되어 있을 뿐, 담겨진 뜻의 차이에 대해서는 아무런 설명이 없다(→ 6.6 참조).

Father *will come* to Korea tomorrow.
Father *comes* to Korea tomorrow.

Father *is **coming*** to Korea tomorrow.
Father *is **going to*** come to Korea tomorrow.
Father *is **to come*** to Korea tomorrow.

사실상 이 문장들은 모두 말하는 사람의 마음에 떠오른 서로 다른 심상을 반영한 것이다. 이처럼 마음속에 떠오르는 서로 다른 생각을 담고 있는 문장을 모두 같다고 하여 마음속에 떠오르는 생각에 관계없이 어떤 것이라도 사용하려고 하는 것은 서울에 가고자 하는 사람이 서울에 가까운 어느 한 도시에 이르렀을 때 서울에 다 왔다고 하는 것과 무엇이 다르다고 하겠는가!

3. 학자들의 문법관

흔히 세간에서는 과거 중·고등학교에서 6년 동안 영어 교육을 받았지만 소위 문법을 통한 번역 위주의 교육으로 말미암아 영어를 제대로 못한다고 하여 영어 교육을 망친 주범으로 문법이 무슨 대역죄를 저지른 것처럼 선전하고 있는 것을 보면 참으로 한심스럽다는 생각이 앞선다. 과거의 "문법—번역식" 방법이 영어 교육을 망친 주범이라기보다는 오히려 그릇된 문법 지식이 영어 교육과 학습에 동원된 것이 더 큰 원인이었다고 하는 것이 필자의 일관된 생각이다. **문법을 안다는 것 — 이것은 곧 우리가 어떤 언어를 알고 있다는 것이다. 다시 말하자면, 이것은 언어에 대한 지식을 갖고 있다는 뜻이고, 언어 지식은 곧 언어 능력(linguistic competence)을 뜻하는 것이다. 문법·언어능력·언어지식 — 이 세 가지는 표현만 다를 뿐 모두 같은 말이다.** 그리고 언어능력은 듣고, 말하고, 읽고, 쓸 수 있는 능력이라는 말이다. 문법을 모르면서 어떻게 제대로 회화를 하고, 글을 올바르게 읽어서 이해하고, 글을 올바르게 쓸 수 있다고 하겠는가? 소위 구구법을 모르는 학생이 예컨대 34×65 등 갖가지 곱셈 문제에 대한 답을 말할 수 있겠는가? '문법을 안다는 것은 구구법을 아는 것'과 조금도 다를 바가 없다고 단언하고 싶다.

사실 이 땅에 영어 교육이 시작된지도 100년이 훌쩍 넘었으며, 그동안 영어 교육이 이루어지면서 이제 와서 우리나라의 영어 교육을 망친 주범이 "문법—번역식" 교육의 탓이라고 하여 '문법 위주에서 회화 중심 영어 교육으로' 방향을 전환하여 교육이 이루어지고 있다. 이렇게 하면 이 땅의 영어 교육이 정상화된다고 장담할 수 있을까? 필자는 결코 그렇지 않다고 거듭 확신한다.

이제 영문법의 중요성을 강조한 몇몇 학자들의 견해를 살펴보기로 한다. 문용 서울대학교 명예교수께서는 『고급영문법해설 (2008)』 제3 개정판 서문에서 다음과 같이 말하고 있다.

> "... 일상적인 '듣기'와 '말하기'에 한정된 경우라면 몰라도, 다음과 같은 경우 영어 학습에서 차지하는 영문법의 자리는 절대적이다.
> 1) 학습자의 나이가 고등학교나 대학교에 진학할 나이 이상인 경우
> 2) 학습자가 현재 고등교육을 받고 있거나 받은 경우
> 3) 학습자가 일상체의 차원을 넘어서 격식이 높은 영어를 습득하려는 경우
> 4) 학습자가 일상적인 의사소통의 차원을 넘어 전문적인 업무 수행에 영어를 필요로 하는 경우
> 5) 수준이 높은 '읽기'나 '쓰기'의 기능에 능통하려는 경우"

구학관 전 홍익대학교 교수께서는 『영어유감 (1997)』의 머리말에서 다음과 같이 말하고 있다.

> "**英文法** 영어공부에서 문법의 중요성은 새삼 강조할 필요가 없다. 모든 언어 표현의 틀은 문법규칙에 의하여 결정될 뿐만 아니라, 정확한 문법규칙을 모르면 언어를 정확하게 이해하고 사용할 수 없기 때문이다. 그러나 불행하게도 많은 사람들은 문법이 필요 없다고 생각하거나 자신은 이미 많은 문법을 알고 있다고 생각한다. 이들이 알고 있는 문법은 실제로 언어를 사용하고 이해하는 데 별 도움이 안된다는 것이 문제인 것이다."

또한 뉴욕 주립대학교 영어교육과 하광호 교수께서는 『영어의 바다에 헤엄쳐라 (1996: 235-236)』에서 다음과 같이 말하고 있다.

> **"문법 네 놈 때문에 망했다?**
> 미국에서 한국 신문을 본 일이 있는데 이런 큰 제목이 눈에 들어왔다.
> '문법 위주의 교육에서 회화 위주로'
> 내용인즉슨 지금까지 학교에서의 영어교육을 문법 위주로 해온 탓에 영어 한 마디 제대로 못하게 됐으니 말하기 위주로 교육과정을 바꾼다는 것이었다. 나는 순간 한국에서 문법이 범죄자 취급을 받는 것 같은 느낌이 들었다. 문법이 알면 억울해서 통곡할 일이다. 회화 위주로 하면 한국영어의 문제점이 해결될까. 지독스런 착각이 아닐 수 없다. 이 진단은 명백히 잘못되어 있다. 한국영어의 문제점은 무엇인가 하면 내가 볼 때 우선 영어의 문제점에 대한 진단이 틀려 있는 것으로 보인다. 진단이 틀려 있으니 제대로 고칠 수가 없고 고치려 해도 치료할 사람이 드물다."

계속해서 하광호 교수께서는 http://www.siminsori.com (교육)에서 다음과 같은 말을 하고 있다.

> "영어를 잘 하려면 네 가지 학습법을 알아야..........
> 영어문법은 한국의 학습자들이 미국 학생들보다 더 잘 알 정도로 밝지만 내가 보기에 한국 학습자들의 영문법은 '죽은 송장의 문법'이라고 할 수 있어요. 무슨 이야기냐 하면 한국의 학습자들은 영문법에 관한 것은 잘 알지만 정작 영문법의 사용법을 성공적으로 배우지 못했다는 것입니다. 문법이라는 것은 사용법을 잘 알아야지 8품사가 어떻고 백날 해봤자 영어 실력은 늘 제자리걸음입니다."

그렇다고 영어 교육에 있어서 문법이 항상 '만병통치약'(panacea)으로 작용한다는 말은 결코 아니다. 영어를 능동적으로 사용할 때 언제나 문법 규칙에 맞도록 영어를 말하고 쓰면 된다는 것이 아니다. 예컨대 문법에 얽매여서 If you see the figure, you will know how serious the accident was.라고 하면 누가 보더라도 문법적으로는 손색이 없는 문장처럼 보인다. 그러나 이러한 문장은 한국어 냄새가 물씬 풍기는 한국어식 영어에 가깝다고 하지 않을 수 없다. 이를 The figure shows the seriousness of the accident.나 이와 유사한 표현으로 바꾸는 것이 훨씬 영어다운 표현이 된다. 이렇게 하려면 영어를 모국어로 사용하는 사람들이 어떤 내용을 전달하고자 할 때 어떻게 상황에 적합하게 표현하고 있는가 하는 점에 각별히 유의하여야 할 것이다.

4. 문법 기술의 방향

이 책의 문법 기술 방향은 동시에 이 책의 특징이기도 하다. **첫째, 영문법을 다루고 있는 대부분의 문법서에서 피상적으로 각종 문법 규칙들을 나열하는데 그쳤던 문법적인 내용들을 비교적 상세하게 해설하고 있다.** 실제로 영어의 세계가 우리가 흔히 생각하는 것보다 훨씬 넓음에도 불구하고 시중에 출판되어 나온 수많은 문법책들은 그 넓은 세계를 제대로 담아내지 못하고 있는 것이 현실이다. 그리고 다루어지고 있는 내용들 중 상당 부분이 천편일률적이고, 기계적으로 기술되어 있다. 예컨대 영어 문장에서 간접목적어가 직접목적어 다음에 놓이게 되면 그 문장에 쓰인 동사에 따라 to 또는 for가 간접목적어 앞에 놓인다. 주어 + 동사 + 목적어로 이루어진 능동태 문장을 수동태로, 이와 반대로 수동태 문장을 능동태로 바꿀 수 있다. 또한 수동태 문장에서 by + 명사구는 생략될 수 있다. 부정사를 목적어로 삼는 동사와 동명사를 목적어로 삼는 동사를 무턱대고 나열하는데 그치는 식이다. 이와 같은 문법 지식은 실제로 영어를 이해하고 '능동적'으로 사용하는데 전혀 도움이 되지 않는다. 실제로 문법이 문법으로서의 활용 가치가 있으려면 그것은 **'살아 있는 문법'**(living grammar)이라야 한다. 이러한 점에서 이 책은 언어를 사용하는 상황에 따라 어떤 언어적 표현이 적절할 것인가에 초점을 맞추어 쓰여진 것이다.

둘째, 이 책에서는 잘못 알려진 내용들을 올바르게 기술하고 있다. 흔히 학교문법에서 unless와 if ... not은 서로 바꿔 쓸 수 있다. used to는 과거의 규칙적인 습관을 나타내고, would는 과거의 불규칙적인 습관을 나타낸다. even if와 even though는 서로 바꿔 사용할 수 있다. 또한 We **had better** stop at the next service station.(→ 5.4.16 참조)에서 had better를 '(...하는 것보다) ...하는 편이 낫다'라고 하여 어떤 두 가지 대상을 서로 비교해서 말하는 뜻으로 잘못 설명되어 있기도 하다. 이러한 내용들을 비롯하여 잘못 기술된 내용들을 올바르게 해설하였다.

셋째, 언어 현상을 설명하는데 꼭 필요한 것이 적절한 문법 용어이다. 같은 언어적 현상들을 한데 모아서 이들의 공통점을 체계적으로 설명하려면 반드시 그에 맞는 문법 용어를 동원하여야만 한다. 때문에 기존에 알려진 능동태와 수동태, 간접목적어와 직접목적어, 현재시제, 과거시제 따위와 같은 용어들이 사용되는 것이다. 그런데 지금까지 어떤 문법책에서도 다루어지지 않은 언어 현상, 그럼에도 불구하고 너무나 자주 사용되는 문장 구조를 설명하기 위해서는 거기에 알맞은 용어를 사용하지 않을 수 없다. 예컨대 다음 두 문장을 보자.

Jaewon gave **his brother** a good gift. (← What did Jaewon give his brother?)
Jaewon gave a good gift **to his brother**. (← To whom did Jaewon give a good gift?)

이 두 개의 문장에서 간접목적어와 직접목적어의 어순의 차이는 ( ) 안에 제시된 것과 같이 질문 내용이 서로 다른 환경에서 쓰인다는 점을 뜻하며, 이에 따른 설명을 하려면 **문미 초점**(文尾焦點: end-focus)과 **문미 중점**(文尾重點: end-weight)의 원칙이라고 하는 두 가지 용어를 사용하지 않을 수 없다(→ 4.5.5 참조).

또한 선행사를 수식하는 관계사절이 본래의 위치에 놓이지 않고 문장의 맨 마지막 위치로 이동하는 것과 관련하여 **외치**(外置: extraposition)라는 용어를 사용하지 않을 수 없다 (→ 17.1.4.2 참조).

Constructions that are arguably exceptions are encountered. →

Constructions are encountered *that are arguably exceptions*.
[논란의 여지가 있지만 예외적인 구문들이 있다.]

한 가지 예를 더 들어 보고자 한다.

The President is just a figurehead; it's the party leader who has the real power. — *Longman Dictionary of English Language and Culture.*
[대통령은 명목상의 국가 원수일 뿐이고, 실권을 가진 사람은 바로 당수(黨首)이다.]

이 문장의 밑줄 친 부분을 국내 문법서에서 소위 강조구문이라고 하는데, 그렇다면 어느 부분을 무엇 때문에 강조한다는 말인가? 밑줄 친 두 번째 문장은 The party leader has the real power.라는 한 개의 문장이 It is ... { that / who } ...라는 문장 구조를 이용하여 '둘로 쪼개진' 것이다. 그러므로 이런 문장 구조를 분열문(分裂文: cleft sentence)이라고 한다. cleft는 cleave(쪼개다)의 과거분사형이며, '쪼개진'이라는 뜻의 분사 형용사적인 뜻을 갖고 있다. 따라서 '분열문'이란 하나의 문장이 둘로 쪼개진 문장이라는 뜻이다. 이러한 문장에서 It is와 that/who 사이에 놓인 the party leader는 상대방에게 새로운 정보를 전달해 주는 요소로서 이 문장에서 가장 중요한 부분이다. 그래서 이 부분은 초점을 받는다고 한다. 그리고 that/who 이하는 상대방도 이미 알고 있는 내용이기 때문에 정보를 전달함에 있어서 별로 중요한 것이 아니다. 바로 이러한 점 때문에 분열문이라는 용어를 사용하는 것이다(→ 20.8 참조).

이처럼 종래의 어떤 문법서에서도 볼 수 없었던 문법 용어들이 등장하는 것은 언어 현상을 보다 간편하게 설명하기 위한 방편이다. 이러한 문법 용어를 동원하지 않고서 설명하려면 이러한 문장 구조를 만날 때마다 장황하게 설명하지 않을 수 없게 된다. 그러므로 문법적인 사항들을 올바르게 설명하려면 새로운 용어들을 과감하게 도입하는 것이 필수적이라고 생각한다.

마지막으로, 이 책에서는 많은 영영사전을 비롯하여 각종 자료에서 취사선택한 살아 있는 언어를 중심으로 하여 풍부한 예문들을 많이 제시하였으며, 필요한 곳에서는 각 예문에 따른 문법적인 설명을 덧붙였다. 그리고 제시된 예문들 중에는 다음과 같은 예에서 보듯이 우리의 삶에서 자신을 한번 되돌아볼만한 것들이 상당수 들어 있다.

Lying late in the morning is a great shortener of life.   (→ 9.3.2.1 참조)

[아침에 늦잠 자는 것은 생명을 크게 단축시키는 일이다.]

Men must not allow themselves to be swayed by their moods. (→ 3.6.1 참조)

— Yogananda Paramhansa, *How to be Happy All the Time*.

[인간은 기분에 흔들려서는 안 된다.]

True happiness is never to be found outside the Self. Those who seek it there are as if chasing rainbows among the clouds! (→ 11.12 참조)

— Yogananda Paramhansa, *How to be Happy All the Time*.

[진정한 행복은 결코 자아 밖에서 찾을 수 없다. 자아 밖에서 행복을 찾는 사람은 구름 사이에서 무지개를 쫓는 것과 같다.]

Your joints age over time. Like the brakes in your car, they need regular maintenance to function best. (→ 19.4.3.2 참조)

[관절은 시간의 흐름과 더불어 노화된다. 자동차의 브레이크처럼 관절의 기능을 가장 좋게 하려면 꾸준한 관리가 필요하다.]

Never get angry. Never allow yourself to become the victim of another's anger. (→ 20.5.1 참조)

— Paramhansa Yogananda, *How to be Happy All the Time*.

[절대 화내지 마라. 다른 사람이 화를 낸다고 해서 그에 따라 자신도 화를 내는 일이 없도록 하라.]

5. 맺음말

이 책은 필자의 대학원 시절 은사님이셨던 故 조성식 교수님(1922–2009: 前 고려대학교 명예교수, 前 학술원 회원)의 가르침을 철저히 따르고, 은사님께서 집필하신 영문법 연구 1-V 권에 다소 미치지 못하겠지만 그래도 은사님께서 문법을 기술하신 내용의 방향을 다소 바꿔 보완하고 있다. 은사님께서 세상을 떠나시기 바로 1년 전에 전화 통화에서 "이젠 눈이 침침해서 교정도 못 보겠어!" 하시기에 "제가 가까이 있으면 대신 보아 드릴 텐데요." 하고 대화를 나누던 것이 마지막이었다. 아직도 더 오래 사시면서 가르침을 주시고, 미완의 영문법 이론을 더 손질하실 수 있었을 텐데. 은사님께서 다하지 못하신 올바른 영문법 체계를 독자들에게 바르게 전달하고자 최선의 노력을 기울이고자 한다.

이 책은 필자의 실용영문법해설 1-3권을 수차례에 걸쳐 다듬고 다듬어서 일반 영어 학습자들이 바르게 영어의 참모습을 이해할 수 있도록 한 것이다. 또한 영어를 전공하는 학부와 대학원 학생들이 현대 영문법 연구로 옮아가는 앞 단계에서 읽어볼만한 참고서라고 생각한다. 때문에 필요한 경우에 참고가 되도록 하기 위하여 상세히 주석(footnotes)을 달아 원전의 출처를 밝혔다. 영어를 가르치시는 선생님들에게도 참으로 유익한 지침서가 되리라고 생각한다.

　이 책을 집필하는 사이에 필자는 1975년부터 시작된 영문법 연구 생활 40여년이란 세월을 훌쩍 넘겼다. Noam Chomsky 교수가 1957년에 *Syntactic Structures*를 세상에 내놓아 문법 이론의 대혁명을 일으켰고, 그 이후 오늘에 이르기까지 이 문법 이론을 근간으로 하여 언어연구가 이루어지고 있음에도 불구하고 조금도 흔들림 없이 40여년이라는 긴 세월 동안 외국어로서의 영어 학습에 절대적으로 필요한 영문법 연구에 매진하여 왔다. 물론 지금까지 걸어온 이 길은 힘이 쇠잔하여 더 이상 갈 수 없다고 생각되는 그날까지 뚜벅뚜벅 걸어갈 것이다, 이 땅에 올바른 영문법의 확고한 토대가 정착되기를 갈망하면서. 설령 내가 쓰는 이 책을 읽는 독자들이 많지 않다고 할지라도 그것은 전혀 문제가 되지 않는다. 다만 영어 구조와 관련된 제반 언어 현상들을 끊임없이 찾아내고, 또 이들을 올바르게 해설하여 독자들의 궁금증을 시원하게 해소시켜 줄 수만 있다면 필자로서 그 이상 바랄 것이 더 무엇이 있겠는가! 물론 이 과정에서 잘못 기술된 내용이 있다고 한다면 그것은 전적으로 필자의 책임이며, 앞으로 잘못된 부분이나 미흡한 부분들은 지속적으로 보완해 나갈 것이다. 독자 여러분들의 질책과 꾸준한 지도 편달을 기대하는 바이다.

　끝으로 이 방대한 분량의 책의 출판을 쾌히 승낙해 주신 한국문화사 김진수 사장님과 출판 관계자 여러분들이 기울인 그간의 노고에 대하여 깊은 감사의 말씀을 드립니다.

하루 종일 봄을 찾아 다녀도 봄을 보지 못하고
짚신이 다 닳도록 언덕 위의 구름 따라다녔네.
허탕치고 돌아와 우연히 매화나무 밑을 지나는데
봄은 이미 매화가지 위에 한껏 와 있었네. ― 중국 송나라 시대의 어느 비구 스님

2020년 4월
한라산 기슭 서재에서
고경환 씀

| 제3권 목차

서문 『의사소통을 위한 새로운영문법해설』 전 4권을 펴내면서 ······· 5

제12장 형용사(Adjectives)

12.1. 형용사의 문법적 특성 ·· 23
  12.1.1. 형용사의 위치 ··· 23
  12.1.2. 비교형 ··· 25
  12.1.3. 강의부사 ·· 25

12.2. 형용사의 의미 부류 ·· 26
  12.2.1. 정도/비정도 형용사 ·· 26
  12.2.2. 동적 형용사와 상태 형용사 ································ 29

12.3. 형용사의 형태 ··· 30
  12.3.1. 파생어 ·· 30
  12.3.2. 복합어 ·· 32

12.4. 문법적 기능 전환 ··· 33
  12.4.1. 형용사 vs. 동사 ·· 34
  12.4.2. 형용사 vs. 명사 ·· 34
  12.4.3. 형용사 vs. 부사 ·· 36

12.5. 형용사의 용법 ··· 37
  12.5.1. 한정적 용법 ··· 37
    12.5.1.1. (한정사 +) 형용사 + 명사 ··························· 37
    12.5.1.2. 후치수식 구조 ·· 38
    12.5.1.3. 불연속 수식 구조 ·· 41
    12.5.1.4. 한정적으로만 쓰이는 형용사 ························· 43
  12.5.2. 서술적 용법 ··· 55
    12.5.2.1. 주격보어와 목적보어 ··································· 55
    12.5.2.2. 서술적으로만 쓰이는 형용사 ························· 56

12.5.3. 후치 형용사 ·· 60

12.6. 형용사의 보충 ·· 65
　12.6.1. 형용사 + 전치사구 ·· 66
　12.6.2. 형용사 + 부정사절 ·· 70
　　12.6.2.1 Bob is silly to do that ···························· 70
　　12.6.2.2. Bob is slow to react ···························· 72
　　12.6.2.3. Bob is sorry to hear it ·························· 72
　　12.6.2.4. He is likely to succeed ························· 73
　　12.6.2.5. Bob is hard to persuade ······················· 74
　　12.6.2.6. I am willing to help you ······················· 75
　　12.6.2.7. It is important to act quickly ················ 76
　12.6.3. 형용사 + that-절 ·· 77
　　12.6.3.1. 직설법 동사 ·· 78
　　12.6.3.2. '추정의' should ···································· 78
　　12.6.3.3. 가정법 동사 ·· 79
　12.6.4. 형용사 + 의문사절 ·· 80

12.7. 형용사의 어순 ·· 80

제13장 부사(Adverbs)

13.1. 부사와 부사류 ·· 85

13.2. 부사의 문법적 기능 ·· 88
　13.2.1. 선택적 요소 ·· 88
　13.2.2. 필수 요소 ·· 91

13.3. 동형의 형용사와 부사 ···································· 92

13.4. 두 가지 형태의 부사 ······································ 94

13.5. 양태부사 ··· 104
   13.5.1. 양태부사의 유형 ·· 105
   13.5.2. 양태부사의 위치 ·· 109
   13.5.3. 부사의 위치와 의미의 차이 ································· 112

13.6. 관점부사 ··· 115
   13.6.1. 관점부사의 형태 ·· 115
   13.6.2. 관점부사의 위치 ·· 117

13.7. 장소부사 ··· 118
   13.7.1. 장소부사의 유형 ·· 118
   13.7.2. 장소부사의 위치 ·· 121

13.8. 시간부사 ··· 124
   13.8.1. 시간부사의 유형 ·· 124
   13.8.2. 시간부사의 위치 ·· 126
   13.8.3. 그밖의 몇 가지 부사 ·· 127
      13.8.3.1. already, yet, still ·································· 128
      13.8.3.2. (for) long, (for) a long time ··············· 132
      13.8.3.3. not ... any longer/more ······················· 134
      13.8.3.4. ago, before, since ······························ 135

13.9. 빈도부사 ··· 137
   13.9.1. 일정 빈도부사 ··· 137
   13.9.2. 부정 빈도부사 ··· 138

13.10. 정도부사 ··· 145
   13.10.1. 정도부사의 유형 ·· 145
   13.10.2. 정도부사의 기능 ·· 146
   13.10.3. 몇 가지 정도부사의 비교 ·································· 147
      13.10.3.1. fairly와 rather ································ 147
      13.10.3.2. quite ··· 149
      13.10.3.3. very와 (very) much ······················· 151
      13.10.3.4. too와 very ······································· 153
      13.10.3.5. 강의부사와 동사의 결합 관계 ········ 156

13.11. 문장부사 ··· 157

13.11.1. 법부사	159
13.11.2. 평가부사	160
13.11.2.1. 화자 지향적	161
13.11.2.2. 주어 지향적	162
13.11.3. 주석부사	163

13.12. 초점부사	165
13.12.1. 제한적 초점부사	165
13.12.2. 추가적 초점부사	166

13.13. 접속부사	170
13.13.1. 접속부사의 기능	170
13.13.2. 접속부사의 의미	171

제14장 전치사(Prepositions)

14.1. 전치사구	179
14.1.1. 전치사구의 구조	179
14.1.2. 전치사의 목적어	181
14.1.3. 전치사구의 기능	184

14.2. 복합 명사구	186
14.2.1. 복합 명사구의 구조	186
14.2.2. 불연속 복합 명사구	187

14.3. 단순 전치사와 복합 전치사	189
14.4. 이중 전치사	191
14.5. 전치사와 전치사적 부사	193
14.6. 전치사와 접속사	196
14.7. 분사형 전치사	197

14.8. 전치사의 좌초 ·· 198
　14.8.1. 목적어의 전치와 전치사의 좌초 ·· 198
　14.8.2. 전치사가 좌초된 문장 구조 ·· 199

14.9. 전치사가 나타내는 뜻 ·· 204
　14.9.1. 장소 전치사 ·· 204
　　14.9.1.1. 위치: at, in, on ··· 205
　　14.9.1.2. 이동의 방향: from, to, onto, into, etc. ······················· 216
　　14.9.1.3. 상대적인 위치: over, under; above, below, etc. ···· 224
　　14.9.1.4. 통과: across, through, along, etc. ···························· 237
　　14.9.1.5. 공간: between, among ··· 241
　　14.9.1.6 공간: around, round ·· 244
　　14.9.1.7. 근접: beside, near (to), next to, by, etc. ················· 245
　14.9.2. 시간 전치사 ·· 247
　　14.9.2.1. at, in, on ·· 247
　　14.9.2.2 기간: during, for, over, through etc. ·························· 252
　　14.9.2.3. 출발점: from, since ··· 256
　　14.9.2.4. 완료와 지속: by, till/until ··· 259
　　14.9.2.5. 시간의 경과: in, within, after ······································ 262
　　14.9.2.6. 과정·완료: for, in ··· 266
　14.9.3. 그밖의 뜻을 가진 전치사 ·· 268
　　14.9.3.1. 원인·이유·동기: because of, on account of,
　　　　　　　　　　　　 due to, owing to, etc. ··············· 269
　　14.9.3.2. 주제: on, about ··· 272
　　14.9.3.3. 동반: with(out) ·· 276
　　14.9.3.4. 지지와 대립: for, against, with ··································· 276
　　14.9.3.5. 동작주·도구: by, with ··· 278
　　14.9.3.6. 제외·추가: except (for), but; besides,
　　　　　　　　　　 in addition to, etc. ······································· 281
　　14.9.3.7. 양보: despite, in spite of, for all, etc. ······················· 285
　　14.9.3.8. 소유: of, with(out) ·· 287
　　14.9.3.9. 기준: for, at ·· 289
　　14.9.3.10. 자극과 반응: at, to ·· 290
　　14.9.3.11. 유사성: as, like ·· 293
　　14.9.3.12. 성분·재료: with, (out) of, from ·································· 295
　　14.9.3.13. 목적, 의도된 목적지: for ·· 296
　　14.9.3.14. 수용자·목표·표적: for, to, at ····································· 298

제15장 등위구조(Coordination)

15.1. 등위접속사의 종류 ···················· 301
  15.1.1. 단일 접속사 ···················· 302
  15.1.2. 다어 접속사 ···················· 303

15.2. 등위접속 ···················· 303
  15.2.1. 등위접속 요소 ···················· 304
  15.2.2. 독립절과 등위절 ···················· 305
  15.2.3. A, B $\begin{Bmatrix} and \\ or \end{Bmatrix}$ C 구조 ···················· 306
  15.2.4. 평행 구조 ···················· 307

15.3. 등위접속사의 생략 ···················· 310

15.4. 등위절에서의 생략 요소 ···················· 313
  15.4.1. 주어 ···················· 314
  15.4.2. 주어와 술부의 일부 ···················· 315
  15.4.3. (조동사 +) 본동사 ···················· 315
  15.4.4. (동사 +) 주격보어 ···················· 317
  15.4.5. 동사구 + 목적어 ···················· 318

15.5. 등위접속사의 용법 ···················· 319
  15.5.1. and ···················· 319
    15.5.1.1. 등위접속 요소 ···················· 319
    15.5.1.2. 유사 등위접속 ···················· 322
    15.5.1.3. try and ... ···················· 324
    15.5.1.4. 동사 + and + 동사 등 ···················· 325
    15.5.1.5. and의 여러 가지 의미 ···················· 326
  15.5.2. or ···················· 331
  15.5.3. but ···················· 336
  15.5.4. 상관접속사 ···················· 339
    15.5.4.1. both ... and 등 ···················· 339
    15.5.4.2. either ... or ···················· 343
    15.5.4.3. neither ... nor ···················· 345

제16장 명사절: that-절

16.1. 명사절의 유형 ··· 351

16.2. that-절의 형성 ··· 353

16.3. that-절의 문법적 기능 ································ 355
   16.3.1. 주어절 ·· 355
   16.3.2. 주격보어절 ·· 359
   16.3.3. 목적어절 ·· 360
      16.3.3.1. 타동사 + that-절 ························ 360
      16.3.3.2. $\left\{\begin{array}{l}\text{it}\\ \text{the fact}\end{array}\right\}$ + that-절 ·················· 362
      16.3.3.3. 목적어 + 목적보어 ························ 366
   16.3.4. 동격절 ·· 368
      16.3.4.1. the fact that-절 ························ 368
      16.3.4.2. 제한적/비제한적 동격절 ·················· 370
      16.3.4.3. 동격 관계: 주어 + 보어 ···················· 371
      16.3.4.4. 복합 명사구로부터의 외치 ················ 372
   16.3.5. 형용사의 보충 ····································· 374

16.4. that-절의 동사형 ······································ 376
   16.4.1. 가정법 동사 ·· 376
   16.4.2. 추정의 should ····································· 378

16.5. the fact that-절 ····································· 380
   16.5.1. 사실동사와 비사실동사 ··························· 380
   16.5.2. the fact that-절의 문법적 특성 ················ 385

16.6. that-절의 외치 ·· 387

16.7. that의 생략 ··· 390
   16.7.1. 주어와 주제 ·· 391
   16.7.2. 주격보어절 ·· 392
   16.7.3. 목적어절 ·· 392
      16.7.3.1. that의 생략 가능성 ······················ 392

17.7.3.2. that이 생략되지 않는 구조적 특성 ·············· 394
16.7.3.3. wh-요소의 이동과 that의 생략 ·············· 398

16.8. 논평절 ··· 399

제17장 관계사절(Relative Clauses)

17.1. 관계사와 관계사절 ··· 403
  17.1.1. 선행사 + 관계사절 ······································ 404
  17.1.2. 관계사절의 형성 ·· 408
  17.1.3. 연쇄 관계사절 ·· 411
  17.1.4. 복합 명사구 ·· 413
    17.1.4.1. 명사구 + 관계사절 ······························· 413
    17.1.4.2. 복합 명사구로부터의 외치 ······················· 414

17.2. 관계사절의 유형 ··· 418
  17.2.1. 제한적 관계사절 ·· 418
    17.2.1.1. 제한적 ·· 418
    17.2.1.2. 분류적 ·· 419
    17.2.1.3. 이중 제한 ·· 420
    17.2.1.4. 필수 관계사절 ····································· 422
    17.2.1.5. 관계사절의 번역 순서 ···························· 424
  17.2.2. 비제한적 관계사절 ······································ 425
    17.2.2.1. 부가적 정보 전달 ································· 425
    17.2.2.2. 비제한적 관계사절의 선행사 ····················· 427
    17.2.2.3. 비제한적 관계사절이 나타내는 뜻 ··············· 435

17.3. 관계대명사의 기능 ·· 436

17.4. 관계사절에서 전치사의 위치 ································· 437

17.5. 관계대명사의 종류 ·· 441
  17.5.1. who, whose, whom ····································· 441
  17.5.2. that ·· 444
  17.5.3. which ··· 446

17.5.4. 유사 관계대명사 ·· 447
　　　　17.5.4.1. as ·· 448
　　　　17.5.4.2. but ··· 449

17.6. 관계사절의 축약 ·· 450
　　17.6.1. 제한적 관계사절 ·· 450
　　17.6.2. 상태동사의 분사형 ·· 452
　　17.6.3. 형용사의 전치 ·· 454
　　17.6.4. 부정사절이 포함된 관계사절 ·· 455
　　17.6.5. 비제한적 관계사절 ·· 457
　　　　17.6.5.1. 동격 명사구 ··· 457
　　　　17.6.5.2. 분사절 ··· 458

17.7. 관계대명사의 생략 ·· 460

17.8. 문장 관계사절 ·· 464
　　17.8.1. 문장 관계사절의 형성과 선행사 ··· 464
　　17.8.2. 문장 관계사절이 나타내는 뜻 ··· 466

17.9. 명사적 관계사절 ·· 467
　　17.9.1. what ·· 467
　　　　17.9.1.1. 관계대명사 ··· 467
　　　　17.9.1.2. 관계한정사 ··· 469
　　17.9.2. whoever 등 ·· 472
　　　　17.9.2.1. 명사적 역할 ··· 473
　　　　17.9.2.2. 부사적 역할 ··· 474

17.10. 관계부사 ·· 475
　　17.10.1. 관계부사의 종류와 기능 ··· 475
　　17.10.2. 관계부사의 생략 ·· 478
　　17.10.3. 전치사 + 관계대명사 ·· 481

참고문헌 ·· 483
찾아보기 ·· 488

제12장

형용사(Adjectives)

12.1. 형용사의 문법적 특성

다른 단어의 부류, 즉 어류(語類: words class)에 속하는 단어들과 달리, 형용사로 분류되는 단어들은 일반적으로 세 가지 문법적인 특성을 갖고 있다. 물론 모든 형용사들이 이 세 가지 특성을 모두 갖는 것은 아니지만, 다른 어류에 속하는 단어들은 이러한 특성을 갖지 않는다.[1]

12.1.1. 형용사의 위치

형용사는 두 가지 위치에 놓인다. 즉, 한정적(限定的: attributive) 위치와 서술적(敍述的: predicative) 위치에 놓인다.

1) 형용사는 명사에 대하여 비교적 자유롭게 한정적인 위치에 놓여 명사에 대하여 한정

---

[1] Central members of the adjective category have the cluster of syntactic properties given in [1], where the adjectives in the examples are all underlined:

[1] i FUNCTION   They can appear in three main functions: attributive (<u>happy</u> people), predicative (They are <u>happy</u>), postpositive (someone <u>happy</u>).

    ii GRADABILITY   They are gradable, and hence accept such degree modifiers as very, too, enough, and have inflectional or analytic comparatives and superlatives (<u>happier</u>, <u>happiest</u>, more <u>useful</u>, most <u>useful</u>).

    iii DEPENDENTS   They characteristically take adverbs as modifiers (remarkably <u>happy</u>, surprisingly <u>good</u>).

No one of these properties is unique to adjectives, and many adjectives do not have the full set of properties. However, words that do have this combination of properties are clearly distinct from words of other categories. ― Huddleston & Pullum (2002: 528).

적인 기능을 담당한다. 이때 형용사는 명사구에서 한정사와 명사 사이에 놓이게 되는데, 전달하고자 하는 뜻에 따라 복수 명사나 불가산 명사 앞에는 한정사가 나타나지 않을 수 있다. 대충 말하자면, 한정적으로 쓰인 형용사는 some _____ books, a _____ student, (these) _____ boys 따위와 같은 예에서 밑줄 친 부분에 들어갈 수 있다는 뜻이다.

> The <u>radical</u> cure for the troubles of the young lies in a change of public morals.
>> [젊은이들의 고민에 대한 근본적인 치료법은 사회도덕의 변화에 있다. → 명사구 the radical cure에서 형용사 radical이 한정사 the와 명사 cure 사이에 놓여 있음.]
>
> The <u>small</u> farmers form the backbone of the country's economy.
>> [소농(小農)들이 이 나라 경제의 골격을 이룬다. → 명사구 the small farmers에서 형용사 small이 한정사와 명사 사이에 놓여 있음.]
>
> She wore a shawl to keep warm in <u>cold</u> weather.
>> [그녀는 추운 날씨에 몸을 따뜻하게 하려고 숄을 걸쳤다. → 명사구 cold weather에서 weather는 불가산 명사이기 때문에 형용사 cold 앞에 한정사가 놓여 있지 않고 있음.]

2) 형용사가 서술적 기능을 담당한다. 즉, 연결동사 다음에 놓여 주격보어가 되거나, 복항타동사(complex transitive verb)가 필요로 하는 목적보어의 기능을 담당할 수 있다.

> The suitcase was very **heavy**.
>> [가방이 무척 무거웠다. → heavy가 연결동사 was 다음에 놓여 주격보어 역할을 하고 있음.]
>
> He seems **careless**.
>> [그는 주의력이 없는 것 같다. → careless가 연결동사 seems 다음에 놓여 주격보어 역할을 하고 있음.]
>
> Hay fever makes me **crazy**.
>> [건초열 때문에 미치겠다. → 형용사 crazy가 복항타동사 makes가 필요로 하는 목적보어 역할을 하고 있음.]
>
> We find it **odd** that this city has no university.
>> [이 도시에 대학이 없다는 것이 이상하다. → 형용사 odd는 목적보어 역할을 하고 있음.]

12.1.2. 비교형

전형적인 형용사들은 정도의 차이를 나타낼 수 있다. 즉, 정도의 차이를 나타낼 수 있는 이러한 단어들은 비교급(comparative degree)과 최상급(superlative degree) 형태를 가질 수 있다. 예컨대 old, old**er**, old**est**에서처럼 형용사의 원급 형태에 굴절 어미(屈折語尾: inflectional ending) -er과 -est를 첨가하여 각각 비교급과 최상급 형태를 만들기도 하고, **more** beautiful, **most** beautiful에서처럼 형용사 앞에 more와 most를 첨가하여 비교급과 최상급 형태를 만드는 우언적(迂言的: paraphrastic) 비교 형태를 가질 수 있다.

> August is generally **hotter** than June.
> [일반적으로 8월이 6월보다 더 덥다. → hotter는 형용사 hot의 비교급 형태.]
> Mont Blanc is **the highest** peak in the world.
> [몽블랑은 세계 최고봉이다. → highest는 형용사 high의 최상급 형태.]
> It was **more expensive** than I thought.
> [그것은 내가 생각했던 것보다 비쌌어. → more expensive는 형용사 expensive의 비교급 형태.]
> She is **the most intelligent** of the students.
> [그녀는 그 학생들 중에서 제일 영리하다. → most intelligent는 형용사 intelligent의 최상급 형태.]

less와 least는 부정의 정도를 나타낸다.

> The result was **less successful** than anticipated.
> [그 결과는 예상했던 것보다 덜 성공적이었다.]
> His third campaign was **the least successful** of all his attempts.
> [그의 세 번째 유세는 그가 시도한 것들 가운데 가장 덜 성공적인 것이었다.]

12.1.3. 강의부사

형용사가 갖는 세 번째 특성은 tall, taller, tallest에서처럼 정도의 차이를 나타낼 수 있는 단어들은 so, quite, very 따위와 같은 적절한 강의부사(强意副詞: intensifying adverb)의 수식을 받을 수 있다는 점이다.

I didn't expect it would be **so expensive**.
  [그것이 그렇게 가격이 비싼 것이라고 생각하지 못했지. → 형용사 expensive가 so의 수식을 받고 있음.]

It's **quite shaming** that our society cares so little for the poor.
  [우리 사회가 가난한 자들에게 별로 관심을 갖지 않는 것은 퍽 부끄러운 일이다. → 형용사 shaming이 quite의 수식을 받고 있음.]

That movie was **extremely violent**.
  [그 영화는 지나치게 폭력적이었어. → 형용사 violent가 extremely의 수식을 받고 있음.]

Such reliance on moralism and economic measures is **very American**.
  [그처럼 도의심과 경제적 조치에 의존하는 것은 아주 미국적이다. → 형용사 American이 very의 수식을 받고 있음.]

이상과 같은 세 가지 사항이 형용사의 일반적인 특성이라고 하지만, 모든 형용사들이 이 세 가지 특성을 모두 갖고 있는 것은 결코 아니다. 형용사라고 하는 단어들 중에는 한정적으로만 쓰이는 것들과 서술적으로만 쓰이는 것들이 있는가 하면, 또한 놓여 있는 위치에 따라 뜻이 달라지는 것들도 있다. 예컨대 afraid가 People are **afraid**.에서처럼 서술적으로는 쓰이지만, ***afraid** people에서처럼 한정적으로는 쓰이지 못한다. 또한 my **old** friends와 The friends are **old**.라는 두 가지 표현에서 old의 뜻이 각각 다르다.

12.2. 형용사의 의미 부류

형용사는 위에서 본 것과 같은 문법적 특성을 갖는 것과 더불어 나타내는 의미에 따라 정도 형용사와 비정도 형용사, 동적 형용사와 상태 형용사로 나누어진다.

12.2.1. 정도/비정도 형용사

모든 형용사들이 비교급과 최상급 형태를 취할 수 있는 것이 아니라, ambitious, happy, hungry, expensive, interesting 따위와 같이 대개 '정도의 차이를 나타낼 수 있는' 형용사, 즉 정도 형용사(gradable adjective)들은 비교급과 최상급 형태를 이용하여 비교 대상에 대하여 정도의 차이를 나타낼 수 있다.

반면에 전달하려고 하는 뜻으로 보아 다음과 같은 단어들은 전통적으로 절대 형용사(absolute adjectives)로 분류되기 때문에 비정도 형용사에 속한다. 그러므로 이러한 형용사들은 more 또는 less를 첨가하여 정도의 증감을 나타내지 못한다.

> absolute, complete, correct, equal, essential, eternal, ideal, impossible, perfect, pregnant, supreme, ultimate, unique

한편 civil, clean, critical, electric, empty, false, late, odd, original, particular, straight 따위와 같은 일부 형용사들은 전달하고자 하는 뜻에 따라 정도 형용사와 비정도 형용사 양쪽으로 모두 쓰일 수 있다.[2] 예컨대 civil이 '공손한'이라는 뜻으로 쓰이면 정도 형용사이지만, '시민의'라는 뜻을 나타내고 있다면 비정도 형용사가 된다.

정도 형용사	비정도 형용사
a *very* common name(아주 흔한 이름)	common interests(공통된 관심거리)
a civil speech(공손한 말씨)	civil life(시민 생활)
clean air(깨끗한 공기)	to make a clean break with the past (과거와 완전히 결별하다)
a critical analysis(비판적인 분석)	a critical writer(비평가)
an electric moment(긴장된 순간)	electric resistance(전기 저항)
empty stomachs(굶주린 사람들)	an empty bottle(빈 병)
a false friend(불성실한 친구)	false signature(가짜 서명)
a late breakfast(늦은 아침 식사)	Mrs Moore's late husband (Moore 부인의 돌아가신 남편)
an odd couple(이상한 부부)	odd number(홀수 ↔ even number: 짝수)
a very old person(매우 나이 많은 사람)	my old friends(나의 옛 친구들)

---

[2] It should be emphasised, however, that the distinction between gradable and non-gradable — like that between count and non-count in nouns — applies to uses or senses of adjectives rather than to adjectives as lexemes. Many items can be used with either a gradable or a non-gradable sense (often with the latter representing the primary meaning of the adjective). — Huddleston & Pullum (2002: 531). See also Hewings (2005: 136).

You haven't been very <u>open</u> with us. (너는 우리에게 아주 <u>솔직한</u> 편이 아니었다.)	The door was <u>open</u>. (문이 <u>열려 있는</u> 상태였다.)
a very <u>original</u> suggestion (아주 <u>창의적인</u> 제안)	an <u>original</u> owner(<u>원래의</u> 주인)
very <u>particular</u> about (...에 대하여 매우 <u>까다로운</u>)	one <u>particular</u> area for research (하나의 <u>특정한</u> 연구 분야)
her long, <u>straight</u> hair (그녀의 길고 <u>곧은</u> 머리)	for three <u>straight</u> days (<u>꼬박</u> 3일 동안)
a very <u>physical</u> sport (<u>신체 접촉이</u> 아주 심한 스포츠)	a <u>physical</u> organ (<u>신체의</u> 기관)

일부 형용사들도 정도 형용사로 쓰일 때와 비정도 형용사로 쓰일 때 서로 비슷한 뜻을 갖는다. 이러한 형용사들이 정도 형용사로 쓰이면 사람이나 사물의 성질을 나타내는 이른바 성질 형용사이고, 비정도 형용사적인 뜻이면 이들이 속한 유형 내지 범주를 가리키는 이른바 분류 형용사로 쓰인다.[3]

I don't know where he came from, but he sounded *slightly* **foreign**.
  [그 사람이 어디서 왔는지 모르지만, 약간 외국인 같이 느껴졌어. → foreign은 정도 형용사로서 부사 slightly와 같은 부사의 수식을 받을 수 있음.]

She is now advising on the government's **foreign** policy.
  [그녀는 지금 정부의 대외 정책에 대하여 자문을 하고 있다. → foreign은 비정도 형용사.]

They had a *very* **public** argument.
  [그들은 매우 공공연한 논쟁을 벌였다. → public은 정도 형용사.]

He was forced to resign by **public** pressure.
  [그는 국민들의 압력을 받고 사퇴하지 않을 수 없었다. → public은 비정도 형용사.]

She had a *rather* **wild** look in her eyes.
  [그녀의 눈빛은 다소 사나워보였다.]

Even if it is raised by humans, a lion will always be a **wild** animal.
  [사람들에 의해 길들여지더라도 사자는 언제나 야생동물에서 벗어나지 못한다.]

---

3 Some adjectives have similar meanings when they are gradable and non-gradable. However, when they are gradable we talk about the quality that a person or thing has (i.e. they are *qualitative* adjectives and therefore can be used with an adverb), and when they are non-gradable we talk about the category or type they belong to (i.e. they are *classifying* adjectives). — Hewings (2005: 136).

academic, adult, average, diplomatic, genuine, guilty, human, individual, innocent, mobile, private, professional, scientific, technical, true 따위와 같은 형용사들이 이처럼 정도/비정도 형용사적인 뜻을 갖는다.

또한 국적을 나타내는 형용사(nationality adjective)들도 특정한 나라의 태생을 뜻하는 것이면 비정도 형용사이지만, 그 나라 국민의 특성을 나타내는 경우에는 정도 형용사로 쓰인다.

There's a shop around the corner that sells **Italian** bread.
[모퉁이를 돌아가면 이태리 빵을 파는 가게가 있다. → Italian은 국적을 나타내는 비정도 형용사로 쓰였음.]

Giovanni has lived in Britain for 20 years, but he's still **Italian**.
[지오바니는 영국에서 20년간 살았지만, 아직도 이태리적이다. → Italian은 국가적 특성을 나타내는 정도 형용사로 쓰였음.]

In the end, I never entered military service. I was called unpatriotic and **un-Japanese**, and I suffered hardship over this.
— Imamichi Tomonobu, *In Search of Wisdom: One philosopher's Journey*.
[결국 나는 결코 군대에 가지 않았다. 나는 애국심이 없고, 일본인답지 않다는 말을 들었다. 그래서 이 때문에 고통을 겪었다.]

In the US hot dogs and hamburgers are considered to be *very* **American** foods and are very popular.
[미국에서 핫도그와 햄버거는 아주 미국적인 식품으로 여겨지기 때문에 매우 인기가 높다.]

New Zealanders are said to be *more* **English** than the English.
[뉴질랜드인들은 영국인들보다 더 영국적이라고 한다.]

이 이외에도 많은 형용사들이 뜻에 따라 정도 형용사와 비정도 형용사로 나누어지기 때문에 위에서 예시한 것처럼 뜻을 제대로 살펴봐야 한다.

12.2.2. 동적 형용사와 상태 형용사

의미상으로 볼 때, 형용사는 정도/비정도 형용사로 구분될 뿐만 아니라, 동적 형용사(動的形容詞: dynamic adjectives)와 상태 형용사(狀態形容詞: stative adjectives)로 나누어진다. 동적 형용사란 글자 그대로 '동작을 야기시킨다'는 뜻을 가진 형용사로서, 동적동사의 경우처럼 명령문이나 진행형을 만들 수 있는 것이고, 상태 형용사는 대개 비교적 항구적인 상태를 나타내는 것으로서, 명령문이나 진행형과 같은 문장 구조에는 사용하지 못한다. 대체로 주어의 주관적인 '통제가 가능한'(controllable) 뜻을 나타내는 형용사가 동적 형용사이다. 다시 말하자면, 주어 자신이 의지를 발동해서 언급된 행위를 의도적으로 '중단'할 수 있을 뿐만 아니라, '지속'시킬 수도 있는 행위를 나타내는 형용사가 동적 형용사이다.

Now **be quiet** for a few moments and listen to this.
[잠시 조용히 해서 이 말을 들어봐.]
She **is just being stubborn**.
[그녀는 이제 고집을 부리고 있다.]
Be **careful**.
[조심해라.]
*Be **tall**!
[→ 의지를 발동해서 작은 키를 크라고 하는 명령을 할 수 없기 때문에 틀린 문장임.]
The Earth **is round**. ~ *The Earth **is being round**.
[지구는 둥글다. → 주어의 의지를 발동해서 둥글게 할 수 없으므로 being round라고 할 수 없음.]

동적 형용사와 상태 형용사에 대해서는 이미 본서 제2권 6.7.4.4.3(→ pgs. 92-94)에서 다루었다.

12.3. 형용사의 형태

12.3.1. 파생어

문중에서 형용사로서의 역할을 하는 단어로서 흔히 볼 수 있는 것은 특정한 단어에 -able, -al, -ful, -ic, -ish, -less, -ous, -y 따위와 같이 파생 접미사(派生接尾辭: derivational suffix)가 첨가되어 형용사 역할을 하는 파생어(派生語: derivatives)가 만들어진다는 것이다.

-able: comfort**able**, commend**able**, steer**able**, not**able**. (동사에 첨가(동사 + able)되어 '...할 수 있는'이라는 뜻을 나타낸다.)

-al: medic**al**, ment**al**, season**al**, cultur**al**

-ible: leg**ible**, sens**ible**, compat**ible**, poss**ible**

-ful/-less: care**ful**, play**ful**, skill**ful**, truth**ful**, will**ful**; end**less**, use**less**

-ic: scientif**ic**, bas**ic**, atom**ic**, hero**ic**

-ish: child**ish**, fool**ish**, self**ish**.(brown**ish**, grey**ish**, redd**ish** 등 색채어에 –ish가 첨가되면 그 색채에 가까운 색을 뜻하여, 예컨대 brown**ish**는 '누르스름한'이라는 뜻을 갖게 된다.)

-ive: expens**ive**, figurat**ive**, product**ive**

-ly: brother**ly**, dead**ly**, father**ly**, friend**ly**, like**ly**, lone**ly**, love**ly**, poor**ly**(= 'not well; ill')

-ous: danger**ous**, delici**ous**, disastr**ous**, nerv**ous**

-y: dirt**y**, ic**y**, prett**y**, sand**y**, cloud**y**. (fun, mud, dust, dirt 등 특히 단음절로 이루어진 불가산명사(uncountable noun)에서 이러한 형용사들이 만들어진다.)

suburb**an**, eleg**ant**, circul**ar**, wood**en**, depend**ent**, mart**ial** 따위와 같은 단어에 첨가된 접미사들도 주로 형용사에게만 특유한 것들이다.

또한 **dis**courte**ous**, **il**logic**al**, **im**patient, **ir**relev**ant**, **sub**normal, **un**happy 따위의 경우처럼 이미 접미사(suffix)를 첨가하여 형용사로 만들어진 단어에 다시 dis-, il-, im-, ir-, sub-, un- 따위와 같은 부정 접두사(negative prefix)를 첨가하여 반대되는 뜻을 나타내는 또 다른 형용사를 만들기도 한다.

형용사들 중에는 접미사 형태의 차이에 따라 뜻을 달리하는 예들을 흔히 볼 수 있는데, 예컨대 economy의 형용사 형태 economic과 economical의 경우를 보자.

The country is in a bad **economic** situation.

[그 나라는 심각한 <u>경제적</u> 상황에 놓여 있다. → economic: 경제의; 경제에 관한.]

It's not a very **economical** method of heating.

[그것은 아주 <u>경제적인</u> 난방 방법이 아니다. → economical: 경제적인; 절약하는.]

다음의 몇 가지 예들도 마찬가지이다.

health>health**ful**(건강에 좋은)/health**y**(건강한)

history>histor**ic**(역사에 관한)/histor**ical**(역사적으로 중요한)

형용사(Adjectives)

industry>industri**ous**(근면한)/industri**al**(산업의)

respect>respect**ful**(공손한)/respect**able**(존경할 만한)/respec**tive**(개개의)

sense>sens**ible**(분별심이 있는)/sensi**tive**(민감한)/sensu**ous**(감각적인)

12.3.2. 복합어

문중에서 형용사로 쓰일 수 있는 또 다른 형태로서, 예컨대 waterproof, kind-hearted, short-lived 따위와 같이 둘 이상의 자유 형태소(free morpheme)[4]들이 서로 결합하여 하나의 형용사를 이루는 것들이 있다. 이러한 단어들의 결합체를 복합 형용사(compound adjective)라고 하는데, 주로 형용사 + 형용사, 형용사 + 명사, 또는 명사 + 형용사를 비롯하여 다음과 같은 여러 가지 결합 구조로 나타난다.

<u>**형용사 + 형용사**</u>: reddish-brown(붉은색을 띤 갈색의), bitter-sweet(달콤씁쓸한), Japanese-American(일본-미국간의)
<u>**형용사 + 명사**</u>: long-distance(장거리의), big-name(저명한)
<u>**명사 + 형용사**</u>: age-old(예로부터의), airsick(비행기 멀미가 난), air-tight(밀폐한), brick red(붉은 벽돌빛의), dustproof(먼지를 막는), duty-free(면세의), snow-white(눈처럼 하얀), tax-free(면세의), watertight(물이 새지 않는)
<u>**명사 + -ing 분사 형용사**</u>: breathtaking(놀랄만한), fact-finding(진상조사의), heartbreaking(가슴이 터질 듯한, 지루한), self-defeating(자멸적인)
<u>**형용사/부사 + -ed 분사 형용사**</u>: dry-cleaned(드라이클리닝한), far-fetched(둘러서 말하는), fresh-baked(갓 구운),widespread(널리 퍼진), well-meant(선의의), quick-frozen(급속 냉동한), well-paid(보수를 많이 받는)
<u>**형용사/부사 + -ing 분사 형용사**</u>: easy-going(태평한), everlasting(영구한), fast-selling(잘 팔리는), good-looking(잘생긴, 미모의), well-meaning(선의의)

이상과 같은 복합 형용사는 상당히 보편적이며, 매일 새로운 복합 형용사들이 만들어지

---

4 boy<u>ish</u>와 같은 파생어에서 어미 -ish가 파생어에서 일정한 뜻은 가지면서도 독립해서 쓸 수 없는 반면, 자유 형태소는 홀로 독립해서 쓰일 수 있는 단어를 말한다. 즉, fire라는 자유 형태소와 proof라는 자유 형태소가 결합해서 fire-proof라는 복합어를 만들게 된다.

고 있다.

12.4. 문법적 기능 전환

방금 위에서 살펴본 바와 같이, 특정한 단어에 접두사나 접미사를 첨가하여 형용사를 만들기도 하지만, 또 다른 단어들의 경우에는 그것이 문맥을 벗어나 독립적으로 존재할 때에는 어떤 특정한 문법적인 기능을 나타내는 어류에 속한다고 단정지어 말할 수 없다. 그러나 어떤 단어가 일단 특정한 문중에 놓이게 되면 단어와 단어 사이의 관계를 따라 그것이 일정한 문법적 기능을 담당하게 되고, 이에 따라 한 단어가 아무런 형태상의 변화 없이 문법적인 '기능 전환'(functional shift)을 할 수 있다. 이렇게 하여 어떤 단어가 오로지 어느 특정한 품사에만 고정되어 어느 특정한 품사로서의 기능만 담당하는 것이 아니라, 자유롭게 여러 가지 다른 품사로 그 기능이 전환되어 쓰인다.[5] 예컨대 다음 각 문장에서 free라는 단어는 형용사, 부사, 그리고 동사로 쓰이고 있다.

> The doctor will be **free** in ten minutes' time; can you wait that long?
> [의사 선생님께서는 10분 뒤에 여유가 있을 것입니다. 그토록 오래 기다릴 수 있겠습니까?
> → free: 형용사.]
> You can travel **free** with this ticket.
> [이 표를 가지면 무료로 여행할 수 있습니다. → free: 부사.]
> She **freed** the bird from its cage.
> [그녀는 새를 새장에서 놓아주었다. → free: 동사.]

그러므로 영어 학습자들은 사전에서 특정한 단어를 학습할 때 그 단어가 문중에서 나타내는 문법적인 기능과 뜻을 면밀히 살펴보는 습관을 길러야 한다.

---

[5] Although it is mainly the semantic feature of attribution that induces us to classify a word as an adjective, this is not an infallible criterion for classification, any more than the morphological one. For example, in the expressions *the then president, velvet curtains, rising prices*, the words *then, velvet, rising* are normally classed as adverb, noun and verb, respectively and there is no need to reclassify them as adjectives simply because the temporal circumstance, the substance and the active process which they denote function as premodifiers of nouns. There is no grammatical problem in saying that an adverb or noun or verb functions as an epithet or a classifier in a NG or (with the exception of verbs) as Subject Complement in a clause. — Downing & Locke (2006: 481).

12.4.1. 형용사 vs. 동사

예컨대 clean은 to make the window <u>clean</u>(유리창을 닦다)에서처럼 형용사로 사용되기도 하지만, to <u>clean</u> the window(유리창을 닦다)에서는 동사로도 쓰이는데, 이처럼 쓰이는 몇 가지 예를 보면 다음과 같다.

It is important to stay **calm** in an emergency.
[비상시에는 계속 침착하게 행동하는 것이 중요하다. → calm이 형용사로 쓰여 연결동사 stay에 대한 보어 역할을 하고 있음.]
She **calmed** her nerves with a cup of coffee.
[그녀는 커피 한 잔으로 신경을 안정시켰다. → calm이 동사로 쓰였음.]
Don't use this door until it is **dry**.
[마를 때까지는 이 문을 사용하지 마세요. → dry: 형용사.]
Fishermen **dry** fish in order to eat at a later time without refrigeration.
[어부들은 냉동시키지 않은 채 나중에 먹으려고 생선을 말린다. → dry: 동사.]
There is nothing in the box; it's **empty**.
[그 상자에는 아무것도 없다. 비어 있어. → empty: 형용사.]
I **emptied** the drawer by taking my clothes out of it.
[나는 옷을 꺼내서 서랍을 비웠다. → empty: 동사.]

12.4.2. 형용사 vs. 명사

이번에는 동일한 형태의 단어가 형용사와 명사로 쓰이는 예를 보기로 하겠다. 예컨대 This building is made of **stone**.(이 빌딩은 돌로 지어졌다.)과 같은 예의 문장에서 stone은 분명히 명사이지만, a **stone** building(석조 건물)과 같은 예에서처럼 stone이 명사 앞에 놓여 이 명사에 대하여 한정적인 역할을 할 때는 명사라고 할 수 없고, 형용사로 쓰였다고 하여야 한다.[6] 즉, stone이 문법적으로 담당하는 기능에 따라 명사에서 형용사로 문법적인 기능 전환이 이루어진 것이다.[7]

---

6 We will therefore say that *criminal* is a homomorph, *ie* both an adjective and a noun, and that the relationship between the adjective *criminal* and the noun *criminal* is that of conversion. — Quirk et al. (1985: 411).
7 stone의 형용사 형태 stony는 뜻이 다르다: stony soil(돌이 많이 섞인 흙).

Hydrogen is highly **explosive**.

[수소는 폭발성이 매우 높다. → explosive: 형용사로서 부사 highly의 수식을 받고 있음.]

Dynamite is **an explosive**.

[다이너마이트는 폭발물이다. → explosive는 부정관사를 수반하여 명사로 쓰이고 있음.]

He resolved to become not only the best **black** actor in the world, but the best actor. — Ardis Whitman, "Secrets of Survivors"

[그는 세계 제일의 흑인 배우뿐만 아니라, (인종을 초월한) 세계 제일의 배우가 되겠다고 결심했다. → black: 형용사로 쓰여 명사 actor를 수식하고 있음.]

There was only **one black** in my class.

[우리 학급에는 흑인 학생이 한 명밖에 없었다. → black: 명사로서 수사 one의 수식을 받고 있음.]

She is very **intellectual**.

[그녀는 아주 지성적이다. → intellectual: 형용사로서 부사 very의 수식을 받고 있음.]

She considers herself **an intellectual**.

[그녀는 자신을 지식인이라고 생각한다. → intellectual: 부정관사를 수반하여 명사 역할을 하고 있음.]

She is extremely **professional** in her approach to her job.

[그녀는 자신의 일에 접근하는 방식이 지극히 전문적이다. → professional: 형용사로서 부사 extremely의 수식을 받고 있음.]

Many art thieves are **professionals**.

[많은 예술품 절도범들이 전문가이다. → professionals: 명사로서 복수 어미 -s가 참가되었음.]

The invention of X-ray was a **classic** case of discovering something by accident.

[X-ray의 발명은 우연히 어떤 것을 발견한 전형적인 사례였다. → classic은 형용사로서 명사 case를 수식하고 있음.]

A **classic** is a work which gives pleasure to the minority which is intensely and permanently interested in literature.

— Arnold Bennett, "Why a Classic is a Classic?"

[고전이란 문학에 강렬하고 지속적인 관심을 가진 소수의 사람들에게 즐거움을 주는 작품을 말한다. → classic은 한정사 a를 수반하여 명사로 쓰였음.]

12.4.3. 형용사 vs. 부사

같은 단어가 형용사와 부사로 쓰이는 단어들이 일부 있다. 이 중에는 다음과 같이 -ly가 첨가된 단어들, 즉 daily, weekly, monthly, quarterly, yearly, early 등이 형용사와 부사로 쓰인다.

I look forward to an **early** reply.
[나는 빠른 회답을 기다린다.]
You should get there **early** if you want a good seat.
[좋은 좌석을 원한다면 일찍 거기에 도착해야 한다.]
We go and do the **weekly** shopping every Thursday.
[우리는 매주 목요일에 주일 쇼핑하러 간다.]
The magazine is produced **weekly**.
[이 잡지는 매주 발행된다.]

또한 다음과 같이 어미가 첨가되지 않고 형용사와 부사가 같은 형태를 취하는 예들도 있다.

In **late** March, the snow began to melt.
[3월 말에 눈이 녹기 시작했다.]
She arrived **late** in the afternoon.
[그녀는 오후 늦게 도착했다.]

특히 다음과 같은 표현에 나타난 것처럼, 일부 부사들과 부사적 불변화사(adverbial particles)들도 고정된 어구에서는 명사 앞 한정적 위치에 놓여 형용사처럼 쓰인다.[8]

> the **above** statement(위에서 한 말), an **away** match(원정 경기), the **down/up** train(하행선/상행선 열차), the **upstairs** bathroom(위층 욕실), a **home** win(홈경기에서의 승리), the **inside** cover(속표지), an **outside** line(외곽선), the **then** president(당시 대통령)

---

8   Alexander (1996: 114).

He has an *inside* **knowledge** of the negotiation.
[그는 협상의 내막을 알고 있다.]
The *then* **president** of the company has since retired.
[그 회사의 당시 사장께서는 그 이후 그만 두셨다.]

또는 the sky **above**(머리 위의 하늘), the road **ahead**(앞에 놓인 길), each bold-faced word **below**(볼드체로 된 아래의 각 단어들), a village **nearby**(인근 마을), the world **hereafter**(내세), the day **after**(다음날) 따위의 경우처럼 형용사처럼 쓰이는 부사와 부사적 불변화사가 명사에 대하여 후치적(後置的: postpositive)으로도 쓰이고 있다.

12.5. 형용사의 용법

형용사는 주로 명사구에서 명사 앞에, 때로는 뒤에 놓여 그 명사에 대하여 직접 설명해 주는 역할을 하는 '한정적'(attributive) 용법과, 하나의 문장에서 be, appear, become, grow 따위와 같은 연결동사 다음에 놓여 주격보어 역할을 하거나, consider, deem, find, keep, make, set 따위와 같은 복합타동사 다음에 놓인 목적어의 뜻을 보충해 주는 목적보어로서의 '서술적'(predicative) 용법 등 두 가지 역할을 한다. 특히 형용사들 중에는 이 두 가지 위치에 모두 놓일 수 있는 것들이 있는가 하면, 어느 하나의 위치에만 놓이는 것도 있다. 또한 놓이는 위치에 따라 서로 뜻이 달라지는 형용사들도 있다.

12.5.1. 한정적 용법

12.5.1.1. (한정사 +) 형용사 + 명사

사람이나 사물을 묘사하는 명사구에서 중심어(中心語: head word) 역할을 하는 명사에 대하여 직접적으로 보다 많은 다양한 정보를 제공하는 한 가지 방법은 형용사를 사용하는 것이다. 즉, 형용사를 사용하여 그 명사가 나타내는 대상의 정체(identity)를 보다 구체적으로 기술할 수 있다. 예컨대 a businessman이라고 하면 그 대상이 어떤 사업가인지 알 수 없지만, 이 명사를 수식하는 적절한 형용사를 첨가하여 a **wealthy** businessman(돈 많은 사업가)이라고 하게 되면 그 범위가 상당히 좁혀지고, 여기에 다시 또 다른 형용사를 하나 더 첨가하여 a **wealthy well-educated** businessman(돈 많고 교육을 잘 받은 사업가)이라고 하게 되면 이보다 더 범위가 좁혀진다. 또한 Julia was carrying a **battered old** suitcase. (줄리아는 찌그러지고 낡은 가방을 갖고 있었다.)라는 말은 줄리아가 가방을 갖고 있었다는 점을 전달하는 것이 주된 목적이고, 명사구에서 명사 앞에 놓인 두 개의 형용사 battered와 old는 그 가방이 어떤 것이냐에 대하여 보다 많은 구체적인 정보를 제공하기 위해 사용되고 있는 것이다. **이처럼 명사 앞에 수식어로서 형용사가 첨가될 때, 첨가되는 형용사의 수효가 많아질수록 그 명사가 지시하는 대상의 범위가 상대적으로 더 좁혀져서 그 결과 수식받는 명사의 지시 대상이 어떤 것인지 더욱더 구체적으로 밝혀지게 된다.**

A person's native language has a **powerful** influence on him.
[어느 한 개인의 모국어가 그에게 강한 영향을 미친다.]
This is not a **good** enough excuse to turn him over to the police.
[이 점은 그를 경찰에 넘길 수 있을만큼 충분한 구실이 못 된다.]
It had been a **pleasant** evening.
[그 때는 유쾌한 저녁이었어.]
English and Dutch are **kindred** languages.
[영어와 네덜란드어는 같은 그룹에 속하는 언어이다.]
Christians believe in **eternal** life after death.
[기독교인들은 죽은 뒤에 영생을 누린다고 믿는다.]

12.5.1.2. 후치수식 구조

한정적인 위치에 놓여 명사를 수식하는 형용사는 예컨대 a **keen** desire(강한 욕망)의 경우처럼 형용사가 단독으로 명사를 수식하거나, 또는 an **extremely funny** person(굉장히 익살스러운 사람)의 경우처럼 형용사가 갖는 뜻을 강화시켜 주는 강의부사(intensifying adverb)를 동반하게 되면 한 개의 형용사처럼 명사 앞에 놓인다.

They have a (*much*) **larger** house.
[그들은 (훨씬) 너 큰 집을 갖고 있다. → larger가 명사 house 앞에 단독으로 놓일 수 있을 뿐만 아니라, 강의부사 much를 동반하여 명사 앞에 놓여 이 명사를 수식할 수 있음.]
A (*very*) **young** soldier just walked into the room.
[(아주) 나이 어린 한 군인이 그 방으로 걸어들어 갔다. → 형용사 young이 단독으로 명사 앞에 놓이거나 강의부사 very를 수반하여 명사 soldier를 수식할 수 있음.]

이와는 달리, 예컨대 a <u>residence</u> **suitable** *to his important position*(그의 중요한 직위에 어울리는 주택)의 경우처럼, 형용사가 그 자신의 뜻을 보충해 주는 보충어구를 수반하고 있으면 형용사와 보충어구 전체가 하나의 형용사구로서 명사 앞에 놓이지 못하고 명사 뒤에 놓여 앞에 놓인 명사를 후치수식하게 된다.[9] 이러한 구조에서 후치수식하는 형용사에 대한 보충어구는 전치사구이거나 부정사절이다.

> 명사구 → 명사구 + [형용사 + 형용사에 대한 보충어구]
> (앞에 놓인 명사구에 대한 후치수식 구조)

people **indifferent** *to such problems*(그러한 문제에 관심이 없는 사람들)
a glass **full** *of milk*(우유가 가득 들어 있는 유리컵)
a river **six feet** *deep*[10](6피트 깊이의 강)
a book **worth** *reading*(읽을만한 책)
a remark **worthy** *of our attention*(우리의 관심을 끌만한 말)
fruit *as* **hard** *as stone*(돌처럼 딱딱한 과일)
A man **blind** *to his own faults* is apt to criticize others.
  [자기 자신의 결점을 보지 못하는 사람은 다른 사람들을 비난하기 쉽다.]
I know an actor **suitable** *for the part*.
  [난 그 배역에 맞는 배우를 알고 있다.]
Any boy **good** *at athletics* should come at our school.
  [운동을 잘 하는 남학생이라면 누구든지 우리 학교에 들어올 것이다.]
We are looking for people **skilled** *at design*.
  [우리는 디자인에 능숙한 사람을 찾는 중이다.]
What you say is not a thing **likely** *to happen soon*.
  [네가 말하는 것은 이제 당장 일어날 것 같은 일이 아니다.]
A man **so difficult** *to please* must be hard to work with.

---

9 Post-order is often rendered desirable or necessary if the adjunct is accompanied by subjuncts, especially if these consist of long groups. The adjunct with its additions is then often felt as an abbreviation of a relative clause and takes the same place as this would have: *a nook merely monastic* = 'a nook which is merely monastic'. — Jespersen (1913: 383).

10 six feet deep이 명사 앞에 놓이게 되면 척도어 feet은 단수형 foot으로 바뀌어 a six-**foot**-deep river와 같이 표현된다.

[즐겁게 해주기가 무척 어려운 사람은 틀림없이 같이 일하기가 어려워.]

이와 같은 구조는 다음 예에서처럼 수식받는 명사와, 이 명사 뒤에 놓인 형용사 + 보충어 구로 이루어진 구조에서는 이 두 요소 사이에 <주격 관계대명사 + be 동사의 적절한 형태>가 생략된 것으로 분석된다. 그러므로 이러한 경우에 후치수식 구조는 관계사절이 축약(縮約: reduction)된 형식으로 보는 것이 타당하다고 하겠다.

people **(who are)** *indifferent to such problems* → people *indifferent to such problems*

fruit **(which is)** as hard as stone → fruit *as hard as stone*

수식받는 명사가 특정한 대상을 가리키는 것이 아니라, 총칭적(總稱的: generic)이고 막연한 대상을 가리킬 경우에는 등위적으로 연결된 형용사나 일부 절 요소가 첨가된 형용사들은 그 명사 뒤에 놓일 수 있다. 그러나 이러한 어순은 격식적이고 비교적 잘 쓰이지 않는 편이다.[11]

Soldiers **timid or cowardly** don't fight well.
　[공포심이 많거나 용기 없는 군인들은 잘 싸우지 못한다.]
A man **usually honest** will sometimes cheat.
　[대개 정직한 사람도 때로는 남을 속이는 일이 있다.]

이보다 더 보편적인 구조는 이들이 명사 앞에 놓이거나 또는 관계사절을 수반하는 것이다.

Timid or cowardly soldiers ...
Soldiers **who are normally timid** ...
a man **who is usually honest** ...

관계사절의 경우처럼 명사 뒤에 놓인 형용사들도 수식받는 명사에 대하여 제한적으로 쓰

11　However, if the noun phrase is generic and indefinite, coordinated adjectives, or adjectives with some clause element added, can be postposed, though such constructions are formal and rather infrequent. — Quirk et al. (1985: 420).

이거나, 또는 비제한적으로 쓰여 앞에 놓인 명사에 대하여 부가적인 정보만 제공해 주기도 한다. 더욱이 이와 같은 구조는 비제한적 관계사절(nonrestrictive relative clause)이 축약된 것으로 볼 수 있다.

Soldiers **normally timid** don't fight well.
[대개 공포심이 많은 군인들은 잘 싸우지 못한다. → = 'soldiers **who are normally timid** ...' → 명사가 총칭적이고 막연한 대상을 가리킴.]

The soldiers, **normally timid**, fought bravely.
[그 군인들은 대체로 공포심이 많았지만, 용감하게 싸웠다. → = 'The soldiers, **who are normally timid**, fought bravely.' → 명사가 특정하고 일정한 대상을 가리킴.]

The dining-room, **large and well-proportioned**, had windows on two sides of it.
[큼직하고 균형이 잘 잡힌 그 식당은 양쪽에 창이 나 있었다.]

The problem, **extremely complicated**, took a long time to solve.
[대단히 복잡한 그 문제는 푸는데 시간이 많이 걸렸다.]

They were concerned not with the consistent representation of pronunciation but with *etymology*, **real or supposed**.
— G. L. Brook, *A History of the English Language*.
[그들은 일관된 발음 표시에는 관심이 없고, 사실적이거나 가상적인 어원에 관심이 있었다.]

12.5.1.3. 불연속 수식 구조

때로는 수식받는 명사를 사이에 두고 형용사와 그 보충어구인 전치사구나 부정사절이 분리되어 '불연속적'(discontinuous)으로 나타나기도 한다. 즉, 형용사는 명사 앞에 놓이고, 형용사의 뜻을 보충하는 전치사구나 부정사절은 명사 뒤에 후치적(後置的: postpositive)으로 놓일 수 있다는 것이다.[12]

---

12 **290**. Sometimes, as pointed out earlier (285-6), an adjectival group is split up so that part of it precedes and the rest follows the nominal:
This is a different story from what you told me yesterday.
This is a similar letter to the one I had the other day.
This is the same request that you made last week.
etc.

a life *different from this one* ↔ **a different life** *from this one*

(이런 생활과 다른 생활)

a car *identical to mine* ↔ **an identical car** *to mine*

(내 것과 동일한 자동차)

a problem *difficult/easy to solve* ↔ **a difficult/easy problem** *to solve*

[풀기 어려운/쉬운 문제]

특히 different, similar; next, last, first, second; difficult, easy, impossible과 같은 어구 및 비교급과 최상급 형태들이 명사 앞에 놓이는 경우에 이러한 어순이 허용된다.[13]

This is **a** *similar* **letter** *to the one I had the other day*.

[이것은 요전날 내가 받은 편지와 비슷한 것이다. ↔ **a letter** *similar to the one I had the other day*.]

This is **an** *impossible* **plan** *to follow*.

[이것은 실행이 불가능한 계획이다. ↔ **a plan** *impossible to follow*.]

He is **an** *unlikely* **man** *to succeed*.

[그는 성공할 것 같지 않은 사람이다. ↔ **a man** *unlikely to succeed*.]

Our neighbors have **a** *much larger* **house** *than ours*.

[우리 이웃 사람들은 우리 집보다 훨씬 큰 집을 갖고 있다. ↔ **a house** *much larger than ours*.]

The *easiest* **boys** *to teach* were in my class.

[가르치기 가장 쉬운 그 남학생들은 나의 반 학생들이었다. ↔ **the boys** *easiest to teach*.]

This is **a** *different* **story** *from what you told me yesterday*.

But a split is not always possible. For instance, adjectivals containing an *of*-phrase cannot be divided; one cannot say

*He is a deserving man of sympathy.

*It was a fruitful conference of results.

— Christophersen & Sandved (1971: 129-130). See also Aarts & Aarts (1988: 118-119). 그러나 Leech and Svartvik (2002: 234)은 수식받는 명사를 사이에 두고 형용사와 형용사의 보충어구가 분리되는 것이 더 보편적이라고 말하고 있다.

13 In some cases an adjective can be put before a noun and its complement after it. This happens with *different, similar, the same, next, last, first, second*, etc; comparatives and superlatives; and a few other adjectives like *difficult* and *easy*. — Swan (2005: 10).

[이것은 네가 어제 내게 말한 것과 다른 이야기이다. ↔ **a story** *different from what you told me yesterday*.]

이와 같은 예 이외에도 다음과 같은 예를 더 들 수 있다.

as rich **a man** *as* my father ↔ **a man** *as rich as* my father
  [나의 아버지만큼 부유한 사람]
so dark **a cave** *that* we could not see a thing ↔ **a cave** *so dark that* we could not see a thing
  [너무 어두워서 아무것도 볼 수 없는 동굴]
so intense **a light** *as* to blind the eyes ↔ **a light** *so intense as* to blind the eyes
  [눈이 안 보일 정도로 강한 빛]
too expensive **a project** to finance ↔ **a project** *too expensive* to finance
  [재정 지원을 하기에 너무 비싼 사업]

그러나 a man *able to run fast*(빨리 뛸 수 있는) 사람)와 같은 예에서 형용사가 명사 앞으로 전치(前置: fronting)되어 an *able* man *to run fast*(달리기가 빠른 유능한 사람)처럼 나타낼 수는 있으나, 이러한 경우에 뜻이 달라진다.

12.5.1.4. 한정적으로만 쓰이는 형용사

많은 형용사늘이 서술적인 위치와 한정적인 위치에 모두 놓일 수 있다. 그러나 이른바 '지시 형용사'(reference adjectives)라고 하는 일부 형용사들은 반드시 한정적으로만 쓰이는데, 대충 다음과 같은 것들이 이에 해당된다.

12.5.1.4.1. 분류 형용사

분류 형용사(classifying adjectives)란 어떤 사람이나 사물이 속한 특정한 부류를 식별하는 역할을 하는 것이다.[14] 다시 말하자면, 명사가 가리키는 대상 부류 중에서 보다 작은

---

14 2.29 The other main type of adjective consists of adjectives that you use to identify the particular class that something belongs to. For example, if you say 'financial help', you are

하위 부류를 골라내는 역할을 하는 것으로 해석될 수 있다. 예컨대 a **polar** bear에서 명사 pole에서 파생된 형용사 polar는 많은 곰들 중에서 특정한 종류의 곰, 즉 '북극곰'을 분류하기 위해 쓰인 것으로서, 이처럼 수식받는 명사의 범주를 분류하는 역할을 하는 형용사는 항상 한정적으로만 쓰인다. 그러므로 예컨대 a **medical** doctor에서 medical이 서술적인 위치에 놓여 *A doctor is **medical**.이라고 할 수 없다.

> an **atomic** physicist(원자 물리학자), **bodily** harm(신체적 상해), a **chemical** plant(화학 공장), **criminal** law(형법), an **educational** psychologist(교육 심리학자), a **financial** instrument(금융증권), **heavy/light** industries(중/경공업), a **medical** school(의과대학), a **musical** comedy(희가극), **rural** policemen(농촌 경찰관), a **small** farmer(소농), **solar** energy(태양 에너지)

Light industries, like electronics, are expanding rapidly. By contrast **heavy** industries, like shipbuilding, are in decline.
 [전자와 같은 경공업은 급속도로 확장되는 것과 대조적으로, 조선과 같은 중공업은 사양길에 들어 섰다.]
The buying of warrants, a dangerous **financial** instrument, should be avoided in the present volatile situation.
 [위험한 금융증권인 창고증권을 사는 것은 현재와 같은 위험한 상황에서는 피해야 한다.]
These apartments are in a quiet **residential** area.
 [이 아파트들은 조용한 주거 지역에 있습니다.]

이처럼 수식받는 명사가 나타내는 대상을 분류하는 뜻을 갖는 형용사, 즉 '분류' 형용사들은 일정한 뜻을 가지고 한정적으로만 사용되며, 다른 뜻을 갖는 경우에는 서술적으로도 쓰일 수 있다. 예컨대 an **educational** psychology에서 educational은 '교육의'라는 뜻을 가지므로 분류 형용사로서 한정적으로만 쓰이지만, '교육적인'이라는 뜻을 가지게 되면 한정적 위치와 서술적 위치에 모두 쓰일 수 있다. 더욱이 형용사가 분류 형용사적인 뜻으로 쓰이면 정도(degree)의 차이를 나타내지 않지만, 뜻을 달리 하게 되면 정도의 차이를 나타낼 수

---

using the adjective 'financial' to classify the noun 'help'. There are many different kinds of help, 'financial help' is one of them. Adjectives which are used in this way are called **classifying adjectives**. — Sinclair (1990: 66).

있다.[15]

Today the country is flooded with cheap, trashy fiction, the general tendency of which is not only not **educational**, but is positively destructive.
— E. Hemingway, "Advice to a Young Man"
[오늘날 이 나라에는 값싸고 쓰레기같은 소설이 범람하고 있는데, 이러한 상황이 보여주는 일반적인 경향은 비교육적일 뿐만 아니라, 상당히 파괴적이다.]
She's very **musical** and loves to sing.
[그녀는 아주 음악적이라서 노래 부르기를 좋아한다.]
The airline says this route is no longer **economic**, so they're going to discontinue it.
[항공사에서는 이 노선이 더 이상 경제성이 없다고 하면서 운항을 중단하려고 한다고 말하고 있다. → economic이 '경제의'라는 뜻이 아니라, '이익이 되는'이라는 뜻임.]

명사 앞에 놓여 한정적으로 쓰인 형용사는 다소 '분류적인' 뜻으로 해석될 수 있고, 후치적으로 쓰이거나 서술적으로 쓰인 형용사는 보다 일시적인 특성을 나타낸다. 반면에 보다 영속적인 특성은 한정적 형용사로 나타내는 것이 보다 일반적이다.

a **beautiful** garden ~ The garden is **beautiful**.

---

15 Some adjectives can be either **qualitative** or **classifying** depending on the meaning that you want to convey. For example, in 'an emotional person', 'emotional' is a qualitative adjective meaning 'feeling or expressing strong emotions'; it has a comparative and superlative and it can be used with submodifiers. Thus, a person can be 'very emotional', 'rather emotional', or 'more emotional' than someone else. However, in 'the emotional needs of children', 'emotional' is a classifying adjective meaning 'relating to a person's emotions', and so it cannot be submodified. — Sinclair (1990: 67); Some adjectives can serve as either classifier or descriptor. Below, the expressions in the left-hand column contain a classifying or restricting adjective, while those in the right-hand column a descriptor. Note that the descriptors are gradable and can be modified to show degree or extent.

Classifier	Descriptor
modern algebra	some **modern** authorities
criminal law	**criminal** activity
a **secondary** school	a useful **secondary** function

— Biber et al. (1999: 509). See also Downing & Locke (2006: 480).

[아름다운 정원 ~ 정원이 아름답다.]

I like **black** coffee. ~ I like my coffee **black**.

[나는 블랙 커피를 좋아한다. ~ 나는 커피를 블랙으로 마시기를 좋아한다.]

He is a **sick** man. ~ He is **sick**.

[그는 환자이다. ~ 그는 몸이 아프다.]

그러나 이러한 점은 한낱 경향에 불과할 뿐, 절대적인 규칙이 아니다. 또한 문제의 형용사가 일시적·항구적인 특성을 나타낼 수 있는 경우에만 적용될 수 있는 것이기도 하다.

12.5.1.4.2. 부사 관련 형용사

다음과 같이 <형용사+ 명사>로 결합된 명사구를 보자.

a **bad** reader(글 읽는 솜씨가 서툰 사람)

a **careful** speaker(말을 신중하게 하는 사람)

a **good** skipper(대충 읽기를 잘 하는 사람)

a **firm** believer(믿음이 굳건한 신자)

a **hard** worker(부지런한 일꾼)

a **regular** contributor(정기적인 기부자)

이상과 같은 명사구에서 한정적으로 쓰인 형용사 bad, careful, good, firm, hard, regular 등은 모두 부사적인 색채를 띠지만, 이러한 형용사의 수식을 받는 '동작주' 명사(agent(ive) noun)인 worker, speaker, contributor, skipper 등은 각각 이에 대응하는 동사 work, speak, contribute, skip과 관련이 있다. 그러므로 <형용사 + 명사>로 이루어진 이러한 명사구 구조가 뜻으로 보면 <동사 + 부사>와 같은 구조로 풀이된다. 이러한 경우에 수식받는 명사는 대개 -er이나 -or과 같은 동작주를 나타내는 접미사가 첨가된 것이다. 그리고 수식어로서의 형용사는 동작주가 나타내는 행동의 특성을 나타낸다. 예컨대 a big eater는 키가 큰 사람을 뜻하는 것이 아니라, 음식을 많이 먹는 사람을 가리키는 것이다.[16]

---

16 These(i.e. *a big eater, a fast worker, a firm believer, a hard worker, a heavy smoker, a rapid reader*, etc.) bear some resemblance to the associative type, since *a big eater*, for example, denotes not someone who is big, but someone who eats a lot. The property expressed by the adjective thus applies not to the denotation of the nominal but to an associated process. It describes the degree or manner of this process, and in some cases

He is **a hard worker**.
    (= a person who **works** *hard*.)
[그는 부지런히 일하는 사람이다.]

I used to be **a heavy smoker**.
        (= a person who **smokes** *heavily*.)
[나는 담배를 많이 피웠었다.]

If you are **a light sleeper**, you are easily woken when you are asleep.
    (= a person who **wakes** *easily*)
[네가 잠귀가 밝은 사람이라면 잠이 들었을 때 쉽게 잠에서 깬다.]

If you are **a careful observer**, you will notice that each city has its little
    (= a person who **observes** *carefully*)
individual ways of expressing certain things.
— Mario Pei, *All about Language*.
[만약 네가 세심한 관찰자라면 각 도시마다 어떤 상황을 나타내는데 약간의 개별적인 방법이 있다는 점을 알게 될 것이다.]

As summer turned to fall, the baseball games continued, and several of the boys became **frequent visitors** to the Rosens' home.
    (= persons who **visit** *frequently*)
— Gail Cameron Wescott, "The Accidental Family"
[여름이 가고 가을이 왔을 때 야구 경기는 계속되었으며, 그 소년들 중 몇 명은 로젠 씨 가정을 자주 방문했었다.]

Though I have read so much, I am **a bad reader**. I read slowly and
    (= a person who **reads** *badly*)
I am **a poor skipper**. — W. S. Maugham, *The Summing Up*.
    (= a person who **skips** *poorly*)
[나는 책을 아주 많이 읽기는 했어도 책 읽는 것이 서툴다. 나는 읽는 속도가 느리고, 대충 읽기를 잘 하지 못한다.]

My dad taught us to be **good losers**.
    (= persons who behave well after losing)
[나의 아빠께서는 우리들에게 경기에 지더라도 깨끗이 지는 사람이 되도록 가르쳐 주셨다.]

---

there is a paraphrase in which the corresponding adverb modifies the verb: *one who works fast/ believes firmly*, etc. These adjectives differ from the associatives, however, in that they are gradable (cf. *a very big eater*), and they do not all naturally pass the subset test. *A big eater* would hardly make a natural answer to the itself unlikely question *What kind of an eater is he?* — Huddleston & Pullum (2002: 557).

이상과 같은 예에서처럼 부사적인 뜻을 가지고 한정적으로 쓰이는 형용사와 이들의 수식을 받는 명사 사이에 나타나는 연어 관계(collocations)가 대개 한정되어 있다.[17] 그러므로 예컨대 a **heavy** drinker/smoker, a **big/small** eater는 가능하지만, *a **heavy** worker나 *a **big** smoker와 같은 표현은 사용되지 않는다. 또한 a **fast** runner의 경우와 달리, a **fast** worker는 '빈틈없이 처신하는 사람'이라는 뜻이다.

더욱이 이처럼 한정적으로 쓰인 형용사들은 대개 '사람'을 수식하는 것이 아니라, '행위'를 수식하는 것으로서,[18] 만약 이러한 형용사들이 서술적으로 쓰여 보어 역할을 하게 되면 뜻이 완전히 달라진다. 그러므로 예컨대 good은 문장 (1a)에서 한정적으로 쓰인 경우와 (1b)에서 서술적으로 쓰인 경우에 각각 다른 뜻을 갖는다. 즉, 한정적으로 쓰인 good은 부사 well에 대응하는 뜻을 갖는 반면, 서술적으로 쓰인 good은 '훌륭한'이라는 뜻을 갖는다. (2a, b)의 경우에도 마찬가지로 설명된다.

(1) a. She is a **good** dancer. (= 'She dances **well**.')
 [그녀는 춤을 잘 춘다.]
 b. ≠ The dancer is **good**.
 [그 댄서는 훌륭한 사람이다.]
(2) a. She's a **beautiful** dancer. (= 'Her dancing is beautiful.')
 [그녀는 춤을 멋지게 춘다.]
 b. ≠ The dancer is **beautiful**. (= '… a beautiful person.')
 [그 댄서는 아름답다. 즉, 미인이라는 뜻임.]

12.5.1.4.3. <명사 + en>: 재료 형용사

어떤 물건을 만드는 데 쓰이는 재료를 뜻하는 명사가 기술적인(descriptive) 기능을 가지고 형용사와 마찬가지로 한정적·서술적 위치에 모두 쓰이는 단어들이 일부 있다. 그러므로 이처럼 재료를 나타내는 명사가 서술적인 위치에 놓일 때 그것은 형용사적인 역할을 하여 주어 위치에 놓인 명사구를 기술하게 된다.[19]

---

17 시중에 나와 있는 영영사전을 참고하면 좋을 것이다.
18 조성식 역 (1981: 288).
19 There are some nouns that have, over the centuries, taken on real adjective status. In a sentence like *The building is stone, stone* is a descriptor, not a coreferential NP. Nouns that name the materials out of which things are made often take on this descriptive function and they can appear in both prenominal and predicate adjective position. ― Berk

This is a **brick** wall./The wall is **brick**.
  [이것은 벽돌 울타리이다./이 울타리는 벽돌로 되어 있다.]
This is a **cardboard** table./This table is **cardboard**.
  [이것은 판지 테이블이다./이 테이블은 판지로 된 것이다.]
This is a **paper** hat./This hat is **paper**.
  [이것은 종이 모자이다./이 모자는 종이로 만든 것이다.]
That is a **tin** can./That can is **tin**.
  [저것은 주석 깡통이다./저 깡통은 주석으로 만든 것이다.]

명사에 접미사 –en을 첨가해서 만들어진 파생된 형용사 형태가 어떤 물건의 재료를 나타내기도 한다.

She wears **woolen** skirts in the winter.
  [그녀는 겨울에 양모 스커트를 입는다. → woolen은 명사 wool에서 파생된 형용사 형태임.]
The talisman in the **wooden**[20] box was not just a dead bird.
  [나무 상자에 있는 부적은 단순히 죽은 새에 불과한 것이 아니었다. → wooden은 명사 wood에서 파생된 형용사 형태임.]

woolen, wooden에서처럼, 물질의 이름을 나타내는 몇몇 명사들은 접미사 -en이 첨가된 형용사 형태를 갖는다.

gold ~ gold**en**
lead ~ lead**en**
silk ~ silk**en**

이 두 단어의 관계는 항상 일정한 것 같지 않다. 예컨대 a **gold** watch(금시계)의 경우처럼 명사형이 물건을 만드는 재료를 뜻하는가 하면, **earthen** pots(흙으로 만든 단지)에서처럼 명사형에 접미사 -en이 첨가된 형용사 형태가 물건을 만드는 재료를 나타내기도 하는 것 같

(1999: 170).
20 wooden은 비유적인 뜻을 가지면 서술적으로 쓰일 수 있다:
  His performance was extremely **wooden**.
    [그의 연기는 지극히 감정이 없었다.]

다. 그런가 하면, a **golden** sunset(= 'a sunset <u>which is like</u> gold'(황금빛 저녁놀))에서처럼 형용사 형태는 주로 'like …'라는 비유적인 뜻을 갖는다.[21]

a **silk** blouse(실크로 만든 블라우스)	a **silken** handkerchief(실크 손수건) ~ **silken** skin(비단결 같은 피부)
a **lead** pipe(납관) **lead** toys(납으로 만든 장난감)	**leaden** skies(잿빛 하늘)
oak furniture(오크재 가구)	the heavy **oaken** door(오크재의 묵직한 문)
a **gold** brooch(금 브로치)	**golden** memories/hair(황금과 같은 추억/금발)
silver candlesticks(은 촛대)	a **silvery** voice(낭랑한 음성)

12.5.1.4.4. 시간·방향 관련 형용사

예컨대 former, future, late, previous 따위와 같은 시간 관련 형용사들은 한정적으로만 쓰일 뿐, 서술적으로는 쓰이지 않는다.[22]

his **current** girlfriend(그의 현재 여자친구)	the **eventual** outcome(궁극적인 결과)
his **former** wife(그의 전 부인)	**future** progress(미래의 발전)
a **new** friend(새로 사귀는 친구)	his **late** wife(세상을 떠난 그의 아내)
my **old** friend(나의 다정한 친구)	the **original** plan(원래의 계획)
the **previous** attempt(이전의 시도)	our **ultimate** goal(우리의 최종적인 목표)

In **former** times people were hanged for stealing in Britain.
> [옛날 영국에서는 절도죄를 범하면 처형당했다. → 예컨대 He was formerly my boss. 에서처럼 former에 -ly가 첨가되어 부사로는 쓰이지만, former 자체가 서술적으로는 쓰이지 않음.]

Jackson's **late** uncle left him millions.

---

[21] Some of the 'material' nouns have another form which is distinctly adjectival, e.g. *wood — wooden; silver — silvery; gold — golden; flax — flaxen; brass — brazen.* There is a tendency to use the adjectival form for a figurative meaning, e.g. *golden* corn/hair/sunset; *silvery* hair; a *silken* voice; *flaxen* curls; *brazen* impudence. Sometimes the *-en* ending has the meaning 'made of'. Compare 'a *wool* merchant' and '*woollen* socks'; 'a *wood* fire' and 'a *wooden* box'. — Eckersley & Eckersley (1963: 66).

[22] Huddleston & Pullum (2002: 556).

[잭슨의 돌아가신 삼촌께서 그에게 수백만 달러를 물려주었다. → He is **late** for class today.에서처럼 late이 서술적으로 쓰이면 뜻이 달라짐.]

Some of his **previous** offenses have involved violence.

[그가 이전에 저지른 일부 범죄 행위는 폭력과 관련된 것이었다.]

-ly로 끝나는 시간 관련 형용사들 역시 a **weekly** magazine, a **daily** newspaper, his **monthly** visit to his aunt 따위와 같은 예에서처럼 한정적으로만 쓰인다. 또한 이들은 Are you paid **weekly** or **monthly**?(너는 주급을 받니, 아니면 월급을 받니?), be published **daily/weekly/monthly**(매일/매주/매달 발행되다)에서처럼 형태상의 변화 없이 부사로도 쓰인다.

eastern, western, northern, southern과 같이 방향을 나타내는 형용사를 비롯하여 위치를 나타내는 형용사들도 항상 한정적으로만 쓰인다.

the **upper/lower** lip/teeth

[윗/아래 입술/이]

That's an **eastern** custom.

[그것은 동부 지방의 풍습이다.]

Take a **right** turn at the intersection.

[교차로에서 우측으로 회전하십시오.]

12.5.1.4.5. 강의 형용사

예컨대 absolute, complete, entire, mere, out-and-out, outright, positive, real, sheer, total, true, utter 따위와 같은 형용사들이 강의 형용사(强意形容詞: intensifying adjectives)로서의 뜻을 가지고 명사가 갖는 뜻을 강조할 수 있는데, 바로 이러한 경우에 이 형용사들이 한정적으로 쓰이게 된다.

His new film is **absolute** trash.

[그가 제작한 새 영화는 완전히 쓰레기와 같다.]

It was a **positive** delight to hear her sing.

[그녀가 노래부르는 것을 듣는 것은 무한한 기쁨이었다.]

He's an **out-and-out** cheat!

[그 사람은 완전한 사기꾼이다!]

That man is an **utter** fool.

[그 사람은 굉장히 어리석은 사람이다.]

What you say is **sheer** nonsense.

[네가 하는 말은 완전히 허튼 소리야.]

English spelling does not always present a **true** picture of the pronunciation.

[영어 철자가 반드시 발음을 그대로 나타내는 것은 아니다.]

이상에서 본 바와 같은 <강의 형용사 + 명사>의 구조를 각각 이에 대응하는 <강의 형용사에 대한 -ly 부사형 + 명사의 형용사형>의 구조로도 나타낼 수 있다.[23]

강의 형용사 + 명사 ↔ 강의 형용사의 부사형 + 명사의 형용사형
a **real** catastrophe ↔ **really** catastrophic

She is a **total** incompetent./She is **totally** incompetent.

[그녀는 전적으로 무능한 사람이다.]

It was a **real** catastrophe./It was **really** catastrophic.

[그것은 정말로 대재앙이었다.]

It was an **absolute** disaster./It was **absolutely** disastrous.

[그것은 어느 모로 보든지 틀림없는 재난이었다.]

He is a **terrible** fool./His behavior is **terribly** foolish.

[그는 엄청난 바보이다./그의 행동이 몹시 어리석다.]

It was an **awful** mess./It was **awfully** messy.

[그것은 말도 못할 정도의 난장판이었다.]

한편 이러한 강의 형용사들이 보통의 뜻을 가지게 되면 한정적으로도 쓰이고, 또한 서술

---

[23] Intensifiers are ubiquitous in English. We have already seen that *very* plays this role; forms like *absolutely, really, totally,* and *extremely* have exactly the same function — *a very loud noise; an extremely irritating child; a totally awesome experience; a really nice woman; a terribly bad accident* .... Note that many of these intensifiers are closely related semantically to intensifying adjectives, and a number of them can be formed by simply adding {-ly} to the appropriate adjective. — Berk (1999: 181).

적으로도 사용할 수 있다. 예컨대 pure가 'complete or total'이라는 뜻이면 강의 형용사 역할을 하지만, 그렇지 않을 때는 'clean; not mixed'라는 뜻을 가지고 한정적으로, 또는 서술적으로 쓰인다.

Though he speaks English with a strange accent, he is a **pure** Englishman.
 [그는 이상한 어투로 영어를 말하지만, 영국 토박이이다.]
This water is **pure**.
 [이 물은 불순물이 들어 있지 않다.]
The movie is based on a **true** story.
 [그 영화는 실화를 토대로 해서 만들어진 것이다.]
The story is **true**.
 [이 이야기는 진실이다.]
Writing **plain** English is hard work.
 [쉬운 영어로 글을 쓰는 것은 힘든 일이다.]
The meaning of this is **plain**.
 [이것의 의미는 명확하다.]
We had **perfect** weather the whole trip.
 [여행 기간 동안 내내 날씨가 아주 좋았다. → 이 문장에서 the whole trip이 부사적으로 쓰였으므로 전치사가 탈락되었음. 여기에 전치사 during 또는 for를 첨가하여 전치사구를 만들 수 있음.]
His behavior is **perfect**.
 [그의 행동은 완벽하다.]

12.5.1.4.6. 기타 한정적으로 쓰이는 형용사

certain, chief, favorite, main, only, particular, prime, principal, sole 따위와 같이 명사의 지시 범위를 한정하는 이른바 제한 형용사들(restrictive adjectives)이 한정적으로만 쓰인다.

My **main** business is not to see what lies dimly in the distance, but to do what lies clearly at hand.
 [내게 가장 중요한 일은 멀리 희미하게 놓여 있는 것을 보는 것이 아니라, 가까운데 선명하게 놓여 있는 일을 하는 것이다.]

A **prime** reason for our economic decline is lack of investment.
[우리 경제가 쇠퇴하게 된 주된 이유는 투자가 부족하기 때문이다.]
We were the **only** people there.
[우리만 거기에 있었다.]
Do you have any **particular/specific** reason to believe that?
[그걸 믿을만한 특별한 이유라도 있는가?]
The **sole** survivor of the crash was a little baby.
[그 충돌 사고에서 유일하게 살아남은 자는 어린 아기뿐이었다.]

certain과 particular는 뜻을 달리 하면 서술적으로도 쓰인다.

Some people aren't very **particular** about the food they eat.
[일부 사람들은 먹는 음식에 별로 까다롭지 않다.]
I'm almost **certain** that she saw me.
[그녀가 나를 본 것이 거의 틀림없어.]

다음과 같은 명사구에서 명사 앞에 놓인 형용사들은 어떤 부류에 속한다고 뚜렷이 분류할 수 없는 것으로서, 한정적으로만 쓰인다.

a **live** performance(실제 공연)
the **average** number (of unemployed)(평균 실직자의 수)
our **joint** opinion(우리의 공통된 견해)
a **little** house(조그마한 집)
the **contemporary** novel(현대소설)
a **spare** tyre/time(여분의 타이어/여가), etc.
We watched a **live** broadcast of the opera on TV.
[우리는 TV에서 생방송으로 오페라를 보았다.]
Many countries made a **joint** effort to fight hunger.
[많은 나라들이 빈곤을 물리치려고 공동의 노력을 기울였다.]

12.5.2. 서술적 용법

12.5.2.1. 주격보어와 목적보어

한정적으로 쓰인 형용사가 명사구에서 구 요소(phrasal element)를 이루는 반면, 서술적으로 쓰이면 문장 요소(sentential element)가 된다. 따라서 서술적으로 쓰인 형용사는 문장의 필수적인 구성 요소 중의 하나인 보어, 즉 주격보어와 목적보어 역할을 하게 된다. 다시 말하자면, 형용사가 연결동사(linking verb) 다음에 놓여 주어에 대하여 서술하는 역할을 하거나, 또는 복합타동사(complex transitive verb) 다음에 놓인 목적어에 대하여 서술적인 역할을 한다. 형용사가 명사 앞에 놓여 그 명사에 대하여 한정적으로 쓰일 때와는 달리, 보어 역할을 하게 되면 형용사가 나타내는 뜻에 화자의 관심이 집중되는 효과를 가져오게 된다. 그러므로 Davis is **dead**.라는 말은 Davis에 대하여 묘사하려고 하는 것이 아니라, 형용사 dead에 초점을 두려고 하는 것이다.

> She fell **unconscious** on the pavement.
> [그는 보도에서 넘어져 의식을 잃었다.]
> They believed coal smoke was **poisonous**.
> [그들은 석탄 연기에 독이 있다고 믿었다.]
> Did they think it **foolish** of me to tell him everything?
> [그들은 내가 그에게 모든 것을 말한 것이 어리석은 짓이라고 생각했는가?]
> His diet kept him **healthy**.
> [그는 다이어트를 해서 건강을 유지하게 되었다.]
> If you do not pull your belt **tight** your trousers will fall off.
> [벨트를 꽉 조이지 않으면 바지가 내려갈 것이다.]

특히 appear, feel, look, smell, taste, turn 따위의 동사들이 연결동사로 쓰이는 경우에는 형용사를 보어로 수반하지만, 동작을 나타내는 뜻으로 쓰이는 경우에는 동작동사이기 때문에 부사의 수식을 받게 된다. 다음 각 쌍의 문장을 비교하여 보기로 한다.

> He **looked** *calm*.
> (= 'He had a calm expression.')

[그는 침착해 보였다. → looked의 보어가 되어야 하기 때문에 형용사 calm이 쓰여야 함.]

He **looked** *calmly* at the angry crowd.

[그는 침착하게 성난 군중들을 바라보았다. → 의도적인 행위를 나타내는 동사 looked에 대한 수식어가 되어야 하므로 부사형 calmly가 필요함.]

He **turned** *pale*.

(= 'He became pale.')

[그는 창백해졌다.]

He **turned** *angrily* to the man behind him.

[그는 성난 태도로 자기 뒤에 있는 사람에게 돌아섰다.]

The soup **tasted** *horrible*.

(= 'The soup had a horrible taste.')

[수프 맛이 엉망이었다.]

He **tasted** the soup *suspiciously*.

[그는 의심스러운 듯이 수프 맛을 보았다.]

12.5.2.2. 서술적으로만 쓰이는 형용사

12.5.2.2.1. a-로 시작되는 형용사

이미 폐어(廢語: archaic)가 되어버린 동사의 과거분사에서 유래되었거나, 일부 전치사구에서 유래된 다음과 같이 a-로 시작되는 일부 형용사들은 항상 서술적으로만 쓰인다.

> ablaze, adrift, afire, afloat, afoot, afraid, agape, agaze, aghast, agog, ajar, akin, alight, alike, alive,[24] alone, amiss, ashamed, asleep, averse, astray, awake, aware, awash, awry

---

24　a-로 시작되는 형용사들은 후치적으로 쓰이기도 한다. 이러한 경우에 이들은 주격 관계대명사와 be 동사가 생략된 구조로 풀이된다: (Quirk et al. 1985: 419)

　The house (which is) ***ablaze*** is next to mine.
　　[타고 있는 그 집은 우리 이웃집이다.]
　The boats (which were) ***afloat*** were not seen by the bandits.
　　[물위에 떠있는 그 배들은 도적들에게 발각되지 않았다.]
　In a poll of 18 nations, the Gallup Organization discovered that Icelanders are **the happiest people *alive***.
　　[18국에 대한 여론 조사에서 갤럽 기관은 아이슬랜드 사람들이 살아있는 사람들 중에서 가장 행복

그러므로 예컨대 a child who was **asleep**(잠든 어린이)과 같은 어구에 서술적으로 쓰인 asleep이 *an **asleep** child와 같이 한정적으로 쓰인 어구로 바꿔 나타낼 수 없으며, 또한 alike는 The two children are **alike**.(그 두 어린이는 닮았다.)라는 문장에서처럼 서술적으로는 쓰이지만, ***alike** children의 경우처럼 명사 앞에 놓여 그 명사에 대하여 한정적으로는 쓰이지 않는다.25

The streets were **ablaze** with lights.
[거리가 온통 불바다였다.]
Arguing about Grandfather's age is splitting hairs; the important thing is that he is **alive**.
[할아버지의 나이를 놓고 왈가왈부하는 것은 중요하지 않은 일을 자세히 말하는 것과 같아. 중요한 것은 할아버지께서 살아 계시다는 점이다. → to split hairs: to argue that there is a difference between two things, when the difference is really too small to be unimportant(차이가 별로 없어서 중요하지 않다.)]
The children were **asleep** at 7, but now they're **awake**.
[애들이 일곱 시에는 자고 있었지만, 지금은 깨어 있다.]
The survivors were **adrift** on a raft for six days.
[생존자들은 6일 동안 뗏목에 타서 표류하고 있었다.]

a-로 시작되는 일부 형용사들은 의미상 서로 관련된 다른 형용사들을 갖는다. 이러한 형용사들은 명사 앞에 놓여 한정적으로 쓰이거나, 연결동사 다음의 서술적인 위치에 놓여 보어 역할을 할 수 있는 서로 관련된 형용사들을 갖는다: afloat/**floating**, afraid/**fright-**

하다는 점을 알게 되었다.]
25 There is a set of adjectives all of which begin with *a-* (*asleep, afraid, ablaze, afloat, alive, ashamed,* etc) that readily occur in predicate adjective position but do not occur prenominally. Phrases like **the afraid child*, **the asleep baby*, and **the afloat raft* are ungrammatical. *Afraid* and *ashamed* both derive from the past participle forms of now archaic verbs, while *asleep, ablaze,* and *alive* derive from very old prepositional phrase constructions — *on sleep, on blaze, on float,* and *on life*. It is certainly not surprising that adjectives derived from prepositional phrases cannot occur prenominally, since prepositional phrases themselves never occur in prenominal position — **the on fire house*, **the in the box cookies*. *Well*, meaning "healthy," does not, as a rule, occur prenominally, although "well baby clinics" exist in some communities. — Berk (1999: 172).

ened, alike/similar, asleep/sleeping 등.

서술적	한정적/서술적
I am lucky I'm **alive**. [살아 있어서 다행이다.]	a **living** animal [살아있는 동물] The animal was **living**. [그 동물은 살아있었다.]
Their ambitions are **alike**. [그들의 야망은 비슷하다.]	They have **similar** ambitions. [그들은 비슷한 야망을 갖고 있다.]
The woman is **afraid**. [그 여인은 두려워한다.]	a **frightened** woman [겁에 질린 여인]
I look forward to being **alone** in the house. [나는 집에 혼자 있기를 몹시 기대하고 있다.]	She's a **lonely** old lady. [그녀는 외로운 노부인이다.] She was very **lonely** after her husband died. [그녀는 남편이 죽고 난 뒤에 무척 외로웠다.]
The children were **asleep**. [그 아이들은 잠들어 있었다.]	Let **sleeping** dogs lie. [잠자는 개를 건드리지 마라.]
She was not **aware** of the consequences. [그녀는 그 결과를 깨닫지 못하고 있었다.]	a **conscious/deliberate** action [의식적인/의도적인 행동]
She's **awake**. [그녀는 깨어 있다.]	a **waking** baby [잠이 깬 아기]

shameful은 ashamed에 대응하는 한정적으로 쓰이는 것이 아니라, 이 두 가지 형태는 각각 '행위'와 '사람'에 대하여 기술할 때 쓰이는 것이다.

You ought to be **ashamed** of your behavior.
  [너 자신의 행동에 대하여 부끄러워해야 한다. → 주어인 you가 부끄러워해야 한다는 뜻임.]
It is **shameful** that the police did not catch the thief.
  [경찰에서 그 도둑놈을 체포하지 않은 것은 부끄러운 일이다. → that-절에 나타난 행동이 부끄러운 일이라는 뜻임.]

서술적으로만 쓰이는 a-로 시작되는 형용사들일지라도 적절한 부사의 수식을 받게 되면 다음 예에서처럼 한정적으로도 쓸 수 있다.

> a *somewhat* **alike** case(다소 비슷한 경우), the *half*-**asleep** children(잠이 들락말락한 어린이들), the *fully* **awake** patient(완전히 깨어 있는 그 환자), a *somewhat* **afraid** soldier(약간 놀란 군인), a *really* **alive** student(대단히 활달한 학생), a *very* **ashamed** girl(매우 수줍어하는 소녀)

12.5.2.2.2. 건강 관련 형용사

ill,[26] (un)well 따위와 같이 일시적인 건강 상태를 나타내는 형용사들도 서술적으로 쓰인다. 특히 healthy와 sick은 흔히 한정적으로 쓰여 보다 영속적인 상태를 암시한다. faint와 같은 단어는 건강과 관련해서 쓰이는 경우에는 서술적으로 쓰이지만, 그밖에 다른 뜻을 갖게 되면 한정적으로 쓰인다.[27]

She's $\begin{Bmatrix} \text{ill} \\ \text{well} \\ \text{unwell} \end{Bmatrix}$.

[그녀는 아프다./건강하다./건강이 좋지 않다.]

My son felt **unwell**.

[내 아들 건강이 좋지 못했다.]

You look rather **poorly** to me.

[내가 보기에 너는 좀 건강이 안 좋은 것 같다.]

He's a very $\begin{Bmatrix} \text{healthy} \\ \text{sick} \end{Bmatrix}$ man.

[그는 아주 건강한/건강이 좋지 못한 사람이다.]

She's feeling **faint**.

[그녀는 졸도할 것 같은 느낌이 든다.]

There's a very **faint** hope of finding him alive.

[그 사람이 생존 상태로 발견될 가망성이 지극히 희박하다.]

---

26 ill이 a **mentally ill** patient(정신병 환자), a **terminally ill** patient(말기 환자)에서처럼 전치수식을 받는 경우라든가, **ill** news(나쁜 소식), an **ill** omen(흉조)과 같은 어구에서처럼 다른 뜻을 가지면 한정적으로도 쓰인다.

27 Cowan (2008: 244). See also Close (1975: 159).

기타 content,[28] exempt, proof, sorry, unable, worth 따위와 같은 형용사들도 서술적으로만 쓰인다.

His honesty is **proof** against any temptation.
[그는 정직해서 어떤 유혹에도 넘어가지 않는다.]
Are you **content** with your present salary?
[현재의 봉급에 만족하는가?]

worth는 형용사로서 명사나 능동형 동명사절을 수반하여 '...할 가치가 있는'이라는 뜻을 갖는다.

It was **worth only five hundred francs at most!**
[그것은 기껏해야 500프랑의 가치밖에 없었어!]
It's **worth reading this book.**
[이 책은 읽어 볼만하다.]

12.5.3. 후치 형용사

명사구의 한 요소로서 명사를 수식하는 형용사가 중심어 앞에 놓이지 않고 그 다음에 놓인 형용사를 '후치적'(postpositive)으로 쓰였다고 한다.[29] 즉, 그 자신이 수식하는 중심어인 명사 앞에 놓이는 것이 아니라, 바로 뒤에 놓인다는 것이다.

주로 라틴어와 프랑스어에서 유래된 일부 형용사들은 명사를 수식할 때 관용적으로 그 명사 앞에 놓이지 않고 뒤에 놓여 앞에 놓인 명사를 수식하는 이른바 후치 형용사(後置形容詞: postpositive adjectives)로 사용된다.[30]

---

28 분사형 contented는 a **contented** life(만족스러운 생활)와 She is **contented**.(그녀는 만족스러워 한다.)에서처럼 서술적·한정적으로 모두 사용된다.
29 Jespersen (1913: 373-381).
30 Jespersen (1913: 378-380).

> the president **elect**(대통령 당선자), court **martial**(군법회의), the director **designate**(이사 내정자), notary **public**(공증인), heir **apparent**(법정 추정 상속인), body **politic**(국가), blood **royal**(왕족), Postmaster **General** (미국 체신부장관), an ambassador **extraordinary**(특명 전권대사), attorney **general** (검찰총장), letters **patent**(특허증), malice **aforethought**(범의: 犯意), from time **immemorial**(아득한 옛날부터) the sum **total**(총액)

That prison officer is a **devil** *incarnate*.
  [그 교도관은 악마의 화신이다.]
The **President** *elect* takes over in May.
  [대통령 당선자는 5월에 취임합니다.]
The Prince of Wales is the **heir** *apparent* to the British throne.
  [웨일즈의 왕자는 영국 왕위를 계승할 자격이 있다.]
Amnesty *International* is an independent organization established in 1961 to defend human rights and freedom of expression in all parts of the world.
  [국제 사면 위원회는 세계 전 지역의 인권과 표현의 자유를 옹호하기 위하여 1961년에 설립된 독립 기구이다.]

-body, -one, -thing으로 끝나는 복합 부정대명사와 anywhere, nowhere나 somewhere와 같은 복합 부사를 수식하는 형용사는 반드시 후치적으로만 쓰인다. 특히 이러한 구조에 사용되는 형용사는 의미와 구조적으로도 반드시 서술적으로 쓰이는 것이라야 한다. 그러므로 something **surprising** (= something (that is) surprising)이라고는 할 수 있지만, *something **main** (=*something (that is) main)이나 *somebody **mere**에서처럼 한정적으로만 쓰이는 형용사가 후치 형용사로 쓰인 표현은 잘못된 것들이다.

There is **nothing greater** than the power of mind.
  [정신력보다 더 위대한 것은 없다.]
Most of us would like **nothing better** to blame someone else when trouble comes, but the survivor will have none of that.
  — Adris Whitman, "Secrets of Survivors"
  [대부분의 우리들은 문제가 생기면 다른 어떤 사람의 탓으로 돌리려고 하겠지만, 시련을 이겨내는 사람은 절대 그런 짓을 하지 않는다.]

Philip did not find **anything attractive** in her.

[필립은 그녀에게서 아무런 매력도 발견하지 못했다.]

It was very childish of him to lose his temper over **something so unimportant**.

[그가 별로 중요하지도 않은 일 때문에 화를 내는 것은 아주 유치한 짓이었어.]

What they plainly reveal is that **nothing fundamental** has changed in the mainstream of public opinion as the piles of corpses grow higher in Indo-china. — Noam Chomsky, *For Reasons of State*.

[그들이 명백히 보여주는 것은 인도차이나에서 시체더미가 늘어나고 있음에도 불구하고 여론의 주류에 아무런 근본적인 변화도 일어나지 않았다는 점이다.]

Are you going **anywhere nice** for your holidays?

[너는 어디 좋은 곳으로 휴가 가려고 하느냐?]

Let's go **somewhere quiet**.

[어디 조용한 곳으로 가자.]

'Where are you going at the weekend?' — '**Nowhere special**.'

['주말에 어디 갈 것인가?' — '특별히 갈 곳이 없어.' → 미국영어에서는 on the weekend 라고 함.]

이처럼 수식하는 형용사들이 수식받는 명사 뒤에 놓이는 예들은 일반적으로 관계사절이 축약된 것으로 분석될 수 있다. 그러므로 예컨대 something availble은 something *that is* available에서 관계대명사와 be 동사가 생략 — 여기서는 'that is' — 되고, 형용사가 부정대명사 뒤에 후치적으로 놓인 구조로 볼 수 있다. 그러나 이와 같은 구조는 a book *which is* necessary에서 a **necessary** book이 생성되는 과정과 대조적이다. 즉, 이 경우에는 관계대명사와 be 동사가 생략되고 난 다음에 명사 뒤에 홀로 남아 있는 형용사는 반드시 명사 앞으로 전치(前置: fronting, preposing)되어야 한다.

a book (~~which is~~) necessary → *a book ∅ **necessary**
→ a **necessary** book

present, proper, responsible 등 일부 형용사들은 명사 앞에 놓이느냐, 뒤에 놓이느냐에

따라 뜻이 달라지기도 한다.[31]

> There will be a fifteen-minute introduction before *the meeting* **proper**.
> [본회의에 앞서 15분 동안 소개를 하게 됩니다.]
> I can't find a **proper** *word* to express my feelings.
> [내 감정을 나타낼 수 있는 적절한 말이 생각나지 않는다.]
> The motion was accepted by *the MPs* **present**.
> (= the MPs who were present at the meeting)
> [그 동의안은 참석한 의원들에 의해 받아들여졌다.]
> The average age of the **present** *MPs* is sixty-two.
> (= those who are MPs now)
> [현 의원들의 평균 연령은 62세이다.]
> *The girl* **responsible** was expelled. (= 'to be blamed')
> [책임져야 할 그 소녀는 쫓겨났다.]
> Janet is a **responsible** *girl*. (= 'having a sense of duty; trustworthy')
> [Janet는 책임감이 있는 소녀이다.]
> ten **square** *feet*
> [10평방피트 → 예컨대 2 ft x 5 ft 또는 1 ft x 10 ft.]
> ten *feet* **square**
> [사방 10피트 → 10 ft x 10 ft.]

responsible이 서술적으로 쓰일 때에는 이 두 가지 뜻을 모두 갖는다.

> You can leave the children with him — he's very **responsible**.
> [그에게 애들을 맡겨도 된다. 그는 상당히 책임감이 있는 사람이다.]
> Who's **responsible** for this terrible mess?
> [누가 이렇게 말도 못할 정도로 엉망으로 만들어 놓았는가?]

opposite도 그 뜻에 따라 명사 앞이나 뒤에 놓인다. 어떤 대상의 어느 한쪽을 나타내거나, 어떤 면에서 어느 하나와 정반대라는 뜻을 나타낼 때에는 명사 앞에 놓여 한정적으로 쓰

---

31 concerned, involved 등 일부 분사 형용사들의 경우에도 마찬가지인데, 이에 대해서는 본서 제2권 10.5(→ pg. 394)에서 이미 설명되었다.

인다.

I was moved to a room on the **opposite** side of the corridor.
[나는 그 복도의 반대편 방으로 옮겨졌다. → 복도 양쪽 중 어느 한쪽을 나타내고 있음.]
Holmes took the **opposite** position of view.
[호움즈는 반대 견해를 갖고 있었다. → 어떤 면에서 전혀 다르다는 점을 나타내고 있음.]

이러한 뜻을 나타내는 경우에 opposite의 뜻을 보충해 주는 요소를 동반하고 있으면 다음 예에서처럼 수식받는 명사 다음에 후치적으로 놓인다.

The efforts of (spelling) reformers have sometimes had an effect **opposite** to the one intended. — G. L. Brook, *A History of the English Language*.
[때로는 (철자) 개혁가들의 노력이 의도된 것과 반대되는 효과를 가져오기도 했다. → opposite이 보충 요소 to the one intended를 수반하고 있기 때문에 명사 뒤에 후치적으로 놓여 있음. cp. I thought the medicine would make him sleep, but it had the **opposite** effect.(그 약을 먹으면 그가 잠을 잘 수 있을 것으로 생각했는데, 그 반대 효과가 발생했다.)]

반면에, 화자/청자와 마주하고 있거나, 이미 언급된 사람이나 장소와 마주하고 있다는 뜻이면 opposite이 명사 다음에 놓여 후치적으로 쓰인다.

I could see smoking coming out of the windows of the house **opposite**.
[맞은편 건물의 창밖으로 연기가 나오는 것이 보였다. → 어떤 사람/사물이 도로·복도·방·식탁 등의 반대편에 있음을 나타낼 때에는 명사 뒤에 놓임.]
I noticed that the man **opposite** was staring at me.
[나는 맞은편에 있는 그 사람이 나를 쳐다보고 있다는 것을 알아차렸다.]

최상급 형용사나 only, last, next의 수식을 받는 명사가 다시 접미사 -able이나 -ible가 첨가된 형용사의 수식을 받게 되면 두 번째 형용사는 의미상의 차이 없이 수식받는 명사 앞이나 뒤에 놓일 수 있다.[32]

---

32 **15.63.** Very often an adjective like *possible*, which only implies a limitation of another adjunct (generally a superlative) is placed after the substantive (thus producing a word-

the best **available person** ~ the best **person available**

 [활용 가능한 가장 뛰어난 인물]

the greatest **imaginable insult** ~ the greatest **insult imaginable**

 [상상할 수 있는 가장 큰 모욕]

the best **possible use** ~ the best **use possible**

 [가능한 최상의 용도]

the only **suitable actor** ~ the only **actor suitable**

 [적절한 유일한 배우]

-able/-ible로 끝나는 단어가 수식받는 명사의 전후 어디에 놓여 있느냐에 따라 뜻이 달라지는 예도 있다. 즉, 이러한 접미사가 첨가된 형용사가 후치되면 '일시성'을 나타내는 반면, 명사 앞에 놓이면 '영속성'을 뜻한다.[33]

visible stars [항상 보이는 별]

stars **visible** [특별한 시점에만 보이는 별]

the only **navigable** rivers [항시 항해가 가능한 유일한 강들]

the only rivers **navigable** [특정 시점에 항해가 가능한 유일한 강들]

12.6. 형용사의 보충

일부 형용사들은 서술적으로 쓰일 때 그 자신의 뜻을 보다 더 충실하게 전달하기 위하여 특정한 구조를 갖춘 보충 요소(complementation)를 수반하게 되거나, 또 어떤 형용사들의 경우에는 이것이 필수적으로 요구되기도 한다. 예컨대 I am happy.라고 하거나, I am

---

order analogous to that mentioned in 15.48): in the best style *possible* (= the best style that is possible; also: in the best possible style) | the only person *visible* | the toughest old salts *imaginable* | the earliest document *extant*. — Jespersen (1913: 387).

33 The deverbal suffix *-able/-ible* combines with transitive verbs to produce gradable adjectives: 'of the kind that can be V-ed'. Some postpositive adjectives, especially those ending in *-able* or *-ible*, retain the basic meaning they have in attributive position but convey the implication that what they are denoting has only a temporary application. Thus, *the stars visible* refers to stars that are visible at a time specified or implied, while *the visible stars* more aptly refers to a category of stars that can (at appropriate times) be seen. — Quirk et al. (1985: 419).

happy **to see her**., I am glad **that he has come here**.라고 하게 되면 to see her, that he has come here와 같은 구조가 happy의 뜻을 보충하여 주고 있기는 하지만, 이 경우에 부정사절이나 that-절은 I am glad.가 완전한 문장을 이루는데 반드시 필요한 요소가 아니다. 이와는 달리, *This printer is **compatible**.이나 *He is **likely**. 따위와 같은 문장에서 형용사 compatible과 likely는 각각 다음과 같은 예에서처럼 with가 이끄는 전치사구와 to-부정사절을 동반하지 않으면 비문법적인 문장이 되어버린다.[34]

    This printer is compatible **with most microcomputers**.
        [이 컴퓨터는 대부분의 마이크로 컴퓨터와 호환이 된다.]
    He is not likely **to come**.
        [그 사람은 올 것 같지 않다.]

이처럼 형용사가 갖는 뜻을 보충하는 요소는 특정한 전치사로 시작되는 전치사구, 부정사절, 또는 that-절이나 의문사절 따위와 같은 구조로 나타나서 전달하고자 하는 일정한 뜻을 보충할 수 있게 된다.

    I am happy { **about your success** / **that you are here** / **to see you** }.
        [네가 성공한 데 대하여/네가 여기 있어서/너를 만나게 되어서 기쁘다.]

12.6.1. 형용사 + 전치사구

형용사가 서술적으로 쓰일 때, 전후 문맥 내용으로 보아 그 내용을 충분히 이해할 수 있기 때문에 보충어구를 수반하지 않고 독립적으로도 쓰일 수 있다. 예컨대 형용사 proud는 전치사 of가 이끄는 전치사구를 수반할 수도 있지만, 다음 문장에서는 문맥 내용으로 보아 그 뜻이 명백하기 때문에 전치사구가 생략되었다.

---

34 주어가 복수일 때는 복수 주어 자체에 의해 뜻이 명확하기 때문에 compatible과 부정 접두사가 첨가된 부정어 incompatible 다음에는 with가 이끄는 전치사구가 생략될 수 있다:
    Carl and Eva are **compatible**.
        [카알과 에바는 좋은 관계를 가질 수 있다.]
    She asked for a divorce because they were utterly **incompatible**.
        [그녀는 두 사람의 성격이 전혀 안 맞는다는 이유로 이혼을 요구했다.]

Elizabeth's navy had won a great victory. The English were **very proud**. Under Elizabeth, England became one of the most powerful nations in the world.

[엘리자베스 여왕의 해군은 대승을 거두었다. 영국 국민들은 매우 자랑스러워했다. 엘리자베스 여왕의 통치하에 영국은 세계에서 가장 강한 국가들 가운데 하나가 되었다. → proud 다음에 내용상 of their navy가 생략되었음을 알 수 있음.]

그러나 전치사를 수반한 동사들(prepositional verbs)의 경우와 마찬가지로, 일부 형용사들은 특정한 전치사구와 결합하여 어휘적 단위를 이루는 경우들이 종종 있다.[35] 특히 averse **to**, bent **on**, conscious **of**, content **with**, fond **of**, inferior **to**, keen **on**, opposed **to** 따위와 같이 보충어구가 필수적인 형용사와 전치사구 사이에 어휘적 결속력(lexical bond)이 가장 강력하게 나타난다. 그러므로 He was **averse** *to my suggestion*.(그는 내 제안에 반대했다.)은 의미와 구조적인 면에서 보아 완전한 문장이 되지만, 전치사구가 없는 *He was **averse**.는 불완전한, 말하자면 비문법적인 문장이 된다. 즉, 특정한 어떤 형용사들이 특정한 전치사구와 같은 보충어구의 도움 없이 홀로 보어 위치에 놓이게 되면 그 문장은 비문법적이다.

> ⓐ **to**-구를 동반하는 형용사: attuned, conducive, liable, allergic, averse, close, devoted, integral, prone, resistant, subject, similar, injurious, attributable
> ⓑ **of**-구를 동반하는 형용사: fond, reminiscent, capable, aware, characteristic, heedless, ignorant, indicative, reminiscent, representative, mindful, desirous
> ⓒ **with**-구를 동반하는 형용사: (in)compatible, familiar, fraught, filled, tinged, conversant
> ⓓ **on**-구를 동반하는 형용사: contingent, dependent, intent, keen, based, bent, reliant
> ⓔ **in**-구를 동반하는 형용사: inherent, steeped, interested

---

35 Adjectives are followed by different prepositions. As a dictionary will tell you, a particular adjective usually requires a particular preposition: *curious about, good at, ready for, interested in, afraid of, keen on, close to, content with*, etc. Adjectives with prepositions are often -*ed* adjectives, i.e. participial adjectives like *worried* (*about*), *interested* (*in*).— Leech & Svartvik (2002: 227).

All food was **repugnant to** me during my illness.
  [아팠을 때는 모든 음식이 내 입맛에 맞지 않았다.]
The world is fully **alive to** the need for an international language.
  [세상 사람들은 어떤 국제어가 필요하다는 점을 충분히 깨닫고 있다.]
Cheating is **alien to** his nature.
  [부정행위는 그의 성품에 맞지 않는다.]
"I'm so sorry," he said in a voice **fraught with** emotion.
  ["대단히 미안합니다." 하고 그는 감정이 충만한 음성으로 말했다.]
He was **apprehensive of** being killed.
  [그는 살해되지 않을까 걱정했다.]
He's **intent on** going to France to continue his studies.
  [그는 공부를 계속하기 위하여 프랑스로 가고 싶어한다.]
This invasion is **tantamount to** a declaration of war.
  [이번 침략은 선전포고나 다름없다.]
These ideas are **rooted in** self-deception.
  [이러한 생각들은 자기기만에 근거한 것이다.]
Oranges are **rich in** vitamin C.
  [오렌지에는 비타민 C가 듬뿍 들어 있다.]

일부 형용사들은 선택의 여지가 없이 항상 일정한 전치사를 중심어로 삼는 전치사구를 수반하지만, 이와는 달리 어떤 형용사들은 전달하고자 하는 뜻에 따라 전치사구의 중심어인 전치사가 달라진다. 예컨대 형용사 good은 다음과 같이 서로 다른 전치사가 이끄는 전치사구를 수반하여 그에 따라 각기 다른 뜻을 나타내고 있다.

She's very **good at** languages.
  [그녀는 언어 능력이 아주 뛰어나다.]
You should drink this. It's **good for** you.
  [너는 이것을 마셔야 해. 이것은 너의 몸에 좋다. → good = healthy or beneficial.]
She felt **good about** winning the prize.
  [그녀는 상을 타서 즐거워했다.]
Tom was **good to** us when times were hard.
  [Tom은 우리가 어려울 때 친절했다.]

He's very **good with** his hands.
[그는 손 솜씨가 아주 좋다.]

이상과 같은 예에서 보는 바와 같이, 일부 형용사들은 특정한 전치사구를 수반한다. *Oxford Advanced Learner's Dictionary*와 *Longman Dictionary of English Language and Culture* 따위와 같은 좋은 사전을 참고하면 이에 대한 정보를 충분히 얻을 수 있을 것이다. 여기서는 뜻에 따라 서로 다른 전치사를 수반하는 몇 가지 형용사들의 예를 살펴보기로 하겠다.

Janet had always been **afraid of** flying.
[재니트는 늘 비행기 타는 것을 두려워했었다.]
They tried to leave the country, **afraid for** their own lives.
[그들은 자신들의 생명이 두려워서 그 나라를 떠나려고 했다.]
His wallet was stolen, and he is very **angry about** it.
[그는 지갑을 도난당해서 그 때문에 무척 화가 나고 있다.]
I'm not **angry with** you, Paul.
[Paul, 나는 너에게 화를 내는 것이 아니야.]
She is **answerable for** the money that has disappeared.
[그녀는 없어진 돈에 대한 책임이 있다. → = 'responsible for'.]
The committee is **answerable** only **to** the President.
[위원회는 대통령에게만 답변할 책임이 있다. → = 'has to explain its actions to'.]
Ministers are increasingly **anxious about** the cost of health care.
[상관들은 보건비에 대하여 점점 더 많은 걱정을 하고 있다.]
I'm **anxious for** the work to be done as soon as possible.
[나는 가급적 그 일이 빨리 이루어졌으면 한다. → = 'want very much'.]
I'm **glad about** his new job.
[그가 새 직장을 구했다니 반갑다.]
I'd be **glad of** some help with carrying these boxes.
[이 상자들을 운반하는 것을 도와주시면 고맙겠습니다.]
You're **right about** Tom. He's moving to Spain.
[너는 Tom에 대해서 제대로 알고 있군. 그가 스페인으로 이사간다고.]
We're sending her to a school that we think is **right for** her.

[우리는 그녀에게 적당하다고 생각되는 학교에 그녀를 보낼 거야.]

I'm **sorry about** giving you such a hard time.

[그토록 어렵게 해서 미안해.]

I felt really **sorry for** Susan, but what could I do?

[정말이지 나는 Susan이 불쌍했지만, 어쩔 수 없었어.]

12.6.2. 형용사 + 부정사절

be 동사의 보어 역할을 하는 형용사의 뜻을 보충하여 완전한 문장을 이루기 위해 형용사가 부정사절을 수반하기도 한다. 이러한 경우에 적어도 외형적으로는 다같이 <be + 형용사 + to-부정사절> 구조로 나타나기 때문에 모두 같은 것처럼 보이겠지만, be 동사에 대한 보어 역할을 하는 형용사의 차이로 말미암아 대충 다음과 같이 일곱 가지 유형의 구조들은 서로 다른 문법적 특성을 갖고 있다.[36]

12.6.2.1 Bob is **silly** to do that
12.6.2.2 Bob is **slow** to react
12.6.2.3 Bob is **sorry** to do it
12.6.2.4 He is **likely** to succeed
12.6.2.5 Bob is **hard** to persuade
12.6.2.6 I am **willing** to help you
12.6.2.7 It is **important** to act quickly

12.6.2.1 Bob is silly to do that

(10a)에 제시된 이 구조는 (10b-d)와 서로 관련된 문장으로서, 주어 역할을 하는 사람이나 그 사람의 행위에 대하여 칭찬이나 비난 따위의 뜻을 나타낸다. (10a)에서는 상위절의 주어(Bob)가 부정사절의 주어와 동일하다. 이 문장에 나타난 부정사절은 Bob가 어리석다는 점을 구체적으로 밝혀주고 있지만, (10b)에서처럼 생략될 수 있다. (10c)는 부정사절이 그 자신의 주어를 수반하여 주어 자리에 있는 경우이며, 그 자신의 주어를 수반한 부정사절

---

36 Alexander (1996: 308-310) and Close (1992: 123).

이 외치(外置: extraposition)된 구조가 (10d)이다. 특히 (10d)의 경우처럼 사람의 성질을 나타내는 형용사가 사실주어 역할을 하는 부정사절의 보어이고, 이 부정사절이 외치되었을 때는 부정사절의 주어가 of를 수반하지만, (10c)에서처럼 일단 부정사절이 문두에 놓여 주어 역할을 할 때 부정사절의 주어 앞에는 for가 놓인다. 특히 부정사절의 주어(Bob)가 문두의 위치로 이동하여 상위절의 주어가 될 수 있는 이유는 형용사가 나타내는 평가가 부정사절에 의해 나타내는 상황에는 물론, is silly의 주어의 지시 대상에도 적용될 수 있기 때문이다. 다시 말하자면, (10c, d)에서처럼 '<u>Bob가 그렇게 하는 것</u>'이 어리석은 행위라고 평가를 내릴 수도 있지만, 다른 한편으로는 (10a, b)에서와 같이 '<u>Bob</u>'가 어리석은 사람이라는 평가도 내릴 수 있다는 점 때문이다.

(10) a. Bob is silly to do that.
   [보브가 그렇게 한 것이 어리석은 짓이다.]
   b. **Bob** is **silly**.
   [보브가 어리석다.]
   c. **For Bob to do that** is **silly**.
   d. **It** is silly **of Bob to do that**.
   [보브가 그렇게 하는 것이 어리석다.]

또한 (11a)에서와 같이 be 동사의 보어인 형용사의 수식을 받는 명사를 첨가시킬 수 있으며, (11b)에서처럼 형용사 대신에 이에 대응하는 정도의 차이를 나타낼 수 있는 명사(gradable noun)로도 나타낼 수 있다.

(11) a. Bob must be a splendid **craftsman** to have built this house.
   [보브가 이런 집을 지었다니 훌륭한 기술자임에 틀림없어.]
   b. You're { foolish / a fool } to spend so much.
   [네가 그렇게 돈을 많이 쓰는 것은 바보짓이다.]

이러한 구조에는 다음과 같은 형용사들이 사용된다.

> bad, careful, careless, civil, crazy, foolish, friendly, generous, good(= 'kind; well-behaved'), greedy, (in)considerate, nice, rash, sensible, silly, splendid, thoughtful, wicked, (un)wise, wrong

12.6.2.2. Bob is slow to react

이 유형의 형용사가 포함된 문장 유형 (12a)를 (12b)에서처럼 형용사를 부사 형태로 바꿈과 동시에 부정사절을 정형동사로 바꾼 구조로 나타낼 수 있으며, 또한 (12c)에서와 같이 형용사 다음에 놓인 부정사절이 in …ing 구조로도 나타낼 수 있다.

(12) a. Bob is **slow** to react.
  b. Bob **reacts slowly**.
  c. Bob is slow **in reacting**.
   [보브는 반응 속도가 느리다.]
Many dealers were **quick** to purchase the new shares.
  [많은 거래자들은 재빨리 새로운 주식을 샀다.]

이 유형에 속하는 형용사에는 quick, prompt, slow 따위가 있다. 특히 이처럼 사용되는 형용사들은 현재 부정사절을 수반하지만, *Bob is slow **to have reacted**.처럼 완료 부정사절은 허용되지 않는다.

12.6.2.3. Bob is sorry to hear it

분사 형용사를 포함하여 이 유형에 속하는 형용사는 주어 자신의 태도나 감정을 나타내는 것으로서, 뒤따르는 부정사절은 태도나 감정 변화에 대한 이유를 설명하는 것이다. 그러므로 형용사와 to-부정사절 사이에는 인과 관계(causation)가 있다.

I am **sorry** to have kept you waiting.
(= 'I'm sorry because I have kept you waiting.')
 [기다리게 해서 미안하다.]
I was **excited** to be there.

(= 'To be there excited me.')

[거기에 있는 것 때문에 나는 흥분했다.]

I was **delighted** to make that personal contact.

[나는 그처럼 개인적인 접촉을 하게 되어 기뻤다.]

상위절의 주어와 부정사절의 주어가 다를 경우에는 부정사절의 주어로서 <for + 주어>를 내세울 수 있다.

I am **afraid** *for her* to lose her earrings.

[그녀가 귀걸이를 잃어버린 것 같군.]

She is **worried** *for her hair* to turn gray.

[그녀는 자신의 머리가 희어지는 것을 걱정한다.]

이와 같은 구조의 문장에는 다음과 같은 형용사와 분사 형용사들이 쓰인다.

afraid, angry, curious, fortunate, furious, glad, grateful, impatient, indignant; annoyed, bored, delighted, disappointed, disgusted, fascinated, interested, puzzled, surprised, worried

12.6.2.4. He is likely to succeed

이러한 문장 구조는 외치된 that-절 안에 들어 있는 주어를 상위절의 주어로 이동시킨 결과로 생긴 것이다. 즉 (13a)에서 외치된 that-절의 주어 John이 상위절의 주어 위치로 이동하고, 주어가 없는 that-절이 필연적으로 부정사절로 바뀌어 이루어진 문장 구조가 곧 (13b)이다. (14a, b) 두 문장의 관계도 마찬가지이다.

(13) a. It is $\left\{\begin{array}{c}\text{certain}\\\text{likely}\end{array}\right\}$ that John will resign.

b. John is $\left\{\begin{array}{c}\text{sure}\\\text{certain}\\\text{likely}\end{array}\right\}$ to resign.

[존이 사직할 것이 틀림없다/사직할 것 같다.]

(14) a. It is **fortunate** that she has not been killed.

b. She is **fortunate** not to have been killed.
[그녀가 살해되지 않은 것이 다행이다.]

이러한 문장 구조는 certain, likely, sure, (un)fortunate, (un)lucky 따위와 같은 형용사들이 상위절에서 보어 역할을 할 수 있는 경우에만 가능하다.

12.6.2.5. Bob is hard to persuade

이런 유형의 문장 구조 (15a)에서 형용사가 연결동사의 보어로 쓰일 때, 문장 표면에 나타난 문법적인 주어(Bob)는 논리적으로 보면 (15c)에서처럼 부정사절에서 목적어에 해당되는 것이다. 그러므로 부정사절에서 동사는 반드시 타동사이거나, 전치사를 수반한 자동사라야 한다. 따라서 *Bob is hard to **arrive**.라는 문장에는 부정사절에 자동사가 포함되어 있기 때문에 비문법적이다. 의미 내용으로 보면, 12.6.2.1에서 본 **Bob is silly** to do that.과 같은 문장 구조의 경우와 달리, 형용사가 나타내는 평가는 부정사절이 나타내는 상황에만 적용되고, 상위절의 주어에는 적용되지 않는다. 그러므로 (15a)에는 ***Bob** is hard.라는 뜻을 포함하지 않고, 오히려 (15b)와 같은 뜻을 갖는다.[37]

(15) a. Bob is **hard** to persuade.
[보브는 설득시키기가 어려운 사람이다.]
b. To persuade Bob is hard.
c. It is hard to persuade Bob.
[보브를 설득시킨다는 것은 어려운 일이다.]

이처럼 쓰이는 형용사는 '용이함'이나 '어려움', '안락' 따위의 뜻을 나타내는 다음과 같은 것들이다.

> awkward, convenient, difficult, easy, hard, impossible, nice, tough, tricky; agreeable, amusing, interesting, (un)pleasant

John is **pleasant** to talk to.

---

[37] 이 세 문장의 관계에 대해서는 Downing & Locke (2006: 261) 참조.

[존은 말상대하기가 재미있다.]

The mistake is **difficult** for me to correct.

[그 잘못은 내가 고치기 힘들다.]

The concept is **tough** to grasp.

[그 개념은 이해하기가 어렵다.]

Jack is **easy** to fool.

[재크는 속이기 쉽다.]

12.6.2.6. I am willing to help you

이러한 구조에 쓰이는 (분사) 형용사들은 '의지'(volition)를 나타내는 것들인데, 상위절의 주어는 형용사가 나타내는 의지의 주체이고. 부정사절은 문제의 '의지적 태도'의 대상을 나타낸다. 바로 이러한 점 때문에 상위절의 주어는 의지를 발동할 수 있는 사람이라야 한다.

I am **eager** to go.

[나는 몹시 가고 싶다.]

I am **willing** to go despite her attitude.

[그녀의 태도가 그렇기는 하지만 나는 기꺼이 가고 싶다.]

John is **reluctant** to pay the fine.

[존은 벌금내기를 꺼려하고 있다.]

I am not **disposed** to do the dirty work for him.

[나는 그를 대신해서 그 지저분한 일을 하고 싶은 마음이 없다.]

드물게, 상위절의 주어로서 무생물이 등장하기도 한다.

My car is **reluctant** to start in cold weather.

[날씨가 추우면 내 자동차가 시동이 잘 안 걸린다.]

부정사절이 때로는 그 자신의 주어를 수반할 수도 있다.

I am quite **willing** *for her* to have a couple of days off.

[나는 그녀가 이틀쯤 휴가를 가졌으면 하고 몹시 바란다.]

다음과 같은 형용사와 분사 형용사들이 이처럼 쓰인다.

> anxious, determined, eager, hesitant, prone, ready(= willing to do), reluctant, willing, (dis)inclined, induced, disposed

ready가 포함된 (16a)와 달리 (16b)는 애매하다. (16a)에서는 상위절의 주어(we)와 부정사절의 주어가 같다. 그러나 (16b)의 문장 구조는 두 가지로 분석된다. 그 하나는 the lamb이 상위절의 주어이면서 동시에 부정사절의 주어 역할을 하며, 부정사 to eat의 목적어는 생략되었다고 보는 것이다. 또 다른 하나는 논리적으로 부정사절에서 목적어 역할을 하는 the lamb이 문장의 맨 앞으로 이동하여 문법적인 주어 역할을 하면서 동시에 주제 역할을 하고 있으며, 부정사절에서 주어는 나타나지 않음에도 불구하고 분명히 있다고 보는 것이다. 이렇게 분석되는 경우에 이 문장은 The lamb is ready to be eaten.이라는 뜻을 갖는다.

(16) a. Everything's packed and we're **ready** to leave.
　　　[모든 짐이 꾸려져서 우리는 떠날 준비가 되었다.]
　　b. The lamb is **ready** to eat.
　　　(= 'The lamb is ready to eat (something)' *or* '(Somebody) is ready to eat the lamb.')
　　　[그 새끼양은 뭔가 먹을 준비가 되어 있다. 또는 그 새끼양고기는 (어떤 사람이) 먹을 준비가 되어 있다.]

12.6.2.7. It is important to act quickly

이 유형의 문장에서 부정사절은 상위절의 주어이지만, 대개 외치된다. 부정사절의 주어를 문중에 내세울 때는 <for + 주어> 형식으로 나타나게 되지만, 이 주어가 문두에 놓인 상위절의 주어 위치로 이동하여 ***He** is important to ...와 같은 문장 구조를 만들지는 못한다.

It is **important** *for you* to make a good impression at the interview.
　[면접시에는 좋은 인상을 보이는 것이 중요하다.]

이러한 유형에 속하는 형용사들은 중요성(importance)이나 긴박성(urgency)을 나타내거나, 또는 빈도(frequency)를 나타내는 것들이다.

> crucial, essential, (un)important, (un)necessary, pointless, vital; (un)common, (ab)normal, (un)usual, rare

It is **pointless** (for you) to try and convince her.
  [그녀를 확신시키려고 하는 것은 무모한 짓이다.]
It is **essential** to arrive on time.
  [제 시간에 도착하는 것이 꼭 필요하다.]
Do you think it's **normal** for children to torture animals?
  [어린이들이 동물을 못살게 구는 것이 정상적이라고 생각하느냐?]
It's very **rare** for him to be late.
  [그 사람은 웬만해서는 늦는 일이 없어.]
It is **common** for new fathers to feel jealous of their babies.
  [새로 아버지가 되는 사람이 아기를 갖고 싶어하는 것이 보통이다.]

12.6.3. 형용사 + that-절

형용사가 전치사구나 부정사절 이외에, 일부 형용사들이 that-절을 보충 요소로 삼는다. 이때 상위절의 주어가 사람이 되거나, 또는 특정한 형용사가 쓰일 때에는 that-절이 외치되고 빈 주어 자리에는 아무런 뜻도 없는 형식주어 it이 쓰이게 된다.

I am **sorry that** you have to leave so early.
  [당신이 이렇게 일찍 떠나야 하는 것이 유감입니다.]
It is **strange that** she is so late.
  [그녀가 그렇게 늦는 것은 이상한 일이다.]

이러한 문장 구조에서 상위절에서 연결동사의 보어 역할을 하는 형용사에 따라서 that-절에 수반되는 동사는 직설법 동사, 가정법 동사, 그리고 '추정의'(putative) should 등 세 가지 형태로 나타난다.

12.6.3.1. 직설법 동사

형용사가 aware, certain, confident, sure; apparent, clear, evident, obvious, possible 따위와 같이 확실성(certainty)이나 신뢰성(confidence)의 정도를 나타내는 것이면 that-절의 동사로서 직설법 동사가 쓰인다.

> We were **confident** that Karen **was** still alive.
> [우리는 카렌이 아직도 생존하고 있다고 확신했다.]
> I felt **certain** that I **had passed** the test.
> [나는 시험에 합격했다고 확신했다.]
> It is **evident** that he **is** guilty; his fingerprints were found at the crime scene.
> [그가 범인임에 분명하다. 그의 지문이 범죄 현장에서 발견되었기 때문이지.]
> It's **laughable** that Septimus **is** in love.
> [셉티머스가 사랑을 하고 있다니 우스운 일이다.]

형용사에 따라서는 유생적 존재(animate being)가 주어라야 하는 것이 있는가 하면, 형식주어 it을 사용하여 that-절을 외치시킬 수 있는 것도 있다. 가령 sad의 경우를 보자. 예컨대 **I** was **sad** that she had to go.(그녀가 가야만 하게 되어 나는 슬펐다.)와 같은 경우에는 주어가 유생적 존재로서 경험자를 나타내는 반면, **It** is **sad** that so many of his paintings have been lost.(그가 그린 그림들 중에 그렇게 많은 그림들이 없어진 것이 슬픈 일이다.)에서는 주어 역할을 하는 that-절이 외치되고, 문두에 형식주어로서 it이 놓여 있다.

12.6.3.2. '추정의' should

that-절에 '추정의' should가 쓰일 수 있다. 즉, that-절에 '추정의' should가 쓰여서 놀라움, 이외의 일, 섭섭함 등 화자의 주관적인 감정적 색채가 깃들어 있는 '생각'(idea)을 나타낸다. 이 경우에 상위절에는 느낌(feeling)이나 견해(opinion)를 나타내는 형용사로서, 예를 들어 angry, glad, natural, odd, ridiculous, sad, sorry, strange, tragic 따위와 같은 순수한 형용사, 또는 alarmed, amazing, annoyed, disappointed 따위와 같은 분사 형용사가 나타난다.

It is **odd** that he **should** refuse to see you.
  [그가 너를 만나기를 거부한다는 것은 이상하다.]
I am **surprised** that they **should** object so strongly.
  [그들이 그렇게 강하게 반대한다는 것은 놀랍다.]
It is **surprising** that he **should** have passed the test.
  [그가 그 시험에 합격하다니 놀랍다.]

물론 위에 열거된 형용사들이 상위절에 쓰일 때 that-절에 '추정의' should가 쓰이기만 하는 것이 아니라, 직설법 동사가 쓰이기도 한다. 이 경우에 양자 사이에는 뜻의 차이가 있다. 즉, 직설법 동사가 들어 있는 문장이 <사실>을 나타내는 것이라면, '추정의' should가 쓰인 문장은 <생각>을 나타내는 것으로, 이 경우에는 화자의 감정이 어느 정도 개입된다. 그러므로 다음 두 문장에서, 직설법 동사 형태가 들어 있는 첫 번째 문장은 단지 특정한 말이 이상하다는 점을 나타내는 것이고, '추정의' should가 들어 있는 두 번째 문장은 어떤 사람이 이 말을 한다는 생각에 대하여 당혹스럽다는 점을 나타내는 것이다.

It is strange that he **says** this.
  [그가 이 말을 하는 것이 이상하다.]
It is strange that he **should** say this.
  [그가 이런 말을 한다고 생각하니 이상하다.]

12.6.3.3. 가정법 동사

상위절에 ask, insist, move, order, propose 따위와 같은 '요구'의 뜻을 가진 동사가 쓰일 때 that-절에 가정법 동사로서 동사 원형이 쓰이거나, 또는 영국영어에서는 이 대신에 should + 원형 동사가 쓰이는 것과 마찬가지로, 상위절에 appropriate, compulsory, crucial, desirable, essential, imperative, important, insistent, necessary, obligatory 따위와 같이 '요구'의 뜻을 나타내는 형용사가 쓰일 때도 마찬가지이다.

Why are you so **insistent** that we **leave** tonight?
  [우리가 오늘밤에 떠나야 한다고 네가 그렇게 고집부리는 이유가 뭔가?]
In a crisis situation, it is **essential** that the pilot **remain** clam.

[위기 상황에서 조종사는 침착성을 잃지 말아야 한다.]

It is **desirable** that interest rates **be** reduced.

[이자율을 낮추는 것이 바람직하다.]

It may be extremely **important** that a return gift **be** as good or better than the one received.

[답례로 주는 선물은 자신이 받은 것과 같거나 더 나아야 하는 것이 상당히 중요할 것이다.]

12.6.4. 형용사 + 의문사절

일부 형용사들은 나타내는 뜻 때문에 의문사절을 수반하기도 한다. 이 경우에 경험자(experiencer)를 나타내는 사람을 주어로 갖는 것이 있는가 하면, 형식주어 it를 수반하여 의문사절이 외치되는 것들도 있다.

> careful (about), doubtful (as to), fussy (about), puzzled (as to), unclear (about), uncertain (of), undecided (about), unsure (of), unaware (of)

He was **unsure (of) what** I should say.

[그는 내가 무슨 말을 해야 할지 확신하지 못했다.]

Are **you sure how** much the machine costs?

[그 기계 값이 얼마인지 알고 있느냐?]

It was **unclear what** they would do.

[그들이 무엇을 할지 불분명했다.]

It was **uncertain whether** she would recover.

[그녀가 회복하게 될지 불투명했다.]

12.7. 형용사의 어순

한 개의 명사구는 명사 단독으로 나타나거나, 수식어를 수반하는 경우에 그것이 나타날 수 있는 형태들 가운데 한 가지는 '한정사 + 형용사 + 명사'의 구조이다. 이러한 명사구에서 명사 바로 앞에는 a **new** house, a **nice new** house, a **beautiful large round wooden table**의 경우처럼 전달하고자 하는 뜻에 따라 한 개 또는 여러 개의 형용사가 올 수 있지만,

셋 이상의 형용사가 명사 앞에 놓이는 경우는 극히 드물다.[38] 그런데 명사 앞에 여러 개의 형용사가 놓이는 경우에는 화자가 수식받는 명사의 어떤 특성을 특별히 강조하고자 하느냐에 따라 그 어순이 달라질 수 있기 때문에 고정 불변의 규칙을 제시할 수 없고, 다만 일반적으로 보다 '선호하는'(preferred) 어순을 제시할 수 있을 따름이다.

방금 본 예에서처럼, 형용사들 중에는 new, large, blue, round 따위와 같이 연령·크기·색채·모양 등 객관적으로 사실적인 정보를 전달해 주는 역할을 하는 이른바 '사실 형용사'(fact adjectives)가 있는가 하면, 이와는 달리 beautiful, cool, delicious, interesting, nice 따위처럼 어떤 사람이나 사물에 대한 화자 자신의 주관적인 평가를 나타내는 소위 '견해 형용사'(opinion adjectives)가 있다. 이 두 가지 부류에 해당되는 형용사들이 명사 앞에 놓일 때 대체로 **견해 형용사가 사실 형용사 앞에 놓인다.**

견해 형용사	사실 형용사	
a **nice**	long	summer holiday (즐겁고 긴 여름 휴가)
an **interesting**	young	man(재미있는 젊은 남자)
delicious	hot	vegetable soup (맛있고 뜨거운 야채 스프)
a **beautiful**	large round wooden	table(멋있고 둥근 나무 테이블)

이와 같은 예들이 보여 주는 바와 같이, (명사 앞에) 사실 형용사가 두 개 이상 사용되는 경우에 그 형용사들은 다음과 같은 어순으로 놓이는 경우가 아주 흔하다.[39]

---

38 Unlike determiners, adjectives can occur one after another. This is referred to as "stacking." However, stacks of more than three adjectives rarely occur, and the adjectives tend to occur in a preferred order, such as the order shown in (1). Here an adjective sequence begins with an adjective of subjective judgment or evaluation (*ugly*). Then it is followed by an adjective of measurement (*old*), an adjective of color (*yellow*), and finally, a noun acting as an adjective that describes the material (*tin*) out of which the head noun (*bucket*) is made.

(1) An *ugly, old, yellow, tin* bucket stood beside the stove.
— Cowan (2008: 238).

39 Murphy (1998: 196).

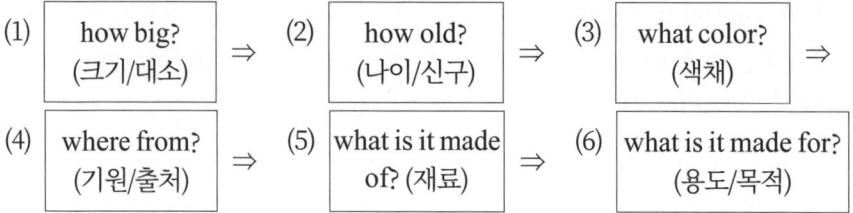

a <u>tall</u> <u>young</u> man [키가 큰 젊은이]
  (1) + (2)

a <u>large</u> <u>wooden</u> table [나무로 만든 큰 테이블]
  (1) + (5)

<u>big</u> <u>blue</u> eyes [크고 파란 눈]
(1)+(3)

an <u>old</u> <u>Russian</u> song [러시아의 옛 노래]
  (2) + (4)

a <u>small</u> <u>black</u> <u>plastic</u> bag [조그마한 검정색 플라스틱 가방]
  (1) + (3) + (5)

an <u>old</u> <u>white</u> <u>cotton</u> shirt [오래된 하얀 면 셔츠]
  (2) + (3) + (5)

<u>red</u> <u>Spanish</u> <u>leather</u> <u>riding</u> boots [스페인제 승마용 빨간 가죽 부츠]
  (3) + (4) + (5) + (6)

a <u>Venetian</u> <u>glass</u> <u>flower</u> vase [베니스제 유리 꽃병]
    (4) + (5) + (6)

현재분사형은 기원이나 출처를 나타내는 형용사보다 앞에 온다. 또한 과거분사는 대개 명사에 가까이 놓이지만, 이러한 어순이 고정된 것은 아니다.

quick-selling Chinese handmade shirts [잘 팔리는 중국제 수공 셔츠]
a Chinese **handmade** shirt ~ a **handmade** Chinese shirt [중국제 수공 셔츠]

big, small, tall, short, long 따위와 같이 크기나 길이를 나타내는 형용사들은 대개 flat, round, oblong, fat, thin, slim, wide 등 모양(shape)이나 넓이를 나타내는 단어 앞에 놓는다.

a **large round** table [크고 둥근 테이블]

a **tall thin** girl [키가 크고 날씬한 소녀]

a **long narrow** street [길고 좁다란 거리]

a lovely **large oval** mahogany table [멋지고 큰 장방형의 마호가니 테이블]

앞서 말한 바와 같이, 이상과 같은 형용사들의 어순이 결코 절대적인 것은 아니다. 일부 형용사들의 경우에는 전달하고자 하는 뜻에 따라 어순이 달라질 수도 있다. 예컨대 위의 마지막 예에서처럼 a lovely <u>large oval</u> mahogany table이라고 할 수 있는가 하면, a lovely <u>oval large</u> mahogany table이라고도 할 수 있다. 전자는 장방형의 테이블이 크다는 점을 부각시키고 있다면, 후자는 큰 테이블의 모양이 장방형이라는 점을 나타내고자 하는 차이 때문에 어순이 달라지는 것이다. 이처럼 수식받는 명사와 관계가 보다 긴밀한 형용사가 명사 가까이에 놓이는 경향이 있다. 이러한 어순의 차이가 생기는 예들을 다음과 같이 들 수 있다.[40]

round, oblong, wide, flat 따위와 같은 모양을 나타내는 형용사와 다른 형용사들 사이에서.

an **oblong** $\begin{Bmatrix} \textbf{large} \\ \textbf{yellow} \end{Bmatrix}$ box ~ a $\begin{Bmatrix} \textbf{large} \\ \textbf{yellow} \end{Bmatrix}$ **oblong** box

[→ 큰/노란 상자가 장방형이라는 점과 장방형의 상자가 크다/노랗다는 점이 대립되고 있음.]

a **round** $\begin{Bmatrix} \textbf{blue} \\ \textbf{small} \end{Bmatrix}$ table ~ a $\begin{Bmatrix} \textbf{blue} \\ \textbf{small} \end{Bmatrix}$ **round** table

[→ 파란/작은 테이블이 둥글다는 점과 둥근 테이블이 파랗다/작다는 점이 대립하고 있음.]

출처를 나타내는 형용사와, 재료 또는 색채를 나타내는 형용사 사이에서.

these **wooden Japanese** chests ~ these **Japanese wooden** chests

[→ 전자는 일본에서 만든 상자가 나무로 만들어졌다는 뜻이고, 후자는 나무 상자가 일본에서 만들어진 것이라는 점을 내세우고 있음.]

a large **porcelain Chinese** vase ~ a large **Chinese porcelain** vase

[→ 전자는 중국에서 만든 꽃병이 자기 제품이라는 뜻을 내세우는 반면, 후자는 자기 제품 꽃병이 중국에서 만든 것이라는 점을 내세우는 것임.]

---

40 Celce-Murcia & Larsen-Freeman (1999: 395).

a **German white** wine ~ a **white German** wine
[전자는 백포도주가 독일산이라는 점을 말하는 것인 반면, 후자는 독일산 포도주가 백포도주라는 점을 내세우는 것임.]

형용사들 사이에 and와 but과 같은 접속사가 수반되기도 한다. 즉, 동일한 부류에 속하는 두 개의 형용사는 and로 연결되며, 셋 이상일 경우에는 마지막 단어 앞에 and가 놓인다. 형용사들 사이에 대립적인 관계를 나타내고자 할 때에는 but이 쓰인다.

a **black** *and* **white** dress [검은색과 흰색의 드레스]
a **soft** *and* **comfortable** chair [부드럽고 편안한 의자]
a **red**, **white** *and* **green** flag [빨강색, 하얀색과 초록색 깃발]
a **tall** *but* very **graceful** woman [키가 크고 아주 우아한 여성]

그러나 a **black** dress라는 명사구에 다시 수식어로 long을 첨가하는 경우에는 a long and black dress라고 하지 않고, a long **black** dress라고 한다.

Traditionally, women in the West are married in **long white** dress.
[전통적으로 서양 여성들은 하얀 롱 드레스를 입고 결혼한다.]

제13장

부사(Adverbs)

13.1. 부사와 부사류

부사(副詞: adverb)라고 하는 것은 영어의 모든 품사들 중에서도 가장 이질적인 어류(語類: word class)로서, 대개 문장 안에서 다른 품사에 포함되지 못하는 단어들이 부사로 취급될 수 있다.[1] 다시 말하자면, 어떤 형태를 취하든 이에 속하는 단어들은 다음과 같은 문장에서처럼 문중에서 대개 문법적으로 주어·술어동사·목적어·보어·형용사적 수식어 따위와 같은 역할을 하지 못하는 것들이다.

> She **just** drifts **aimlessly** from job to job.
> 　[그녀는 아무런 목적도 없이 이 직장 저 직장을 전전하기만 한다. → 부사: just, aimlessly.]
> I **politely** answered the question.
> 　[나는 공손하게 그 질문에 대답했다. → 부사: politely.]
> Teaching is **not very** rewarding **financially**.
> 　[가르치는 것이 경제적으로 크게 득이 되지 않는다. → 부사: not very, financially.]
> I can imagine the scene **quite clearly**.
> 　[그 장면이 아주 생생하게 기억난다. → 부사: quite clearly.]
> Such a strict law is **not easily** enforceable.
> 　[그처럼 엄한 법은 시행하기가 쉽지 않다. → 부사: not easily.]
> **Obviously**, she needs help.

1　In the practice of traditional grammar (as reflected, for example, in the classification of words in dictionaries), the adverb is a miscellaneous or residual category — the category to which words are assigned if they do not satisfy the more specific criteria for nouns, verbs, adjectives, prepositions, and conjunctions. — Huddleston & Pullum (2002: 563). 이 때문에 부사 역할을 하는 단어들은 'rag-bag'(쓰레기 봉지)라고 불리우기도 한다.

[분명히 그녀는 도움을 필요로 하고 있다. → 부사: obviously.]

문중에서 부사적 역할을 하는 요소들은 대개 한 개의 단어 형태로 나타나지만, very forcibly, quite happily, fairly accurately 따위처럼 두 개의 부사끼리 서로 합쳐서 이루어진 부사구는 물론, 심지어 부사절, 부정사절, 또는 전치사구 따위도 한 단어로 나타나는 부사와 꼭 마찬가지로 부사적인 역할을 한다. 이처럼 한 단어로 나타나는 부사를 비롯하여 부사적 역할을 하는 모든 요소들을 통틀어서 '부사류'(副詞類: adverbials)[2]라고 부르기도 한다.

She spread grape jelly **on her toast**.
[그녀는 토스트에 포도 젤리를 발랐다. → 부사류: 전치사구 on her toast.]
He gets jealous **when other men talk to his girlfriend**.
[그는 다른 남자들이 자기 여자 친구와 말을 하면 질투한다. → 부사류: 부사절 when other men talk to his girlfriend.]
John was driving **to enjoy fresh air of the countryside**.
[존은 시골의 신선한 공기를 즐기려고 드라이빙하고 있었다. → 부사류: 부정사절 to enjoy fresh air of the countryside.]

이 이외에 시간·장소·양태 등을 나타내는 명사구가 다른 부사류와 마찬가지로 부사적인 기능을 담당하기도 한다.

I saw him **the other day**.
He went **that way**.
You should do it **this way**.

그렇지만 부사와 같은 역할을 하는 명사구, 즉 '부사적' 명사구(adverbial noun phrases)

---

2 '부사류'라는 용어 대신에 문장 안에 있는 어느 한 요소와 관련되느냐, 문장 전체와 관련되느냐에 따라 두 가지 유형으로 나누어진다. 즉, 문장 구조의 일부를 이루는 부가어(附加語: adjunct)와 문 구조 밖에 놓여 문장 전체와 관련되는 것이 있다. 후자는 다시 이접어(離接語: disjunct)와 공립어(共立語: conjunct)로 나누어진다. 전자는 perhaps, personally 따위의 경우처럼 자신이 진술하는 내용에 대한 태도를 나타내는 것이고, 후자는 therefore, however 따위와 같이 문장이나 단락 사이의 논리적인 연결 관계를 나타내는 것이다. See Quirk et al. (1985: 503). See also Close (1992: 152).

가 부사적 대용어(代用語: pro-form)를 필요로 할 때, 그 요구되는 대용어의 형태는 문장의 주어나 목적어, 또는 보어 역할을 하는 '비부사적'(非副詞的: nonadverbial) 명사구에 대한 대용어와 다르다. 즉, 부사적 명사구에 대한 전형적인 대용어로는 then, there, thus 따위와 같은 부사가 사용되는 반면, 주어, 목적어, 보어 역할을 하는 명사구를 대신하는 대용어로는 he, she, it, they, this, that, somebody, something 따위와 같은 대명사들이 선택될 수 있다. 그러므로 부사적 명사구는 when, where 또는 how로 시작되는 의문문에 대한 대답으로 사용될 수 있는 반면, 비부사적 명사구들은 who(m), which, 또는 what이 수반된 의문문에 대한 대답으로 사용될 수 있다.[3]

부사적 명사구:

I saw him **the other day**.

[나는 요전날 그를 보았다.]

~ I saw him **then**.

[나는 그때 그를 보았다. → 부사적 역할을 하고 있는 명사구 the other day에 대한 대용형으로 then이 쓰이고 있음.]

~ **When** did you see him?

[언제 그를 보았느냐? → 시간을 나타내는 부사적인 요소를 알려고 when으로 질문하고 있음.]

He went **that way**.

[그는 그 길로 갔다.]

~ He went **there**.

[그는 거기로 갔다.]

~ **Where** did he go?

[그가 어디로 갔는가?]

You should do it **this way**.

[너는 이런 방법으로 그것을 해야 한다.]

---

3 Noun phrases functioning as adverbials differ from those functioning as subject or complement by requiring different forms to replace them (PRO-FORMS). The former may be typically replaced by the adverbs *then, there, thus,* the latter by pronouns such as *he, she, it, they, this, that, somebody, something.* A similar characteristic is that ADVERBIAL NOUN PHRASES, as we shall call them, may be used as answers to questions with *when, where,* or *how,* whereas other noun phrases may be regarded as answers to questions with *who(m), which,* or *what*: — Ek & Robat (1984: 11).

~ You should do it **thus**.
   [너는 그 일을 그렇게 해야 한다.]
~ **How** should I do it?
   [그것을 어떻게 해야 합니까?]

비부사적 명사구:
The revolutionary council made **its chairman president of the republic**.
   [혁명 위원회는 그 의장을 공화국의 대통령으로 삼았다.]
~ **They** made **him something**.
   [그들은 그를 어떤 사람으로 삼았다.]
~ **Whom** did the revolutionary council make president of the republic?
   [혁명 위원회는 누구를 공화국의 대통령으로 삼았습니까?]
~ **What** did the revolutionary council make its chairman?
   [혁명 위원회는 의장을 무엇으로 삼았습니까?]

13.2. 부사의 문법적 기능

13.2.1. 선택적 요소

부사에 속하는 단어들은 주어, 술어동사, 목적어 따위와 마찬가지로 '문장 요소'(sentential element)의 역할을 하기도 하고, 형용사나 또 다른 부사를 수식하는 '구 요소'(phrasal element)의 역할을 하기도 한다. 대체로 부사적으로 쓰인 어구들은 다음과 같이 문중에 있는 어떤 요소들에 대하여 선택적으로 수식하는 역할을 한다.

The girl is (**now**) a student (**at a large university**).
   [(지금) 그녀는 (어느 큰 대학의) 학생이다.]

이 문장에서 ( ) 안에 놓인 부사류 now와 at a large university는 문장을 이루는데 반드시 있어야 하는 요소가 아니라, 전달하고자 하는 내용을 보다 자세히 전달하기 위해 선택적으로 쓰인 것이기 때문에 생략하더라도 문법적으로 완전한 문장을 이루게 된다.

이처럼 선택적으로 쓰인 부사는 문장의 동사가 나타내는 의미를 보충해서 수식하며, 동사의 앞/뒤에 놓인다.

I was **deliberately** hurting myself.
　[나는 고의적으로 자해 행위를 하고 있었다. → 부사 deliberately가 동사 hurting 앞에 놓여 이 동사를 수식하고 있음.]
An influx of Cubans and Haitians has made Miami's population grow **rapidly**.
　[쿠바인들과 하이티인들이 들어왔기 때문에 마이애미의 인구가 급속도로 증가되었다. → 동사 grow 다음에 rapidly가 놓여 이 동사를 수식하고 있음.]

형용사, 다른 부사, 또는 전치사구를 수식하며, 바로 이들 앞에 놓인다.

The political situation is **highly** *unstable*.
　[정치적 상황이 상당히 불안정하다.]
The two assertions are **mutually** *exclusive*.
　[그 두 주장은 상호 배타적이다.]
You seem to be drinking **rather** *heavily* these days.
　[넌 요즈음 좀 과음하는 것 같구나.]
The nitrogen came **right** *out of the air* we breathe every day.
　[질소는 바로 우리가 일상 호흡하는 공기에서 온 것이었다.]
Al Gore and George W. Bush on Saturday dashed through states which will decide their **agonizingly** *close* battle for the White House.
　[앨 고어와 조오지 W. 부시는 토요일에 백악관을 향한 몹시 힘든 접전을 판가름지을 여러 주(州)를 바삐 돌아다녔다.]

old **enough**, *fast* **enough** 따위의 경우처럼 형용사와 다른 부사를 수식하는 경우, 또는 동사를 수식하는 경우에 enough는 이 다음에 놓인다.

At 14 you aren't *old* **enough** to buy alcohol.
　[열네 살에는 주류를 살 수 없다.]
I wish you'd write *clearly* **enough** for us to read it.
　[우리가 그것을 읽을 수 있도록 선명하게 써주었으면 좋겠는데.]
You don't *practise* **enough** at the piano.
　[너는 피아노를 충분히 연습하지 않는구나.]

극히 이례적인 언어 현상이기는 하지만, 부사가 명사를 수식하기도 한다. 즉, 장소나 시간을 나타내는 부사가 앞에 놓인 명사를 수식할 수 있다.

> their way **home**(그들이 집으로 가는 길), the sentence **below/above** (아래/위 문장), the meeting **tomorrow**(내일의 회의), the day **before** (그 전날), the road **ahead**(앞에 놓인 길), the view **outside**(바깥 경치), the discussion **afterward**(그 후의 논의)

They were in *the nursery* **upstairs**.
　[그들은 위층 아이 방에 있었다.]
She used to be terribly shy, but *a year* **abroad** has completely transformed her.
　[그녀는 무척 수줍어했지만, 일년간의 외국 생활은 그녀를 완전히 바꾸어 놓았다.]
Everyone **there** has lived quiet lives.
　[그곳 사람들은 모두 조용하게 살아 왔다.]
Secret police **there** searched his bags as he boarded a plane for Dili.
　[그곳의 비밀경찰들은 그가 딜리행 비행기를 탈 때 그의 가방을 조사했다.]

일부 특정한 한정사나 부정대명사를 수식한다.

They had **hardly** *any* supporters of their plan.
　[거의 어느 누구도 그들의 계획을 지지하지 않았다.]
Medieval times lasted **approximately** *1,000* years, from **about** *476* to 1450 A.D.
　[중세기는 대략 A.D. 476년에서 1450년까지 대충 1,000년간 지속되었다.]
Nearly *all* watched the wedding on television.
　[거의 모든 사람들이 텔레비전으로 결혼식을 지켜보았다.]

장소나 시간을 나타내는 일부 부사들이 (대)명사들처럼 전치사 다음에 놓여 그 전치사의 보충어 역할을 한다.

I am quite a stranger *around* here.

[나는 이 근처를 전혀 모른다.]
Is Mr. Green *at* **home**?
[Green 씨 집에 있어요?]
There were invasions *from* **outside**.
[외부로부터 여러 번의 침략이 있었다.]

문장 전체를 수식한다.

That's **clearly** a mistake.
(= **It is clear** that's a mistake.)
[그것은 분명히 잘못이다.]
Ironically, it was Green Party candidate Ralph Nader who helped pave the way for the Republican victory by drawing votes away from Gore in Florida.
[역설적이지만, 플로리다 주에서 고어의 표를 빼앗아 공화당의 승리의 길을 터준 사람은 바로 녹색당 후보 랠프 네이더였다.]

13.2.2. 필수 요소

예컨대 다음과 같은 예에 쓰인 것처럼, 일부 동사들은 그 자신의 뜻을 보충하여 완전한 문장을 만들기 위해서는 반드시 부사적 요소를 필요로 한다.[4] 그러므로 다음과 같은 문장들이 부사적 요소를 수반하지 않으면 비문법적이다.

Clothes were lying **all over the floor**.
[마루에 옷들이 온통 널려 있었다.]
Sit **over there**.
[저기 앉아라.]
Catherine was **with a babysitter**.
[캐서린이 아기 보는 사람과 같이 있었다.]
I live **in Jejudo**.

---

4 부사가 필수적인 문장 요소로 쓰이는 경우에 대해서는 본서 제1권 "4.2.2 SVA 문형" 참조.

[나는 제주도에 살고 있다.]

He put his car **in the garage**.

[그는 자기 자동차를 차고에 주차했다.]

Parents should educate their children to behave **well**.

[부모들은 자녀들이 바른 행동을 하도록 교육시켜야 한다.]

주어 자신이 지닌 특성을 나타내는 다음과 같은 능동-수동태[5] 형식의 문장에서도 문장이 문법적인가를 결정짓는 것이 일반적으로 부사적인 요소의 유무이다. 예컨대 다음과 같은 문장에서 마지막에 놓인 부사들이 없으면 문법적으로 틀린 문장이 된다.

Cotton washes **well**.

[면은 빨래가 잘 된다.]

These shirts iron **easily**.

[이 셔츠들은 다림질이 쉽다.]

Tangerines peel **nicely**.

[오렌지는 껍질이 잘 벗겨진다.]

그러나 위의 첫 번째 문장과 관련해서, Cotton washes but wool doesn't.(면은 세탁이 되지만, 양모는 그렇지 않다.)의 경우처럼 대립적인 문맥이 주어지는 경우에는 부사적 요소가 없어도 문법적인 문장이 될 수 있다.

13.3. 동형의 형용사와 부사

일부 단어들은 카멜레온(chameleon)과 같아서 한 가지 품사에만 속하지 않는다. 예컨대 long이 a **long** street에서는 형용사이지만, Don't stay **long**.에서는 부사 역할을 하고 있다. 이처럼 일부 단어들은 다음 예에서도 그렇듯이 형용사와 부사가 같은 형태를 가지면서도 뜻과 기능을 서로 달리 하고 있다. 즉, 이들은 부사형 접미사 -ly가 첨가되거나 첨가되지 않고 형용사나 부사로 쓰인다.

---

5   능동-수동태와 관련해서는 본서 제2권 "7.4 능동-수동태" 참조.

> back, deep, (in)direct, early, daily, weekly, monthly, yearly, far, fast, hard, high, ill, just, kindly, late, left, little, long, low, near, pretty, right, short, still, straight, well, wrong

the **back** door [뒷문]

Come **back** soon [곧 돌아오너라.]

the evening edition of the **daily** paper [일간 신문의 석간판]

The machines are inspected **daily**.
　[그 기계들은 일일 점검된다.]

the most **direct** route [가장 곧은 노선]

You can dial Rome **direct**.
　[로마로 직접 다이얼을 돌릴 수 있다.]

The work is **hard**.
　[그 일은 어렵다.]

They worked **hard**.
　[그들은 열심히 일했다.]

You look **ill**.
　[너는 건강이 좋지 않은 것 같구나.]

an **ill**-made road [잘못 만들어진 도로]

George W. Bush sent his plan for **nationwide** education reform to Congress.
　[조오지 W. 부시 대통령은 자신의 전국적인 교육 개혁안을 의회로 보냈다.]

The President's speech will be broadcast **nationwide**.
　[대통령의 연설이 전국으로 방송될 것이다.]

the **right** answer [옳은 대답]

Turn **right** here.
　[여기서 오른쪽으로 돌아라.]

a **straight** line [직선]

She went **straight** home.
　[그녀는 곧장 집으로 갔다.]

I receive **quarterly** bills.
　[나는 분기별 청구서를 받는다.]

I pay my bills **quarterly**.
[나는 분기별로 청구서 요금을 낸다.]

cowardly, fatherly, friendly, lovely, heavenly, kingly, masterly, gentlemanly, motherly, scholarly 등 명사에 -ly를 첨가해서 만들어진 형태들은 형용사로만 쓰일 뿐, 부사로는 쓰이지 않는다.

13.4. 두 가지 형태의 부사

위에서 살펴본 형용사와 부사가 같은 형태를 갖는 것 이외에도, 영어의 발달 과정에서 생겨난 -ly가 수반된 부사형과 -ly가 없는 부사형에 대하여 보기로 한다.[6] 이들 두 가지 형태 중에서 어느 것을 택하느냐 하는 것이 어법상의 문제일 뿐 뜻의 차이가 없는 것들이 있는가 하면, 이 두 가지 형태 사이에 뜻과 용법상의 차이가 있는 것들도 있다.[7] 이러한 부사들의 예를 몇 가지만 들기로 한다.

cheap/cheaply

cheap은 buy, get, sell 따위와 같은 동사와 같이 쓰일 때 흔히 cheaply에 대한 변이형으로 쓰인다. 그밖의 경우에는 cheaply가 쓰인다.

I was very lucky to get it so **cheap**.
[아주 운 좋게도 나는 그것을 아주 싸게 샀다.]
That shopkeeper buys **cheap** but doesn't sell **cheap**.
[저 가게 주인은 싸게 사면서도 싸게 팔지 않는다.]

---

[6] 고대영어에서 부사는 두 가지 방법으로 만들어졌다. 그 한 가지 방법은 형용사에 접미사 -e를 첨가하는 것이다. 예컨대 'angry'라는 뜻을 가진 고대영어의 단어: wrāð [uraθ] 'angry'+ e → wrāðe[uraðe] 'angrily'. 부사 어미 -e가 14세기 말에는 없어져 오늘날에는 loud, deep, slow 따위와 같은 경우처럼 부사와 형용사가 같은 형태를 갖게 되었다. 다른 하나는 고대영어에서 형용사를 만드는 접미사 -līc가 명사에 첨가되고, 여기에 다시 위에서처럼 부사 어미 -e가 첨가되어 부사형을 만들었다: 형용사 sōþlīc 'true'에 부사 어미 -e가 첨가되어 sōþlīce 'truly'라는 부사가 되었다. 여기에서 어미 -e가 탈락되고 결국 부사 어미 -ly가 첨가된 형태가 존재하게 되어 두 가지 부사형이 존재하게 되었다. See also Brook (1958: 121-122).

[7] Christophersen & Sandved (1971: 169-175), Hornby (1975: 182-192), Swan (2005: 24-27), and Ek & Robat (1984: 361-365).

It will produce electricity more **cheaply** than a nuclear plant.
[그것은 핵발전소보다 더 싼값으로 전기를 생산하게 될 것이다.]

clean/cleanly

clean은 'completely' 또는 'absolutely'라는 뜻으로 쓰인다.

I didn't buy bread because I **clean** forgot.
[빵을 살 것을 까마득히 잊고서 사지 못했다.]
The bullet went **clean** through his shoulder.
[총알이 그의 어깨를 관통했다.]

clean은 clean-shaven이나 clean-cut 따위에서처럼 형용사 복합어로 쓰이기도 한다.
cleanly는 발음의 차이에 따라 형용사와 부사 등 두 가지로 쓰인다. 즉, [klénli]로 발음할 경우에는 형용사로서 'habitually clean'(깨끗한 것을 좋아하는)이라는 뜻이다. 부사로 쓰일 경우에는 [klíːnli]라고 발음되며, 'in a clean manner'라는 뜻을 갖지만, 흔히 쓰이는 편은 아니다.

The cat is by nature a **cleanly** animal.   [형용사]
[본래 고양이는 깨끗한 것을 좋아하는 동물이다.]
The branch snapped **cleanly** in two.   [부사]
[나뭇가지가 깔끔하게 둘로 부러졌다.]

clear/clearly

clear는 위의 clean과 마찬가지로 'completely', 'entirely'와 같은 뜻으로 쓰이거나, 또는 'away from'과 같은 뜻을 갖는다. 반면에 clearly는 'in a clear manner; obviously'라는 전혀 다른 뜻으로 쓰인다.

The prisoner got **clear** away.
[그 죄수는 온데간데없이 사라져 버렸다.]
Stand **clear** of the gates!
[문에서 떨어져 서거라!]

It was **clearly** a mistake.
　　[그것은 분명히 실수였어.]

close/closely

close는 'physically near'(물리적으로 가까운 곳에)라는 뜻으로 쓰일 때가 많으며, 다른 부사류 앞에서 강의어와 비슷하게 사용되기도 한다. 또한 closely는 양태부사와 강의어로서 쓰일 수 있는데, 'carefully'라는 뜻을 나타내거나, 때로는 'much; very'라는 뜻을 갖기도 한다.

He followed **close** behind.
　　[그는 바짝 뒤쫓아 갔다.]
Keep the object as **close** to your body as you can.
　　[가급적 그 물건을 몸 가까이에 두어라.]
Voters should **closely** examine all the issues.
　　[유권자들은 모든 문제들을 자세히 검토해야 한다.]
They resemble each other **closely**.
　　[그들은 서로 꼭 닮았다.]

deep/deeply

deep은 글자 그대로의 뜻이나 비유적인 뜻을 가지고 한정된 수의 동사와 같이 쓰이거나, 다른 부사류 앞에도 나타난다. 그 이외에는 deeply가 쓰이는데, 이것은 일반적으로 'greatly'라는 뜻을 갖는다. 특히 문중에 놓이는 것은 deeply 뿐이다.

> drink **deep**(과음하다), **deep**-laid(= 'planned in secret': 은밀하게 계획한, 교묘하게 짜낸), **deep(ly)**-rooted(뿌리깊은, 확고한), **deep**-seated(= 'firmly established': 뿌리 깊은, 깊이 자리 잡은), **deep** in my heart(마음속 깊이), **deep** in the mud(진흙에 깊이 빠진)

She was **deep** in thought and didn't hear the phone ringing.
　　[그녀는 깊은 생각에 잠겨 있어서 전화 소리를 듣지 못했다.]
He went **deep** into the matter.
　　[그는 그 문제를 깊이 파고들었다.]
We are **deeply** grateful for your support.

[당신의 지원에 대단히 고맙게 생각합니다.]

He was **deeply** offended.

[그는 몹시 기분이 상했다.]

direct/directly

direct는 'without interrupting the journey'(직행으로)라는 뜻으로, come, go, send 따위와 같은 이동동사(verbs of movement)와 같이 사용될 때가 흔하다. directly는 'in a direct manner; at once' 따위와 같은 뜻을 갖는다.

I'm flying **direct** from New York to San Francisco, but coming back via Chicago.

[나는 뉴욕에서 산프란시스코까지 직행 비행기로 가서 시카고를 경유해서 돌아온다.]

The new regulations will affect us **directly**.

[새 규정들은 우리에게 직접 영향을 미칠 것이다.]

Take him **directly** to the hospital.

[그 사람을 바로 병원으로 데리고 가거라.]

fair/fairly

fair는 to fight/play **fair**(정정당당하게 싸우다/경기를 하다), to deal with a person **fair** and square(= 'honestly')(정직하게 사람을 대하다) 따위와 같은 일부 표현에 사용되는 반면에, fairly는 'in a fair manner'의 뜻을 갖거나, 또는 **fairly** good (= 'moderately good')에서처럼 수식받는 단어의 뜻을 완화시키는 역할을 한다.[8]

firm/firmly

firm은 다음과 같은 어구와 문장에서 부사로 쓰인다:

stand **firm**

[단호한 태도를 취하다]

Always hold **firm** to one's beliefs/convictions.

[항상 신념/확신을 끝까지 고수하라.]

---

8 정도부사 fairly의 용법에 대해서는 "13.9.3.1 fairly와 rather" 참조.

이 이외에는 firmly가 부사로 쓰인다.

I **firmly** believe that we are justified in taking this course of action.
[나는 이러한 행동방침을 취하는 것을 정당하다고 굳게 믿는다.]
Fix the post **firmly** in the ground.
[기둥을 땅에 단단히 박아라.]
I had to speak **firmly** to him.
[나는 그에게 단호하게 말을 해야만 했다.]

flat/flatly

flat은 fall **flat**(벌렁 넘어지다; 완전히 실패하다 = fail)이라는 뜻을 나타낼 때 부사로 쓰인다.

The scheme fell **flat**.
[그 음모는 완전히 실패했다.]
All of her jokes fell **flat**.
[그녀의 모든 농담을 듣고 아무도 웃지 않았다.]

이 이외의 경우에는 flatly가 쓰여 'absolutely', 'in a downright way'(철저하게), 'without qualification'(무조건)이라는 뜻을 나타낸다.

He **flatly** refused my request.
[그는 단호하게 나의 요구를 거절했다.]
The suggestions were **flatly** opposed.
[그 제안은 전적으로 반대에 부딪쳤다.]

hard/hardly

hard는 'with great energy or effort'(열심히)라는 뜻을 갖는다. 그러나 hardly는 보통 'scarcely; almost no/not; very little'이라는 뜻으로 쓰인다.

He tried **hard** to find a job, but he had no luck.
[그는 직장을 구하려고 애썼지만, 운이 따르지 않았다.]
He's **hardly** doing any work these days.

[그는 요즈음 거의 아무런 일도 하지 않는다.]

Our industries were **hardly** hit by the war.

[우리의 산업이 전쟁으로 별다른 타격을 입지 않았다.]

high/highly

high는 글자 그대로의 뜻이나 비유적인 뜻을 갖고 많은 동사들 뒤에서 부사로 쓰인다. highly는 'to a high degree' 또는 '(very) well'이라는 뜻을 갖고 부사류로 쓰이거나 수식받는 단어의 뜻을 강화시켜 주는 역할을 하는 것으로서, 추상적인 의미에서만 사용된다.

> aim **high**(높이 겨누다), climb **high**(높이 오르다), fly **high**(높이 날다), live **high**(= 'luxuriously', 호화롭게 살다), hold one's head **high**(머리를 높이 쳐들다), search **high** and low(= 'everywhere', 여기저기 뒤지다); **high**-born(명문 태생의), **high**-flying ((새 따위가) 높이 나는, 야심적인)

The simplest way to succeed in business is to buy low and sell **high**.

[장사해서 성공하는 가장 손쉬운 방법은 싸게 사서 비싸게 파는 것이다.]

Aim **high** and you will strike **high**.

[높이 겨누면 맞는 곳도 높다.]

Petrol/Gasoline is **highly** combustible.

[석유/휘발유는 가연성이 높다.]

They are **highly** paid workers.

[그들은 보수를 많이 받는 근로자들이다.]

They spoke very **highly** of him.

[그들은 그를 극찬했다.]

late/lately

late은 'after the usual or expected time'(보통의/예상된 시간 이후에 → 늦게)이라는 뜻이지만, lately는 'recently'라는 전혀 다른 뜻으로 쓰인다. 그리고 부사 late이 전치사 of와 결합하여 of late이라는 관용어구를 이루어 'recently; lately'라는 뜻을 갖는다.

They stayed up **late** to watch the election results on the television.

[그들은 텔레비전으로 선거 결과를 보려고 밤늦게까지 앉아 있었다.]

It is only **lately** that she has been well enough to go out.
[그녀가 외출할 수 있을 만큼 건강이 회복된 것은 최근의 일이다.]
I have **lately** received a lot of letters about this.
[최근에 나는 이 문제에 대한 편지를 많이 받았다.]
He's been behaving very strangely **of late**.
[근래에 들어 그 사람 행동이 아주 이상해 졌어.]

lately와 recently 둘다 현재완료 시제의 동사 형태와 같이 쓰여 최근의 어느 과거 시점에 시작되어 현재까지 지속되고 있음을 나타내지만, 과거 시제 동사와 같이 쓰여 최근에 일어난 특정한 행위를 말할 때에는 오로지 recently만 쓰인다.

She got married **recently**.
[그녀는 최근에 결혼했다.]

loud/loudly

loud는 격식을 갖추지 않은 말에서 laugh, read, shout, sing, talk 등 일부 동사들 뒤에서 loudly 대신에 쓰인다. 다른 동사들은 loudly를 수반한다.

He is inclined to talk rather **loud**.
[그는 좀 큰소리로 말하는 경향이 있다.]
Every day, in hundreds of ordinary situations, actions speak far **louder** than words.
[매일 일어나는 수백 가지의 일상적인 상황에서 행동이 말보다 훨씬 강한 메시지를 전달한다.]
They protested **loudly**.
[그들은 큰소리로 항의했다.]

most/mostly

부사 most는 강의어로 쓰이는 반면, mostly는 대개 'mainly' 또는 'usually'라는 뜻으로 쓰인다.

You've been **most** kind.
[당신은 아주 친절했어요.]

People **most** in need of assistance are **mostly** too proud to ask for it.
[도움이 절실히 필요한 사람들은 대개 너무나 자부심이 강해 도움을 요청하지 못한다.]

pretty/prettily

pretty는 정도어로서 rather와 다소 비슷하게 쓰이지만, prettily는 'in a pretty manner'라는 뜻으로 쓰인다.

I'm getting **pretty** fed up.
[몹시 싫증이 난다.]
Her little girls are always **prettily** dressed.
[그녀의 어린 딸들은 항상 옷을 예쁘게 입는다.]

quick/quickly

quick은 비격식적인 구어영어에서 이동동사 뒤에서 쓰일 때가 아주 많으며, quick-acting, quick-drying, quick-fading, quick-forgotten, quick-frozen 따위와 같은 복합어를 만든다. 이 이외의 경우에는 quickly가 쓰인다.

Come **quick**; something terrible has happened!
[얼른 와봐라. 뭔가 끔찍한 일이 벌어졌어!]
Everyone wants to get rich **quick**.
[누구나 재빨리 부자가 되고 싶어한다.]
The matter was dealt with as **quickly** as possible.
[그 문제는 아주 빨리 처리되었다.]
He **quickly** threw it away.
[그는 얼른 그것을 내동댕이쳐 버렸다.]

right/rightly

부사적으로 쓰인 전치사구 앞에 놓여서 'just; exactly'라는 뜻을 나타낸다. add up, answer, guess, pronounce, remember, spell 따위와 같은 동사 다음에서 'correctly'라는 뜻을 나타낼 경우에는 right이 rightly보다 더 보편적이다. 이런 동사들 앞에 놓일 경우에는 rightly만 쓰인다.

She arrived **right** after breakfast.

    [그녀는 아침 식사 직후에 도착했다.]

It serves you **right**.

    [그래 싸다. →= 'It is what you deserve *or* You have been rightly punished.']

He answered **right**.

    [그는 맞는 대답을 했다.]

You guessed **right(ly)**.

    [네 추측이 맞았어.]

This time you pronounced it **right**.

    [이번에는 그것을 제대로 발음했다.]

I **rightly** assumed that he was not coming.

    [나는 그녀가 오지 않을 것이라고 생각했는데, 그것이 적중이었다.]

He was **rightly** punished.

    [그가 처벌받은 것은 당연했다.]

short/shortly

short은 stop **short**(급히 서다/세우다), pull up **short**(급히 멈추다), break/snap something off **short**(...을 뚝 잘라내다), cut **short** (an interview, the proceedings, etc.)(면접/의사 진행 등을 급히 끝내다/가로막다)따위와 같은 몇 가지 고정된 어구에 쓰인다.

shortly는 'soon'이나 'curtly' 또는 'impatiently'라는 뜻이다.

The President returned to work **shortly** after his operation.

    [대통령께서는 수술을 받고 난 직후에 업무에 복귀했다.]

He answered me rather **shortly**.

    [그는 내게 다소 무뚝뚝하게 대답했다.]

slow/slowly

비격식적인 영어에서 부사 slow가 drive, go, move, read 따위의 동사 다음에 놓일 때 'at a slow pace'(느리게)라는 뜻으로 slowly에 대한 변이형으로 쓰인다. 또한 도로 표지판에서도 -ly 없는 형태가 쓰인다.

Drive **slow**.

[속도를 줄이시오.]

Slow. Major road ahead.

[천천히. 전방에 간선 도로가 있음.]

SLOW — DANGEROUS BEND

[천천히 — 위험한 커브길]

slow가 go **slow**와 같은 관용어구, How $\begin{Bmatrix} \text{slow} \\ \text{slowly} \end{Bmatrix}$ he drives!와 같은 how로 시작되는 감탄문, 또는 slow-moving traffic과 같은 복합어구 등에서도 나타난다. 그러나 비교형 slower, slowest도 more slow, most slow에 못지않게 흔히 쓰인다.

John ran $\begin{Bmatrix} \text{slower} \\ \text{more slow} \end{Bmatrix}$ than the others and missed the train.

[존이 다른 사람들보다 느리게 달려서 열차를 놓쳤다.]

tight/tightly

다음과 같은 예에서는 부사 tight가 tightly보다 더 많이 쓰인다.

Hold it **tight**.

[그것을 단단히 잡아라.]

Screw the nuts up **tight**.

[나사를 단단히 조여라.]

We were packed **tight** in the bus.

[우리는 콩나물처럼 버스에 실려져 있었다.]

tightly는 분사형 앞에서 쓰이는 유일한 형태이다.

The goods were **tightly** packed in the trunk.

[물건들이 트렁크에 빽빽이 채워져 있었다.]

The children sat with their hands **tightly** clasped.

[아이들은 두 손을 꼭 붙잡고 앉아 있었다.]

wide/widely

wide는 to open wide(활짝 열다), to go/fall wide(빗나가다), to search far and wide(샅샅이 뒤지다), wide apart/awake/open(동떨어진/완전히 깬/활짝 열린), wide-spread 따위와 같은 표현에 쓰인다. widely는 '거리' 또는 '분리' 등을 암시하며, 'over a wide space/range of things'(광범위하게); 'to a large degree'(상당히)라는 뜻을 갖는다.

Someone left the door **wide** open.
[어떤 사람이 문을 활짝 열어 두었다.]
They are **widely** scattered/known.
[그것들은 널리 퍼져/알려져 있다.]
They have **widely** differing opinions.
[그들은 생각이 상당히 다르다.]

wrong/wrongly

wrong은 문미에서 부사로서 아주 일반적으로 쓰이는데, 대개 구어적이다. 이러한 위치에서 wrong과 wrongly가 서로 바꿔 사용되는 경우도 많지만, 문중에서 동사나 분사형 앞에 놓이는 것은 오직 wrongly 뿐이다.

You've spelt my name **wrong**.
[너는 내 이름의 철자를 잘못 썼어.]
You guessed **wrong**.
[네 추측이 빗나갔어.]
Rightly or **wrongly**, she refused to accept the offer.
[옳은지 그른지 모르지만, 그녀는 그 제의를 거절했다.]
You were **wrongly** informed.
[너는 그릇된 정보를 들었어.]

13.5. 양태부사

양태부사(樣態副詞: adverbs of manner)는 어떤 상황이 어떻게 일어나는가, 또는 어떻게 이루어지는가 등 주로 How ...?로 시작되는 의문문에 대한 대답에 쓰이는 것으로서,[9] 시간이나 장소 등을 나타내는 부사들과 더불어 일종의 상황부사(circumstantial adverb)에 속한다.

13.5.1. 양태부사의 유형

양태부사에는 여러 가지 형태가 있는데, 예컨대 angrily, eagerly, happily, desperately, passionately, proudly 등 인간의 감정을 나타내는 것들을 포함해서 carefully, elegantly, easily, fluently, nicely, politely 따위와 같이 형용사에 -ly를 첨가해서 만들어지는 것들이 있다.[10]

Try to act **intelligently**.
[현명하게 행동하도록 하라.]
James coughed **loudly** to attract her attention.
[제임스는 그녀의 주의를 끌려고 큰기침을 했다.]
Try to describe **exactly** how it happened.
[그 사건의 발생 경위를 정확하게 설명해 보라.]

특히 laugh **loudly**, perform **badly**, drive **carefully** 따위에서처럼 양태부사는 대개 동적동사와 자유롭게 결합되지만, know, understand, think 등 극히 부분적으로 일부 상

---

9 You often want to say something about the manner or circumstances of an event or situation. The most common way of doing this is by using **adverbs of manner**. Adverbs of manner give more information about the way in which an event or action takes place.... Many adverbs of manner are used to describe the way in which something is done. ― Sinclair (1990: 291).

10 형용사가 명사를 수식하듯이, -ly가 첨가된 양태부사는 동사를 수식한다. 다음 각 쌍의 관계를 비교하여 보자.

[3] MANNER ADJUNCT ATTRIBUTIVE ADJP
   i a. *She departed* <u>very hastily</u>.   b. *a* <u>very hasty</u> *departure*
   ii a. *He laughed* <u>raucously</u>.   b. <u>raucous</u> *laughter*
   iii a. *We examined the damage* <u>carefully</u>.   b. *a* <u>careful</u> *examination of the damage*
― Huddleston & Pullum (2002: 670).

태동사와 같이 쓰인다.[11]

> I **remember** that day **clearly**.
> [나는 그 날을 생생하게 기억하고 있다. → I clearly remember ...도 가능함.]
> He **thinks scientifically**.
> [그 사람은 과학적으로 생각한다.]
> I **hear** very **badly**.
> [나는 귀가 아주 잘 들리지 않는다.]
> I know them **personally**.
> [나는 개인적으로 그들을 안다.]

양태부사는 방법이나 도구 등을 나타내는 부사들과 더불어 어떤 상황이 전개되는 과정(process)을 묘사한다. 이와 같은 경우에 '양태'는 주로 형용사에 접미사 -ly가 첨가된 형태로 나타내며, '방법'은 by-전치사구로, 그리고 '도구'는 with-전치사구로 표출된다.

> He explained his intentions very **definitely**.　　　　　[양태]
> [그는 자신의 의도를 아주 명확하게 설명했다.]
> We escaped **by means of a secret tunnel**.　　　　　　[수단]
> [우리는 비밀 통로를 통해 탈출했다.]
> I came here **by bus**.　　　　　　　　　　　　　　　[수단]
> [버스로 여기에 왔다.]
> The young man had been attacked **with an iron bar**.　　[도구]
> [그 젊은이는 쇠파이프로 공격을 받았었다.]

-ly로 끝나는 양태부사 대신에 대개 'in a(n) + 형용사 + way/ manner/style/fashion'과 같이 풀어 쓴 전치사구 형태를 쓸 수 있는데(예: **beautifully** → in a **beautiful** way), 여기서 형용사는 -ly가 첨가된 부사를 만드는 어간형이다. 그러나 (-ly) 부사형이 있는 경우에는 이처럼 풀어 쓴 전치사구 형태보다 부사형을 더욱 선호하는 편이다.[12]

---

[11] Most adverbs of manner naturally refer to action verbs (*laugh loudly, perform badly, drive carefully,* etc.). A smaller number of adverbs can also refer to stative verbs (e.g. *understand perfectly, know well*). — Alexander (1996: 125).

[12] An adverb manner adjunct can usually be paraphrased by *in a ... manner* or *in a ... way*

$$\text{beautifully(양태부사)} \rightarrow \text{in a(n) + 형용사(beautiful)} + \begin{Bmatrix} \text{way} \\ \text{manner} \\ \text{style} \\ \text{fashion} \end{Bmatrix}$$

He always writes **in a careless way**. (= **carelessly**)

[그는 늘 아무렇게나 글을 쓴다.]

He replied **in a rude manner**. (= **rudely**)

[그는 거만하게 대답했다.]

She answered **in a quietly assertive way**.

(= She asserted her answer quietly.)

[그녀는 조용한 말로 분명하게 대답했다.]

He (= Edmund Gosse) had known Swinburne intimately and could talk about him **in an entrancing fashion**.

— William S. Maugham, *The Summing Up*.

[에드먼드 고스는 스윈번을 아주 잘 알고 있었으며, 그에 대한 말을 할 적에는 듣는 이의 넋을 잃게 할 수도 있었다.]

beastly, cowardly, fatherly, friendly 등 부사형이 없는 –ly 형용사가 부사적으로 쓰이려면 이러한 전치사구 구조를 사용할 수밖에 없다.

---

with its adjective base in the vacant position. Where an adverb form exists, it is usually preferred over such a corresponding cognate prepositional phrase with *manner* or *way*. Hence:

He always writes *carelessly*.

is more usual than:

He always writes *in a careless* $\begin{Bmatrix} manner \\ way \end{Bmatrix}$.

But the latter, periphrastic form is preferred where the adjunct requires modification. Successive *-ly* adverbs are avoided, partly for stylistic reasons and partly because a sequence of adverbs leads one to expect the first to be a modifier of the second (as in 'He runs incredibly carelessly.').

— Quirk et al. (1985: 557-558).

She always greets me $\begin{Bmatrix} \text{\textbf{in a friendly way}} \\ \text{*friendly} \\ \text{*frendlily} \end{Bmatrix}$.

[그녀는 항상 내게 다정하게 인사를 한다.]

또는 전치사 with(out)가 care, confidence, difficulty, ease, hesitation, reluctance 따위와 같은 추상명사와 결합해서 양태를 나타낼 수 있다.

He spoke $\begin{Bmatrix} \text{\textbf{with confidence}} \\ = \text{\textbf{in a confident manner}} \\ = \text{\textbf{confidently}} \end{Bmatrix}$.

[그는 자신있게 말했다.]

It is possible to express **with lucidity** the most subtle reflections.
— William S. Maugham, *The Summing Up*.

[가장 미묘한 사상일지라도 명확하게 나타낼 수 있다.]

Changing a car's oil can be done **with simplicity**.

[자동차의 오일을 바꾸는 일을 간단하게 할 수 있다.]

I accept the prize **with profound gratitude** on behalf of the oppressed everywhere and for all those who struggle for freedom and work for the world peace.

[나는 도처에서 억압받는 사람들과 자유를 위해 싸우는 사람들, 그리고 세계 평화를 위해 노력하는 사람들을 위해 대단히 감사하는 마음으로 이 상을 받습니다. → 달라이라마가 노벨 평화상 수상 수락 연설 중에서.]

이 이외에도 양태부사가 나타내는 뜻을 다른 전치사구, 또는 명사구나 절 형식으로도 나타난다.

The news spread **like wildfire**.

[그 소식은 들불처럼 번졌다. → like wildfire: 전치사구.]

Do it **the way I told you**.

[그것을 내가 말한대로 하라. → 겉으로 보기에는 the way I told you가 명사구이지만, 사실은 전치사 in이 생략된 구조임.]

Now connect the wires **as shown in figure 3**.

[이제 표 3에서 보여주는 것처럼 철사를 연결하라. → as 다음에 it is가 생략된 부사절 구조가 양태부사의 역할을 하고 있음.]

When in Rome, do **as the Romans do**.
[로마에 가면 로마인들이 하는 것처럼 하라. → 부사절이 양태부사의 역할을 하고 있음.]

마지막으로, 비격식적인 영어에서는 명사에 -wise, -style, -fashion 따위를 첨가해서 양태부사의 뜻을 나타내기도 한다: snake-**wise**, Indian-**wise**; French-**style**, cowboy-**style**; schoolboy-**fashion**, peasant-**fashion**.

They're furnishing the house **in a modern style/the Italian fashion**.
[그들은 현대식으로/이탈리아식으로 집을 꾸미고 있다.]
He sat on the floor **buddha-style**.
[그는 부처처럼 (즉, 가부좌를 한 상태로) 마루에 앉았다.]

13.5.2. 양태부사의 위치

앞서 말한 바와 같이, 양태부사는 대체로 how ...?로 시작되는 의문문에 대한 대답에 쓰인다. 바로 이러한 점 때문에 양태부사는 대개 중요한 새로운 정보를 전달하게 되며, 따라서 대개 문미에 놓여 정보를 전달하는데 있어서 초점(焦點: focus)을 받는 요소가 될 수 있다.

The fog was so thick that he had to drive his car **slowly**.
[안개가 너무나 심해서 그는 차를 천천히 운전해야만 했다. → 심한 안개 때문에 자동차를 어떻게 운전했는가 하는 점이 신정보가 되므로 양태부사 slowly가 문미에 놓여 초점을 받고 있음.]
The army advanced toward the enemy **slowly** and **silently**.
[군대는 서서히 소리없이 적을 향해서 진격했다.]
She watched the monkeys **curiously**.
[그녀는 호기심에 찬 모습으로 원숭이들을 바라보았다.]

그렇지만 목적어가 절 구조로 나타나거나, 명사구 + 전치사구, 또는 명사구 + 관계사절 형식으로 나타나서 길어지면 양태부사는 동사와 목적어 사이에 놓이게 된다.

We could see **very clearly** a strange light ahead of us.
[우리는 전방에서 이상한 불빛을 아주 뚜렷하게 볼 수 있었다.]
He stated **positively** that he had never seen the man.
[그는 그 사람을 본 적이 없다고 단호하게 말했다.]
He mentioned **briefly** the many difficulties we were likely to encounter if we accepted the offer.
[그는 우리가 그 제의를 받아들일 경우에 부딪치게 될지도 모르는 많은 어려운 일에 대하여 간단하게 말했다.]

동사 다음에 목적어 역할을 하는 보충어로서 명사구가 오거나, 또는 필수적인 부사어구가 오게 될 경우에 선택적으로 쓰인 -ly 형태의 양태부사는 동사 앞에 올 수 있다. 동사 다음에 놓일 때와 비교하면 이러한 위치에 놓인 양태부사는 약간 더 강조된다.

He **slowly** drove the car into the garage.
[그는 서서히 차고 안으로 차를 몰았다.]
The boy **quickly** hid the book when he heard footsteps approaching.
[그 소년은 발자국이 다가오는 소리를 듣자 재빨리 그 책을 숨겼다.]
The batter **energetically** hit the ball over the fence.
[타자는 힘차게 담장 너머로 공을 쳤다.]

이와는 달리, 동사가 아무런 보충어도 거느리지 않고 단독으로 놓이게 되면 양태부사는 문미에 놓이게 된다.

He left **quickly**.
[그는 재빨리 떠났다.]
He waited **patiently**.
[그는 인내심을 갖고 기다렸다.]
'If you're going to make yourself at home, why don't you sit in an armchair?' I asked **irritably**. — W. S. Maugham, *The Moon and Six Pence*.
['편안히 있고 싶으시면 안락의자에 앉는 것이 어떨까요?' 하고 내가 짜증난듯이 물었다.]

look at의 경우처럼 전치사를 수반한 동사(prepositional verbs)를 수식하는 양태부사는 동사와 전치사 사이, 또는 목적어 뒤에 놓일 수 있지만, 목적어가 길면 전치사 앞에 놓이게 된다.[13] 이러한 어순은 문장의 마지막에 놓이는 요소가 다른 요소보다 더 중요하고 새로운 요소이기 때문이다.

He looked { **suspiciously** at me / at me **suspiciously** }.

[그는 의심스러운 눈초리로 나를 바라보았다. → me가 중요한 정보를 전달하는 요소이면 마지막에 놓이는 것이고, 반대로 suspiciously가 me보다 중요한 요소이면 이것이 마지막 위치에 놓이게 되는 것임.]

He looked **suspiciously** at everyone who got off the plane.

[그는 비행기에서 내리는 모든 사람을 의심스러운 눈으로 바라보았다. → 전치사 at의 목적어인 everyone ... the plane이 중요한 정보 내용을 전달하는 요소이기 때문에 마지막에 놓인 것임.]

문미에 둘 이상의 부사류가 있으면 양태부사가 장소와 시간부사보다 앞에 놓인다.

George played <u>**very well** in the match yesterday</u>.

[조오지는 어제 경기를 아주 잘 했다. → 양태 + 장소 + 시간의 어순으로 배열되었음.]

In the accident she was thrown <u>**violently** against the door</u>.

[그 사고로 그녀는 심하게 문에 내동댕이쳐졌다. → 양태 + 장소의 어순.]

그렇지만 부사가 연속적으로 등장하는 경우에, 대개 긴 부사가 짧은 것보다 나중에 놓인다.

They left <u>**at 3: 00** with a great deal of noise</u>.

[그들은 세시에 큰소리를 지르면서 떠났다. → 긴 양태부사가 짧은 시간부사 at 3: 00 뒤에 놓였음.]

수동태 문장에서는 양태부사가 과거분사의 앞이나 뒤에 올 수 있다. 그렇지만 수동태는 동사의 형태에 관심을 두는 것이므로, 다시 말하자면 주어가 동작의 주체인가, 아니면 동작의 영향을 받는 것인가에 관심을 두는 것이므로 양태부사가 과거분사 뒤에 놓이는 것보다

---

13 Thomson & Martinet (1986: 52).

오히려 그 앞에 놓이는 것이 보통이다.14 물론 양태부사가 필수적인 요소일 때는 과거분사 뒤에 놓이는 예를 흔히 볼 수 있지만, 이 위치는 덜 일반적이다.

This house was $\begin{Bmatrix} \textbf{badly built} \\ \textbf{built badly} \end{Bmatrix}$.

[그 집은 형편없이 지어졌다.]

The new aircraft carrier was **officially launched** by the queen.

[새 항공모함은 여왕에 의해 공식적으로 진수되었다.]

Tear gas was **indiscriminately sprayed** on the protesters.

[시위자들을 향해 최루 가스가 무차별적으로 뿌려졌다.]

The child was **quickly examined** by a physician who happened to pass by.

[그 어린이는 때마침 지나가는 의사에게서 재빨리 진찰을 받았다.]

He was **solemnly exhorted** not to apply himself to business.

[그는 사업에 빠져들지 말라는 엄숙한 권고를 받았다.]

13.5.3. 부사의 위치와 의미의 차이

일부 -ly가 첨가된 부사들은 한 가지 형태이면서도 놓이는 위치에 따라 의미와 문법적인 기능을 달리 하는 것을 볼 수 있어서 특별히 주의를 필요로 한다.

bravely, cleverly, cruelly, foolishly, kindly, secretly 등 -ly가 첨가된 일부 부사들은 놓인 위치에 따라 뜻과 문법적인 기능이 달라진다. 다음 세 개의 문장 (1a-c)의 경우에 foolishly가 (1a)에서는 문장부사로서, (1b)에서는 양태부사로서의 기능을 담당하고 있다. 그리고 마지막 (1c)에서는 이 두 가지 유형의 부사가 각각 문두와 문미에 나타나고 있다.15

---

14 Mid-position (after all auxiliary verbs) is especially common with passive verbs.
   *The driver **has been seriously injured**.*
   — Swan (2005: 21).

15 With some adverbs of manner, such as *bravely, cleverly, cruelly, foolishly, generously, kindly, secretly, simply,* a change of position results in a difference in emphasis. Compare the following
   He **foolishly** locked himself out.
   (= It was foolish (of him) to ...)
   He behaved **foolishly** at the party. (= in a foolish manner)
   With others, such as *badly, naturally,* a change of position results in a change in meaning and function:

(1) a. He **foolishly** locked himself out. [문장부사]
   (= It was foolish of him to lock himself out.)
   [어리석게도 그는 문을 잠가 들어가지 못했다.]
   b. He behaved **foolishly** at the party. [양태부사]
   [그는 그 파티에서 어리석게 행동했다. → = 'in a foolish manner.']
   c. **Foolishly**, he answered the questions **foolishly**. [문장부사 + 양태부사]
   [어리석게도 그는 그 질문들에 대해서 어리석게 대답했다. → 문두에 놓인 foolishly는 문장부사이고, 문미에 놓인 foolishly는 양태부사 역할을 하고 있음.]

또한 scientifically가 문두의 위치에 쉼표로 문장의 나머지 부분과 분리되어 관점부사로 쓰인 (2a)에서는 'from a viewpoint of science'(과학적 관점에서 보면)라는 뜻을 갖지만, 문미에 놓여 양태부사로 쓰인 (2b)에서는 'in a scientific way'(과학적으로)라는 뜻을 나타내고 있다.

(2) a. **Scientifically**, the problem we were referring to is highly interesting.
   [관점부사]
   [과학적으로 보면 우리가 말한 그 문제는 상당히 재미있다.]
   b. The problem will be approached **scientifically**. [양태부사]
   [그 문제는 과학적으로 접근하게 될 것이다.]

다음 (3a)와 (3b)에서도 economically가 각각 양태부사와 관점부사로 쓰이고 있다.

(3) a. He shops **economically**, with money-saving coupons. [양태부사]
   [그는 돈을 절약하는 쿠폰을 가지고 경제적으로 쇼핑을 한다.]
   b. The President's budget is **economically** unsound. [관점부사]
   [대통령의 예산은 경제적으로 보면 건전하지 못하다.]

You **typed** this letter **very badly**.   (adverb of manner)
We **badly need** a new typewriter.   (intensifier)
You should always **speak naturally**.   (adverb of manner)
Naturally, I'll accept the invitation.   (viewpoint adverb)
— Alexander (1996: 127).

(3a)에서 economically는 'in an economic manner'(경제적으로)라는 뜻을 나타내는 것으로서 동사를 수식하고 있다. 반면에, (3b)에서 economically는 'from the perspective of economics'(경제적인 관점에서)라는 뜻으로 다음에 놓인 형용사를 수식하고 있다.

다음 세 문장에 나타난 부사 bitterly도 각각 다른 뜻을 전달하고 있다.

(4) a. He spoke **bitterly** about their attitude.　　　　　　　　[양태부사]
　　　[그는 그들의 태도에 대하여 <u>신랄하게</u> 비판했다.]
　　b. He **bitterly** regretted her death.　　　　　　　　　　　　[강의부사]
　　　[그는 그녀의 죽음에 대하여 <u>몹시</u> 유감스러웠다.]
　　c. **Bitterly**, he buried his wife.
　　　(= 'He was bitter when he buried his wife.')　　　　　　　[주석부사]
　　　[<u>비통한 마음으로</u> 그는 자신의 아내를 묻었다.]

(4a)에서 bitterly(= in a bitter way)는 동사 spoke을 수식하는 양태부사이고, (4b)에서 bitterly는 'very much'라는 강의부사로서 다음에 놓인 동사 regretted를 수식하고 있다. 그리고 마지막 (4c)에서 bitterly는 문장과 분리되어 (　) 안에 풀이된 것처럼 문장에서 진술된 내용에 대한 주어의 심정을 나타내는 이른바 주어 지향적인(subject-oriented) 부사[16]이다.

마지막으로, 한 가지 예를 더 들기로 하겠다. 다음 (5a-c) 세 가지 문장에서도 generally가 양태부사, 빈도부사, 문장부사로 쓰이고 있다.[17]

(5) a. You may answer the next question **generally**, not in detail.　[양태부사]
　　　[다음 문제에 대하여 자세히 말고 <u>대충</u> 대답해도 좋다.]
　　b. You **generally** answer questions in too much detail.　　　[빈도부사]
　　　[<u>대개</u> 너는 질문에 대한 대답을 너무 자세히 한다.]
　　c. **Generally** (speaking), I think you have done very well.　[문장부사]
　　　[<u>일반적으로 (말하자면)</u> 나는 네가 아주 잘 했다고 생각해.]

즉, (5a)에서 문미에 놓인 generally는 in detail과 반대의 뜻을 전달하는 양태부사로서

---

[16] Subject-oriented adverbials are adverbials that express the attitude or feeling of the referent of the subject NP with respect to (and at the time of) the situation referred to. ― Declerck (1991: 228).
[17] Close (1975: 283).

how ...?로 시작되는 의문문에 대한 대답으로 나타나는 것이다. (5b)에서 generally는 빈도부사로서 'usually'라는 뜻을 나타내고 있으며, (5c)에서는 주석부사(註釋副詞: comment adverb)로 쓰인 것이다.

13.6. 관점부사

관점부사(觀點副詞: adverbs of viewpoint)란 화자가 어떤 '관점'에서 진술 내용을 사실적인 것으로 보는가 하는 점을 명백히 밝히고자 하는데 쓰이는 부사이다. 예컨대, 사회적·지리적·철학적 관점에서 문장에 표현된 내용을 이해할 수 있는 환경을 제공해 주는 것이다. 그러므로 예컨대 John is right.이라고 말할 수 있다면, John is wrong.이라고는 결코 말할 수 없다. 그럼에도 불구하고 다음 문장에서처럼 이 두 가지 내용이 한 문장에 모두 가능한 것은 관점의 차이에 따라서는 같은 시점에 같은 대상을 다르게 볼 수 있기 때문이다.

Logically John is right, but **morally** he is wrong.
[존이 논리적으로는 옳지만, 도덕적으로는 옳지 못하다.]

13.6.1. 관점부사의 형태

관점부사는 다음 예에서와 같이 주로 형용사 형태에 -ly가 첨가된 형태로 나타난다.

> ecologically, educationally, environmentally, ethically, financially, functionally, ideologically, morally, politically, scientifically, theoretically, visually, etc.

대충 if we consider what we are saying from an **[adjective]** point of view(...한 관점에서 우리가 말하고 있는 것을 고려한다면), 또는 if we consider what we are saying from the point of view of **[noun phrase]**로 풀어 쓸 수 있다.

> 형용사형 + -**ly**(관점부사) → from a(n) + 형용사형 + point of view *or*
>   from the point of view of + 명사형
> **biologically**(생물학적 관점에서 보면) = from a **biological** point of view *or*
>   from the point of view of **biology**

Logically, one should become wiser with experience, but some people never do.
　[논리적으로는 경험이 쌓이면 더 현명해져야 하겠지만, 결코 그렇지 않은 사람들도 있다.]
Geographically, **ethnically**, and **linguistically**, these islands are closer to the mainland than to their neighboring islands.
　[지리적·인종적·언어학적으로 이 섬들은 부근에 있는 섬들보다 본토에 더 가깝다.]
Historically, the growth of democracy was the growth of parliamentary institutions.
　[역사적으로 보면 민주주의의 발달은 곧 의회 제도의 발달이었다.]
Historically, modals were verbs, and a vestige of tense appears with some of them. (Kaplan 1989: 135)
　[역사적으로 보면 법조동사들은 동사였으며, 일부 동사들의 경우에는 시제의 흔적이 보인다. → modal = modal auxiliary verb(법조동사).]

다음과 같이 전치사구나 축약된 절(reduced clause) 형식으로도 한 단어로 나타나는 관점부사와 같은 뜻을 나타낼 수 있다.

From a political point of view, negotiations should be reopened as soon as possible.
　[정치적인 관점에서 보면 가급적 빨리 협상이 재개되어야 한다.]
The purpose of this book is to describe present-day English **from the viewpoint of grammar**.
　[이 책의 목적은 문법적인 관점에서 현대영어를 기술하고자 하는 것이다.]
Looked at politically, the proposal seems dangerous.
　[정치적으로 보면 그 제안은 위험한 것 같다. → looked at politically는 If it is looked at politically가 축약된 구조임.]
Ethically speaking, I think the operation was wrong.
　[윤리적으로 말하자면 그 수술은 옳지 못했다는 생각이 든다. → ethically speaking은 if I speak ethically가 축약된 구조임.]
Technically speaking, we can overcome most obstacles.
　[기술적으로 말하자면 우리는 대부분의 장애를 극복할 수 있다.]

in ... terms, in terms of ..., as far as ... is/are concerned 따위와 같은 어구들도 관점부사의 역할을 한다: in <u>political</u> terms, in terms of <u>politics</u>, as far as <u>politics</u> are concerned.

> { **In political terms** / **Politically** }, this summer is a crucial time for the government.
> [정치적으로 보면 이번 여름은 정부에게 대단히 중요한 시기이다.]

in one's view/opinion, according to ..., to one's knowledge, from one's perspective 등은 관점 표시의 주체가 누구인가를 밝히는 경우에 쓰인다.

> **In my view**, the minister of unification should resign immediately.
> [내 견해로는 통일부 장관이 즉각 물러나야 한다.]
> **According to police**, Miller was arrested at the scene of the robbery.
> [경찰에 따르면 밀러는 강도사건 현장에서 체포되었다.]
> We have to look at everything **from an international perspective**.
> [우리는 모든 것을 국제적인 관점에서 보아야만 한다.]

13.6.2. 관점부사의 위치

대체로 관점부사는 문장의 나머지 부분과 쉼표로 분리되어 문자의 맨 앞에는 물론이고, 맨 마지막에도 놓일 수 있다.

> Although there was a lot of rust on the body of the car, **mechanically**, it seemed to be in good condition.
> [차체는 많이 녹슬었지만, 기계는 상태가 양호한 것 같았다. → mechanically가 앞에 놓인 양보절의 마지막 위치에 놓인 것이 아니라, 그 다음에 놓인 주절의 앞에 놓여 있는 것임.]
> Girls tend to mature more quickly than boys, both **physically** and **emotionally**.
> [여자 애들이 남자 애들보다 신체적·정서적으로 더 빨리 성숙하는 경향이 있다.]
> The concert was a success **artistically** but not **financially**.
> [그 연주회가 예술적으로는 성공적이었으나, 경제적인 면에서는 그렇지 않았다.]

The brothers may be alike **physically**, but they have very different personalities.
[그 형제가 신체적으로는 같아 보이겠지만, 성격은 아주 다르다.]

관점부사가 그 자신과 긴밀한 관계를 가진 단어 앞에 놓이기도 한다. 다음 예문에서는 관점부사들이 문두 또는 문미에 놓여 있지 않고, 모두 보어 역할을 하고 있는 형용사 앞에 놓여 이 형용사와 관련되어 있음을 보여주고 있다. 이 부사들은 문장의 나머지 부분과 쉼표로 분리되어 문미나 문두에 놓이더라도 마찬가지로 관점부사로 해석된다.

That operation is **medically** unnecessary.
(= That operation is unnecessary **from the viewpoint of medicine**.)
[그 수술이 의학적으로는 불필요한 것이다.]
That is **scientifically** impossible.
(= That is impossible **from the perspective of science**.)
[그것은 과학적인 면에서 보아 불가능하다.]
Your claim is **logically** ridiculous.
(= Your claim is ridiculous **from the perspective of logic**.)
[너의 주장은 논리적으로 보면 우습다.]

바로 이러한 부사들이 양태부사로도 쓰인다. 그러나 관점부사로 쓰일 때와 달리, 양태부사로 쓰일 때에는 다른 부사의 수식을 받을 수 있다.

I think he has behaved quite **ethically**.
[나는 그 사람이 아주 윤리적으로 행동했다고 생각한다. → 양태부사 ethically가 정도를 나타내는 부사 quite의 수식을 받고 있음.]

13.7. 장소부사

13.7.1. 장소부사의 유형

장소부사는 위치(position)나 방향(direction) 등을 나타내는 부사류를 가리킨다. 위치를 나타내는 부사는 where로 시작되는 의문문(Where ...?)에 대한 대답에 포함되는 것으로서, 주로 be, live, stand, stay, work 따위와 같은 위치동사(position verbs)와 같이 쓰인다.

> You will find the sugar **where it always is**, viz.[18] **in the cupboard**.
> [설탕은 늘 두는 곳, 즉 찬장에 보면 있어.]
> Tobacco and alcoholic drinks are taxed heavily **in Britain**.
> [영국에서는 담배와 술에 무거운 세금이 부과된다.]
> The house seemed much larger **inside** than **outside**.
> [그 집은 바깥보다 안쪽이 훨씬 더 넓은 것 같았다.]
> He kept it **in the safe**.
> [그는 그것을 금고에 보관해 두었다.]
> The Neanderthal type of man prevailed **in Europe** at least for tens of thousands of years. — H. G. Wells, *The Outline of History*.
> [네안데르타인이 적어도 수만년 동안 유럽의 넓은 지역에 널리 살았다. → Neanderthal [niǽndərtɑːl].]

위치를 나타내는 부사들 중 몇 가지를 들면 다음과 같다.

> abroad, somewhere, ashore, away/back, here, there, left, right, upstairs, everywhere; on a perch, in the doorway,

방향을 나타내는 부사는 목표점(goal)이나 출처(source)를 나타내는 전치사를 수반한 where로 시작되는 의문문(Where ... to/... from?)에 대한 대답에 포함되는 것으로서, 대개 come, go, throw 따위와 같은 이동동사(verbs of movement)와 같이 쓰인다.

> Now fold the sides **inwards**.
> [이제 양 옆을 안으로 접어라.]
> He swam **across the river**.
> [그는 수영해서 강을 건너려고 했다.]

---

18 viz는 문어체 영어에서 특정한 항목이나 예를 제시할 때 쓰이는 것으로서, **namely**나 i.e.보다 덜 보편적이다.

They went right **into the house**.
[그들은 바로 그 집 안으로 들어갔다.]
The two boys were running **toward the village**.
[그 두 소년이 마을 쪽으로 달려가고 있었다.]
I'll go **downstairs to the kitchen**.
[나는 아래층의 부엌으로 갈 것이다.]

위치와 방향 이외에 장소부사는 거리(distance)도 나타내는데, 이것은 How far …?로 시작되는 의문문에 대답하는 문장에 포함된다. 이 경우에 far는 주로 부정문과 의문문에 쓰이지만, 긍정문에서는 far보다 a long way가 더 일반적이고,[19] far away보다 a long way away가 더 일반적이다.

Timothy drove **(for) fifteen kilometers**.
[Timothy는 자동차로 15 킬로미터를 달렸다.]
'How **far** can you see?' — 'I can't see **far**.'
['얼마나 멀리까지 볼 수 있니?' — '멀리 볼 수 없어.']
They sailed **a long way**.
[그들은 멀리까지 항해했다.]
He lives **a long way away.**
[그는 먼 곳에 살고 있어.]

방향·출처·목표점 등을 나타내는 부사는 문장을 완전하게 만드는 데 필수적이다. 그러므로 이러한 부사를 생략하게 되면 의미가 크게 달라지기 때문에 생략이 불가능하다. 예컨대 다음 문장에서 동사 was taken, was driven이 나타내는 뜻 때문에 반드시 목표점을 나타내는 부사가 필요하며, 이것을 생략하면 전달하고자 하는 의미를 충분히 전달할 수 없기 때문에 비문법적인 문장이 되어버린다.

The suspect was taken/driven **to the place of murder**.
[그 용의자는 살인 현장으로 호송되었다. → 이 문장에서 to the place of murder이 생략되면 전달하고자 하는 정보 내용이 부족하기 때문에 비문법적인 문장이 됨.]

---

19   Swan (2005: 179).

위치나 거리를 나타내는 부사는 선택적인 것이거나, 필수적인 요소가 될 수 있다. 즉, 이야기에서 장소와 관련된 내용이 요구되지 않는 경우에는 장소부사가 선택적인 것이 되지만, 동사의 특성상 장소부사가 요구될 때, 또는 대화 가운데 장소가 요구되는 내용일 때는 장소부사가 필수적인 요소가 된다.

'Did you see Mary yesterday?' — 'Yes, I happened to meet her **in the park** at lunchtime.'

['어제 메리를 만났어?' — '그래 점심 시간에 공원에서 우연히 만났어.' → 질문 자체가 장소를 묻는 것이 아니기 때문에 대답에 나타난 장소부사 in the park은 필수적인 요소가 아님.]

We lived **in Gwangju** at the time.

[그 당시 우리는 광주에 살았다. → 동사 lived는 'reside'라는 뜻으로 쓰이고 있기 때문에 장소를 나타내는 부사 in Kwangju는 필수적인 요소이며, 이것을 생략하게 되면 비문법적인 문장이 됨.]

The children were playing noisily **in the garden**.

[그 어린이들이 공원에서 시끄럽게 놀고 있었다. → 이 문장이 **What** were the children doing?이라는 물음에 대한 대답이라면 in the garden은 반드시 필요하지 않은 선택적인 요소가 되지만, 의문문 **Where** were the children playing?은 어린이들이 노는 장소를 묻는 것이기 때문에 그 대답에서 장소를 나타내는 전치사구 in the garden은 필수적인 요소로서 반드시 문미에 놓여 초점을 받게 됨.]

13.7.2. 장소부사의 위치

장소부사가 놓이는 위치는 다음과 같은 규칙에 따라 결정되는 것 같다.
(1) 이들은 대개 동사와 그 보충어 다음에 놓인다.

Unfortunately, one of the students got lost **there**.

[불행하게도 그 학생들 중 한 학생이 거기서 길을 잃었다.]

I've seen that man **somewhere**.

[저 사람을 어디선가 보았어.]

Young people have more freedom **in North America** than **in many other countries**.

[젊은이들은 다른 많은 나라에서보다 북미에서 더 자유가 많다.]

특히 필수적인 장소부사는 반드시 문미에만 놓이는 반면, 선택적으로 쓰인 부사일 경우에는 어떤 상황이 발생한 장소를 대립적인 강조를 하기 위하여 문두의 위치로 이동할 수 있다.

We $\begin{Bmatrix} \text{were} \\ \text{lived} \end{Bmatrix}$ **in the same house** then.

[우리는 그때 같은 집에 있었다/살았다. → in the same house는 동사 were 또는 lived 의 뜻을 보충해주는 필수적인 요소로서 반드시 문미에 놓이게 됨.]

In Paris, I met George Lamb.

[파리에서 나는 조오지 램을 만났다. → 그러나 **Where** did you meet George Lamb? 이라는 질문에 I met him **in Paris**.라고 대답하는 것은 만난 장소가 신정보로서 문미에 놓여야 하기 때문이고, **In Paris**, I met George Lamb.은 **Who** did you meet in Paris?라는 물음에 대한 적절한 대답이 된다.]

In algebra, the sign X usually denotes an unknown quantity.

[대수학에서 기호 X는 대개 미지수를 나타낸다.]

(2) 필수적인 장소부사 중에서 방향, 출처, 또는 목표를 나타내는 것은 위치를 나타내는 부사 앞에 온다.

He was thrown <u>**overboard**</u> *near the shore*. (→ *near the shore over-board)

[그는 해변 근처에서 배 너머로 내던져졌다 → 방향 + 위치]

I think they're moving the piano <u>**into another room**</u> *upstairs*.

[그들이 위층의 딴 방으로 피아노를 옮기고 있는 것 같다. → 목표 + 위치]

필수적인 장소부사는 양태부사나 도구부사 앞에 온다. 예컨대 다음과 같은 문장에서 go, leave와 같은 동사들은 모두 방향을 나타내는 장소부사를 요구한다.

We went <u>**home**</u> *by train*.

[우리는 열차를 타고 집으로 갔다.]

They left <u>**for the hospital**</u> *in a hurry ten minutes ago*.

[10분 전에 그들은 급히 병원으로 떠났다.]

The man went <u>**to the station**</u> *by taxi at about 8 o'clock*.

[그 사람은 여덟시 경에 택시로 정거장에 갔다.]

반면에 장소부사가 필수적인 것이 아닌 경우에는 양태부사가 장소부사보다 앞에 놓인다.

Barbara read **quietly** in the library all afternoon.
[바바라는 오후 내내 조용히 도서관에서 책을 읽었다.]
They have been working **hard** in the garden all morning.
[그들은 오전 내내 정원에서 열심히 일해 왔다.]

연속적으로 장소부사가 등장하게 될 때, 대체로 보다 구체적인 정보를 전달해 주는 좁은 장소가 앞에 놓이고, 넓은 장소가 이보다 뒤에 놓이게 된다.

She lives **in a small house** *in a village*.
[그녀는 어느 마을의 조그마한 집에 살고 있다. → 좁은 장소 in a small house가 넓은 장소 in a village보다 앞에 놓여 있음.]
He had spent the night **on a bench** *in a public park in Hastings*.
[그는 헤이스팅즈의 어느 공립 공원의 벤치에서 그날 밤을 보냈었다. → on a bench, in a public park, 그리고 in Hastings와 같이 좁은 장소에서 점차 넓은 장소로 배열되어 있음.]
On the previous night three Sabbath newspapers, distributed beneath his coat, about his ankles and over his lap, had failed to repulse the cold as he slept **on his bench** *near the spurting fountain in the ancient square*.
— O. Henry. "The Cop and the Anthem"
[전날 밤 7일 이투 밑에, 발목 주변과 무릎 위에 덮은 석정의 안식일 신문도 고색창연한 광장의 쏟아지는 분수 근처의 벤치에 누워 잠잘 때 추위를 이겨낼 수 없었다.]

특히 어떤 상황이 벌어지는 장소를 강조하는 경우에 넓은 장소를 나타내는 부사는 문두의 위치로 이동할 수 있다.[20] 이렇게 되면 문두의 위치로 이동한 부사는 뒤이어 전개되는 상황에 대한 배경(setting) 역할을 한다.

Larry stayed **at the Grand Hotel** *in Jamaica*.

---

20 Quirk et al. (1985: 520).

[래리는 자마이카에 있는 그랜드 호텔에 투숙했다.]

→ *In Jamaica* Larry stayed **at the Grand Hotel**.

[자마이카에서 래리는 그랜드 호텔에 투숙했다. → 넓은 장소가 문두의 위치로 이동하여 다음에 언급되고 있는 문장 내용에 대한 배경 역할을 하고 있음. 그러나 이 대신에 **At the Grand Hotel* Larry stayed **in Jamaica**.에서는 좁은 장소가 문두의 위치로 이동하였기 때문에 비문법적임.]

In Mrs Hare's kitchen, he found a ten pound note **on the floor**.

[헤어씨 부인의 부엌 마루에서 그는 10 파운드짜리 지폐 한 장을 발견했다. → 넓은 장소 in Mrs Hare's kitchen이 문두의 위치로 이동하였음.]

13.8. 시간부사

13.8.1. 시간부사의 유형

시간부사는 크게 시점부사와 계속부사로 나누어진다.

시점부사는 표현 방식에 관계없이 모두 when으로 시작되는 의문문(When ...?)에 대한 대답에 포함되는 것으로서, ⓐ에서와 같이 시점(points of time)이나 기간(periods of time) 등 어떤 상황이 발생하는 일정한 시간을 직접적으로 나타내 주는 것과, ⓑ에 예시된 것과 같이 막연한 시간의 경계(boundary of time)를 나타내주는 것들이다. 다시 말하자면, 문맥을 통하여 이해되는 다른 시점을 암시하여 시간을 간접적으로 나타냄으로써 문장에 언급되고 있는 어떤 상황이 발생하는 시간을 나타내 준다. 예컨대 What I am going to do tomorrow is to finish the work **at three** and to meet her **afterwards**.라고 말하는 경우에 at three가 시간의 경계를 나타내는 것이고, afterwards는 이 시간 이후의 시간, 즉 세 시 이후가 되는 것이다.

> ⓐ 시점/기간: just(= 'at this moment': 지금), now, nowadays, presently, then(= 'at that moment': 그 당시), today, tomorrow, last January
> ⓑ 시간 경계: afterwards, before, finally, just(= 'a very short time ago': 방금), immediately, last, lately, once(= 'some time ago': 전에), recently, soon

I arrived here **two years ago today**.

[나는 2년 전 오늘 이곳에 도착했다.]
He's famous **today**, but his name will mean little to posterity.
[그가 지금은 유명하지만, 후세 사람들에게는 그의 이름이 별 볼일 없을 것이다.]
It usually snows here **in winter**.
[이곳에는 대개 겨울에 눈이 내립니다.]
It is highly probable that there will be an election **this year**.
[금년에 선거가 있을 가능성이 상당히 높다.]
Afterwards he knew exactly what he should have replied.
[나중에야 그는 어떻게 대답했어야 했는가를 정확히 알게 되었다. → afterwards는 이전의 어느 시점을 염두에 두고서 그 시점 이후의 시각을 뜻함.]
Soon there will be no elephants left.
[곧 코끼리가 멸종될 것이다.]
Lately, her health has been much better.
[근래에 와서 그녀의 건강이 훨씬 더 좋아졌다.]

then은 과거시는 물론, 미래시를 나타내기도 한다.

I'll never forget that holiday last year. We had a really good time **then**.
[나는 작년의 그 휴가를 잊지 못할 것이다. 그때 정말 즐거웠어. → then은 과거시를 나타냄.]
Come back on Friday. The exam result should be out **then**.
[금요일에 다시 오너라. 시험 결과가 그때 나올 것이다. → then은 미래시를 나타냄.]

또한 계속부사는 all night long, throughout that afternoon, for two hours,[21] since this morning 따위와 같은 시간의 '지속'(duration)을 나타낸다. 이러한 부사들은 대체로 How long ...?과 같은 물음에 대한 대답에 포함된다.

We stayed there **for six weeks**.
[우리는 그곳에 6주일이나 체류했다.]
They were on duty **all night long**.
[그들은 밤새껏 당번이었다.]

---

21 시간 전치사 for의 용법에 대해서는 14.9.2.2를 참조.

This watch has not functioned correctly **since last September**.
[지난 9월부터 이 시계는 잘 맞지 않았어.]
He insulted me last year and I haven't spoken to him **since**.
[그 사람이 지난해에 나에게 모욕을 주어서 그 후 나는 그 사람과 말을 하지 않았다.]

13.8.2. 시간부사의 위치

시간부사는 보통 문미에 놓인다.

We checked in at the hotel **on Monday/yesterday**.
[우리는 월요일에/어제 그 호텔에 숙박 등록을 했다.]

이와 정반대로 시간부사가 문두에 놓이기도 한다. 즉, 어떤 정보를 전달하는데 시간부사가 '배경을 제공하는'(scene-setting) 역할을 한다면 문두의 위치에 놓일 수 있게 된다. 다시 말하자면, 어떤 특정한 시점을 배경으로 삼아 그 배경 속에서 일어나는 어떤 상황을 설명하고자 하는 경우에 시간부사가 문두에 놓일 수 있다는 것이다.

For many years, no one seemed interested in buying the house.
[한동안 주택 구입에 어느 누구도 관심이 없어 보였다.]
This season we've had three wins and two defeats.
[이번 시즌에 우리는 3승 2패를 했다.]
These days we can't help inhaling car exhaust fumes.
[요즈음 우리는 자동차의 배기가스를 마시지 않을 수 없다.]

여러 개의 시간부사가 연속적으로 문미에 놓이게 되면 시간의 길이에 따라 보다 구체적인 정보를 전달하는 짧은 시간부사가 긴 시간부사보다 앞에 놓이는 경향이 있다. 예컨대 <시간 + 요일 + 월 + 년도> 등을 나타내는 부사의 순서로 놓이게 된다.

I landed in America **at six o'clock in the morning on the twenty-fifth of June 1959**. (Close 1975: 284)
[나는 1959년 6월 25일 아침 6시에 미국에 상륙했다.]

Joe entered the space station shortly **after three o'clock** **on a Friday afternoon in the middle of July**.
[조우는 7월 중순 어느 금요일 오후 세 시가 바로 지나서 우주 정거장으로 들어갔다.]
I went to my grandfather's **for a couple of days** **every month** **last year**.
[나는 작년에 매달 이틀씩 할아버지 댁에 갔었다.]

그러나 이러한 경향이 길게 표현된 부사류가 짧은 것보다 뒤에 놓이는 경향과 충돌되는 경우에는 다음과 같이 두 가지 어순이 가능하다.

He died { **at half past two yesterday afternoon** / **yesterday afternoon at half past two** }.
[그는 어제 오후 2시 반에 세상을 떠났다.]

바로 이러한 관점에서, 여러 개의 시간부사가 있을 때에는 보다 긴 시간을 나타내는 부사가 문두에 놓여 다음에 진술되는 내용에 대한 배경 역할을 한다.

She visited us **quite frequently** *last year*.
(→ *Last year* she visited us **quite frequently**.)
[지난해 그녀는 우리를 아주 많이 찾아왔다. → 그러나 ***Quite frequently** she visited us last year.는 옳지 않음.]
When I was a child I used to swim **for an hour or so every summer**.
[어렸을 때 나는 여름철마다 한 시간 정도씩 수영을 했다.]

반면에 동사와 보다 밀접한 관계를 가진 부사는 문두로 이동하지 못한다. 따라서 I had dinner **at two** *yesterday*.에서 yesterday는 문두로 이동할 수 있지만, at two는 이동이 불가능하다.

13.8.3. 그밖의 몇 가지 부사

지금까지 다루지 않은 몇 가지 시간부사들을 서로 비교하면서 살펴보기로 한다.

13.8.3.1. already, yet, still

already, yet, still은 의미와 용법에서 서로 구별된다. already와 yet은 모두 'by this/that time'이라는 뜻이다.

already는 과거 또는 현재를 나타내는 긍정문에 쓰이지만, 의문문에 쓰이게 되면 언급된 상황이 예상했던 것보다 일찍 발생했다는 점에 대한 놀라움을 나타낸다. 이것은 대개 문중에 막연한 빈도를 나타내는 부사들과 같은 위치에 놓이지만, 문미에도 올 수 있다.

'When's Sally going to come?' — 'He's **already** here.'
 ['샐리가 언제 오게 되지?' — '벌써 여기에 와 있는데.']
John hasn't done much work yet, but Anne has **already** finished.
 [존은 아직 일을 많이 못했는데, 앤은 벌써 마쳤다.]
Have you finished lunch **already**? It's only 12 o'clock.
 [아니 벌써 점심 식사를 마쳤니? 12시밖에 되지 않았는데. → 의문문에 already가 쓰여 점심 식사를 일찍 마친 것을 놀랍게 생각하고 있음.]

특별히 강조하고자 하면 조동사 앞에 놓일 수 있다.

You'd better lock up. — I **already have** (locked up). (Alexander 1996: 130)
 [문을 잠궈야 할 거야. — 벌써 잠궜는데.)

already는 현재 또는 과거형 동사, 진행형이나 또는 완료형 동사들과 같이 쓰인다.

The machine *is* **already** out of date.
 [그 기계는 이미 낡은 것이 되어 버렸다.]
The teacher *was* **already** in the room when I arrived.
 [도착해 보니 선생님께서는 이미 방에 들어와 있었다.]
It's too late to give him any advice — he *'s* **already** *made up* his mind.
 [그에게 어떤 조언을 해주기에는 너무 늦었어. 그는 이미 결심을 했어.]

미국영어에서는 현재완료가 쓰여야 하는 문장에서 이 대신 과거시제형 동사를 사용한

다.[22]

yet은 'up to now'라는 뜻을 가지고, 대개 부정문과 의문문에 쓰인다. 부정의 표시가 없는 문맥에서 yet이 have (to)와 같이 긍정문에 쓰이기도 하는데, 이 경우에는 still과 뜻이 거의 같다.

>The postman hasn't come **yet**.
>[우체부가 아직 오지 않았다.]
>The new petrol prices haven't come into force **yet**.
>[새로운 석유 가격이 아직 시행되지 않고 있다.]
>I **have yet to** hear from them. (= I still have not heard from them.)
>[나는 아직 그들로부터 소식을 듣지 못했다.]
>The FBI **has yet to** determine who was behind the bombing, but bin Laden's network is a prime suspect.
>[연방 수사국에서는 누가 폭발 사건의 배후인지 아직 모르고 있지만, 빈 라덴의 조직망이 주된 용의자이다.]
>"To work for the improvement of society," he added, "we must break the bonds of social restraint when necessary. China **has yet to produce** work worthy of a Nobel Prize. Why? The reasons lie within our social system."
>— Orville Schell, "China's Andrei Sakharov"
>["보다 나은 사회를 만들기 위해 필요하면 사회적 제약의 굴레들을 부숴야 한다. 중국에는 아직 노벨상을 탈만한 업적이 나오지 않았다. 왜 그런가? 그 이유는 우리의 사회체제 안에 있다." 라고 그가 덧붙였다.]

의문문에서는 예상되었던 일이 이루어졌는지 묻는 경우에 yet이 쓰인다. 그러므로 이러한 의문문은 정보를 얻고자 하는 것으로, 'I don't know whether ….' 라는 뜻을 내포하고 있다.[23]

>Have you met Professor Hawkins **yet**?
>(= 'I don't know whether you've met him.')

---

22 In British English perfect tenses are common with *already* and *yet*; Americans prefer past tenses. —— Swan (2005: 558).
23 Swan (2005: 558).

[이미 호킨스 교수를 만났는가?]
Has the postman come **yet**?
[우체부가 이미 왔었는가?]
Haven't you finished **yet**?
[아직 마치지 못했니?]

반면에 진술 내용이 사실일 것이라고 생각하면서도 그 내용의 사실 여부를 '확인'하고자 하는 의문문에 가끔 already가 쓰이기도 하는데, 이것은 'Please conform.'이라는 뜻을 내포한다.

Have you **already** met Professor Hawkins?
(= 'I think you've probably met him.')
 [이미 호킨스 교수를 만났지요?]
Have you **already** received your invitation?
 [이미 초대를 받았니?]

대개 yet은 동사, 또는 동사 + 목적어 다음에 놓이지만, 목적어가 길면 동사 앞에 놓일 수 있다.

He hasn't finished (his breakfast) **yet**.
 [그는 아직 (아침 식사를) 마치지 못했다.]
Have you received your invitation **yet**?
 [초대장을 벌써 받았는가?]
He hasn't **yet** applied for the job we told him about.
 [그는 우리가 말한 그 직장에 아직 지원서를 내지 않았다. → 목적어가 관계사절의 수식을 받아 길어지고 있기 때문에 yet이 동사 applied 앞에 놓였음.]

짧은 부정적인 대답에서는 yet이 not뒤에 놓인다.

'Has the concert finished?' — 'No, **not yet**.'
 ['연주회가 끝났니?' — '아냐. 아직 끝나지 않았어.']

still은 '(even) up to this/that time'이라는 뜻을 가지며, 어떤 상황의 지속(continuity)을 나타낼 때 쓰인다. 즉, 어떤 상황이 현재나 과거의 어느 시점에서 볼 때 여전히 지속되고 있(었)다는 뜻을 나타냄은 물론, 때로는 놀랍다는 뜻을 내포하기도 한다.

She's **still** asleep.
[그녀가 아직도 자고 있다.]
We **still** see them from time to time.
[우리는 아직도 가끔 그들을 만난다.]
Are you **still** there? Everybody has already gone home.
[아직도 거기 있니? 모두 벌써 집에 갔는데.]
She was **still** asleep when I went to work.
[내가 출근할 때 그녀는 계속 잠자고 있었다.]

이처럼 still은 막연한 빈도를 나타내는 부사들과 같은 위치에 놓이지만, 지속의 뜻을 특별히 강조하고자 하는 경우에는 조동사나 be 동사 앞에 올 수 있다.

I've been thinking for hours, but I **still** can't decide.
[한동안 생각했지만, 아직도 결정을 못 내리겠어.]
When I came back at midnight she **still** hadn't finished.
[자정에 돌아와 보니 그녀는 여전히 마치지 못하고 있었다.]

부정문에 still과 yet이 둘 다 쓰이지만, 전달되는 뜻에 다소의 차이가 있다.

(8) a. I wrote to him last month. He has**n't** replied **yet**. (but I expect he will reply soon.)
[나는 지난달에 그에게 편지를 썼다. 그런데 아직 답장이 없어.]
   b. I wrote to him months ago and he **still** has**n't** replied. (he should have replied before now.)
[나는 여러 달 전에 그에게 편지를 썼어. 그런데 아직도 답장이 없어.]

즉, 문장 (8a)는 그 사람이 내게 답장을 보내올 것이라고 기대한다는 뜻이고, (8b)는 몇 달 전에 보낸 편지에 대한 답장이 벌써 왔어야 함에도 불구하고 아직도 도착하지 않았음을 뜻한다. 따라서 (8b)는 보다 더 강한 놀라움이나 초조함을 나타낸다.

13.8.3.2. (for) long, (for) a long time

(for) long과 (for) a long time은 둘 다 '지속'의 뜻을 갖는다. (for) long은 주로 부정문, 의문문에 쓰이는 반면, 긍정문에는 주로 (for) a long time이 사용된다.

> Strawberries are never in **for long**.
> [딸기철은 절대로 오래 가지 않는다. → in 다음에 season이 생략됨. **in** season(제철인) ↔ **out of** season(철이 지난).]
> Have you been in the firm **long**?
> [그 회사에 근무한지 오래 되었습니까?]
> We've been friends **a long time**.
> [우리는 친구가 된지 오래 되었습니다.]
> He predicts that there will be a state of tension **for a long time**.
> [그는 긴장 상태가 한동안 지속될 것으로 보고 있다.]

so, too, as … as, enough 따위의 수식을 받으면 긍정문에도 long이 쓰인다.

> You've been sleeping **too long**.
> [너는 잠을 너무 많이 잤구나.]
> Stay **as long** as you like.
> [네가 있고 싶은만큼 있거라.]
> The journey took **long enough** for everyone to get to know each other.
> [모든 사람들이 서로 알 수 있을 정도로 여행기간이 길었다.]

또한 long이 사고와 태도 따위와 관련된 특정한 동사와 결합할 때에는 긍정문에서도 쓰이는데, 이 경우에 이것은 반드시 문중에만 놓인다.

> I have **long** *admired* his style of writing.
> [나는 오랫동안 그의 문체가 마음에 들었다.]
> I have **long** *thought of* retiring at the age of 55.

[나는 오랫동안 55세가 되면 은퇴하겠다는 생각을 해왔다.]

Grammar in our culture has **long** been *regarded* by many, including some grammar teachers, *as* a set of rigid prescriptions focusing on error correction.
[우리 문화권에서 문법이란 오랫동안 일부 문법 교사들을 포함해서 많은 사람들에 의해 틀린 것을 고치는데 초점을 맞추는 엄격한 규범의 집합으로 간주되어 왔다.]

부정문에서 이 두 가지 표현이 모두 쓰이기는 하지만, 전체적인 내용이 달라진다.

(9) a. He didn't speak **for long**.
  (= 'He only spoke for a short time.')
    [그는 잠시 말을 했다.]
  He didn't work **for long**.
  (= 'He soon stopped working.')
    [그는 잠시 일하다가 중단했다.]
 b. He didn't speak **for a long time**.
  (= 'It was a long time before he spoke.')
    [그는 한동안 침묵을 지켰다.]
  He didn't work **for a long time**.
  (= 'He was unemployed for a long time.')
    [그는 한동안 일을 하지 않았다.]

이러한 뜻의 차이는 부정의 범위(scope of negation)와 관련이 있다. 즉, (9a)에서 for long은 오로지 동사(speak, work)하고만 관련이 있는 반면에, (9b)에서 for a long time은 didn't speak/work하고 관련된다. 그러므로 long이 쓰이게 되면 **not [speak for long]**으로 분석되어 not이 speak for long을 부정하는 것이 되기 때문에 말을 오래 하지 않고 잠시 말하다가 중단했다는 뜻이 된다. 반면에, for a long time이 쓰이게 되면 **[didn't speak] for a long time**으로 분석되어 한동안 말을 하지 않았다, 즉 말을 하지 않은 기간이 상당히 오랫동안 지속되었다고 하는 뜻이 된다. 더욱이 (9a)의 경우와 달리, for a long time은 부정의 범위 밖에 있기 때문에 문두의 위치로 이동하여 **For a long time** he didn't speak.이라고도 할 수 있다.[24]

---

24 Swan (2005: 310).

did**n't** [**speak for long**]

   [→ 부정의 범위가 speak for long 전체이기 때문에 말한 시간이 짧다는 뜻이 됨.]

[did**n't speak**] for a long time

   [→ 부정의 범위가 speak까지이며, 따라서 말하지 않은 시간이 길다는 뜻이 됨.]

다음과 같은 문장들도 마찬가지로 분석된다.

I haven't been here **for a long time**.

   [여기에 왔다간지 오래 되었다. →='It is a long time since I was last here.']

I haven't been here **long**.

   [여기에 온지 얼마 되지 않았다. →='I have arrived here only a short time ago.']

13.8.3.3. not ... any longer/more

not ... any longer와 not ... any more는 이전에 지속되었던 어떤 상황이 바뀌었음을 나타내며, still과 반대 개념이다. not은 조동사와 같이 쓰이고, any more와 any longer는 문미에 놓인다. 특히 미국영어에서 any more는 anymore처럼 한 단어로 쓰이기도 한다.[25]

Sheilla **still** works here but Ann does**n't** work here **any more**.

   [쉴라는 아직도 여기서 일하지만, 앤은 지금은 여기서 일하지 않는다.]

I ca**n't** ignore his rudeness **any longer**.

   [더 이상 그의 무례한 행동을 못 본 체 할 수 없다.]

I used to smoke 20 cigarettes a day, but **not any longer**.

   [전에는 하루에 20개의 담배를 피웠지만, 지금은 그렇지 않아.]

The rice problem is **not** an economic matter **anymore**.

   [이제는 쌀 문제가 더 이상 경제적인 문제가 아니다.]

이 두 가지 대신에 쓰이는 no longer는 일반적으로 문중에 놓인다. 즉, be 동사 다음에, 또는 일반동사 앞에 놓인다.

---

[25] *Anymore* may be written as one word, especially in American English. — Swan (2005: 354).

The law is **no longer** effective.
(= 'The law is **not** effective **any longer**.')
　[그 법이 이제는 효력이 없다.]
The Hawaiian Islands are **no longer** a dependency of the U.S.A.
　[하와이 군도가 이제는 미국의 보호령이 아니다.]
As of June 9, 2014, NYTimes.com **no longer** supports Internet Explorer 8 or earlier. Please upgrade your browser.
　[2014년 6월 9일 현재 NYTimes.com은 더 이상 인터넷 Explorer 8이나 그 이전 단계를 지원하지 않습니다. 당신의 브라우저를 상향 조정하십시오.]

no more는 이런 식으로 쓰이지 않기 때문에 *We are **no more** friends.와 같은 문장은 비문법적이다. 대신에 (10)에서처럼 양이나 정도를 말할 때 how much?에 대한 대답에 쓰인다. 또한 (11)에서와 같이 A is **no more** B **than** C …는 'C가 …B 아닌 것과 마찬가지로 A도 B가 아니다.'라는 뜻을 나타내는 표현으로, 'C가 … B 아니다.'라고 하는 내용이 확실하다는 점을 내세워서 A가 B 아님을 분명히 하고자 할 때 사용되는 것이다.

(10) There's **no more** bread.
　　　[빵이 다 떨어졌어.]
(11) He's **no more** a great singer **than** I am.
　　　[내가 훌륭한 가수가 아니듯이, 그 사람도 결코 훌륭한 가수가 아니다.]

13.8.3.4. ago, before, since

ago는 예컨대 months **ago**, an hour **ago**, ten minutes **ago** 따위에서처럼 How long ago?, 또는 When?이라는 의문문에 대한 대답에서 나타내고자 하는 시간의 길이에 따라 단수/복수의 시간명사에 첨가된 형태로 나타난다. 이것은 현재시를 기준으로 삼아 '…전에'라는 뜻으로 과거동사와 같이 쓰인다. 예컨대 five years ago는 'five years before now'라는 뜻이다.

'They won the championship **five years ago**.' — 'So they did.'
　[' 그들은 5년 전에 선수권을 획득했다.' — '그래 맞다.']

He's a respected member of society now, but **a few years ago** he was considered a dangerous criminal.
[그 사람이 지금은 사회의 존경받는 구성원이지만, 몇 년 전만 해도 위험한 범죄인으로 간주되었다.]

반대로, 현재 시간을 기준으로 하여 미래의 어느 시점에 발생하게 될 상황을 나타내는 것이라면 'in + 시간명사'의 형태가 쓰이게 된다.

She plans to get married **in two years**.
[그녀는 2년 뒤에 결혼할 계획이다.]

반면에, before는 단독으로 완료형과 같이 쓰여 현재나 과거 어느 시점을 기준으로 '전에'라는 뜻을 나타내거나, 또는 과거동사가 쓰인 문장에서 시간명사 다음에 놓여 '...전에'라는 뜻을 나타낸다.

I think I've seen this film **before**.
[전에 이 영화를 본 것 같다.]
She realized that she had seen him **before**.
[그녀는 전에 그 남자를 보았다는 것을 깨달았다.]
I saw her last December in Rome but our first meeting was two years **before** in Monaco.
[나는 지난 12월에 로마에서 그녀를 만났는데, 우리의 첫 만남은 그보다 2년 전 모나코에서였다. → two years before는 'two years before last December'라는 뜻임.]

since는 '과거 어느 시점을 기준으로 하여 지금까지'라는 뜻을 나타내는 것으로서, since when...?이라는 의문문에 대한 대답에 쓰인다. 이것은 명사구를 수반하여 전치사구의 중심어 역할을 하거나, 주어와 술어동사 등을 수반한 절을 이끄는 종속접속사 역할을 한다. 그렇지 않으면 마지막 두 개의 예에서처럼 다른 어떤 요소도 수반하지 않거나, ever를 수반하여 부사 역할을 한다. 그 어떤 경우일지라도 since가 쓰인 문장에서 주절의 동사는 현재완료의 형태로 나타난다.

The company *has been* in business **since 1941**.

[그 회사는 1941년 이래 사업을 해왔다. → since는 시간명사 1941과 같이 쓰여 전치사 역할을 하고 있음.]

I *haven't seen* any snow **since I moved to Mississippi**.

[나는 미시시피 주로 이사온 이래 전혀 눈을 본 적이 없다. → since는 주어와 동사 등을 갖춘 절을 이끄는 종속접속사 역할을 하는 것임.]

I saw your mother last January, but I *haven't seen* her **since**.

[너의 어머니를 지난 1월에 만났는데, 그 이후로는 만나보지 못했어. → since가 단독으로 쓰여 부사 역할을 하고 있음.]

She started teaching here when she was twenty, and she*'s been* here **ever since**.

[그녀는 20세 때 이곳에서 가르치기 시작했는데, 그때부터 이곳에서 가르쳐 왔다. → since가 ever와 더불어 부사 역할을 하고 있음.]

13.9. 빈도부사

빈도부사(頻度副詞: adverbs of frequency)는 How often …?에 대한 대답에 포함된다. 다시 말해서, 빈도부사는 문장에 표출된 어떤 상황이 얼마나 자주 일어나는가를 나타내는 데 사용되는 부사로서, 여기에는 '일정 빈도'(一定頻度: definite frequency)를 나타내는 것과 막연한 빈도를 뜻하는 이른바 '부정 빈도'(不定頻度: indefinite frequency)를 나타내는 것들이 있다.

13.9.1. 일정 빈도부사

다음과 같은 세 가지 유형의 부사들은 일정 빈도, 즉 일정한 주기(cycle)를 따라 발생하는 어떤 상황을 나타낼 때 쓰이는 것으로서, 대개 문미에 놓인다.

일정 빈도부사: a) once a day, three times an hour/a week;
b) every day(= 'once a day'), every third day, every night, every four hours, every four years;
c) daily, fortnightly, weekly, (bi)monthly, quarterly, yearly(= annually), bi-annually

---

He has to take medication for high blood pressure **twice a day**.

[그는 하루에 두 번씩 고혈압 치료약을 복용해야 한다.]

Some people prefer to be paid **weekly**, others **monthly**.

[주급으로 받기를 좋아하는 사람들도 있고, 월급으로 받기를 좋아하는 사람들도 있다.]

The database is updated **hourly**.

[데이터 베이스가 시간마다 최신 정보로 바뀐다. → database: a collection of data that is stored in a computer and that can easily be used and added to(컴퓨터에 저장되어 쉽게 사용하고 추가 가능한 자료의 모음).]

He runs three miles **every morning**; that's why he's so fit.

[그는 아침마다 3마일씩 뛴다. 그래서 그가 그렇게 건강하고 튼튼한 것이다.]

Our office gets about 100 requests **every day**.

[우리 사무실에서는 매일 100건 정도의 요구를 받는다.]

This chain of discount stores has sales **every week**.

[이 할인 매점의 체인점에서는 매주 할인 판매를 한다.]

again, once, twice, three times 등은 횟수의 빈도를 나타낸다.

I have been there **once** or **twice**.

[나는 그곳에 한 두 차례 가본 적이 있다.]

About this question we have to think **twice**.

[이 문제는 재차 생각해 봐야 한다.]

13.9.2. 부정 빈도부사

일정 빈도를 나타내는 부사가 일정한 주기를 따라 반복적으로 나타내는 것이라면, 부정 빈도부사들은 어떤 상황이 얼마나 자주 발생하는가를 막연하게 나타내 주는 것이다. 이에 속하는 빈도부사들은 언급된 상황의 발생 빈도가 긍정적으로 가장 높은 등급(scale)에 해당되는 always에서부터 부정적인 등급에서 가장 낮은 등급에 해당되는 never에 이르기까지 그 사이에 있는 부사들을 대충 나열하면 다음과 같다.[26]

---

26 Alexander (1996: 133), Celce-Murcia & Larsen-Freeman (1999: 507), and Eastwood (2005: 269); Expressions of FREQUENCY answer the question 'How many times?' or How often?' The upper and lower limits of frequency are expressed by *always* ('on every occasion')

high frequency (높은 빈도) ↕ low frequency (낮은 빈도)	· always (i.e. 'all of the time') · almost/nearly always · generally, normally, regularly, usually, frequently, often · sometimes, occasionally · almost never, hardly ever, rarely, scarcely ever, seldom · not ... ever, never (i.e. 'none of the time')

이와 같은 빈도부사들을 다시 다음과 같이 긍정형과 이에 대응하는 부정형으로 나누어진다.

긍정형	부정형
sometimes, occasionally	never, not ever
often, frequently	rarely, seldom, hardly ever, scarcely ever, not often
usually, generally, regularly	not usually, not generally
always	not always

이 이외에 again and again, at times, every so often, (every) now and again, from time to time, (every) now and then을 비롯하여 constantly, continually, continuously, repeatedly 따위와 같이 -ly가 첨가된 부사들도 부정 빈도부사에 속한다.[27]

almost never 따위와 같이 부정의 뜻을 가진 빈도부사는 부정어 not을 수반하지 않는다.

I { hardly ever / *don't hardly ever } see Brian these days.

[난 요즈음 브라이언을 좀처럼 만나지 않는다.]

frequently, occasionally, often, rarely, regularly 따위의 빈도부사에 very를 첨가하여 그 뜻을 강화할 수 있다.

---

and *never* ('on no occasion'). Between these extremes, a rough indication of frequency (INDEFINITE FREQUENCY) can be given . — Leech & Svartvik (2002: 91).

27 Alexander (1996: 133) and Quirk et al. (1985: 543-544).

We only see each other **very occasionally**.
[우리는 좀처럼 서로 만나는 기회가 없다. → very occasionally = 'rarely'.]

동사 앞에 놓이는 이러한 빈도부사들은 아래의 두 문장에서 각각 ( ) 안에 풀어 쓴 것처럼 문장 전체를 수식하는 역할을 하는 것이 일반적이다.[28]

Barry **frequently** drives faster than the speed limit.
(= **It is frequently the case that** Barry drives faster than the speed limit.)
[배리는 과속하는 경우가 흔하다.]
Cynthia **never** smiles at strangers.
(= **It is never the case that** Cynthia smiles at strangers.)
(Celce-Murcia & Larsen-Freeman 1999: 505)
[신시어는 절대로 낯선 사람에게 미소를 짓지 않는다.]

특히 hardly, scarcely가 빈도부사로 사용될 때에는 ever를 수반하여 빈도부사 어구를 이루는 것이 일반적이다.

John has { **scarcely ever** / **hardly ever** / *scarcely / *hardly } gone to bed after midnight.

[존은 자정을 넘겨 잠자리에 든 적이 거의 없었다.]

문장에서 동사 앞에 놓이는 부사들 중에는 예컨대 all에 대응하는 all the time의 경우처럼 의미상으로 관련된 수량어(quantifier)가 포함된 부사어구로 풀어 쓸 수 있는 것들이 많은데, 후자에 속하는 것들은 문미에 놓인다.

John **always** gets up at 7 A.M. ~ John gets up at 7 A.M. **all the time**.
[존은 항상 오전 7시에 일어난다.]

---

28 Perhaps the most important generalization to make about preverbal adverbs is that in any given sentence, they modify the entire sentence in which they occur. ― Celce-Murcia & Larsen-Freeman (1999: 505).

Bob **sometimes** reads the paper. ~ Bob reads the paper **some of the time**.
  [바브는 가끔 신문을 읽는다.]
Students **often** drink beer. ~ Students drink beer **on many occasions**.
  [학생들은 자주 맥주를 마신다.]

부정 빈도부사들이 일반적으로 놓이는 위치는 다음과 같다.

a) be 동사가 문장 내에서 유일한 동사인 경우에는 이 다음에 놓이고,

Their products **are *always*** attractively packed.
  [그들이 만드는 제품들은 항상 매력적으로 포장된다.]
A dog **is *sometimes*** a dangerous animal.
  [개가 때로는 위험한 동물일 때도 있다.]
Political promises **are *often*** pie in the sky meant to win votes.
  [정치적인 공약이란 표를 모으기 위한 달콤한 구두 약속일 때가 많다. → pie in the sky: (결코 이루어지지 않을 것 같은) 달콤한 구두 약속.]

b) 일반동사만 있을 경우에는 일반동사 앞에 놓인다.

Stress and tiredness *often* **result** in a lack of concentration.
  [스트레스와 피로 때문에 종종 정신 집중이 안 된다.]
Pileups *often* **happen** because the roads are slippery and drivers are unable to stop fast.
  [연쇄 충돌 사건이 자주 일어나는 것은 도로가 미끄럽고 운전자들이 신속히 정차시키지 못하기 때문이다.]
Several — but not all — preverbal adverbs of frequency *sometimes* occur in initial position.
  [전부가 아니라, 몇몇 개의 동사 앞에 놓이는 빈도부사들은 가끔 문두의 위치에 나타난다.]
Teenagers and their parents *rarely* **agree**.
  [십대들과 그 부모들은 좀처럼 의견이 맞지 않는다.]

c) 그리고 조동사가 있으면 조동사와 본동사 사이에 놓이지만, 조동사가 둘 이상이면 첫 번째 조동사 다음에 놓인다.

They **don't *usually* imprison** first offenders.
  [그들은 대개 초범은 투옥시키지 않는다.]
You **should *always* check** your oil before starting.
  [출발하기 전에 항상 오일을 점검해야 한다.]
You **have *often* been told** not to do that.
  [너는 그런 행동을 하지 말라는 말을 자주 들었어.]

전치사구 형식으로 이루어진 막연한 빈도를 나타내는 부사는 문두에 또는 문미에 놓인다.

As a rule it's very noisy here during the vacation.
  [대개 이곳은 방학중에 아주 시끄럽다.]
Korea was invaded to no purpose by foreign armies **on several occasions**.
  [한국은 뚜렷한 이유 없이 여러 차례 외군의 침략을 받았다.]
Everyone commits a major blunder **from time to time**.
  [누구나 가끔 큰 실수를 저지르기 마련이다.]

부정 빈도부사들은 다른 위치에도 올 수 있다. 즉, often은 문미에 올 때 보통 very, quite 등을 수반한다.

You have to discount what he says, because he exaggerates **often**.
  [그 사람은 종종 과장해서 말하기 때문에 그의 말은 에누리해서 들어야 한다.]
He walked **quite often**.
  [그는 걸을 때가 아주 많았다.]

sometimes, occasionally, generally, often, normally 등은 문두에도 올 수 있다. 특히 often은 문미에 놓일 때와 마찬가지로 quite, too, very 등을 수반하는 것이 일반적이다.

Sometimes we need to be reminded how flimsy our daily sorrows are.
  [가끔 우리는 일상의 슬픈 일들이 얼마나 하잘 것 없는 일인가를 깨달을 필요가 있다.]
Sometimes I have thought it would be an excellent rule to live each day as if we should die tomorrow. — Hellen Keller, "Three Days to See"
  [가끔 나는 내일 죽을지도 모른다고 하는 것처럼 하루하루를 사는 것이 아주 훌륭한 규칙일 것

이라고 생각해 왔다. → 이 글은 1933년 1월 Atlantic Monthly라는 잡지에 실린 것임.]

$\left\{ \begin{array}{l} \textbf{Occasionally} \\ \textbf{Usually} \end{array} \right\}$ a student comes in late and disturbs the lecture.

[가끔/대개 한 학생이 늦게 들어와서 강의 분위기를 흐려 놓는다.]

Often they became permanent settlers in the island.

[종종 그들은 그 섬에 영주자가 되기도 했다.]

$\left\{ \begin{array}{l} \textbf{Quite} \\ \textbf{Very} \end{array} \right\}$ **often** the phone rings when I'm in the bath.

[목욕하고 있을 때 전화 오는 경우가 상당히 많다.]

Too often we underestimate our own talents.

— Andrew Matthews, *Follow Your Heart*.

[우리는 자신의 재능을 과소평가하는 경우가 너무나 많다.]

부정문에서 조동사+not은 always 앞에, 그리고 sometimes 뒤에 놓인다.

The train *doesn't* **always** stop here.

[그 열차는 항상 이곳에 정차하는 것이 아니다.]

It **sometimes** *doesn't* stop at every station.

[그것은 가끔 정거장마다 멈추지 않기도 한다.]

짧은 대답에서 부정 빈도부사는 동사 앞에 놓인다. 특히 방금 말한 내용에 대하여 동의하거나 반박하는 경우에.

'I want to be class president.' — 'You **never** will (be).'

['나는 학급 반장이 되고 싶어.' — '너는 절대로 안 될 거야.' → cp. You **will never be** class president.]

'Is Mr. Franks strict?' — 'Yes, he **often** is.'

['Franks 씨가 엄한가?' — '그래, 가끔 그렇지.' → cp. Yes, he is **often** strict.]

'Can you park your car near the shops?' — 'Yes, I **usually** can.'

['가게 근처에 차를 주차시켜도 되는가?' — '그래. 대개 세워도 된다.']

I know I should take exercise, but I **never** do.

[나는 운동을 해야 한다는 걸 알면서도 한 번도 하지 않는다.]

used to, have to가 쓰인 문장에서는 이 앞에 빈도부사가 놓이는 것을 선호한다.

You **hardly ever have to** remind him; he always remembers.
[그에게는 결코 귀띔해주지 않아도 된다. 그는 늘 기억하고 있으니까.]

격식을 갖춘 문어체 영어에서 hardly ... ever, never, rarely, seldom, at no time 등 부정(否定)의 뜻을 가진 부가어(附加語: adjunct) — 빈도부사를 포함하여 — 가 문미에는 놓일 수 없지만, 문두에는 놓일 수 있다. 이들이 문두의 위치로 전치(前置: fronting)되면 문장의 나머지 부분의 어순이 도치되어, 그 결과 조동사 + 주어 + 본동사의 어순이 되거나, 또는 조동사가 없으면 나타내고자 하는 시간 관계에 따라 do의 적당한 형태 do, does, did가 조동사 위치에 놓이고 그 다음에 주어 + 본동사의 어순이 된다.

$$\text{hardly ... ever/never/seldom/...} \begin{Bmatrix} + \text{조동사} + \text{주어} + \text{본동사} + ... \\ + \text{do/does/did} + \text{주어} + \text{본동사} + ... \end{Bmatrix}$$

Never *have we* seen such a spectacle as this!
[우리는 이와 같은 광경을 한 번도 본 적이 없었지! → cp. We have **never** seen such a spectacle as this.]

$\begin{Bmatrix} \textbf{Seldom} \\ \textbf{Rarely} \end{Bmatrix}$ *is she* to be seen in public.

[그녀는 좀처럼 대중 앞에 나타나지 않는다.]

Seldom *is given a chance* to right a terrible wrong. Once done, a wrong shapes us in ways we don't understand.
— George Orick, "A Second Chance"
[엄청난 잘못을 바로 잡을 기회란 좀처럼 오지 않는 법이다. 일단 잘못을 저지르면 그 잘못은 우리가 이해하지 못하는 방식으로 우리에게 영향을 미친다. → Once done은 정형절 Once it(= a wrong) is done에서 주어 it이 생략되고, is가 분사 being으로 바뀌어 분사절 Once being done이 되었다가 다시 being이 생략되어 이루어진 분사절 구조임.]

Not once *was he* at home when I phoned.
[내가 전화를 걸었을 때 그는 한 번도 집에 있지 않았다.]

At no time *did he* admit that his team played badly.
[일찍이 그는 자기 팀이 경기를 형편없이 운영했다는 점을 인정하지 않았다. → cp. He

never admitted that his team played badly.]
On no account *must you* tell him.
[어떤 이유에서든지 그에게 절대로 말해서는 안 된다.]

이처럼 부정어가 문두의 위치로 전치되고 주어와 동사의 어순이 도치된 문장은 화자/필자가 어떤 식으로든 '놀라움'(exclamation)을 나타내게 된다.

13.10. 정도부사

13.10.1. 정도부사의 유형

다음에 열거된 바와 같이, 폭 넓게 보면 정도부사는 'to what degree ...?'로 시작되는 의문문에 대한 대답에 나타날 수 있는 부사들을 말한다.

> absolutely, almost, altogether, badly, barely, by no means, completely, considerably, definitely, dreadfully, enormously, entirely, extremely, far, fully, greatly, highly, immensely, in no way, largely, little, more, most, much, nearly, partially, partly, perfectly, practically, quite, rarely, rather, scarcely, slightly, so, somewhat, strongly, terribly, thoroughly, to some extent, too, totally, utterly, very much

정도부사들 중에는 예컨대 He has **completely** ignored my question.(그는 나의 질문을 완전히 묵살해 버렸다.)과 같은 문장에 포함된 completely의 경우처럼 서술의 의미를 '강화'시키는 것들이 있는가 하면, I was **slightly** embarrassed.(나는 약간 당황했다.)에서 slightly처럼 전달되는 의미의 강도(强度: intensity)를 '약화'시키는 것들도 있다.

It became clear that she was **strongly** *opposed* to his suggestion.
[그녀가 그의 제안에 강력히 반대한다는 점이 명백해졌다.]
The auctioneer must know **fairly** *accurately* the current market values of the goods he is selling.
[경매자는 자신이 팔려고 내놓은 물건의 현재 시장 가치를 상당히 정확하게 알고 있어야 한다.]
She looked **surprisingly** *well*.

[그녀는 놀라울 정도로 건강해 보였다.]

Context is **so** *important* when you are translating.

[번역할 때는 문맥이 매우 중요하다.]

He is **madly** *in love* with her.

[그는 미치도록 그녀와 사랑하고 있다.]

He gives a lot of money to the poor despite the fact that he has **barely** *enough* to live on himself.

[그 사람은 혼자 힘으로 살아가기에 거의 여유가 없으면서도 가난한 사람들에게 많은 돈을 준다.]

13.10.2. 정도부사의 기능

정도부사는 다음과 같이 여러 가지 문장 요소들을 수식한다.

(1) 형용사나 다른 부사를 수식한다.

I was **absolutely** *thunderstruck* when they told me the news.

[그들이 내게 그 소식을 말했을 때 나는 꼭 벼락 맞은 느낌이었다.]

He explained his intentions **very** *definitely*.

[그는 자신의 의도를 아주 명확하게 설명했다.]

I can imagine the scene **quite** *clearly*.

[그 장면이 상당히 생생하게 기억난다.]

(2) 동사를 수식하며, 대개 이 앞에 놓이지만 가끔 뒤에 놓이기도 한다.

I **strongly** *recommend* that you get your brakes checked before you go on a long drive.

[장거리 운전을 하기 전에 브레이크를 점검할 것을 적극 권한다.]

I'm afraid I **totally** *forget* about it.

[그 일에 대해서 완전히 잊었던 것 같아.]

I *remember* her **perfectly**.

[나는 그녀를 생생하게 기억하고 있다.]

13.10.3. 몇 가지 정도부사의 비교

위에서 열거된 정도부사들 중에서 자주 사용되는 몇 가지 부사들의 용법과 뜻을 구체적으로 비교·검토해 보기로 한다.

13.10.3.1. fairly와 rather

fairly와 rather는 둘 다 'moderately'(= 'not very')라는 뜻을 갖지만, fairly는 주로 brave, good, nice, well 따위와 같이 호감을 주는 뜻을 가진 형용사나 부사와 결합되는 반면에, rather는 bad, stupidly, ugly 등 주로 달갑지 못한 인상을 주는 뜻을 가진 형용사나 부사들과 같이 어울린다.[29]

   Tom is **fairly** *clever*, but Peter is **rather** *stupid*.
     [톰은 상당히 똑똑한 편이지만, 피터는 좀 우둔한 편이다.]
   This case is **rather** *heavy*, but that one is **fairly** *light*.
     [이 상자는 좀 무거운 편이지만, 그 상자는 상당히 가볍다.]

fast, slow, thin, thick, hot, cold 등 그 자체는 달갑다거나 달갑지 않다는 뜻을 나타내지 않는 단어들은 fairly와 같이 쓰여 좋게 받아들인다는 점을 나타내지만, rather는 fairly보다 다소 강하여 어떤 대상의 속성이 나쁘거나 적절치 못하다는 점을 암시하는 경우가 많다.[30]

   This soup is **fairly hot**.
     [이 수프가 상당히 따뜻하다. → 화자가 뜨거운 수프를 좋아한다는 점을 암시함.]
   This soup is **rather hot**.
     [이 수프가 좀 뜨겁다. → 화자에게는 수프가 좀 뜨거워서 좋지 않다는 점을 암시함.]
   The weather was **fairly** cold.
     [날씨가 상당히 추웠다. → 아주 추운 편은 아님.]
   It's **rather** cold.

---

29 Thomson & Martinet (1986: 60).
30 Thomson & Martinet (1986: 60-61).

[날씨가 좀 추운 편이다. → = 'colder than I would like']

예컨대 amusing, clever, good, nice, interesting, pretty, well 따위와 같이 호의적인 뜻을 가진 형용사나 부사와 같이 쓰일 때 rather(= 'unusually; surprisingly; more ... than expected')는 종종 '놀라움'을 나타내는데, 예상했던 것보다 좋다는 뜻을 암시한다.[31]

These oranges are **rather nice**. Where did you get them?
[이 오렌지가 대단히 맛있는데. 어디서 샀어?]
Ann didn't like the book, but I thought it was **rather interesting**.
[그 책이 앤의 마음에 들지 않았지만, 나는 굉장히 재미있을 것이라고 생각했어.]
Your results are **rather good** — better than I expected.
[네가 이룩한 결과는 아주 훌륭해. 내가 예상했던 것 이상이다.]

rather는 alike, like, similar, different 따위와 같은 형용사나 비교급 앞에 놓여 'a little' 또는 'slightly'라는 뜻을 갖는다.

It's **rather like** a potato.
[그것은 약간 감자처럼 생겼다.]
The weather was **rather worse** than I had expected.
[예상했던 것보다 날씨가 좀 좋지 못했다.]

rather는 명사구를 수식할 수도 있는데, 이 경우에 명사 앞에 형용사가 선택적으로 나타나기도 한다. 특히 명사 앞에 형용사가 오는 경우에 관사는 형용사의 앞이나 뒤에 올 수 있다.

It's { **rather a cold day** / **a rather cold day** } today.
[오늘은 좀 추운 편이다.]
It's **rather *a* nuisance** that we can't park here.
[여기에 주차할 수 없다니 좀 골칫거리인데.]

---

31 *Rather* in a favourable comment often means 'to a surprising or unusual degree'. — Eastwood (2005: 277). See also Alexander (1996: 137).

He's **rather *a* fool**.

[그는 좀 어리석은 사람이다.]

It's **rather *a* pity**.

[그건 좀 안됐어.]

It's **rather *a* shame** that he has to work on Sundays.

[그가 일요일 같은 날에 일을 해야 하는 것은 좀 고약하다.]

13.10.3.2. quite

quite은 두 가지 뜻을 갖는데, 바로 이러한 점 때문에 의미상의 혼동이 생길 수도 있다.

첫째, 정도를 나타낼 수 있는(gradable) 형용사, 부사, 동사와 같이 쓰이면 quite은 최상의 등급보다 낮다거나, 예상했던 것보다 낮다는 뜻을 갖는다. 이러한 경우에 quite이 미국영어에서는 'very'라는 뜻을 나타낸다.[32]

It was **quite *good***, but not perfect.

[그것이 상당히 좋았지만, 완벽하지는 못했다.]

That dress is **quite *nice***.

[그 드레스가 상당히/매우 좋다.]

The task is **quite *difficult***.

[그 일이 상당히 어렵다.]

I feel **quite *tired***, but I can walk a bit further.

[몸이 상당히 피곤하지만, 좀더 걸을 수 있어.]

I **quite *like*** her, but she's not one of my closest friends.

[나는 상당히 그녀를 좋아하는 편이지만, 나의 가장 절친한 친구의 한 사람은 아니야.]

둘째, 정도를 나타낼 수 없는 형용사나 부사와 같이 쓰이면 quite은 'completely; perfectly'라는 뜻을 갖는다. 즉, all right, certain, determined, empty, finished, full, ready, right, sure, wrong 따위와 같이 '완전성'(completeness)이라는 뜻이 담긴 단어나 구와 같이 쓰이거나, amazing, extraordinary, horrible, perfect 따위와 같이 뜻이 아주 강한 형용

---

[32] In American English *quite* with gradable adjectives often means something like 'very', not 'fairly/ rather'. — Swan (2005: 473).

사, 또는 여기서 파생된 부사와 같이 쓰이게 되면 quite은 'completely; perfectly'라는 뜻을 가지고 수식받는 단어의 뜻을 강화시켜 주는 역할을 한다.[33]

You are $\begin{Bmatrix} \textbf{quite} \\ \textbf{= perfectly} \end{Bmatrix}$ right.
[네가 전적으로 옳다.]
She was **quite different** from what I expected.
[그녀는 내가 예상했던 것과 전혀 딴 사람이었다.]
Everything they said was **quite true**.
[그들이 말한 모든 것이 하나도 틀림이 없었다.]
It's **quite extraordinary**; I can't understand it at all.
[그건 아주 특이한 문제인데. 전혀 이해가 되지 않아.]
She plays **quite amazingly**.
[그녀의 연주 솜씨가 조금도 나무랄 데가 없다.]

부정어 not quite은 'a little below 100 percent', 즉 요구되는 수준에 약간 미치지 못한다는 뜻을 나타낸다.

I'm **not quite ready** to go.
[나는 떠날 준비가 완전히 다 된 것은 아니다.]
The theater was **not quite full**.
[극장이 거의 만원이었다. → = 'almost full'.]

또한 appreciate, believe, forget, realize, recognize, understand와 같은 동사들을 수식하는 경우에도 마찬가지이다.

I **quite** agree.
[나는 전적으로 동감이다.]
I **quite** forgot your birthday.
[너의 생일을 완전히 잊었어.]
I **don't quite** understand what you mean.

---

33 Thomson & Martinet (1986: 61-62). 문용 (2008: 395-396).

[너의 말을 완전히 이해하지는 못하겠어.]

마지막으로, quite이 <a/an + 명사>를 수반할 수 있다. 정도를 나타내는 형용사가 있거나, 또는 형용사가 없으면 대개 quite은 a/an 앞에 놓인다.

quite a/an + 단수 가산명사는 'noteworthy'라는 뜻을 암시한다.

> Madeleine is **quite an expert** on Roman coins.
> [마델라인은 로마 주화에 대한 대단한 전문가야.]
> She's **quite a** woman!
> [그녀는 참으로 여성다운 여성이야!]
> The party was **quite a** success.
> [그 파티는 상당히 성공적이었어.]
> We watched **quite an interesting** film last night.
> [우리는 어젯밤에 상당히 재미있는 영화를 봤어.]

quite the(= 'certainly')는 다음과 같이 최상급 형용사나 명사를 수반한다.

> It's **quite the worst** play I have ever seen.
> [그 경기는 확실히 내가 본 것 중에서 가장 형편 없었어.]
> Wide lapels are **quite the fashion** this spring.
> [넓게 접은 깃이 올 봄에 확실히 유행이다.]

정도를 나타낼 수 없는 형용사(non-gradable adjective)와 같이 쓰이면 영국영어에서 quite은 대개 관사 다음에 놓인다.

> It was **a quite perfect** day.
> [날씨가 더할 나위없이 좋은 날이었어. → 미국영어에서는 **quite a perfect** day라고 함.]

13.10.3.3. very와 (very) much

much는 동사를 비롯하여 형용사나 부사의 비교급을 수식하지만, very는 부사와 형용사의 원급을 수식한다.

She is feeling **much better**.
 [그녀는 기분이 훨씬 좋아졌다.]
He works **much more rapidly** than the other employees.
 [그는 다른 종업원들보다 훨씬 더 일의 속도가 빠르다.]
I asked him if he **played** golf **much**.
 [나는 그에게 골프를 자주 치느냐고 물어 보았다.]
The traffic is moving **very slowly**.
 [교통의 흐름이 매우 느리다.]
It's **very warm** today.
 [오늘은 매우 따뜻하다.]

not very는 상당히 낮은 정도를 나타낸다.

It's **not very** warm — you'd better take a coat.
 [날씨가 아주 따뜻하지 않아 — 외투를 갖고 가야 해.]
That meal was**n't very** expensive. (= quite cheap)
 [그 식사 값은 아주 비싼 편이 아니었어. → 좀 싼 편이었음.]

much가 동사를 수식할 때, 부정문이나 의문문에서는 문미에 놓이거나, 긍정문에서는 so, too, very 따위를 수반하여 문미에 놓인다.

'Do you like him **much**?' — 'No, I don't like him **much**.'
 ['너는 그를 무척 좋아하는 편이냐?' — '아냐. 별로 좋아하지는 않아.']
She likes Beethoven **very much**.
 [그녀는 베토벤 음악을 무척 좋아한다.]
We're looking forward to it **so much**.
 [우리는 그것을 무척 기다리고 있다.]

prefer, admire, appreciate, regret, enjoy 등 주어의 태도를 나타내는 동사와 같이 쓰일 때 much는 긍정문의 문중에 놓인다.

We **much prefer** your offer.

[우리는 너의 제안이 훨씬 더 마음에 든다. → *prefer your offer **much**는 비문법적임.]
We **much admire** your courage.
[우리는 너의 용기에 무척 경탄한다. → *admire your courage **much**는 비문법적임.]
We **much appreciate** all you have done for us.
[저희들은 우리를 위해 하신 모든 일에 대하여 대단히 고맙게 생각합니다.]

(very에 의해 뜻이 강화되는) very much는 형용사나 동사를 수식하며, 동사를 수식하는 경우에는 동사 앞이나 문미에 놓인다.

I feel **very much** better today.
[오늘은 기분이 무척 좋다.]
Byron is **very much** admired in Greece.
[바이런은 그리스에서 대단히 존경을 받는다.]
I enjoyed your party **very much**.
[너의 파티가 무척 즐거웠어.]
We appreciate your offer **very much**.
[우리는 너의 제의를 무척 고맙게 생각하고 있어.]
I **very much** hope you'll be able to come.
[나는 네가 올 수 있기를 무척 바란다.]

13.10.3.4. too와 very

too와 very[34]는 'to a high degree'라는 뜻을 갖지만, 이 이외에도 too에는 'more than enough; an excessive amount; going beyond a limit'라는 뜻이 추가된다.

---

34 extremely, particularly, really를 비롯하여 비격식적인 경우에 awfully, frightfully, terribly 따위가 보다 더 강조하는 경우에 very 대신에 쓰인다:
  Miss Hargreaves is **extremely helpful**. (하그리브스 양은 상당히 도움이 된다.)
  Dawson works **really slowly**. (다우슨은 정말 일의 속도가 느리다.)
  I'm **terribly confused** by all this information.(이 모든 정보가 상당히 혼란스럽다.)
  The information is **terribly confusing**. (이 정보가 상당히 혼란을 준다.)
  — Alexander (1996: 140).

That box is **too** heavy for me to lift.
(= 'It is impossible for me to lift that box.')
   [그 상자는 너무 무거워서 내가 들 수 없다.]
That box is **very** heavy, but I can lift it.
(= 'It is possible but difficult for me to lift that box.')
   [그 상자가 매우 무겁기는 하지만, 들 수 있다.]
The weather was **very** hot there. Perfect for swimming.
   [그곳 날씨가 무척 더웠다. 수영하기에 더할 나위 없이 좋은 날씨였어.]
This dress is **too** expensive for me to buy.
   [이 옷은 너무 비싸서 내가 살 수 없어.]

그렇지만 비격식적인 구어영어, 특히 부정문에서는 가끔 too가 대충 'very'와 같은 뜻으로 쓰이기도 한다.

I'm not { **too** / = **very** } bothered about who wins.
   [나는 누가 승리하느냐에 크게 신경을 쓰지 않는다.]

too의 용법 중에는 화자의 가치 판단, 즉 종종 좋게 생각하지 않는다는 뜻이 내포되는 것도 있다.

(12) a. He smokes **very** much.
     b. He smokes **too** much.

따라서 very much가 쓰인 (12a)가 주어의 흡연량이 많다는 점을 화자 자신의 감정을 전혀 개입시키지 않고 객관적으로 나타내는 것이라면, too much가 쓰인 (12b)는 주어의 지나친 흡연량에 대한 화자의 불만을 암시한다.

much too와 too much
그런데 다음과 같은 문장에서 much too와 too much 중에서 어느 것을 택할 것인가 하는 점이 혼동되기 쉽다.

Writers nowadays spend **too much energy** on the subsidiary activities of talking and making money.

— Ernest Hemingway, "Advice to a Young Man"

[오늘날 작가들은 강연을 해서 돈을 버는 부수적인 활동에 에너지를 너무 많이 쏟고 있다.]

There is no profit in drinking **too much alcohol**.

[과음해서 득이 될 것이라고는 아무것도 없지.]

One of the major health problems in modern societies is not too little protein but **too much food**, especially in the form of animal fats.

[오늘날의 사회에서 건강상의 주된 문제 가운데 하나는 단백질 섭취를 너무 적게 하는 것이 아니라, 특히 동물성 지방으로 이루어진 음식을 너무 많이 먹는다는 것이다.]

You are going **much too fast**. Slow down!

[너무 과속하고 있어. 속도를 줄여라!]

이상과 같은 예에서 보듯이, too much는 셀 수 없는 명사 앞에 놓여 그 명사를 수식하거나 동사 뒤에 놓여 그 동사를 수식하는 경우에 사용된다. 반면에, much too는 형용사나 부사의 원급 앞에 놓여 그것을 수식한다. 위의 예에서처럼 big이나 fast의 경우에는 *much* **too** big/fast는 가능하지만, *too **much** big/fast는 틀린 표현이다. 다시 말하자면, 원래 big이나 fast를 수식할 수 있는 것은 too이므로 **too** big/fast가 가능하며, 여기에 다시 too를 수식하기 위하여 much가 나중에 첨가되어 결국 *much* **too** big/fast와 같은 결합 구조가 가능하다. 그러나 much는 형용사나 부사의 원급을 수식할 수 없기 때문에 ***much** big/fast와 같은 표현은 물론, *too **much** big/fast라고도 할 수 없다.

반면에, to spend **too much energy** on ...의 경우처럼 셀 수 없는 명사 바로 앞에는 한정사 역할을 하는 much는 놓일 수 있어도 부사 too는 놓이지 못한다. 그러므로 명사 앞에 한정사 much가 놓인 **much** energy와 같은 어구에 나중에 too가 첨가되어 *too* **much** energy와 같은 결합 구조는 가능하지만, 원래 ***too** energy에 나중에 much가 새로 추가될 수 있는 것이 아니기 때문에 *much **too** energy라고는 할 수 없다.

too big/fast → *much* **too** big/fast

much energy → *too* **much** energy

부사(Adverbs)

13.10.3.5. 강의부사와 동사의 결합 관계

예컨대 badly, deeply, lightly, sharply, strikingly, utterly 등 일부 -ly가 첨가된 강의부사들이 동사를 수식할 때 서로 결합할 수 있는 구조가 상당히 제한되어 있다.

badly는 'very much'라는 뜻을 가지고 need와 want 따위와 결합하여 이 동사들의 뜻을 강화한다.

You badly {need / want} a haircut. *or* You {need / want} a haircut badly.
[넌 머리를 반드시 잘라야겠어.]
The refugees **badly need** food and clean water.
[난민들은 식량과 깨끗한 물을 몹시 필요로 한다.]

또한 이것은 'severely'라는 뜻으로 부정적인 뜻을 가진 -ed 분사들도 수식할 수 있다.

Several people were badly {frightened / hurt (physically) / injured}.
[몇몇 사람들이 무척 놀랐어/크게 (신체적인) 상처를 입었어/부상을 당했어. → be hurt badly 따위는 틀린 표현임.]
The company had been **badly** managed.
[그 회사는 경영 상태가 아주 엉망이었다.]

deeply는 hate, dislike, admire, love, value, resent, regret 따위와 같이 감정을 나타내는 동사나 -ed 분사와 결합하지만, like, favor, prefer 따위의 동사하고는 결합되지 않는다.

I **deeply resent** your remarks.
[나는 너의 말에 몹시 분개한다.]
He **loves** her **deeply**.
[그는 그녀를 대단히 사랑한다.]
I am deeply {disappointed / hurt / offended}.
[나는 대단히 실망했다/큰 상처를 입었다/

다음과 같은 문장에서는 태도동사가 badly나 deeply와 같이 나타날 수 있지만, 전달되는 뜻은 다르다.

(13) a. They wounded him **deeply**.
 [그들은 그에게 깊은 상처를 입혔다.]
 b. They wounded him **badly**. (문용 2008: 395, Quirk et al. 1985: 593)
 [그들은 그에게 크게 다치게 했다.]

(13a)는 대개 '심적'으로 큰 상처를 주었다는 뜻으로 해석되는 반면, (13b)는 '신체적'으로 큰 상처를 주었다는 뜻으로 해석된다.

greatly는 admire, increase, decrease, enjoy, improve, reduce 따위와 같은 동사와 결합하거나, 소수의 -ed 분사형 앞에 놓여 어떤 상황이 두드러지게 변했다는 점을 암시한다.

He was **greatly changed/encouraged/mistaken**.
 [그는 크게 변했다/격려를 받았다/크게 오해를 받았다.]
For several days, the princess had been unable to either eat or sleep, **greatly troubled** by conflicting thoughts.
— Frank Stockton, "The Lady or the Tiger?"
 [여러 날 동안 이 공주는 이런저런 생각 때문에 크게 고통스러워서 먹거나 잠을 잘 수가 없었다.]
As a result of modern methods and hygiene the death-rate has been **greatly reduced**.
 [현대식 방법과 위생의 결과로 사망률이 급격히 감소되었다.]
The cost of repairs has **greatly increased** in recent years.
 [최근에 와서 수리비가 크게 늘어났다.]
Many people **greatly admire** English gardens.
 [많은 사람들이 영국의 정원을 대단히 좋아한다.]

13.11. 문장부사

지금까지 보았던 부사들은 대개 문중의 형용사나 다른 부사, 또는 동사 등을 수식하는 것이다. 이번에는 문장의 어느 한 요소와 관련되는 것이 아니라, 문장의 나머지 부분과 문법적으로 다소 느슨하게 연결되어서 문장 전체와 관련해서 쓰이는 부사, 즉 문장부사(文章副詞: sentence adverbs)를 살펴보게 된다. 문장부사는 예컨대 No one was seriously hurt.와 같은 진술 내용에 대하여 화자/필자 자신의 견해를 나타내거나, 주어에 대하여 진술하거나, 또는 문장의 진술과 관련해서 쓰인다.[35] 더욱이 문장부사가 문장 전체와 관련된 부사라는 점은 (14a), (15a)와 이들 각각을 풀어 쓴 문장들 (14b-d)와 (15b, c)를 살펴보면 명백해진다. 예컨대 문장 (14a)는 한 사람도 중상을 입은 사람이 없다는 전체 내용과 관련해서 다행스럽다고 하는 화자/필자의 견해(comment)를 전달하는 것이다.

(14) a. **Luckily** no one was seriously hurt.
　　b. = That no one was seriously hurt was **lucky**.
　　c. = It was **lucky** that no one was seriously hurt.
　　d. = No one was seriously hurt, **which was lucky**.
　　　　[다행히도 중상을 입은 사람이 아무도 없었다.]
(15) a. **Obviously** you aren't interested in me.
　　b. = That you aren't interested in me is **obvious**.
　　c. = It is **obvious** that you aren't interested in me.
　　　　[분명히 너는 나에게 관심이 없어.]

대부분의 문장부사들은 문두, 문중, 또는 문미에 놓일 수 있다. 그러나 문장 전체와 관계된다는 점을 밝히기 위하여, 특히 글로 쓰는 경우에 이들은 문장의 나머지 부분과 쉼표로 분리되며, 말로 하는 경우에는 억양으로 문장의 나머지 부분과 분리되어 문두에, 또는 문미에 놓인다.

Sadly, we have no more money.
　[불행하게도 돈이 다 떨어졌어.]
He's **probably** stuck in a traffic jam.
　[그는 교통 혼잡 때문에 꼼짝도 하지 못하고 있을 것이다.]
The book was based on his experience in China, **apparently**.

---

[35] These (= sentence adverbs) modify the whole sentence/clause and normally express the speaker's/ narrator's opinion. — Thomson & Martinet (1986: 58). 문장부사라는 용어 대신에 이접어(離接語: disjunct)라는 용어가 쓰이기도 한다.

[그 책은 그가 중국에서의 경험을 토대로 쓰여진 것이 분명해.]

특히 일부 부사들은 문미에 쉼표로 분리되어 놓이지 않고 문중에 포함되어 양태부사 역할을 하기도 한다. honestly가 문장부사로 쓰인 첫 번째 문장에서 화자는 톰이 돈을 갖지 않았다는 점을 말하고 있는 반면, 양태부사로 쓰인 두 번째 문장에서는 톰이 정직하지 못한 방법으로 그 돈을 갖게 되었음을 뜻하고 있다.

Honestly, Tom didn't get the money. [문장부사]
[솔직히 말해서 톰은 그 돈에 손대지 않았다.]
Tom didn't get the money **honestly**. [양태부사]
[톰이 정직하게 그 돈을 갖게 된 것이 아니었다. → = 'Tom got the money in a dishonest manner.']

의미상으로 보면 문장부사는 다음과 같이 법부사·평가부사·주석부사 등 세 가지로 구분된다.

13.11.1. 법부사

법부사(法副詞: modal adverbs)는 의미 기능에 있어서 법조동사와 상당히 흡사한 것으로서, 대개 다음과 같은 부사들이 법부사 역할을 할 수 있다.

> actually(= in actual fact, really), admittedly, apparently, allegedly, basically, certainly, decidedly, definitely, essentially, evidently, fundamentally, incredibly, indeed, perhaps, obviously, surely, undeniably, supposedly, really, etc.

가령 He **must/will/should** be there.에서 법조동사들이 진술 내용이 사실일 가능성의 정도의 차이를 나타내는 것처럼,[36] 여기에 열거된 법부사들도 화자/필자가 자신이 진술하는 내용에 대하여 확신하는 정도가 얼마나 사실적인가를 나타내는 것이다. 예컨대 다음 문장에서 법부사 arguably가 없으면 범법자가 사회의 필요한 구성원이라는 점에 대하여 조금도

---

36 본서 제1권 "5.3 법조동사와 법성" 참조.

의심의 여지가 없는 100% 진실을 말하는 것이 되겠지만, 일단 문두에 법부사 arguably가 첨가됨으로써 전달하는 내용에 대하여 모든 사람들이 공감하지 않는 논란거리가 되고 있다는 점을 화자/필자가 인정하는 것이 되기 때문에 진술 내용의 진실성에 대한 확신도가 그만큼 떨어지게 된다.

> **Arguably**, the criminal is a necessary member of society.
> (= **It is arguable that** the criminal is a necessary element of society.)
> [논란의 여지가 있지만, 범법자는 사회의 필요한 구성원이다.]

바로 이처럼 법부사는 명제 내용의 사실성에 대한 가능성이나 개연성(probability)에 대한 화자/필자 자신의 평가를 전달하는 역할을 하는 것이다.[37]

> **Incredibly**, no one had ever thought of such a simple idea before.
> [믿지 못하겠지만, 그 전에는 아무도 그처럼 간단한 생각을 해내지 못했었다.]
> She is **definitely** coming.
> [분명히 그녀는 오고 있다/온다.]
> **Probably** no one would read a book by Zola more than once.
> [아무도 졸라의 책을 한 번 읽고는 다시 읽으려고 하지 않을 것이다.]
> The driver **obviously** had not seen me approaching.
> [분명히 운전수는 내가 접근하는 걸 보지 못했을 거야.]
> **Surely** I've met you before somewhere.
> [너를 전에 어디선가 만났음이 틀림없어.]
> **Unquestionably**, Sun is the greatest pitcher ever in Korea.
> [분명히 선(동열)은 아직까지 한국 제일의 투수이다.]

13.11.2. 평가부사

평가부사(評價副詞: evaluating adverbs)는 다시 다음과 같이 '화자 지향적' (speaker-oriented) 평가부사와 '주어 지향적'(subject-oriented) 평가부사 등 두 가지 유형으로 나누어진다.

---

37 법부사가 전달하는 이러한 의미 때문에 법부사를 화자 지향적 평가부사에 포함시켜 설명하기도 한다.

13.11.2.1. 화자 지향적

'화자 지향적' 평가부사란 전달하고자 하는 명제 내용에 대한 화자/필자 자신의 견해를 나타내는 부사들이다. 예컨대, **Regrettably**, I must decline.(유감스럽지만, 거절하지 않을 수 없네.)에서 regrettably는 거절해야만 하는 점에 대하여 화자 자신이 유감스럽다는 점을 나타내고 있다. 그러므로 이 문장은 **It is regrettable that** I must decline.과 같이 풀어쓸 수 있다.

> amazingly, amusingly, annoyingly, astonishingly, curiously, conveniently, (un)fortunately, inevitably, naturally, oddly (enough), (un)luckily, mercifully, predictably, remarkably, preferably, strangely, regrettably, unexpectedly

It was a terrible explosion but, **miraculously**, no one was killed.
  [그것은 엄청난 폭발이었지만, 아무도 죽지 않은 것은 기적이었다.]
Unfortunately, it is not possible to predict what time one should arrive to guarantee tickets.
  [불행하게도 표를 보장받으려면 몇 시까지 도착해야 하는지 예측이 불가능하다.]
The storm did little damage, **surprisingly**.
  [놀랍게도 폭풍이 불었지만 피해가 거의 없었다.]

평가부사가 oddly *enough*, strangely *enough* 따위의 경우처럼 대개 enough의 후치 수식을 받을 수도 있다.

Oddly enough, she didn't mention that she was moving the house.
  [상당히 이상한 일이지만, 그녀는 집을 옮긴다는 말을 하지 않았다.]

-ly가 첨가된 부사 이외에 <to one's + 감정명사>의 형태로도 진술 내용에 대한 화자/필자의 견해를 나타낸다.

Much to my regret, I am unable to accept your invitation.
  [매우 유감스럽게도 나는 너의 초대에 응할 수 없어.]
To my great disappointment, she wasn't on the train.

[대단히 실망스럽게 그녀는 열차에 타지 않았다.]
To my great surprise, we won!
[대단히 놀라운 일이지만, 우리가 이겼어!]

-ly가 첨가된 부사들은 그 부사의 형용사 형태를 사용하여 'It is + 형용사 + that-절' 형식이나, 전달되는 정보 내용을 선행사로 하고, 그 부사의 형용사 형태가 문장 관계사절의 be 동사에 대한 주격보어가 되도록 하는 문장으로 풀어 쓰게 되면 화자/필자의 견해가 보다 명백하게 드러난다.

Disappointingly, he had nothing new to show us.
(= **It was disappointing that** he had nothing new to show us.
or He had nothing new to show us, **which was disappointing**.)
[실망스럽게도 그에게는 우리에게 보여줄 새로운 것이 아무것도 없었다.]
Surprisingly, no one came.
(= It was surprising that no one came.
or No one came, **which was surprising**.)
[놀랍게도 아무도 오지 않았다.]

특히 amazingly, annoyingly, disappointingly, surprisingly와 같은 부사들의 경우에는 다음과 같은 문장으로도 풀어쓸 수 있다.

Amazingly, no one was hurt in a 17 car pile-up on the expressway near Boston.
(= **It amazed me that** no one was hurt in …)
[놀랍게도 보스톤 근처의 고속도로에서 발생한 17대의 자동차 연쇄 충돌 사고에서 다친 사람이 아무도 없었다.]

13.11.2.2. 주어 지향적

평가부사의 두 번째 유형은 '주어 지향적인' 것이다. 이에 속하는 부사들은 문장에 표출된 상황과 관련하여 주어 자신의 태도 내지 느낌을 나타낸다.

> cleverly, correctly, cunningly, foolishly, justly, prudently, reasonably, rightly, sensibly, shrewdly, stupidly, (un)wisely, unjustly, wrongly

Rightly, the servant complained about the accident.
[하인이 그 사건에 대해 불평한 것은 당연했다.]
Wisely, she opened the door.
[그녀가 그 문을 연 것은 현명했다.]
Enthusiastically, he mounted the platform and addressed the crowd.
[열정적으로 그는 연단에 올라 군중들을 향해 연설을 했다.]

문장의 진술 내용에 대한 화자/필자의 평가를 나타내는 부사와 달리, 이에 속하는 부사들은 주로 다음과 같이 세 가지 유형의 문장으로 풀어 쓸 수 있다.

Stupidly, she refused to take his advice.
(= It was stupid of her to refuse to take his advice.)
(= She was stupid to refuse to take his advice.)
(= She refused to take his advice, **which was stupid**.)
[어리석게도 그녀는 그의 조언을 거부했다.]

한 단어로 실현되는 주어 지향적 부사는 문두에 놓이기도 하지만, 문중의 동사 앞에 놓일 때가 더 많다.

Deliberately, he told us nothing about it.
He **deliberately** told us nothing about it.
[일부러 그는 우리에게 그 문제에 대하여 한 마디도 하지 않았다.]
The chairman **consistently** ignores the remarks we make.
[의장은 일관되게 우리가 하는 말을 무시해 버린다.]

13.11.3. 주석부사

진술의 문체(style)와 형식에 대한 화자/필자의 견해를 나타내거나, 어떤 조건하에서 진술하는가를 명백히 밝히고자 하는 부사를 주석부사(註釋副詞: comment adverbs)라고 하는데,[38] 이러한 부사들은 보통 문장의 나머지 부분과 쉼표로 분리되어 문두에 놓이거나 문미에 놓인다.

Frankly, John lied to Bill.
(= I am being frank in saying that John lied to Bill.)
[솔직히 말해서, 존이 빌에게 거짓말을 했다.]
Briefly, I think we should accept their offer.
[간단히 말해서, 우리가 그들의 제안을 받아들여야 한다고 생각해.]
I won't second the motion, **confidentially**.
[터놓고 말하지만, 나는 그 동의안에 찬성하지 않는다.]
Honestly, it was a near miracle.
[솔직히 말해서 그것은 기적에 가까운 일이었다.]

주석부사로 사용되는 것으로는 frankly와 같이 -ly가 첨가된 부사로 나타나는 것 이외에도 다음과 같은 여러 가지 표현들을 사용할 수 있다.

in all frankness	[전치사구]
to be frank, to speak frankly, to put it frankly	[부정사절]
frankly speaking, putting it frankly; put frankly	[분사절]
if I may be frank, if I can put it frankly	[조건절]

다음 각 쌍의 문장에서처럼 놓이는 방식에 따라 하나의 부사가 주석부사로도 쓰이고, 앞에 놓인 동사를 수식하여 양태부사로도 쓰일 때가 있다.

I didn't speak to him, **honestly**.	[주석부사]
[솔직히 말해서 나는 그에게 말하지 않았다.]	
I didn't speak to him **honestly**.	[양태부사]
[나는 그에게 솔직하게 말하지 않았다.]	

---

38 Quirk et al. (1985: 615-618)과 Declerck (1991: 232)는 comment adverb라는 용어 대신에 style disjunct(문체 이접사)를 사용하고 있음.

Frankly, she rarely talks to the kids. [주석부사]
　[솔직히 말해서 그녀는 좀처럼 그 애들과 말하지 않는다.]
She rarely talks to the kids **frankly**. [양태부사]
　[그녀는 좀처럼 그 애들과 솔직히 말하지 않는다.]

13.12. 초점부사

초점부사(焦點副詞: focus(ing) adverbs)는 문장에 내포된 어떤 특정한 하나의 정보 내용, 즉 넓게는 문장의 서술(predication) 부분 전체에서부터 좁게는 문장을 구성하는 어느 한 요소에 대한 수식어에 대하여 화자/필자의 관심을 집중시키고자 할 때 사용되는 것이다.

초점부사에는 only로 대표되는 '제한적'(restrictive) 초점부사 역할을 하는 것과, even으로 대표되는 '추가적' (additive) 초점부사 역할을 하는 것 등 크게 두 가지 종류가 있다.

13.12.1. 제한적 초점부사

제한적 초점부사는 초점을 받는 것이 어느 한 가지 특정한 요소로 한정되고, 그 이외의 요소들은 모두 제외된다는 점을 명백히 나타낸다. 예컨대 I spoke to <u>John</u> **only**.는 John이라는 요소에 초점을 두는 것이다. 그러므로 이것은 오로지 John에게만 말을 했을 뿐, 다른 어느 누구에게도 말을 하지 않았다는 뜻을 나타낸다. 다음과 같은 부사류들이 제한적 초점부사 역할을 한다.

> alone, chiefly, especially, exactly, exclusively, just(= no more than), largely, mainly, merely, mostly, notably, only, particularly, precisely, primarily, purely, simply, solely, specifically, in particular

The secret is known **only** *to a narrow group of people*.
　[그 비밀은 제한된 사람들에게만 알려져 있다.]
He went to the circus **solely** *for the fun of it*.
　[그는 오로지 재미로 서커스 구경을 갔을 뿐이다.]
I am not complaining. I am { **simply** / **merely** / **just** / **only** } *telling* you what happened.

[나는 불평하는 것이 아니고, 단지 일어난 일에 대해서 말하고 있을 따름이다.]

No wise person will marry for *beauty* **mainly**.
[현명한 사람으로서 주로 아름다움 때문에 결혼할 사람은 아무도 없을 것이다.]

A lot of tourists come here, **especially** *in the summer*.
[많은 관광객들이 이곳에 온다. 특히 여름에.]

Many people first come to my Wednesday night meditation class **primarily** *for health reasons or for stress relief*. — Tara Brach, *True Refuge: Finding Peace and Freedom in Your Awakened Heart*.
[먼저 많은 사람들이 나의 수요일 저녁 명상 수업에 참석하는 것은 주로 건강상의 이유 또는 스트레스에서 벗어나려고 하는 점 때문이다.]

alone이 'only'라는 뜻이면 명사 뒤에만 놓인다.

It isn't possible to become a great artist by ***hard work* alone**.
[단지 열심히 노력하는 것만으로 위대한 예술가가 되기란 불가능한 일이다.]

We can't afford that rent on *my salary* **alone**.
[우리는 내 봉급만 가지고 그 임대료를 낼 형편이 못 된다.]

13.12.2. 추가적 초점부사

추가적 초점부사는 추가되는 정보에 초점을 둔다는 뜻을 나타낸다. 다시 말하자면, also, either, equally, even, neither, nor too, as well 따위와 같은 부사들은 이미 앞에서 언급된 내용이 초점을 받게 되는 정보 내용에도 적용된다거나, 또는 부정문의 경우에는 초점을 받게 되는 요소에도 적용되지 않는다는 점을 명백히 한다. 예컨대 **Even *Susan*** can speak French.는 불어를 말할 줄 아는 사람에 Susan은 포함되지 않으리라고 예상했는데, 나중에 알고 보니 Susan도 불어를 말할 줄 아는 사람에 포함된다는 뜻을 나타낸다.

I like John and I like ***his wife***, **too**.
[나는 존을 좋아하는데, 그의 아내도 좋아한다. → 내가 좋아한다는 말이 John에게 적용되었는데, 이 말이 뒤에 나오는 그의 아내에게도 적용된다는 뜻.]

Tips are not usually added to the check. They are not included in ***the price of the meal***, **either**.

[대개 요금 청구서에 팁이 포함되지 않으며, 또한 식사 값에도 포함되지 않는다. → 팁이 청구서에 들어 있지 않다고 했는데, 이 말이 식사 값에 대해서도 적용된다는 뜻.]

On weekends, the family attends church, cleans the house and mows the yard. Dana **also** *shops* and *prepares* meals for the week ahead.
— Jean Parvin, "How to Beat the Daily Grind"

[주말이 되면 가족들은 교회에 나가고 집안을 청소하고 뜰의 잔디를 깎는다. 다나는 다음 주에 쓸 물건을 사고 식사 준비도 한다.]

There were regional and individual differences, and doubtless *social differences* **as well**.

[지역적·개인적 차이가 있었으며, 분명히 사회적인 차이도 있었다.]

They **even** apply to *nonsense words* that are not in the language.

[이들은 그 언어에 없는 무의미한 단어에도 적용된다.]

부정문에서는 too, also, as well 대신에 not ... either가 쓰인다.

He doesn't smoke and she does**n't** { **either** / *too } .

[그는 담배를 피우지 않는데, 그녀도 마찬가지이다. → 이에 대응하는 긍정문은 'He smokes and she does, **too**.']

초점부사는 여러 가지 위치에 놓일 수 있는데, 특히 초점을 받는 요소 앞에 놓이는 경우가 많다.

Bread is made **chicfly** *of flour*.
[빵은 주로 밀가루로 만들어진다.]
They lived happily **even** *after*.
[그들은 그 후에도 행복하게 살았다.]

too, as well, alone 등은 대개 초점을 받는 요소 다음에 놓인다. 특히 주어가 초점을 받도록 할 때 too는 주어와 동사가 쉼표로 분리되어 그 사이에 놓이기도 한다.

I have been to Paris **too**.
[나도 파리에 가본 적이 있어.]

I, **too**, play tennis.
　　[나도 테니스를 친다.]
I'd like a cup of coffee please, and *a piece of apple pie* **as well**.
　　[커피 한 잔 주시고, 또 애플파이도 한 개 주세요.]

also는 보통 그 자신이 초점을 두는 요소보다 앞에 놓이지만, 주어에 초점을 두게 될 경우에는 주어 다음에만 놓인다.

Sugar is bad for your teeth. It can **also** contribute *to heart disease*.
　　[설탕은 치아에 나쁘다. 그것은 심장병도 일으킬 수 있다.]
We specialize in shoes, but we **also** sell *accessories*.
　　[저희들은 신발이 전문이지만, 액세서리도 팝니다.]
$\left\{ \begin{array}{l} \textbf{John also} \\ \textbf{*Also John} \end{array} \right\}$ tried one of the pills.
　　[존도 그 알약 한 개를 먹어 보았다.]

특히 위의 마지막 문장에서 ..., but we **also** sell accessories.가 아무런 문맥도 없이 이처럼 초점부사가 주어와 동사 사이에 놓이게 되면 그 뜻이 애매하다고 하겠다. 이러한 경우에 구어영어에서는 억양과 강세의 차이에 따라 그 뜻이 명확해진다. 예컨대 아래와 같은 대화에서, 화자 A가 말한 세 개의 문장 ⓐ-ⓒ에서 강세와 억양이 어디에 놓이느냐에 따라 이에 따른 화자 B의 반응을 나타내는 문장에서도 강세와 억양의 위치가 달라지게 되는데, 이에 따라 화자 B가 말하는 뜻이 달라진다. 즉, 화자 A가 말한 문장에서 차례로 John, borrowed, pen에 강세와 억양이 놓이게 되면, 이에 따른 반응을 나타내는 화자 B의 말에서도 차례로 I, bought, book에 강세와 억양이 놓인다.

A: $\left\{ \begin{array}{l} \text{ⓐ } \textbf{John} \text{ bought a book} \\ \text{ⓑ I } \textbf{borrowed} \text{ a book} \\ \text{ⓒ I bought a } \textbf{pen} \end{array} \right\}$. — B: I **also** bought a book.

　　[ⓐ 존이 책을 샀다. - ⓐ <u>나도</u> 책을 샀다.]
　　[ⓑ 나는 책을 <u>빌렸다</u>. - ⓑ 나는 책을 <u>사기도</u> 했다.]
　　[ⓒ 나는 <u>펜</u>을 샀다. - ⓒ 나는 <u>책도</u> 샀다.]

또한 다음 문장에서도 only는 ⓐ에서 ⓔ까지 모두 초점을 받도록 할 수 있는데, 이렇게 함으로써 초점을 받는 요소에서 대립적인 뜻의 차이가 발생하게 된다.

I **only** spoke to her during the lunch-time yesterday.
ⓐ　　　ⓑ　　ⓒ　　　　ⓓ　　　　　ⓔ

[ⓐ 나만 어제 점심시간에 그녀에게 말을 했다.]
[ⓑ 나는 어제 점심시간에 그녀에게 말만 했다.]
[ⓒ 나는 어제 점심시간에 그녀에게만 말을 했다.]
[ⓓ 나는 어제 점심시간에만 그녀에게 말을 했다.]
[ⓔ 나는 어제만 점심시간에 그녀에게 말을 했다.]

그러나 문어영어에서는 다음과 같이 강조하고자 하는 요소의 가까운 곳에 초점부사를 두거나,

He had **only** *six apples*.
　[그는 사과 다섯 개만 먹었다.]
He lent the car **only** *to Tom*.
　[그는 톰에게만 자동차를 빌려 주었다.]
I believe **only** *half of what he said*.
　[나는 그의 말을 절반만 믿는다.]
He **only** *lent* the car.
　[그는 자동차를 빌리기만 했다.]

또는 분열문을 사용함으로써 애매성을 없앨 수 있다. 특히 only는 초점을 받는 요소이 앞이나 뒤에 올 수 있다.

Only *John* phoned Mary today.
→ It was **only** *John* that phoned Mary today.
　[오늘 메리에게 전화를 건 사람은 존뿐이다.]
Success comes **only** *through hard work and persistence*.
→ It is **only** *through hard work and persistence* that success comes.
　[성공은 오로지 부지런함과 끈질김을 통해서만 온다.]
They (= tickets) are issued *on the morning of the tour* **only**.

[표는 구경하는 날 아침에만 발행됩니다.]
Passions which work havoc in private life ***work havoc in public life*** also.
[개인 생활에서 파괴적인 작용을 하는 열정이 공적 생활에서도 마찬가지이다.]

13.13. 접속부사[39]

13.13.1. 접속부사의 기능

일련의 연속적인 문장을 사용하여 하나의 주제와 관련된 정보를 전달하는 것을 이른바 '담화'(談話: discourse)라고 한다. 이 경우에 연속적으로 등장하는 둘 또는 그 이상의 문장들은 아무렇게나 연결되는 것이 아니라, 담화가 어떻게 이루어지는가를 보여주기 위하여 몇몇 단어나 표현이 동원된다. 다시 말하자면, 정보 전달에 필요한 문장들이 연속해서 등장할 때, 그러한 단어나 표현은 화자가 지금 말하고 있는 내용과 방금 말한 내용이나 말하고자 하는 내용 사이의 관계를 밝혀준다.[40] 이들은 언급되고 있는 내용의 구조를 명확하게 해주고, 화자가 자신이 말하고 있는 내용이나 타인이 말한 내용에 대한 화자 자신의 생각을 나타내 줄 수 있다. 이처럼 연속적으로 등장하는 독립적인 문장과 문장을 논리적으로 연결하기 위하여 적절한 접속부사(conjunctive adverbs)가 동원되는 것이다.[41]

---

39 접속부사를 공립어(共立語: conjunct)라고 부르기도 한다.
40 *Discourse connectors* are words and phrases that, typically, connect information in one sentence to information in previous sentences. They have also been referred to as *cohesive elements, connectives, logical connectors, linking adverbials,* and *conjunctive adverbials.* Accurate use of English discourse connectors is essential for ESL/EFL students writing academic and technical English, in addition to being important in spoken discourse. — Cowan (2008: 615).
41 접속사나 접속부사를 사용해서 문장과 문장을 연결하는 이외에도 다음과 같이 세미콜론(;)을 사용해서 문장과 문장이 논리적으로 연결되기도 한다.
  Five to 8 percent of people (= people in the United States) over 65 have dementia; half of those in their 80s have it.
  — David Shields, *The Thing about Life is that One Day You'll be Dead.*
    [65세 이상의 미국민들 중 5-8%가 치매를 앓고 있다. 반면에 80대의 미국민들 절반이 치매를 앓고 있다.]
  If it be sight, do it boldly; if it be wrong, leave it undone.
  — Ernest Hemingway, "Advice to a Young Men"
    [그 일이 옳다면 과감하게 하라. 그러나 그 일이 옳지 않으면 하지 말고 그대로 두어라.]

They thought he wasn't coming, **so** they left without him.
[그들은 그가 오지 않으리라고 생각했다. 그래서 그들은 그를 빼고 가버렸다.]

Our new system is extremely simple. **Even so**, it is possible to make mistakes.
[우리의 새로운 시스템은 지극히 간단하다. 그래도 실수할 가능성이 있다.]

All men must die; I am a man; **therefore**, I must die.
[모든 사람들이 반드시 죽는다. 나는 사람이다. 그러므로 나도 반드시 죽는다.]

접속부사는 두 번째 문장에서 문두의 위치에 놓이는 것이 일반적이지만, 문중이나 문미에도 올 수 있다.

They don't often use it over the weekend. **So** you can borrow it, if you want to.
[그들은 주말에 그것을 자주 사용하지 않아. 그러니 원한다면 그것을 빌릴 수 있어.]

We have, **however/therefore**, decided to adopt a different policy.
[그러나/그러므로 우리는 다른 정책을 채택하기로 결정했다.]

Our report is very satisfactory, **that is to say**.
[다시 말하자면, 우리 보고서는 아주 만족스럽다.]

접속부사는 부사, 전치사구, 다른 구, 정형절, 그리고 비정형절 등의 구조로 나타난다.

The region was extremely beautiful. **Nonetheless** Gerald could not imagine spending the rest of his life there.
[그곳은 무척 아름다운 곳이었다. 그럼에도 불구하고 제랄드는 그곳에서 여생을 보낸다는 생각을 할 수 없었다.]

He can't learn anything from you. **On the contrary**, he could teach you quite a lot of things.
[그는 너로부터 아무것도 배울 수 없어. 이와 반대로, 그는 너에게 상당히 많은 것을 가르칠 수 있을 거야.]

13.13.2. 접속부사의 의미

위의 예에서처럼 문장과 문장이 논리적으로 연결되도록 할 때 쓰이는 접속부사들은 대체로 결과·첨가·대조·조건·열거·화제의 전환·요약·예시·양보 따위와 같은 다양한 연결적인 의미를 전달해 준다.

(1) 결과: 첫 번째 문장에 나타난 원인을 전제로 한 결과를 나타낸다. 대개 accordingly, consequently, hence, therefore, as a consequence, as a result, so, then 등이 이러한 관계를 나타낸다. 특히 이들은 지금 말하고 있는 내용이 앞서 말한 내용에 대한 논리적인 결과임을 나타낸다.

The value of the yen has fallen. **As a result**, Japan faces a crisis.
[엔화 가치가 떨어졌다. 그 결과 일본은 위기에 직면해 있다.]
You have three, and I have two; **therefore/thus**, we have five altogether.
[너는 세 개를 갖고 있고, 나는 두 개를 가졌다. 그러므로 우리는 모두 다섯 개를 갖고 있다.]
I got there very late, **so** I missed most of the fun.
[거기 도착이 아주 늦어서 나는 대부분의 볼거리를 보지 못했다.]

(2) 첨가: 이미 앞서 말한 내용에 추가해서 어떤 정보나 주장을 첨가한다. moreover, furthermore, in addition, as well as that, on top of that, what is more, besides, in any case 등이 이러한 관계를 나타낸다. 이 중에서 besides와 in any case는 보다 결론적인 사실이나 주장을 추가로 덧붙인다는 점을 나타낸다.

The peasants are desperately short of food. **In addition**, they urgently need doctors and medical supplies.
[그 농부들은 식량이 절대 부족하다. 더욱이 그들은 당장 의사와 의약품을 필요로 하고 있다.]
Video cameras are becoming easier to use. **Furthermore**, they're becoming cheaper.
[비디오 카메라 사용이 더 쉬워지고 있다. 게다가 가격도 더 내리고 있다.]
What are you trying to get a job as a secretary for? You'd never manage to work eight hours a day. { **In any case** / **Besides** }, you can't type.
[어째서 비서 직업을 구하려고 하지? 넌 결코 하루에 여덟 시간 근무를 할 수 없을 텐데. 아무튼/게다가 너는 타이핑할 줄도 모르잖아.]

(3) 양보: however, nevertheless, nonetheless, still, in spite of this/that, though, in any event 따위와 같은 부사어구를 사용하여 앞에서 언급된 내용에 비추어 볼 때 놀랍다거나 예상밖이라는 정보를 전달하게 된다.

Laura had the third highest score on the ACT test in the country. **Nevertheless/In spite of that/Still**, she did not get admission to Harvard.
[로라는 ACT 시험에서 전국 3위를 했다. 그럼에도 불구하고/그래도 그녀는 하버드 대학 입학허가를 받지 못했다. → ACT는 American College Test(미국 대학입학 학력 테스트)에서 어두 글자를 따서 만들어진 어두 문자어(語頭文字語: acronym)임.]

특히 still은 'after all; nevertheless'와 같은 뜻을 가지고 문두에 놓여 양보의 뜻을 나타낸다.

It is not really a nice neighborhood. **Still**, she apparently likes living there.
[그곳은 그렇게 좋은 이웃이 못돼. 그래도 그녀는 분명히 그곳에 사는 걸 좋아하지.]

(4) 열거: for one thing (... for another thing), next, then (again), finally; one, two, three ...

In the first place, the economy is recovering, and **secondly** unemployment is beginning to decline.
[첫째, 경제가 회복되고 있다. 둘째, 실업률이 떨어지기 시작하고 있다.]
'How embarrassing! So what did you do?' — 'Well, **first** I called my parents, but they were out. **After that** I tried my roommate, but he was out, too. So **finally** I phoned my boss at home. He was very nice and brought me some money.'
[참 난처했겠군! 그래서 어떻게 했니? — '글쎄. 먼저 부모님께 전화를 걸었더니 안 계셨어. 그 다음에는 방을 같이 쓰는 친구에게 전화를 걸어보았는데 그 역시 없었어. 그래서 마지막으로 사장님한테 댁으로 전화했지. 그 분은 아주 친절하게 내게 돈을 좀 가지고 오셨어.']
First, mix the peanut butter and banana together. **Then** toast the slices of bread. **Next**, spread the mixture on the toast. **After that**, put the sandwich in a pan with butter. **Finally** fry the sandwich until it's brown on both

sides.

[첫째 땅콩 버터와 바나나를 한데 섞어라. 다음에는 얇게 썬 빵을 구워라. 다음에는 토스트에 혼합물을 발라라. 그 다음에는 샌드위치를 버터와 함께 냄비에 넣어라. 마지막으로 샌드위치를 양쪽이 누렇게 될 때까지 후라이를 하라.]

In this chapter we continue the discussion of degree constructions that began in the preceding chapter ... **First of all**, we discuss several degree complements ... **Then** we briefly examine the absolute use of *too* and *so* with attention to contexts where they function as emphatic counterparts of the intensifier *very*.

[이 장에서 우리는 앞 장에서 시작한 정도 구문에 대한 논의를 계속한다. ... 먼저, 몇 가지 정도 표시 보어를 논하고, 다음으로 too와 so가 강의어 very에 대응하는 강조적 대응어 역할을 하는 문맥에 주의를 기울이면서 이들의 절대적 용법에 대하여 간단히 검토한다.]

(5) 요약: in conclusion, briefly, to sum up, in short, in summary 등을 사용하여 이미 앞에서 말한 내용을 요약한다.

He's lazy, he's ignorant and he's stupid. **In short**, he's useless.

[그는 게으르고, 무지하고 우둔하다. 요컨대 그는 무용지물이다.]

To sum up: most of the committee members supported the idea but a few were against it.

[요약하면 다음과 같다. 위원회의 대부분의 위원들은 그 생각을 지지했지만, 몇 사람은 반대했다.]

(6) 예시: for instance, for example, e.g., in particular 따위와 같은 표현들은 이미 앞에서 말한 내용에 대한 특정한 예를 유도한다.

For example, to remember the names of all former U.S. Presidents in proper order, cluster the leaders into groups.

[예를 들어, 전 미국 대통령 39명 전원의 이름을 바른 순서대로 암기하려면 그 지도자들을 몇 개의 집단으로 무리를 지어라.]

In a particular instance, manual dexterity, special experimental technique, a freshness of viewpoint, or an insight gained from past experience,

may be decisive.
— Glenn Seaborg, "Letter to a Young Scientist"
[어떤 한 가지 특정한 경우에, 손 솜씨, 특수한 실험 기법, 신선한 견해, 또는 과거의 경험을 통해 얻어진 통찰력이 결정적일 수 있을 것입니다.]

(7) 갑작스러운 화제의 전환(abrupt topic shift): by the way, incidentally, by the by 등은 지금까지 말하던 화제를 다른 화제로 갑자기 바꿀 때 쓰인다. 이러한 경우에 쓰이는 접속부사들은 보통 구어체 영어에서 쓰이는 것이다.

I was talking to Philip yesterday. Oh, **by the way**, he sends you his regards.
[나는 어제 필립과 대화를 나누고 있었어. 아, 그런데 말이지 그가 너에게 안부를 전하더라.]
Janet wants to talk to you about advertising. **Incidentally**, she's lost a lot of weight.
[재니트가 광고 문제로 너와 대화를 나누고 싶어한다. 그런데 말야 그녀가 체중이 많이 줄었어.]

(8) 대조: by/in contrast, on the other hand, instead, in comparison 등은 두 개의 문장에서 말한 내용이 서로 상반된다는 점을 나타낸다.

The birth rate for older women has declined, but, **by contrast**, births to teenage mothers have increased.
[보다 나이든 여성들의 출산율은 감소되었으나, 이와는 대조적으로 10대 엄마들의 출산율은 증가되었다.]
Saints and sages are clear witnesses in this lifetime. The Buddha was said to be able to close his eyes and in an instant see thousands of his past incarnations in complete detail. **By contrast**, most people are so preoccupied with desire that when they try to see themselves truly as they are, they see only fog or blankness. — Deepak Chopra, *Life after Death*.
[금생에 성자들과 현자들은 명백한 증인들이다. 부처는 눈을 감고도 순간적으로 수많은 과거 삶의 모습을 아주 자세히 볼 수 있다고 했다. 이와는 대조적으로 대부분의 사람들은 너무나도 욕망에 사로잡혀 있어서 참으로 자신을 있는 그대로 보려고 해도 안개나 텅 빈 것밖에는 보지 못한다.]

I can't go. **Nevertheless**, I appreciate the invitation.

[갈 수 없어. 그렇지만 초대해 줘서 고마워.]

The deficit was supposed to shrink. But **instead** it grew, from $221 billion in 1990 to $290 billion last year.

[결손액이 줄어들 것이라고 여겨졌다. 그러나 오히려 1990년의 2210억 불에서 작년에는 2900억 불로 늘어났다.]

Minnesota is bitterly cold in the winter. **On the other hand**, it is one of the most scenic states.

[미네소타 주는 겨울에 굉장히 춥다. 반면에, 그곳은 가장 경치 좋은 주 가운데 하나이다.]

(9) 환언: in other words, that is (to say), or rather 따위를 사용하여 이전의 생각을 설명하거나 수정하게 되는데, 이렇게 함으로써 이전에 품고 있었던 생각을 명확하게 전달하게 된다.

If a customer has a credit card, he can give the credit card to the ticket agent. Thus, he is able to charge his ticket. **In other words**, he doesn't pay for the ticket right away.

[고객이 신용카드를 갖고 있으면 그는 매표원에게 카드를 제시할 수 있다. 그러면 그는 외상으로 표를 구입할 수 있다. 바꾸어 말하자면, 그는 표 값을 즉시 지불하지 않게 된다.]

Telecommunication refers to three kinds of communication; **that is**, it refers to telephone communication, television communication, or radio communication.

[telecommunication(원거리 통신)은 세 가지 종류의 통신을 말한다. 다시 말하자면, 전화 통신, 텔레비전 통신, 또는 무선 통신을 말한다.]

They are enjoying themselves, **or rather**, they appear to be enjoying themselves.

[그들은 재미있게 놀고 있다. 아니 오히려 그렇게 놀고 있는 것처럼 보인다.]

(10) 추론: in that case, then, otherwise 등을 사용하여 앞서 말한 어떤 상황 때문에 필연적으로 발생하리라고 추론(inference)되는 상황을 유도하게 된다. 예컨대 다음의 첫 번째 예는 표를 구하고자 하는 사람들이 많기 때문에 지금 사지 않으면 표가 다 떨어져 구입하지 못하는 상황이 발생하리라는 추론을 하는 것이다.

You'd better get the tickets now; **otherwise**, there may not be any left.
[지금 표를 사야 해. 그렇지 않으면 다 떨어질지도 모르지.]
'I have to pick Bobby up at school.' — '**Then** you should leave by 2:30.'
['나는 학교에 가서 바비를 태워 와야 해.' — '그렇다면 2시 30분까지는 출발해야 돼.']

(11) 일반화: 진술하고자 하는 내용이 일반적으로 사실이라는 점을 말하는 것으로서, on the whole, in general, generally, 또는 주로 말로 하는 경우에는 by and large 등이 쓰인다.

On the whole, the sentence without the preposition tends to be more informal than more usual.
[대체로 전치사가 없는 문장이 보다 보편적이라기보다는 더 비격식적인 경향이 있다.]
Shuttle flights leave New York from La Guardia Airport, and Washington from National Airport. **Generally**, shuttles to and from these and other cities depart once an hour from morning until 9:00 or so at night.
— Nancy Church & Anne Moss, *How to Survive in the U.S.A.*
[정기 왕복 항공기가 뉴욕 르과디어 공항과 워싱턴의 국립 공항을 떠난다. 일반적으로 이 도시들과 다른 도시들을 오가는 정기 왕복 항공기는 아침부터 밤 9시 정도까지 한 시간에 한 번씩 출발한다.]
Generally, people like people who are like themselves.
— Joseph Deitch, *Elevate: An Essential Guide to Life.*
[일반적으로 말하자면, 사람들은 자신과 같은 사람들을 좋아한다.]

제14장

전치사(Prepositions)

14.1. 전치사구

14.1.1. 전치사구의 구조

전치사는 명사구를 수반하여 전치사구를 이끄는 단어, 즉 전치사구의 중심어(中心語: headword)이며, 그 자신의 보충어(complement) 역할을 하는 명사구 따위와 문장의 다른 요소 사이에 유기적인 관계를 갖게 하는 기능어(機能語: function word)의 하나이다.[1]

전치사구 → 전치사 + (전치사구의 중심어)	명사구 등 (전치사의 지배를 받는 목적어)
on from by in terms of at variance with	the table what he said signing a peace treaty money the official reports

이렇게 만들어진 전치사구는 시간이나 장소와 관련된 정보를 전달하거나, 여기서 파생된 비유적이거나 추상적인 뜻을 나타내거나, 또는 그밖의 여러 가지 다양한 뜻을 전달하는 역

---

[1] In the most general terms, a preposition expresses a relation between two entities, one being that represented by the prepositional complement, the other by another part of the sentence. — Quirk et al. (1985: 657). 다른 한편으로는, 전치사는 전치사구의 중심어 역할을 하는 이 외에 <동사 + 전치사>로 이루어진 '전치사를 수반한 동사(prepositional verb)와 <동사 + 전치사 + 부사>로 이루어진 전치사를 수반한 구동사(prepositional phrasal verb)를 이루기도 한다.
  They finally [decided on] [the boat]. (decide on: 전치사를 수반한 동사)
               V   NP

할을 담당한다. 예컨대 다음과 같은 예들을 중심으로 전치사가 문중에서 담당하는 역할을 대충 검토해 보자.

(1) She strolled **over the hill**.
   [그녀는 한가롭게 언덕 위를 거닐었다.]
(2) He is **in his study** now.
   [그는 지금 자기 서재에 있다.]
(3) He owns the car **near the corner**.
   [그는 모퉁이 근처에 있는 자동차를 소유하고 있다.]
(4) The new program represents the evolution **of an existing program**.
   [새로운 프로그램은 기존의 어느 한 가지 프로그램이 발전한 것임을 나타내고 있다.]

(1)에서 over는 the hill과 strolled를 유기적으로 관련지어 주고 있다. 즉, 언덕이 있으므로 해서 주어(She)가 그 위를 거닐었다고 하는 관계를 나타내고 있다. (2)에서는 is와 his study를 놓고 in이 주어(He)가 놓여 있는 위치를 나타내고 있다. (3)은 near를 사용하여 자동차의 위치 관계를 나타내 주고 있으며, (4)에서 of는 -'s 대신에 쓰여 두 개의 명사구 an existing program과 the evolution 사이에 an existing program evolves와 같은 주어 + 동사의 관계가 있다는 것을 보여준다.

때로는 특정한 전치사가 특정한 명사, 동사, 형용사와 연관되어 양자 사이에 일종의 연어 관계(連語關係: collocation)를 나타내기도 한다. (이러한 연어 관계는 사전을 찾아볼 때마다 눈여겨 보아 두는 것이 언어 사용에 크게 도움이 된다.) 다시 말하자면, 전치사구에서 어떤 전치사를 선택할 것인가 하는 것이 앞에 놓이는 특정한 명사, 동사, 형용사에 따라 결정되는데, 그 몇 가지만 예로 들면 다음과 같다.

> 명사: compatibility **with**, reliance **on**, damage **to**, a liking **for**, an attack **on**, a quarrel **with**, a threat **to**, etc.
> 형용사: bored **with**, compatible **with**, opposed **to**, free **of/from**, lacking **in**, etc.
> 동사: to rely **on**, to depend **on**, to dispose **of**, to amount **to**, to hope **for**, to quarrel **with**, to give it **to** me, etc.

My real **friendship with** him began in Rome.

[그 사람과 나의 진정한 우정은 로마에서 시작되었다.]

I know he's **clever at** political debate.

[나는 그가 정치 토론을 잘한다는 점을 알고 있다.]

The degree of improvement can only be **guessed at**.

[개선의 정도는 오직 짐작만 할 수 있을 뿐이다. → to guess at the degree of improvement.]

Followers of Buddhism believe that one is born again after death, and whether the next life is better or worse **depends on** how good one is in the present.

[불교신자들은 인간이 사후에 다시 태어난다고 믿으며, 다음 생에 더 나은 삶을 사느냐 삶이 더 어려워지느냐 하는 것은 현재 얼마나 선하게 사느냐에 달려 있다.]

14.1.2. 전치사의 목적어

타동사의 경우와 마찬가지로, 전치사도 그 자신이 지배하는 요소를 갖는데, 이를 '전치사의 목적어'(prepositional object)라고 한다.[2] 이 경우에 전치사의 지배를 받아 목적어가 될 수 있는 요소는 명사구, 대명사, 의문사절, 명사적 관계사절, 동명사절 등 명사 상당어구들(noun equivalents)이다.

We are doing all we can to root out violence **in *the schools***.

[저희는 학교 폭력을 근절하려고 온갖 노력을 다 기울이고 있습니다. → 명사구 the schools가 전치사의 목적어 역할을 하고 있음.]

Leslie's face hardened, and she turned away **from *him***.

[레슬리는 얼굴이 굳어져서 그에게서 돌아서 버렸다. → 대명사 him이 전치사의 목적어 역할을 하고 있음.]

Bush made no mention **of *whether he will move to increase the depart-***

---

2   Aarts (2011: 75-76)는 다음과 같은 예를 들면서 전치사구에서 전치사가 그 자신이 지배하는 목적어 없이 단독으로 쓰인 것을 '자동사적 전치사'(intransitive prepositions)라고 하고 있다. 필자가 14.5 (전치사와 전치사적 부사)에서 다루고 있는 '전치사적 부사'를 이렇게 부르고 있는데, 이는 잘못된 판단이라고 여겨진다. 그리고 문장 [145]에서 괄호가 out 다음에 두 개가 있어야 하는데, Aarts의 책에서는 괄호가 하나밖에 없다. [146]에는 옳게 inside 다음에 괄호가 두 개 나타나 있다.

  145 We might go [pp [p out]] for a meal.

  146 Presumably you've been [pp [p inside]]?

ment's (= *the State Department's*) *budget*.

[부시 대통령은 국무부의 예산을 증액시킬 것에 동의할 것인지에 대하여 아무런 말도 하지 않았다. → whether가 이끄는 의문사절이 전치사의 목적어 역할을 하고 있음.]

The jeweler did not object **to** *showing the diamond ring to her*.

[보석상은 다이아몬드 반지를 그녀에게 보여주는 것을 반대하지 않았다. → 동명사절 showing the diamond ring to her가 전치사의 목적어 역할을 하고 있음.]

부정사절은 but이나 except 다음에서만 전치사의 목적어가 될 수 있다. in that, save that, except that에서처럼 전치사 다음에 that-절이 놓여 있는데, 이 경우에 전치사와 that-절을 개별적으로 볼 것이 아니라, 복합 종속접속사 역할을 하는 두 요소를 한 단위로 봐야 한다.[3]

The new system is similar to the old one **in that there is still a strong central government**.

[아직도 강력한 중앙 정부가 있다는 점에서 새로운 제도는 이전 제도와 비슷하다.]

이 이외에 for sure나 for certain의 경우처럼 (1) 극소수의 형용사[4]가 전치사의 지배를 받는 예가 있다.

He regarded it **as** *insufficient*.

[그는 그것을 불충분하다고 여겼다.]

They took her **for** *dead*.

[그들은 그 여자가 죽은 것으로 간주했다.]

It went **from** *bad* **to** *worse*.

[그 일은 점점 더 악화되었다.]

(2) 또는 다음 예에서처럼 시간이나 장소를 나타내는 일부 부사에 속하는 단어들도 전치

---

3   Combinations such as *except that, save that, but that* [= *except that*], and *in that*, which introduce finite clauses, are complex subordinators, not preposition + *that*.
    — Quirk et al. (1985: 661, note [c]).
4   in brief, in full, in private, in short 따위에서 전치사 in 다음에 놓인 요소들은 흔히 형용사로 쓰이기는 하지만, 이런 어구에서는 모두 명사로서의 뜻을 갖고 있다.

사의 지배를 받을 수 있는데, 이런 경우에 이런 단어들도 명사와 비슷하게 취급할 수 있을 것이다.

I don't know anybody **around** *here*.
[이 주위에 내가 아는 사람이 아무도 없다.]
Ben shouted at me **from** *downstairs*.
[벤이 아래층에서 내게 소리를 질렀다.]
From *there* (= recycling centers), it goes to different factories.
[재활용품 센터에서 그것은 다른 공장들로 옮겨간다.]
After *today*, there will be no concerts until October.
[오늘 이후 10월까지는 연주회가 없을 것이다.]
I lived in Carbondale **until** *quite recently*.
[나는 아주 최근까지 카본데일에서 살았다.]

이 이외에도 before then, by then, for ever, since then, from then on, from here, from inside/outside, near here/there, over here/there 따위와 같은 예를 추가로 들 수 있다.⁵

right into the water, *precisely* for that reason, *straight* along this street, *badly* in need of a coat of paint, *only* after departure, *just* before midnight 따위의 경우처럼 전치사가 정도와 척도 따위를 나타내는 수식어의 수식을 받을 수 있다. 이 때 수식어는 주로 장소나 시간을 나타내는 전치사 앞에 놓인다.⁶

I was driving *right* **in back of** this woman.
[저는 바로 이 여자 뒤에서 차를 운전하고 있었습니다.]
They are *far more* **behind** the times than us.
[그들은 우리들보다 훨씬 더 시대에 뒤진 사람들입니다.]

---

5   Leech & Svartvik (2002: 248).
6   There are a small number of adverbs such as *right* and *straight* which occur with a certain sense as modifiers of prepositions but not (in Standard English) of verbs, adjectives or adverbs.... Not all prepositions accept these modifiers — they occur primarily with prepositions indicating spatial or temporal relations. — Huddleston & Pullum (2002: 606). See also Downing & Locke (2006: 538-539).

I'm *greatly* **in favor of** reducing working hours.
[나는 노동 시간 단축을 대찬성합니다.]
I think you're *slightly* **out of** touch with reality.
[나는 네가 현실을 좀 모르고 있다고 생각해.]
It happened *just* **inside** the penalty area.
[그 사고는 바로 페널티 지역 안에서 발생했다.]
The company is *deeply* in debt.
[그 회사는 빚더미에 쌓여 있다.]
Germans, however, tend to consider small talk a waste of time in business meetings. They prefer to get *right* **to the point** of the meeting.
— Rob Jordens & Jeff Zeter, "The Big Deal about Small Talk"
[그러나 독일 사람들은 사업상 만날 때 가벼운 말을 주고받는 것을 시간 낭비라고 여기는 경향이 있다. 그래서 그들은 곧바로 만남의 핵심적인 내용으로 들어가는 것을 선호한다.]

14.1.3. 전치사구의 기능

문법적인 기능면에서 보면 전치사구는 다음과 같은 두 가지 기능을 담당한다: 형용사적 전치사구와 부사적 전치사구.
첫째, 전치사구가 명사구를 수식하거나 주어와 목적어에 대한 보어 역할을 할 때에는 '형용사적'(adjectival)으로 쓰였다고 한다.[7]

You are now in a position to enjoy <u>the fruits</u> **of your labor**.
[너는 이제 노력의 결실을 즐길 수 있는 입장에 있어. → of your labor는 명사구 the fruits를 수식하는 형용사적 역할을 함.]
They had a highly developed belief in <u>life</u> **after death**.
[그들은 죽음 이후의 삶에 대한 상당히 진전된 믿음을 갖고 있었다.]

---

[7] 이처럼 전치사구가 형용사적으로 쓰인 것을 '형용사적 전치사구'라고 부르기도 한다:
　Our new neighbors <u>across the hall</u> became our best friends.
Here the *across* phrase is part of the subject noun phrase, functioning like an adjective, so we call it an **adjectival** prepositional phrase. — Kolln & Gray (2010: 16). 각종 문법책에서 '전치사 + 명사구' 구조에 대한 용어를 일관되게 부르지 않는 경우를 흔히 볼 수 있다. 이 구조를 형태적으로는 '전치사구'이고, 기능적으로는 '형용사적' 또는 '부사적'으로 쓰였다고 말해야 한다.

The enemies **of liberty** and **our country** should make no mistakes.

[자유와 우리나라의 적들은 잘못을 범하지 말아야 한다. — George W. Bush 대통령 취임사 중에서.]

His son Edward the Confessor was brought up in France and when he came to the throne in 1042, he brought with him many Normans and gave them positions **of importance** in the government.

— G. L. Brook, *A History of the English Language*.

[그의 아들 에드워드 참회왕은 프랑스에서 성장했으며, 1042년에 왕위에 올랐을 때 그는 많은 노르만인들을 데리고 와서 이들을 정부의 중요한 자리에 앉혔다. → Edward 다음에 놓인 the Confessor는 국방을 튼튼하게 하지 못해 그가 세상을 떠난 1066년에 외국 세력, 특히 프랑스에 왕위가 넘어간 것을 참회한다는 뜻에서 붙여진 별명임.]

Monica must be **out of her mind** to reject such an interesting offer.

[그렇게 재미난 제의를 거절하다니 모니카가 틀림없이 정신이 나갔어. → out of her mind는 'crazy'라는 뜻을 가지고 형용사적으로 쓰여 주격보어 역할을 하고 있음.]

His illness left him **without a job**.

[그는 병으로 직장을 잃게 되었다. → 전치사구 without a job가 'jobless'(실직한)라는 뜻을 가지고 형용사적으로 쓰여 목적보어 역할을 하고 있음.]

둘째, 다음과 같은 경우에 전치사구는 부사적으로 쓰였다. 다시 말해서, 전치사구가 동사를 수식하거나, 관점부사, 주석부사(→ 13.11.3 참조), 또는 접속부사(→ 13.13 참조) 따위와 같은 역할을 하기도 한다.

For the last three weeks the shop has been closed.

[지난 3 주일 동안 그 가게는 문이 닫혀 있었다. → for the last three weeks는 동사를 수식하는 시간부사임.]

In my view, he is a fool.

[내가 보기에 그 사람은 바보다. → 전치사구 in my view는 관점부사임.]

I must tell you, **in all honesty**, that your chances of passing the test are not very high.

[아주 솔직히 말해서, 네가 그 시험에 합격할 가망성은 아주 높지 않음이 틀림없어. → in all honesty는 주석부사 역할을 하고 있음.]

On the other hand, he made no attempt to help the victim or apprehend

her attacker.
[반면에, 그는 희생자를 도우려고 하거나, 그녀의 가해자를 체포하려고 하지 않았다. → on the other hand는 접속부사 역할을 하고 있음.]

이 이외에도 전치사구는 특정한 형용사나 동사의 보충어 역할을 한다. 이 경우에 전치사는 앞에 놓인 형용사나 동사와 보다 긴밀한 관계를 가진다.

She was dependent **on us**.
[그녀는 우리에게 의지하고 있었다.]
We were looking **at his awful paintings**.
[우리는 그의 놀라운 그림을 바라보고 있었다.]

14.2. 복합 명사구

14.2.1. 복합 명사구의 구조

a review of the book(그 책에 대한 서평), analysis of the self(자아 분석), a woman from Pittsburgh(피츠버그 출신의 한 여인) 따위와 같은 예에서처럼 <명사구 + 전치사구>의 구조로서 전치사구의 후치수식을 받는 명사구를 일종의 복합 명사구(複合名詞句: complex noun phrases)[8]라고 한다.

I am strongly against **the use *of corporal punishment*** in school.
[나는 학교에서 체벌하는 것을 강력히 반대한다.]

---

8 복합 명사구에는 <명사구 + 전치사구> 구조를 비롯하여 (a) <명사구 + 동격절>(16장), 그리고 (b) <명사구 + 관계사절> (17장) 구조 등 세 가지 유형이 있다:
   a. **Many hundreds of languages which have never been written down yet** exist in the world.
      → **Many hundreds of languages** exist in the world **which have never been written down yet**.
         [아직 글자로 쓰여 있지 않은 수백 가지 언어들이 이 세상에 존재한다.]
   b. **The idea *that he should hit John*** occurred to me.
      → **The idea** occurred to me **that he should hit John**.
         [그가 존을 때렸을 것이라는 생각이 떠올랐다.]

Everywhere we hear **dark whispers** *of rising prices*.

[도처에서 물가 인상을 불평하는 우울한 소리가 들린다.]

전달하고자 하는 뜻에 따라, 복합 명사구에는 명사구를 수식하는 전치사구 안에 또 다른 명사구가 있고, 그 명사구가 다시 다른 전치사구의 수식을 받게 할 수 있다. 이처럼 명사구와 전치사구가 연속해서 순환적(循環的: cyclic)으로 나타나게 되면 결국 한 개의 복합 명사구가 상당히 길어지고 따라서 복잡해질 수 있다.

They are sometimes used as **the generic names** *for different brands of these types of products*.

[그것들은 가끔 이러한 유형의 제품의 다른 상품에 대한 총칭적인 명칭으로 사용된다.]

이 문장에서 명사구 the generic names는 다음에 놓인 전치사구 for different brands의 수식을 받고, 이 전치사구 안에 놓인 명사구 different brands는 다시 그 다음에 놓인 전치사구 of these types의 수식을 받고 있으며, 이 전치사구 안에 놓인 명사구 these types는 다시 다음에 놓인 전치사구 of products의 수식을 받고 있다.

그렇지만, I saw a woman **with a telescope**.(나는 망원경을 가지고 있는 한 여인을 보았다./ 나는 망원경으로 한 여인을 보았다.)와 같이 구조적으로 애매한 문장에서는 with a telescope가 a woman을 수식하면 이 두 개의 구가 합쳐서 복합 명사구가 되겠지만, 이와는 달리 with a telescope가 술어동사 saw를 수식하는 문장 구조로 보면 복합 명사구가 될 수 없다.

14.2.2. 불연속 복합 명사구

특히 다음의 문장 (5a)에서처럼 주어는 <명사구 + 전치사구>로 이루어진 일종의 복합 명사구이고, 술부는 비교적 짧다. 반면에 (5b)는 짧은 술부인 is just coming in을 사이에 두고, 주어 부분에서 수식받는 명사구 news와 수식하는 전치사구 of a serious plane crash가 분리되어 결국 '불연속 복합 명사구'를 이루고 있다. 이렇게 술부를 사이에 두고 주어 역할을 하는 길고 복잡한 복합 명사구를 분리시키는 것은 명사구를 수식하는 전치사구가 새로운 정보 내용으로 독자/청자에게 중요한 내용이기 때문에 문미에 놓여 초점을 받도록 하기 위한 이유 때문이기도 하지만, 다른 한편으로는 수식받는 명사구와 수식하는 전치사구가 나란히 문두에 놓이게 됨으로써 술부에 비해 주어 부분이 상대적으로 길어지게 되면 결국 문장이 균형을 잃게 되는 것을 피하려고 하는 영어가 갖는 일반적인 경향 때문이다.

(5) a. **News** *of a serious plane crash* is just coming in.
b. **News** is just coming in *of a serious plane crash*.
[대형 비행기 추락사고 소식이 이제 막 들어오고 있습니다.]

(5b)에서와 같이 주어 역할을 하는 복합 명사구가 불연속적으로 나타나려면 다음 두 가지 조건을 충족시켜야 한다.

첫째, 전치사구의 수식을 받는 명사구가 '막연한'(indefinite) 대상을 가리키는 것이라야 한다. 즉, 명사구의 중심어 역할을 하는 명사가 부정관사를 비롯하여 막연한 대상을 가리키는 한정사를 수반하거나, 한정사를 수반하지 않고 복수형이라야 한다. 또는 불가산명사가 단독으로 쓰이거나, 막연한 대상을 가리키는 한정사를 수반하여야 한다.

둘째, 그 문장의 술어동사가 본래 자동사이거나, 또는 자동사적으로 쓰인 것으로서, 주로 '도착'(arrival)이나 '출현'(appearance)의 뜻을 나타내는 것이라야 한다. 따라서 다음에 나열한 문장에서는 주어 역할을 하는 명사구가 모두 첫 번째 조건을 만족시켜 주고 있으며, 이 주어에 대한 동사들 역시 두 번째 조건을 만족시켜 주고 있다.

A story appeared in the papers last week *about spaceships*.
[우주선 이야기가 지난 주 신문에 보도되었다. → cp. a story about spaceships. 동사 appeared가 자동사로서 '출현'의 뜻을 가지고 있음.]
Certain facts have become known *about the materials of the moon*.
[달의 구성 물질에 대한 어떤 사실들은 이미 알려지게 되었습니다. → cp. certain facts about the materials of the moon.]
A survey is being made *of TV watchers*.
[TV 시청자에 대한 조사가 진행 중이다. → cp. a survey of TV watchers. 동사 made가 타동사이지만, 수동 동사로 바뀌었기 때문에 자동사적으로 쓰였으며, 동시에 이 동사가 '출현'의 뜻을 나타내고 있음.]
Examples were previously given *of basically verb-modifying adverbs*.
[기본적으로 동사를 수식하는 부사에 대한 예들이 앞에서 제시되었다. → cp. examples of basically verb-modifying adverbs.]
An opportunity was soon to be given to the Dashwoods *of debating on the rest of the children*. — Jane Austen, *Sense and Sensibility*.

[나머지 어린이들에 대한 토론의 기회가 곧 대쉬우드 부부에게 주어질 것이었다. → cp. an opportunity of debating on the rest of the children.]

A distinction has often been drawn *between the "individualizing mode of historical thought and the "generalizing" mode of science.*
— Ernst Cassirer, *Language and Myth*.
[역사적 사고의 개별화 양식과 과학의 일반화 양식 사이의 구분이 흔히 이루어져 왔다. → cp. A distinction between ... and ... has often been drawn.]

14.3. 단순 전치사와 복합 전치사

전치사는 형태상으로 한 개의 단어로 나타나거나, 여러 개의 단어들이 모여서 기능상으로 한 개의 전치사처럼 쓰이기도 한다. 전자를 단순 전치사(simple prepositions)라 하고, 후자를 복합 전치사(complex prepositions)라 부른다.

단순 전치사들 중에서 아주 많이 쓰이는 것으로는 about, against, at, by, during, for, from, in, of, on, to, under, with 등이 있다.

복합 전치사에 해당되는 단어들은 다음과 같다. 이러한 복합 전치사는 전치사와 다른 품사에 속하는 단어들이 한데 결합되어 이루어진다.

1) 분사, 형용사, 부사, 접속사 따위와 같은 요소들이 단순 전치사와 결합해서 만들어지는 것들이 있다.

> according to, ahead of, along with, apart from, as from, as for, aside from, as of, as to, away from, as regards, because of, but for, close to, except for, far from, instead of, near to, on to, previous to, out of, owing to, except for, regardless of, thanks to, up to, ...

2) 두 개의 단순 전치사 사이에 명사구가 포함된 형태, 즉 전치사 + 명사구 + 전치사의 형태로 이루어지는 것들도 있다.

> at variance with, by means of, by way of, by virtue of, for/from want of, in addition to, in case of, in charge of, in contact with, in exchange for, in quest of, in search of, in spite of, in terms with, in touch with, on account of, on behalf of, in/with reference to, ...

3) 마지막으로, 전치사가 네 개의 단어로 이루어지기도 한다. 이러한 전치사는 세 개로 이루어진 단어의 명사에 관사가 하나 더 추가된다.

> at the hands of, at the expense of, at (the) risk of, for the sake of, from the point of, in the course of, in the name of, in the process of, on the grounds of, on the matter of, on the strength of, with a view to, with the exception of,...

영국영어에서는 in the light of라 하고, 미국영어에서는 in light of라고 한다.

I wanted to hold the meeting today, but **in the light of** the changed circumstances it had better be postponed.
— *Longman Dictionary of English Language and Culture*.
  [나는 오늘 회의가 열리기를 희망하지만, 상황 변화를 감안하면 연기되어야 한다.]
In light of this tragic event, we have cancelled the 4th of July celebrations.
— *Longman Exams Dictionary*.
  [이와 같은 비극적인 사건을 감안해서 우리는 7월 4일의 경축행사를 취소했다.]

셋 또는 네 개의 단어로 이루어진 복합 전치사에 들어 있는 명사에 적절한 수식어가 첨가되기도 한다.

in contact with ~ in **close** contact with (...와 **긴밀하게** 접촉을 하여)
in contrast to ~ in **stark** contrast to (...와 **전적으로** 대조를 이루어)
in defense of ~ in **keen** defense of (...을 **열렬히** 방어하여)
with reference to ~ with **special** reference to (**특히** ...와 관련하여)
with the exception of ~ with the **notable** exception of (**특히** ...을 제외하고)

If the colonizers fail to keep **in constant touch with** their mother country, the original language of the colony is usually the one to survive.
— G. L. Brook, *A History of the English Language*.
  [식민주의자들이 본국과 끊임없이 접촉을 하지 못한다면 대개 식민지의 원래 언어가 살아남는다.]

His actions were **in stark contrast to** his words.
[그의 행동은 말과 전적으로 대조를 이루었다.]
No other artist of the time, **with the possible exception of** Monet, was so popular. — *Longman Exams Dictionary*.
[어쩌면 모네를 제외하면 그 시대의 다른 어떤 예술가도 그렇게 인기를 누리지 못했다.]

in case of, in front of와 같은 전치사 + 명사 + 전치사로 이루어진 일부 복합 전치사들의 경우에는 명사에 관사를 수반하여 뜻이 달라지기도 한다.[9] 예컨대 in front of는 'before'라는 뜻이지만, in **the** front of는 'in the forward section of'(...의 앞쪽으로)라는 뜻이다. 마찬가지로 in case of는 'in the event of'라는 뜻인 반면, in **the** case of는 'as regards'라는 뜻이다.

14.4. 이중 전치사

전치사구는 한 개의 전치사와 그 전치사의 지배를 받는 목적어로 이루어지는 것이 일반적이다. 그러나 한 개의 전치사만으로 전달하고자 하는 어떤 내용을 충분히 전달할 수 없는 경우에는 예컨대 **since before** the war의 경우처럼 since와 before라는 두 개의 전치사가 한데 결합하여 이중 전치사(double preposition)로 나타나는데, 이러한 경우에 두 개의 전치사가 한 개의 명사구를 공통으로 지배하므로 이중 전치사구를 이루게 되는 것이다. 그러므로 since before the war라는 전치사구에서 before the war가 나타내는 뜻에 다시 전치사 since의 뜻을 동시에 나타내게 된다.

Food has been scarce *since before* the war.
[전쟁이 일어나기 전부터 식량이 부족했었다.]
They (= the most commonly used words) come from an older form of English called Anglo-Saxon, spoken in England from the time of the migration of Germanic tribes to England in the fifth century **until after the conquest** by the Norman French in 1066.
— Gladys Doty & Janet Ross, *Language and Life in the U.S.A*.

---

9 Huddleston (1984: 343).

[이들 가장 많이 사용되는 단어들은 5세기에 게르만 부족들이 영국으로 이주할 당시부터 1066년 노르망디의 프랑스인들에 의해 정복된 이후까지 영국에서 사용되었던 앵글로색슨어라고 하는 영어의 옛날 형태에서 온 것이다. → 가장 오래된 영어를 고대영어라고 했는데, 이것은 일명 '앵글로색슨어'라고 불리기도 했음. 1066년에 프랑스 북부 노르망디 땅에 사는 프랑스인에 의해 영국이 정복당해서 약 200년 이상 프랑스의 지배를 받았으며, 이로 말미암아 불어가 영국의 공용어로 사용되었음.]

Special collection trucks pick up the materials *from in front of* homes or people take the materials to recycling centers.

[수거용 특수 트럭이 집 앞에서 그 물건들을 수거해 가거나, 아니면 사람들이 재활용 센터로 그 물건들을 가져간다.]

He was chosen *from among* the volunteers.

[그는 자원자들 중에서 선발되었다.]

She completed the assignment *in under* an hour. (Cowan 2008: 158)

[그녀는 한 시간도 채 되기 전에 숙제를 마쳤다. → under = 'less than'.]

이들 예에서 보듯이, 이중 전치사구에서 두 번째 전치사는 **from inside** the building(건물 내부에서부터)이나 **until just before** the meeting(바로 회의가 시작되기 전까지)의 경우처럼 장소나 시간을 나타내는 것이다.

특히 이중 전치사구는 뜻과 문법적인 기능면에서 한 단위를 이루는 것이기 때문에 서로 분리시킬 수 없으므로 이동할 경우에도 (6b)에서처럼 반드시 같이 이동하여야 하며, (6c)에서처럼 분리될 수 없다.

(6) a. A strange vehicle suddenly emerged *from behind* the house.

[이상하게 생긴 차량이 갑자기 집 뒤에서 나왔다.]

b. *From behind* the house, a strange vehicle suddenly emerged. (Cowan 2008: 151)

[집 뒤에서 이상하게 생긴 차량이 나왔다.]

c. **Behind* the counter he picked up the gun *from*.

[→ 이중 전치사 from과 behind가 서로 분리될 수 없으므로 틀린 문장임.]

뜻과 기능면에서 한 개의 복합 전치사 역할을 하는 along with나 away from 따위와 같은 예들과 방금 위에서 본 것과 같은 이중 전치사를 혼동하지 말아야 한다. 또한 아래와 같은 문장에서도 in과 until이 합쳐 이중 전치사를 이루는 것이 아니라, in은 목적어가 생략되어 전치사적 부사로 기능이 바뀐 것이다. 특히 이 점은 until six o'clock은 문두의 위치로 이동할 수 있지만, in until six o'clock이 뜻의 한 단위가 되어 이동될 수 없다는 점을 통해서도 알 수 있다.

My husband won't be **in** ‖ *until* **six o'clock**.
 [내 남편이 여섯 시까지는 돌아오지 않을 거야.]
→ *Until* **six o'clock** my husband won't be **in**.
 [여섯 시까지는 내 남편이 돌아오지 않을 거야.]

14.5. 전치사와 전치사적 부사

전치사는 단독으로 존재할 수 없고 전치사가 있는 곳에는 반드시 전치사구가 있게 마련이다. 다시 말하자면, 전치사가 전치사로서의 역할을 다하려면 그 자신이 지배하는 명사구를 필수적으로 수반해서 하나의 전치사구를 이루어야만 한다. 그러나 전후 문맥 내용이나 상황으로 미루어 보아 전달하고자 하는 내용이 명확한 경우에는 일부 전치사들은 문법성에 어긋나지 않을 뿐만 아니라, 그 본래의 뜻도 거의 그대로 유지하면서 명사구를 수반하지 않고 독립적으로 쓰여 공간이나 시간상의 이동이나 위치를 나타낼 수 있다. 그렇게 되면 그것은 더 이상 전치사로서의 기능을 발휘하지 못하고 부사적으로 쓰이게 되는데, 이를 '전치사적 부사(前置詞的副詞: prepositional adverbs)[10]라고 한다. 다음의 (7a, b)와 같은 예를 보자.

---

10 A prepositional adverb is a particle which is formally identical to or related to a preposition, and which often behaves like a preposition with ellipted complement:
  A car drove *past* the door. [*past* is a preposition]
       past. [*past* is a prepositional adverb]
Thus a prepositional adverb shares the form, but not the syntactic status, of a preposition.... Prepositional adverbs normally receives stress, whereas simple prepositions (especially monosyllables) normally do not.
— Quirk et al. (1985: 713-714); Some words function both as prepositions and as adverb particles. When they are followed by an object, they function as **prepositions**:
 We drove **round the city**. (**round** + object = preposition)
When no object is stated, these words function as **adverb particles** (even if an object is implied):
 We drove **round**. (no object = adverb particle)
Unlike prepositions, adverb particles are stressed in speech.

(7) a. Walk **across the street**.
　　　[길을 건너가라.]
　b. How can we get **across**?
　　　[어떻게 하면 건너갈 수 있을까?]

(7a)에서 across는 the street를 자신의 목적어로 동반하고 있으므로 전치사 역할을 다하고 있지만, (7b)에서처럼 자신이 지배하는 목적어가 생략되어 표면적으로 문장의 어디에도, 또한 어떤 형식으로도 나타나지 않게 되면 across는 더 이상 전치사로서의 역할을 하지 못하기 때문에 전치사적 부사로 그 기능이 바뀌게 된다. 이렇게 되면 그 사람이 횡단하는 대상이 직접 나타나지 않고, 암시될 뿐이다.

그러나 다음 문장에서는 for의 목적어 역할을 할 명사구가 표면상 나타나지 않고 있는 것처럼 보인다.

　What is he looking **for**?
　　[그가 무엇을 찾고 있지? → Is he looking for **what**?에서 전치사의 목적어 역할을 하는
　　의문사 what이 문두의 위치로 이동하여 제시된 의문문이 된 것임.]

그렇지만 이 문장에서는 전치사의 목적어가 의문사로 바뀌어 문두의 위치로 이동함으로 말미암아 전치사만 홀로 원래의 위치에 남아 좌초되어 있을 뿐이지, 본래 목적어가 없는 것이 아니므로 이런 경우에 for는 전치사적 부사가 아니라 여전히 전치사로서의 역할이 그대로 유지되고 있는 것이다.

다음 예에서 보듯이 왼쪽 란에는 전치사가 명사구를 목적어로 거느리고 있지만, 오른쪽 란에서는 목적어가 생략됨으로 말미암아 전치사가 전치사적 부사로 바뀌었다.

전치사 + 명사구	전치사적 부사
I saw him coming **along the road**. [나는 그가 길을 따라 오고 있는 걸 보았다.]	Come **along**. [따라 오너라.]
The garage is **behind the house**. [차고가 집 뒤에 있다.]	The taxi followed on **behind**. [택시가 계속 뒤따라 왔다.]

――― Alexander (1996: 145). 전치사적 부사라는 용어 대신에 '부사적 불변화사'(Close 1992: 146) 또는 '부사적 전치사'라고도 한다.

Go **down the hill**. [언덕을 내려가거라.]	Go **down**. [내려가거라.]
I passed **by your window**. [나는 너의 창가를 지나갔다.]	Why pass **by**? [왜 지나가는가?]
The dog ran **in front of the bus**. [그 개가 버스 앞을 달려갔다.]	I'd like to sit **in front**.[11] [나는 앞에 앉고 싶다.]
Get **off the bus** quickly. [얼른 버스에서 내려라.]	Get **off** quickly. [얼른 내려라.]
Stay **outside the house**. [집 밖에 있어라.]	Stay **outside**. [밖에 있어라.]
Jump **over the gate**. [문 위를 뛰어 넘어라.]	Jump **over**. [뛰어 넘어라.]
Unemployment is now at its lowest point **since World War II**. [2차 세계대전 이래 실업률이 최저치이다.]	I haven't seen him **since**. [그후 나는 그를 만나지 못했다.]
Run **up the hill** again. [다시 언덕 위로 뛰어 가거라.]	Run **up** again. [다시 뛰어 올라 가거라.]

다음의 ⓐ에 나열된 것들은 가장 보편적으로 전치사나 전치사적 부사로 쓰일 수 있지만, ⓑ에 나열된 것들은 항상 전치사 역할만 하기 때문에 이 다음에는 반드시 그 자신의 목적어를 수반하게 된다.

> ⓐ about, above, across, after, along, around, before, behind, below, beneath, beyond, by, down, in, inside, near, off, on, opposite, outside, over, past, (a)round, through, under, up
> ⓑ against, at, beside, despite, during, except, for, from, into, of, onto, per, till, to, towards, via, with(out)

Are you **for** the motion, or **against**?
　[너는 그 동의안에 찬성인가, 반대인가? → **against** 다음에는 이미 앞에 나온 명사구 the

11　in front of, instead of, in charge of 따위는 항상 복합 전치사로서 목적어를 수반하지만, 목적어가 생략되면 전치사 of가 탈락되어 결국 이들이 전치사적 부사가 된다.

motion이 생략되었음.]

Demand for these cars is high, **despite** their high price.
[가격이 비싸지만 이 자동차의 수요가 높다.]

They ran **into** the opera house.
[그들은 오페라 극장으로 뛰어 들어갔다. → 그러나 They ran **in**.에서 in은 전치사적 부사로 쓰였음.]

말로 하는 경우에 전치사 + 목적어에서 전치사는 강세를 받지 않지만, 목적어가 탈락되어 전치사가 전치사적 부사로 바뀌면 그것은 강세를 받는다.

Until you recover, you must **stay** in the **house**.
[회복될 때까지 집에 있어야 돼.]

Until you recover, you must stay **in**.
[회복될 때까지 집에 있어야 돼.]

I should have parked the car **behind** the house but I left it **in front**.
[차를 집 뒤에 주차시켰어야 했는데 (집) 앞에 두었어.]

14.6. 전치사와 접속사

after, as, before, since, until 따위의 단어들은 동일한 형태가 전치사와 접속사의 양쪽으로 쓰인다. 전치사 역할을 하는 경우에는 명사구나 동명사 등 명사화된 요소들을 목적어로 삼을 수 있는 반면, 접속사로 쓰였을 때는 주어와 술어동사 등을 수반해서 종속절을 유도하게 된다.

He works **as** a business consultant. [as: 전치사]
[그는 경영 상담자로 일한다. → as가 명사구 a business consultant를 목적어로 수반하고 있으므로 전치사임.]

He fell asleep on the sofa, **as** he was so tired. [as: 접속사]
[그는 너무 지쳐서 소파에서 잠들어 버렸다. → as 다음에 주어 + 동사 등을 수반하고 있으므로 as는 접속사임.]

예를 들어 by **analyzing** the problem은 전치사 + 동명사절 구조라는 점이 명백하지만,

when **speaking** to others는 오히려 접속사 + 분사절 구조라는 점이 명백하다. 왜냐하면 by는 접속사 역할을 하는 경우가 없고, 반대로 when은 결코 전치사 역할을 하지 않기 때문이다. 그렇지만 다음과 같이 after, before, since, until 따위와 같은 단어들 다음에 동사의 -ing 형태가 오게 되면 그것이 접속사가 이끄는 정형절(定形節: finite clauses)이 축약된 분사절인지, 아니면 원래부터 전치사 + 동명사절의 구조인지 단정적으로 말한다는 것이 매우 어렵다고 하겠다.

> after he had his accident ~ after having an accident (사고가 난 뒤에)
> before you arrived ~ before arriving (도착하기 전에)
> since I received your letter ~ since receiving your letter (너의 편지를 받은 이래)
> until I went to Paris ~ until going to Paris (파리로 갈 때까지)

14.7. 분사형 전치사

원래 동사에서 파생되어 나온 -ing 분사형과 -ed 분사형들이 있는데, 이러한 형태들 가운데 일부 단어들이 오늘날에는 전치사로 쓰인다. 이들을 동사에서 나온 전치사(deverbal prepositions)라고 부르기도 한다.

> according to, barring, beginning, considering, counting, during, excepting, following, including, excluding, owing to, regarding, respecting, saving, wanting; given[12](= considering), granted 등

> But to many Londoners, **including** some of the stars gathered here tonight, these are dangerous times.
> [그러나 오늘밤 여기에 모인 일부 스타들을 포함하여 많은 런던 시민들에게 지금은 위험한 순간이다.]
> We open seven days a week **excluding** Christmas Day.
> [크리스마스 날을 제외하면 우리는 일주일 동안 매일 문을 연다.]

---

12 given이 형용사로도 쓰인다.
On any **given** day in the Houston area, half the hospital beds are empty.
[어느 특정한 날 휴스톤 지역에서는 절반의 병상이 비어 있다.]

The exhibition will be open during the weekends, **beginning** next Saturday.

[전시회는 다음 토요일에 시작되어 주말 동안에 지속될 것이다.]

Considering his age, he has made excellent progress in his studies.

(= 'In view of his age, ...')

[나이에 비해 그는 아주 괄목할만한 연구 업적을 이루었다.]

Given the circumstances, you've done really well.

(= 'If one takes the circumstances into account, ...')

[상황을 고려하면 너는 정말 잘했다.]

(7a, b)에서처럼 barring은 전치사 또는 분사 역할을 한다. (7a)에서 barring은 관계사절 which bar the employment ...에서 축약된 결과로 만들어진 현재분사인 반면, (7b)에서는 전치사 역할을 하는 것이다.

(7) a. There are restrictions **barring** the employment of children under sixteen.

[16세 미만의 어린이를 고용하지 못하도록 하는 금지 조항들이 있다.]

b. No one **barring** a lunatic would start a nuclear war.

[미친 사람이 아니면 어느 누구도 핵전쟁을 일으키지 않을 것이다.]

14.8. 전치사의 좌초

14.8.1. 목적어의 전치와 전치사의 좌초

한국어나 일본어에는 전치사라는 것은 없고, 대신에 후치사(後置詞: postpostion)라는 것이 있어서 이것은 반드시 명사 다음에만 놓인다. 그러나 영어에서 전치사는 그 명칭이 암시하는 바와 같이 자신이 지배하는 목적어 앞에 놓이는 것이 일반적이다. 그러나 어떤 특정한 문장 구조에서는 전치사와 그 자신이 지배하는 목적어의 관계는 그대로 유지되면서 전치사의 지배를 받는 목적어가 문장이나 절의 맨 앞 위치로 이동하게 된다. 이러한 경우에 전치사가 항상 그 목적어와 같이 이동하지 않고, 동사, 형용사, 명사와 더불어 그 본래의 위치에 남아 있게 되기 때문에 결국 전치사와 그 목적어가 서로 분리될 수 있는데, 이러한 현상을 전치사가 '좌초'된(stranded) 것이라고 한다. 일부 문장 구조에서는 (7)에서처럼 전치사가 좌초되어 전치사와 그 목적어가 반드시 분리되어야 하거나, (8), (9)에서처럼 전치사와 그 목적어가 분리된다면 문법적으로 틀린 문장을 만들기도 한다. 이밖의 경우에는 전치사의 좌초가 단지 격식적·비격식적이라는 문체상의 차이를 나타내는 것에 불과하다.[13]

(7) ***What*** are you looking at me like that ***for***?
   [무슨 때문에 그처럼 나를 바라보고 있느냐? → for what이라고 할 수 없음.]
(8) **Under** ***what circumstances*** would he agree?
   [어떤 상황/조건하에서 그가 동의하게 될까? → what circumstances ... under라고 할 수 없음.]
(9) We will see below that there are ***conditions*** **under** ***which*** stranding is preferred over PP fronting. (Huddleston & Pullum 2002: 628)
   [우리는 아래에서 좌초가 전치사구의 전치보다 더 선호하게 되는 조건을 보게 된다. → PP = prepositional phrase. which ... under라고 할 수 없음.]

14.8.2. 전치사가 좌초된 문장 구조

다음과 같은 문장 구조에서 전치사가 좌초되어 본래의 자리에 그대로 남아 있게 된다.

1) 분열문(分裂文: cleft sentences)에서.
분열문에서 전치사구 전체가 신정보로서 초점을 받는 것이 아니라, 전치사의 목적어만 초점을 받게 되는 경우에는 반드시 전치사가 좌초되어 그 목적어와 분리되어야 한다.

I am worried **about** *your health*.

---

[13] In many cases the stranding construction is preferred or required when the preposition is specified by the verb or a verbal idiom, as in *account for, ask for, come across, consist of, face up to, look out for, tie in with,* etc.... It is not possible, however, to give any simple, general rules. Much depends on individual verb + preposition combinations. Some are fossilized, so that the preposition must be adjacent to the verb: compare *the documents which he had come across* and *the documents across which he had come*. Many such combinations belong to informal style and will thus resist occurrence with the noticeably formal PP fronting construction. — Huddleston & Pullum (2002: 629).

→ It is *your health* that I am worried **about**.

[내가 걱정하는 것은 다름이 아니라 바로 너의 건강이다.]

바로 이 문장을 의사 분열문 구조로 나타낸 *What* I am worried **about** is your health. 와 같은 문장에서도 전치사가 좌초된다.

이와는 반대로, Where did he meet her?와 같은 물음에 대한 대답으로 적절한 It was **in** *that restaurant* that he met her.(그가 그녀를 만난 것은 바로 그 식당에서였다.)와 같은 문장에서는 전치사구가 초점을 받기 때문에 전치사와 그 목적어가 분리되어서는 안 된다. 즉, 이 말은 그가 그녀를 만난 것은 다른 어떤 곳도 아닌 바로 '그 식당 안에서'라는 뜻을 나타내는 것이다.

2) 제한적인(restrictive) 뜻을 가진 문장에서.

He only thinks **about** *his work*.

[그는 자신의 일에 대해서만 생각한다.]

→ The only thing he thinks **about** is *his work*.

[그가 생각하는 유일한 것은 그의 일이다.]

→ *His work* is the only thing he thinks **about**.

[그의 일이 그가 생각하는 유일한 것이다.]

→ All he thinks **about** is *his work*.

[그가 생각하는 것은 오로지 자신의 일 뿐이다.]

3) 수동태에서

능동태에서 전치사의 목적어에 해당되는 요소가 수동태에서 문장의 주어이면서 동시에 주제가 되어야 하는 구조일 경우에 전치사는 그 목적어와 분리되어 좌초된다.

I have paid **for** *the car*.

[나는 그 자동차 값을 지불했다.]

→ *The car* has been paid **for**.

[그 자동차 값이 지불되었다. → 수동태 문장에서 전치사 for의 목적어 the car가 주어이면서 동시에 주제가 되면서 문두의 위치로 이동하였기 때문에 전치사가 본래의 위치에 남아 좌초되었음.]

I hate being laughed **at**.

[나는 비웃음의 대상이 되는 것을 몹시 싫어한다.]

Many of the bad practices that had prevailed for a long time have been done away **with**.

[오랫동안 보편적이었던 나쁜 관행들 중 많은 것들이 이제는 없어져 버렸다.]

The remaining questions will be looked **into** next time.

[남은 문제들은 다음에 검토될 것이다.]

4) 문미 위치로 외치된 부정사절이나 동명사절 안에 있는 전치사의 목적어가 그 문장의 주제(主題: topic)가 되어 문두의 위치로 이동하게 될 때.

아래의 각 쌍의 문장에서 두 번째 문장에서처럼 전치사의 목적어 역할을 하는 명사구(that man, his advice)를 주제로 삼기 위하여 문두의 위치로 이동시키게 되면 전치사는 필연적으로 좌초되어 문미에 남아 있게 된다.

It is unpleasant to work **with** *that man*.

[그 사람과 같이 일하는 것은 즐겁지 않아. → 부정사절 to work with that man이 문미 위치로 외치된 것임.]

→ ***That man*** is unpleasant to work **with**.

[그 사람은 같이 일하는 것이 즐겁지 않은 사람이지. → 부정사절에 내포된 전치사구 with that man에서 전치사의 목적어인 that man이 주제로서 문두의 위치로 이동하기 때문에 전치사 with는 좌초되어 문미에 남아 있음.]

It is not worth listening **to** *his advice*.

[그의 조언은 귀담아 들을 가치가 없는 것이지.]

→ ***His advice*** is not worth listening **to**.

[그의 조언은 귀담아 들을 가치가 없어.]

이밖에 *a topic* to write **on**(글을 쓸 주제), *a student* to be envious **of**(부러움의 대상이 되는 학생) 따위에서처럼 형용사적 역할을 하는 부정사절이 자동사 + 전치사 또는 형용사 + 전치사로 이루어졌을 때에도 전치사가 목적어와 분리되어 문미에 놓인다.

The most important voice to listen *to* is the one inside our heads, because it filters, translates, and interprets everything else.

— Joseph Deitch, *Elevate: An Essential Guide to Life*.

[우리가 들어야 할 가장 중요한 목소리는 우리의 머리속의 소리인데, 그 이유는 그 소리가 다른 모든 것들을 여과시키고, 번역하고, 또 해석해 주기 때문이다. → cp. **listen** to the most important voice.]

5) 관계사절 또는 wh-로 시작되는 의문사(의문대명사/의문한정사)가 있는 직접/간접 의문문에서.

관계대명사나 의문사가 전치사의 목적어일 때, 비격식적인 경우에는 전치사가 좌초됨으로 말미암아 목적어와 분리되어 문미에 놓이지만, 격식적인 경우에 전치사는 관계대명사나 의문사 앞으로 이동한다.

On *whom* can we rely? ~ *Who* can we rely **on**?
 [우리는 누구에게 의지할 수 있을까?]
Of *what* was the man accused? ~ *What* was the man accused **of**?
 [그 사람은 무슨 죄로 기소되었었니?]
On *what grounds* did the jury base their verdict?
~ *What grounds* did the jury base their verdict **on**?
 [그 배심원들이 무슨 근거를 토대로 평결을 내렸는가?]
Under *whose direction* did you say this project was carried out?
~ *Whose direction* did you say this project was carried out **under**?
 [누구의 지휘하에 이 사업이 수행되었다고 말했는가?]
I am referring **to** *the question of your debts*.
 [나는 너의 부채 문제에 대해서 말하고 있지.]
~ the question of your debts **to** *which* I am referring
~ the question of your debts (*which*) I am referring **to**.
 [내가 말하고 있는 너의 부채에 관한 문제]

다음과 같은 의문문에서는 전치사와 동사 사이의 관계가 더욱더 긴밀하기 때문에 전치사가 문미에 있는 동사 가까이에 놓이는 것이 필수적이다.

What's the weather **like**? ~ **Like* *what* is the weather?
 [날씨가 어떤가?]
What have you come **for**? ~ **For* *what* have you come?

[무슨 일로 왔는가?]

Where do we leave ***from***? ~ *****From** *where* do we leave?

[우리는 어디에서 떠나는가?]

반면에, under what circumstances …?의 경우처럼 고정된 어구를 이루는 일부 전치사구의 경우에, 전치사와 그 목적어 사이의 관계가 보다 강하기 때문에 문미에 놓이지 않고, 목적어 역할을 하는 의문사와 더불어 전치사도 문두의 위치로 이동하게 된다.

To *what exten***t** do they disagree?

~ *****What extent** do they disagree **to**?

[어느 정도 그들이 생각을 달리 하는가?]

In *which respect* do you think I am wrong?

~ *****Which respect** do you think I am wrong **in**?

[어떤 면에서 내가 옳지 못하다고 생각하는가?]

고정된 어구는 아니지만, since와 during으로 유도되는 전치사구는 양자 사의 관계가 보다 긴밀하기 때문에 의문문에서 대개 문미에 놓이지 않는다.

During *which period* did it happen?

[어느 기간에 그 사건이 발생했는가? → *****Which … during?**는 비문법적임.]

Since *when* have you been working for her?

[언제부터 너는 그 여자를 위해 일해 왔는가? → *****When … since?**]

어떤 문장들은 단지 의문사 + 전치사로만 이루어지기도 한다. 그러나 마지막 예에서처럼 의문사가 명사를 수반하는 경우에는 이러한 구조가 보편적인 것이 못된다.

What **with**?

[무엇으로?]

Who **for**?

[누구를 위해서?]

With what money? ~ *****What money **with**?

[무슨 돈으로?]

전치사(Prepositions)

14.9. 전치사가 나타내는 뜻

전치사는 일정한 명사구와 결합하여 여러 가지 의미 관계를 나타낸다. 이 가운데는 시간이나 장소와 관련된 구체적인 뜻을 나타내 줄 뿐만 아니라, 여기서 한 걸음 더 나아가 구체적인 뜻이 보다 확대되어 추상적이거나 비유적인 뜻을 나타내는 경우들도 상당히 많다.[14] 그러나 여기서는 모든 전치사들이 나타내는 모든 뜻을 일일이 취급할 수 없기 때문에 예컨대 다음과 같은 좋은 영영사전을 참고하면 보다 많은 도움을 얻게 될 것이다.

- Oxford Advanced Learner's Dictionary of Current English
- Longman Dictionary of English Language and Culture
- Longman Exams Dictionary
- Collins Cobuild Advanced Dictionary of American English

14.9.1. 장소 전치사

장소를 나타내는 전치사는 그 장소를 어떻게 나타내느냐 하는 것이 문제가 된다. 가령, 어떤 대상이 존재하는 절대적 또는 상대적인 장소를 나타내는 것인가, 어떤 대상의 이동과 관련된 장소인가 따위와 관련된다. 다음과 같은 문장의 연속체에 나타난 at, on, to, out of, across, down, next to, in 따위와 같은 전치사들은 모두 장소와 관련된 것들이다.

I am **at** the bank **on** Main Street, and I want to go **to** the market. I go **out of** the bank, and I make a right turn. **At** the corner, I go **across** Main Street. I turn right again. The market is two blocks **down** the street, **on** Elliott Street. It is **next to** the laundromat. I go **in** the front door.
(Celce-Murcia & Larsen-Freeman 1999: 419)
  [나는 메인가의 은행에 있으며, 시장보러 가고 싶다. 나는 은행에서 나와 오른쪽으로 돈다. 모퉁이에서 메인가를 건너간다. 다시 오른쪽으로 돈다. 시장은 두 블록길 아래 엘리엇가에

---

14 Another change in English syntax has been a tendency to move from the concrete to the abstract, a tendency well illustrated in the history of English prepositions, which originally for the most part indicated relationship of place, but which have come to express a wide variety of abstract relations. — Brook (1958: 145).

있다. 그것은 셀프 서비스 세탁소 옆에 있으며, 나는 앞문으로 들어간다.]

14.9.1.1. 위치: at, in, on

at, in, on은 모두 어떤 공간속의 한 위치를 나타낼 때 사용되는 전치사로서, 이들은 어느 한 점이나, 선이나 표면, 또는 면적과 관련해서 쓰이는 것이다.

1) at

at은 장소를 실질적인 크기가 없는 공간상의 한 '점'(point)으로 생각되는 경우에 쓰인다. 그러므로 at이 사용될 경우에는 어떤 상황이 벌어지는 위치가 갖는 길이라든가, 넓이, 또는 높이와 같은 차원(dimensions)은 전혀 고려의 대상이 되지 않는다.

We stayed **at** the entrance.
  [우리는 입구에 남아 있었다.]
If you're **at** the North Pole, every direction is south.
  [북극에 가면 사방이 남쪽이다.]
My house is **at** the third crossroads after the bridge.
  [나의 집은 다리를 지나서 세 번째 교차로에 있다.]

또한 어떤 상황이 벌어지고 있는 장소가 한 점으로만 생각될 뿐, 그 장소가 갖는 물리적인 공간 등을 전혀 염두에 두지 않을 경우에도 at이 사용된다.

I stopped **at** the shop on the way home.
  [나는 집으로 오다가 가게에 들렀다.]
He checked in **at** the hotel under a false name.
  [그는 가명으로 그 호텔에 숙박 수속을 했다.]
He works **at** the hospital.
  [그는 그 병원에 근무한다.]
Is she still **at** the office?
  [그녀가 아직도 사무실에 있는가?]

at은 수식받는 명사가 생략된 독립 속격형과 같이 쓰여 거주지 · 사무실 · 가게 등을 나타내기도 한다.

> I told her that I had been **at** the uncle's.
> [그녀에게 나는 아저씨 집에 있었다고 말했다.]
> Kevin is **at** the doctor's.
> [케빈은 병원에 가 있다.]

a football match, a concert, the meeting 등 사람들의 집단이 참여하는 어떤 행사에도 at이 쓰인다.

> We last met **at** the conference in Italy.
> [우리는 이탈리아에서 개최된 회의에서 마지막으로 만났다.]
> There were very few people **at** Joan's party.
> [조안의 파티에는 극소수의 사람들만 참석했었다.]
> A lot of people were **at** the funeral.
> [그 장례식에 많은 사람들이 참석했다.]

at이 어떤 활동에 종사하고 있다는 뜻을 암시하기도 한다. 즉, 이것은 단순히 어떤 사람이 있는 한 위치를 뜻하는 것에 불과한 것이 아니라, 그 위치와 관련해서 벌어지고 있는 활동까지 포함된 뜻을 나타내는 것이다.[15] 예컨대 Somebody is **at** the door.는 단순히 어떤 사람이 문간이라는 한 위치에 있다는 것만 전달하고자 하는 것이 아니라, 그 사람이 지금 다른 사람의 주목을 받고 들어오라고 하기를 바란다는 뜻까지도 포함되어 있는 것이다.

> She was **at** the washing machine.
> [그녀는 세탁기를 돌리고 있었다. → 단지 세탁기가 있는 곳에 그녀가 있는 것만 아니라, 그 세탁기를 현재 운전하여 빨래를 하고 있다는 뜻까지도 포함되어 있음.]
> She is hard **at** work on a project.
> [그녀는 어떤 일에 열중하고 있다.]
> She reads, writes, thinks, and works **at** her desk every day.
> [그녀는 매일 책상에 앉아 독서하고, 글을 쓰고, 사색하고, 연구한다.]

---

15 Lindstromberg (1997: 168).

at play, at rest, at breakfast, at sea(→ cp. **in/on** the sea), at peace, at war (with)[16] 따위와 같이 일반적인 개념을 나타내는 전치사구의 경우에도 마찬가지이다.[17]

학생의 신분으로 학교에 '재학 중'(enrolled in)임을 나타낼 때 영국영어에서는 at을 사용하고, 미국영어에서는 대개 in을 사용한다. 또한 집에 있지 않고, 학교에 있다고 할 경우에 영국영어에서는 at이나 in을 모두 사용하지만(**at/in** school), 미국영어에서는 at을 사용한다(**at** school). 그리고 '건물 안에' 있다고 하는 경우에는 미국이나 영국에서 모두 in을 사용한다(**in** the school).

He's **at** Manchester studying linguistics.
  [그는 맨체스터 대학에서 언어학을 공부하고 있다.]
The son or daughter who is away **at** college may get a summer job entailing manual labor to earn next year's school expenses.
  — Gradys Doty & Janet Ross, *Language and Life in the U.S.A.*
  [집을 떠나 대학에 다니는 아들, 딸들은 다음 해 학비를 벌려고 육체노동을 요하는 직업을 여름에 갖게 될 것이다.]
She is doing well **in** school.
  [그녀는 학교생활을 잘 하고 있다.]

어떤 도시의 이름 앞에 at을 사용하여 그 도시의 대학을 가리키게 된다. 도시 이름에 in이 쓰이면 어떤 사람이 그곳에 체류하거나 산다는 뜻이 된다.[18]

She's **at** Oxford. ['She's a student at Oxford University.']
  [그녀는 옥스퍼드 대학 학생이다.]
She's **in** Oxford. ['She's staying, etc in the City of Oxford.']
  [그는 옥스퍼드에 살고 있다.]

거주지에 대하여 정확한 주소를 말할 때에는 at이 쓰이지만, 거리명 앞에는 in이나 on이

---

16 그러나 '기간'을 강조함과 동시에 어느 전쟁임을 구체적으로 밝히고자 한다면 in the war라고 한다.
   You look like you've been **in the wars**.
     [너는 1, 2차 세계대전에 참전했던 것 같구나.]
17 Close (1992: 130).
18 Quirk et al. (1985: 676).

쓰인다. 미국영어에서는 on이 쓰이고, 영국영어에서는 in이 쓰인다. 즉, 미국 사람들은 지도 상에 나타난 거리를 생각하여, 그 선상에 있음을 생각하여 on을 쓰는 반면, 영국 사람들은 도시의 거리가 건물들로 둘러싸여 있다고 생각하기 때문에 in이 쓰이는 것이다.

We live **at** 107 Church Street.
[우리는 처어치가 107번지에 산다.]
The church is { **in** / **on** } Park Road.
[그 교회는 파크 로드에 있다. → 미국인들은 on을, 그리고 영국인들은 in을 선택함.]
The White House is **on** Pennsylvania Avenue, Washington, D. C.
[백악관은 워싱턴 특별구의 펜실베니아가에 있다.]

2) in

in은 길이·넓이·높이가 있다고 생각되는 장소이며, 따라서 그 안에 들어갈 수 있는 장소와 관련해서 쓰인다. 간단히 말하자면, 이것은 경계(boundary)가 있는, 즉 주위 환경이 그 무엇으로 둘러싸인 공간이라고 여겨지는 장소를 나타내는 경우에 쓰인다.

Students are **in** the classroom.
[학생들은 교실에 있다.]
I think I left my tennis racket **in** the bathroom.
[테니스 라켓을 욕실에 둔 것 같아.]
Let's go for a walk **in** the woods.
[숲속으로 산책 나가자.]
Riots broke out **in** several areas.
[여러 곳에서 폭동이 일어났다.]

또한 in the world/village/a park 따위와 같이 in이 넓은 지역(area)을 나타내기도 한다.

The group moved to a condominium **in** a nearby city.
[그 일행은 인근 도시의 콘도로 자리를 옮겼다.]
In India the cow is a sacred animal.
[인도에서 소는 신성한 동물이다.]

village는 넓은 지역이라고 간주될 경우에는 in을 수반하지만, 작은 지역으로 간주될 경우에는 at을 사용한다.

예컨대 in the room에서 in이 구체적인 물리적인 공간 개념을 나타내는 것인 반면, 이러한 물리적인 공간 개념이 확대되어 추상적인 공간 개념을 나타내며, out of는 이에 대한 반대 개념이다. 예컨대 in debt은 '빚 안에 있는'이라는 글자 그대로의 물리적인 뜻에서 추상적인 뜻으로 확대되어 '빚지고 있는' 이라는 뜻이 되며, 이에 대한 반의어 out of debt은 '빚 밖에 있는,' 즉 '빚이 없는' 이라는 뜻이다.

> in/out of character, in/out of danger, in/out of difficulties, in/out of fashion, in/out of office, in/out of order, in/out of print, in/out of season, in/out of the way, in/out of luck

Strawberries are cheaper when they're **in season**.

[딸기가 제철일 때는 값이 더 싸다.]

Holiday prices are cheaper **out of season**.

[철이 지나면, 즉 비수기에는 휴가 비용이 더 싸다.]

When I got to the hospital at 2 a.m., he (= Dad) was losing the fight. As the family hovered at his bedside, he drifted **in** and **out of consciousness**.

— Joanne J. Henry, "Promise of Bluebirds"

[내가 새벽 두 시에 병원에 도착했을 때 아빠는 싸울 기력을 잃어가고 있었다. 가족들이 병상을 지키고 있을 때 아빠께서는 의식이 오락가락했다.]

She's not completely cured, but at least she's **out of danger**.

[그녀가 완전히 치유된 것은 아니지만, 적어도 위험한 고비는 넘겼다. → cp. in danger: 위험한 상태에 처해 있는.]

More than 40 of her books are still **in print**.

[그녀가 쓴 책 중에서 40권 이상이 아직도 출판되고 있다.]

If a book is **out of print**, it is not being printed anymore, and you cannot buy new copies.

[어떤 책이 절판되었다고 한다면 그 책은 더 이상 출판되지 않아서 새 책을 살 수 없다.]

Short skirts were **in vogue** in the 1960s.

[짧은 스커트가 1960년대에 유행이었다.]

Long hair is **out of fashion** now.

[지금은 장발이 한물갔다. 즉, 유행이 지났다.]
I can't understand why she did that — it's quite **out of character**.
[그녀가 왜 그런 짓을 했는지 이해가 안 된다. 아주 격에 어울리지 않는 짓이야. → cp. in character: 격에 어울리는, 걸맞게.]

corner는 주위가 둘러싸인 내부 공간과 관련해서 말할 때에는 in이 쓰이지만, 거리의 모퉁이에 대해서는 at이나 on이 사용된다.

I could hear it (= the calf) sucking noisily **in** the far corner of the stall.
[외양간 먼 구석에서 망아지가 소리내어 젖을 빠는 소리를 들을 수 있었다.]
There is a public telephone $\left\{\begin{array}{c}\textbf{at}\\\textbf{on}\end{array}\right\}$ the corner of the street.
[그 길모퉁이에 공중전화가 있다.]
The drugstore was **on** the corner of the block.
[그 약국은 그 블록 모퉁이에 있었다.]

within은 in보다 더 격식적인 단어이며, 종종 한계(limit)나 일정한 거리(예: 3km 이내 따위)에 의해 구분되는 장소를 나타낸다.

Many prisoners died **within** the walls of the castle.
[많은 죄수들이 그 성벽 안에서 죽었다.]
He lives **within** a stone's throw **of** the office.
[그는 사무실에서 돌을 던지면 닿을 거리, 즉 아주 가까운 곳에 살고 있다. → within A of B는 'no further than (the specified distance)'(…(구체적으로 밝혀진 거리)보다 더 멀지 않은)이라는 뜻임.]

마지막 예에서 within 다음에는 **of**가 오지만, within이 없으면 from이 쓰여 예컨대 The house is three km (away) **from/*of** the bank.(그 집은 은행에서 3 km 떨어져 있다.)라고 한다.

3) on
on은 선(line)이나 선과 같은 것과 접촉해 있다거나 근접해 있음을 뜻하는 경우에 쓰인다.

The company headquarters was at a town **on** the Mississippi River.
[그 회사의 본사는 미시시피강가의 어느 마을에 있었다.]
The cottage is located **on** the seashore.
[그 오두막집은 해변가에 있다.]

이처럼 on이 어떤 지역에 인접해 있다는 것을 나타내는 반면에, to는 다소 거리가 있어서 예컨대 그 사이에 다른 어떤 것이 놓여 있음을 암시한다.

Lockwood is a lovely town with a small lake **on** the east side. Pearl Lake is especially popular with the students in the spring time. Then there is also a big park **to** the southwest of the lake.
[록우드는 동쪽에 조그마한 호수가 있는 아름다운 마을이다. 펄 호수(Pearl Lake)는 특히 봄철에 학생들에게 인기가 있다. 그런데 이 호수의 서남쪽에는 큰 공원도 있다.]

이 예에서 a small lake은 the east side와 인접해 있음을 나타내고, a big park은 the southwest of the lake과 조금 떨어져 있음을 암시하고 있다.

그러나 **in** the sixth row(여섯 번째 줄에)에서와 같이 선상의 위치이기는 하지만, 실제로는 선의 일부를 이루는 대상의 위치를 말할 때에는 in이 쓰인다. 또한 책이나 신문, 서류 따위의 지면에 있다고 하는 경우에도 장소 개념이 그대로 적용되어 in이 쓰인다.

There's a misprint **in** line 6 on page 22.
[22쪽 6행에 잘못 인쇄된 글자가 있다.]
The obituary of the famous writer is **in** today's paper.
[그 유명한 작가의 사망기사가 오늘 신문에 보도되었다.]

다음과 같은 예에서 on은 사물의 표면(surface)과의 접촉을 나타낸다. 특히 마지막 두 개의 예에서 on은 표면에 부착('attached to')되었음을 나타낸다.

All options are **on** the table.
[모든 선택 가능한 문제가 협상의 테이블에 올려져 있다. 즉, '모든 문제가 협상의 대상이다.'라는 뜻임.]
The frost made patterns **on** the window.

[유리창에 서리 무늬들이 나 있었다.]

The ice melted when the sun shone **on** it.

[햇빛이 비치자 얼음이 녹았다.]

A notice was posted **on** the wall.

[게시문이 벽에 붙여 있었다.]

Why do you wear that ring **on** your first finger?

[엄지 손가락에 그 반지를 낀 이유가 뭔가?]

They were { rowing / swimming } **on** Lake Windermere.

[그들은 윈더미어 호수에서 뱃놀이를/수영을 하고 있었다.]

on의 부정어 off(= 'not on')는 두 개의 대상 X와 Y가 처음부터 어떤 선이나 표면과 떨어져 있다고 하는 경우에 be, lie, stand 따위와 같은 위치동사(position verbs)와 같이 쓰이거나, 그렇지 않으면 이동동사(movement verbs)와 같이 쓰여 접촉되었던 상태에서 떨어져 분리된 상태를 말할 때 X (...) **off** Y처럼 쓰이게 된다.

The plane is { **on** / **off** } the course.

[그 비행기는 정상적인 항로를/항로에서 벗어나 비행하고 있다. → on은 정상 항로를 따라, 즉 항로와 접촉해서 비행하고 있다는 뜻이 되고, off는 처음에는 항로와 접촉된 상태로 비행하다가 지금은 그 항로에서 이탈된 상태로 비행하고 있음을 뜻함.]

The Titanic was wrecked **off** the coast of Greenland.

[타이타닉호는 그리인랜드 해안에서 떨어진 곳에서 파선되었다. → off는 처음부터 해안에서 떨어진 지점이라는 뜻임.]

Take your foot **off** the clutch after changing gears.

[기어를 변속하고 나면 클러치에서 발을 떼십시오.]

A man was killed last night when his car skidded **off** the road and crashed into a tree.

[어젯밤 어떤 사람이 자신이 탄 자동차가 도로에서 미끄러져 나무와 부딪쳐서 죽었다.]

The cup fell **off** the table onto the rug.

[그 컵이 식탁에서 양탄자 위로 떨어졌다.]

4) 관점의 차이와 전치사의 선택

이상에서 우리는 어떤 대상이 놓여 있는 위치 X가 점(point)에 해당되는가, 선(line)/면(surface)인가, 아니면 부피가 있는 체적(volume)인가에 따라 각각 at, in, on이 달리 선택된 용례들을 살펴보았다. 그렇지만 이런 물음에 대한 대답이 객관적인 관점이 작용하기보다는 오히려 주관적인 관점에서 이루어질 수도 있다. 다시 말하자면, 이런 문제에 대한 답은 말할 당시에 그 장소를 수학적으로 어떻게 측정하느냐에 따라 결정되는 것이 아니라, 그 장소를 어떻게 생각하느냐 하는 '화자의 주관적인 관점'에 따라 얼마든지 달라질 수 있다.[19] 그러므로 예컨대 at the door가 문이 있는 어느 한 위치를 '점'이라고 생각되는 경우라면, on the door는 예컨대 게시문 등이 붙어 있는 문의 표면에 접촉해 있음을 뜻하는 것이다. 바로 이처럼 한 장소를 보는 관점에 따라 전치사의 선택이 달라지고, 그것은 곧 다소의 뜻의 차이로 연결된다.

다음 예에서 섬 지역과 관련하여 말할 때, 그 섬을 주민·도시·학교·행정 관청·도로·전통·경제 따위와 같은 관점에서 고려해서 실제로 크다거나, 국경이 있는 정치적인 단위로 간주한다면 in을 쓸 수 있다. 반면에, 섬을 바다로 둘러싸인 땅덩어리나 그 일부를 뜻하는 등 비교적 작은 장소임을 암시하는 경우에는 on이 쓰인다.

It's the most influential newspaper **in** Cuba.
 [그 신문은 쿠바에서 가장 영향력이 있다.]
There has been no serious outbreak of cholera **in** the island for over twenty years.
 [그 섬에서는 20년 이상이나 콜레라가 심각할 정도로 발생한 적이 없었다.]
The prisoners were left **on** a small island, with neither food nor drinking water.

---

19 One can arrive *at* a point on the map (*We arrived at the station five minutes early*), arrive *on* what one sees as a surface (*We arrived on the platform just as the train was coming in*), or arrive *in* a space (*We arrived in London late last night*). One can be *on a chair* or *in a chair*, according to whether the speaker has in mind the surface of the seat or the space contained by the seat, the back and the arms. On can be *in bed* on a cold night, or can rest *on the bed* on a hot afternoon. One can drive *across London*, or *through it*, according to whether one sees it as a surface-area or a conglomeration of streets and buildings. The choice is made by the speaker, at the moment of language use dependent on how the speaker conceptualises the situation at that moment. Subjective factors influence the speaker's choice as well as objective factors. ― Close (1992: 144).

[그 죄수들은 식량도 마실 물도 없는 어느 조그마한 섬에 버려졌다.]
Sidney was brought up **on** Cat Island **in** the Bahamas.
— Ardis whitman, "Secrets of Survivors"
[시드니는 바하마 군도의 캐트 섬에서 자라났다.]

in Jeju-do와 a person who lives **on** Jeju Island의 경우처럼 같은 섬 지역과 관련해서 말하는 경우에도 화자의 관점의 차이에 따라 다른 전치사가 쓰이고 있다.

Elementary, middle and high schools **on** Cheju will be permitted to employ foreign teachers for a maximum of three years.
— *The Korea Times*, November 20, 2001.
[제주도 소재 초등학교, 중학교와 고등학교는 최대 3년간 외국인 교사를 채용하도록 허용될 것이다. → 코리어 타임즈에 실린 제주 국제자유도시 관련 글에서. 지금은 제주도의 표기법이 Cheju에서 Jeju로 바뀌었음.]

또한 다음과 같은 예에서 in은 어떤 대상이 주위가 둘러싸인 공간 안에 있음을 암시하고, on은 표면에 접촉해 있음을 암시한다.

I found a ball $\left\{ \begin{array}{c} \text{in} \\ \text{on} \end{array} \right\}$ the grass.

[나는 풀밭에서 공을 하나 발견했다.]
The players were practising **on** the field.
[선수들은 경기장에서 연습하고 있었다.]
Cows were grazing **in** the field.
[소들이 들판에서 풀을 뜯고 있었다.]
The child had lice **in** his hair.
[그 아이의 머리에 이가 있었다.]
I won't stay **in** bed; I'll just lie down **on** the bed for half an hour.
[나는 자리에 누워있고 싶지 않아. 단지 30분 동안 침대에 누워있기만 할 거야.]

위의 첫 번째 문장에서 in the grass는 풀이 비교적 길어서 공이 풀속에 가려져 있었다는 점을 암시하고, on the grass는 풀의 길이가 비교적 짧아서 공이 풀위로 보인다는 뜻을 암시한다. 이처럼 풀은 길거나 짧을 수 있으므로 그 길이에 따라 전치사의 선택이 결정되지만,

일반적으로 잔디는 짧기 때문에 잔디 위에 있는 어떤 것은 그 주위가 둘러싸인다는 공간적 개념은 암시하지 않으므로 on the lawn이라고 하게 된다. 나머지 예에서도 in은 주위가 둘러싸여 있음을 암시하는 반면, on은 표면과의 접촉을 암시한다.

다음 예에서도 at와 in의 선택상의 차이는 관점의 차이에 따른 것이다.

Ann works $\begin{Bmatrix} \text{at} \\ \text{in} \end{Bmatrix}$ a publishing company.

[앤은 어느 출판사에 근무하고 있다.]

He works **in** London, but lives **in** the country.

[그는 런던에서 일하면서 시골에서 산다.]

Many airplanes stop **at** Dallas and Chicago.

[많은 비행기들이 달라스와 시카고 공항에 착륙한다.]

Our plane refueled **at** London on its way from New York to Moscow.

[우리가 탄 비행기는 뉴욕에서 모스크바로 가던 도중 런던에서 다시 급유를 받았다.]

at a publishing company는 오로지 건물의 기능적인 관점, 즉 어떤 장소에서 어떤 활동이 벌어지는가 하는 위치적 관점에서만 본 것이다. 반면에 **in** a publishing company는 주위가 둘러싸인 공간 안이라는 점에 관심을 집중하는 것이 된다.[20] 또한 마지막 문장의 경우에도 **in** London이 상당히 넓은 지역임을 암시하는 반면에, **at** London은 지리상의 거리에 염두를 둔 지도상의 한 점에 불과한 위치로 간주하는 경우이다.[21]

마지막으로, 다음과 같은 문장에서는 자동차가 있는 장소를 보는 관점에 따라 at, in, on을 모두 쓸 수 있다. 즉, 자동차가 있는 차고를 한 점으로 보게 되면 at이 쓰이게 되고, 주위가 둘러싸인 공간으로 보면 in을, 그리고 표면과 접촉하고 있는 것으로 간주한다면 on을 선택하게 된다.

Today her car is $\begin{Bmatrix} \text{at} \\ \text{in} \\ \text{on} \end{Bmatrix}$ the garage for new brakes, so she's taking the bus.

---

20 For buildings or group of buildings, you can use either *at* or *in*, but it is better to use *at* when thinking of the building as an institution — a place with a special function — rather than simply as a place. — Leech & Svartvik (2002: 97).

21 A very large city, such as New York, London, or Tokyo, is generally treated as an area: *He works in London, but lives in the country*. But one could treat it as a point on the map if global distances were in mind. — Quirk et al. (1972: 310).

[오늘 그녀는 자동차의 브레이크를 교체하려고 자동차가 수리공장에 가 있어서 버스를 타고 갈 것이다.]

14.9.1.2. 이동의 방향: from, to, onto, into, etc.

at, on, in이 정적인(static) 어느 한 고정된 위치를 나타내는 것이라면, from, to, onto, into 따위의 전치사들은 의도된 위치와 관련해서 어느 특정한 위치로 이동을 나타내는 것이다. 그러므로 이 두 가지 유형의 전치사들 사이에는 일종의 원인과 결과의 관계가 있다. 즉, 어떤 대상이 어떤 곳으로 이동하게 되면 그 결과 그것은 고정된 그 위치에 놓인다는 관계가 성립된다. 가령, Ann went **to** New York.은 원인이 되고, She is **in** New York now.는 원인에 따라 발생하는 결과가 된다. 즉, to는 이동의 방향을 나타내고, in은 이동의 결과인 어느 한 위치를 나타낸다.

1) from
from은 (이동의) 출발점을 나타낸다. 다시 말해서, 이것은 대체로 to, toward, onto, into 따위로 나타나는 이동의 결과인 특정한 목적지로 가는 출발점을 나타낸다.

He stepped aside **from** the road and looked at the flowers.
[그들은 길에서 벗어나 꽃들을 바라보았다.]
The fire spread **from** the factory to the houses near by.
[불이 공장에서 인근 주택으로 번졌다.]
Food passes **from** the stomach to the small intestine and **from** there to the large intestine.
[음식물은 위에서 소장으로, 또 소장에서 대장으로 들어간다.]

다음의 예에서는 from이 어떤 행위가 시작되는 추상적인 출발점을 나타내고 있다.[22]

A concierge may also be asked to do everything **from** recommending a

---

[22] out of도 from과 마찬가지로 추상적인 출발점을 나타낸다.
Ideas don't come **out of** thin air. (Lakoff & Johnson 1980: xi)
She accepted the job **out of** curiosity.

particular kind of restaurant to setting up a sightseeing tour.

[(호텔의) 안내원은 특정 부류의 식당을 권하는 것으로부터 관광 여행을 주선하는 것에 이르기까지 모든 일을 하도록 요청을 받을 것이다.]

He rose **from** office boy **to** managing director in fifteen years.

[그는 15년 만에 회사 사환에서 상무이사로 올랐다.]

The whole of life, **from** the moment you are born **to** the moment you die, is a process of learning. — Jiddu Krishnamurti.

[태어나는 순간부터 죽는 순간까지 생애 전체가 학습 과정이다.]

We should not always act merely **from** a regard to ourselves.

[우리는 항상 자기 본위로만 행동해서는 안 된다. → 자기 자신을 고려하는 것이 행동의 출발점이 된다는 뜻.]

away from은 a town about 50 miles **away from** Chicago (시카고에서 50마일쯤 떨어진 곳에 있는 타운)나 Move **away from** the fire!(불에서 떨어져라!)에서처럼 어떤 장소에서 떨어진 곳에 위치해 있다고 하거나, 어떤 장소에서 다른 곳으로 이동하여 떨어진다는 점을 나타낼 경우에 쓰인다. 그러므로 Tom went **away from** the door.라는 원인은 Tom is $\begin{Bmatrix} \text{away from} \\ \text{not at} \end{Bmatrix}$ the door.라는 결과를 가져오게 된다.

We stayed **away from** him.

[우리는 그에게서 떨어져 있었다.]

I had to keep **away from** greasy food.

[나는 기름진 음식을 멀리 해야만 했다.]

Please stop **away from** rough boys.

[거친 사내애들을 가까이 하지 마라.]

다음과 같은 예에서 away from은 추상적인 뜻을 나타낸다.

He was **away from** work for a week.

[그는 한 주일동안 일손을 놓았었다.]

2) to

to는 완결된 이동을 나타내는 것으로, 실제로 어떤 목적지(destination)에 도달한다거나,

방해를 받지 않을 경우에는 장차 그 목적지에 도달하게 될 것이라는 점을 암시한다. 그러므로 예컨대 Welcome to Korea!는 지금 한국에 도착한 어떤 외국인에게 할 수 있는 말이다. to가 이동동사와 같이 쓰여 이동한 결과를 나타내는 어느 목적지는 arrive $\left\{\begin{array}{c}\text{at}\\\text{in}\end{array}\right\}$ Brighton에서처럼 관점에 따라 at이나 in을 사용해서 나타내게 된다. 어떤 전치사를 선택하느냐 하는 것이 관점의 차이에 따른 것일 수도 있지만, 예컨대 the world, the continent, the sky 등 아주 넓은 면적에 대해서 말하는 경우에는 항상 in이 수반된다.

Jim has gone to the restaurant and now he is $\left\{\begin{array}{c}\text{at}\\\text{in}\end{array}\right\}$ the restaurant.
  [짐은 그 식당으로 갔는데, 그래서 그는 지금 그 식당에 있다. → 자신이 놓여 있는 식당을 한 점으로 보면 at이 쓰이고, 식당 안에 있다는 점을 내세우려면 in이 쓰이게 되는 것임.]
She took the book to the light and began to read.
  [그녀는 불이 있는 곳으로 책을 가지고 가서 읽기 시작했다.]
After the accident three people were taken to the hospital.
  [사고가 난 후에 세 사람이 병원으로 후송되었다.]
That highway leads to Florida.
  [그 고속도로를 이용하면 플로리다 주에 이르게 된다.]

연주회나 파티, 또는 기타 여러 가지 행사가 벌어지는 장소로 이동한다고 하는 경우에도 마찬가지이다.

Can you come to the party?
  [파티에 참석할 수 있겠니?]
I've never been to a football match in my life.
  [난 일생 동안 한 번도 축구 경기에 가본 적이 없어.]

추상적인 장소에 대해서도 말하는 경우에도 마찬가지이다.

Hard work is the pathway to success.
  [부지런히 노력하는 것이 성공에 이르는 길이다. → 부지런히 노력해서 다다르게 되는 지점이 '성공'이라는 뜻을 나타내고 있음.]
Antibiotics does not kill viruses and the use of them just leads to antibiot-

ics resistance.

[항생제는 바이러스를 죽이지 못하고, 이것을 사용하게 되면 항생제에 대한 저항력만 생길 따름이다. → 항생제를 사용해서 궁극적으로 저항력이 생기는 단계에 이르게 된다는 뜻.]

The country is moving **to** the left politically.

[그 나라는 정치적으로 좌익으로 흐르고 있다. → 그 나라 국민들이 정치적으로 지향해 가고 있는 최종 지점이 '좌익'이라는 점을 나타내고 있음.]

3) toward(s)

toward(s)는 'in the direction of(... 방향으로)'라는 뜻으로, 목적지의 방향을 나타낼 뿐, 반드시 목표 지점에 도달한다는 것을 뜻하지는 않는다. 추상적인 개념을 나타내는 경우에도 마찬가지이다.

He ran **toward** the door, but the guard stopped him.

[그가 문 쪽으로 달려갔는데, 경비원이 그를 제지시켰다.]

The ancestors of the Greeks and Romans moved **towards** the shores of the Mediterranean.

[희랍인들과 로마인들의 조상들은 지중해 연안으로 이주해 갔다.]

He has come a long way **toward** fulfilling that ambition.

[그는 그 야망을 이루려고 먼 길을 왔다. 즉, 부지런히 노력했다. → toward fulfilling that ambition은 추상적인 장소 개념을 나타내고 있음.]

to와 toward(s)가 갖는 뜻의 차이는 시간 관계를 나타내는 in(완료)과 for(과정)의 선택의 차이에서도 알 수 있다.[23] 즉, to는 목적지에 도달한다는 점을 나타내므로 '완료'를 뜻하는 in과 결합된다. 반면에, toward(s)는 '방향'을 나타낼 뿐이기 때문에 '과정'을 나타내는 for가 쓰이게 된다.

He drove **to** London $\left\{ \begin{array}{c} \text{in} \\ \text{*for} \end{array} \right\}$ an hour.

[그는 자동차를 운전해서 1시간 만에 런던에 도착했다.]

He drove **toward** the school $\left\{ \begin{array}{c} \text{*in} \\ \text{for} \end{array} \right\}$ an hour.

---

[23] in과 for에 대해서는 14.9.2.6 참조.

[그는 한시간 동안 그 학교 쪽으로 차를 운전해서 갔다.]
to가 다음 문장에서는 추상적인 도달점을 나타내고 있다.

The United Sates and the Soviet Union are not the only nations with ballistic missiles. Some 15 nations have them now, and in less than a decade, that number could grow **to** 20.
— George Bush, "Address of Nuclear Arms Reduction"
[미국과 소련이 탄도 미사일을 보유한 유일한 국가는 아닙니다. 지금 대략 15개 나라가 탄도 미사일을 보유하고 있으며, 앞으로 10년 이내에 20개 국가로 늘어날 수 있을 것입니다.
→ 1991년 9월 9일에 George H. W. Bush (1924-2018) 당시 미국 대통령이 의회에서 행한 핵 감축 연설 중에서.]

as far as(= 'to X and no farther': ...까지)는 결과적으로 도달하게 되는 목적지를 나타내면서, 동시에 그 목적지까지의 거리를 강조한다.[24]

She walked **as far as** the edge of the woods.
[그 여자는 숲 가장자리까지 걸어갔다.]
Could you give me a lift **as far as** the station?
[정거장까지 태워다 주실 수 있겠습니까?]

이 이외에 up to도 어떤 사람이나 사물의 바로 앞 위치까지의 이동을 뜻하는 경우에 쓰인다. 뿐만 아니라, 보다 높은 단계까지의 이동과 최대의 숫자(maximum number)에 대해서도 쓰인다.

A man came **up to** me in the street and asked for money.
[어떤 남자가 거리에서 내게 다가와서 돈을 달라고 했다.]
I filled the bottle **up to** the top.
[나는 병목까지 가득 채웠다.]
Up to ten percent of all people who get a vaccine may not develop immunity.

---

24 Close (1992: 131).

[백신 접종을 받는 모든 사람들 중 최대 10퍼센트가 면역이 생기지 않을 수도 있을 것이다.]

The temperature came **up to** 35°.

[기온이 35도까지 올라갔다.]

Breastfeeding for a year can reduce a woman's risk of developing diabetes by 15 percent for **up to** 15 years, according to a study.

[한 연구에 따르면, 1년 동안 모유로 아기를 기른다면 최대 15년 동안 여성의 당뇨병 발병의 위험을 15%까지 줄일 수 있다고 한다.]

4) onto

onto는 어떤 표면으로 이동하여 그 표면에 위치한다고 할 때 쓰이는 것으로서, 종종 이러한 이동과 관련해서 노력이 수반된다는 점을 강조한다.[25] 한편 일상적인 언어에서는 onto 대신에 on을 쓸 수 있다.[26]

They climbed **onto** their roofs.

[그들은 지붕 위로 기어갔다.]

Mr Temple jumped **onto** the stage.

[템플 씨가 무대 위로 뛰어 올라갔다.]

She threw her books violently **onto** the floor.

[그녀는 자기의 책을 마룻바닥에 세게 내동댕이쳤다.]

Go **on (to)** the platform.

[플랫폼으로 올라가거라.]

onto가 항상 이동을 나타내는 반면, on은 위치와 이동을 모두 나타낼 수 있기 때문에 He jumped **on** the desk.는 뜻이 애매해진다. 즉, 이 문장은 예컨대 의자에서 책상 위로 뛰어 올랐다는 뜻이거나, 책상 위에서 뛰었다는 뜻으로 해석될 수도 있다.

onto가 미국영어에서는 한 단어로 붙여 쓰이지만, 영국영어에서는 (10a)에서처럼 on과 to와 같이 두 단어로 분리되어 쓰이기도 한다. 특히 분리되어 두 단어로 쓰이는 경우에는 (10b)

---

25 Movement in the direction of a surface, and reaching it, is expressed by *on*. To emphasize movement towards and then position on the surface, or the effort required to complete that process, we say *onto*. — Close (1992: 137).

26 Quirk et al. (1985: 675).

전치사(Prepositions) 221

에서처럼 on과 to가 각기 다른 역할을 하는 경우와 적어도 외형적으로는 혼동되기 쉽다.[27]

(10) a. The bird hopped up **on to** a higher branch.
   [그 새는 보다 높은 가지로 깡충 뛰어 올랐다. → on to는 onto를 두 단어로 분리해서 쓴 것임. 따라서 on to를 onto와 같이 한 단어로 붙여 쓸 수 있음.]
   b. They walked **on to** Rome.
   [그들은 로마로 계속 걸어갔다. → on은 walked에 연결되어 '계속'이라는 뜻을 나타내는 부사이고, to는 이동의 결과인 목적지를 나타내는 전치사임. 그러므로 on to를 onto와 같이 한 단어로 붙여 쓸 수 없음. 이러한 구조에서는 전달하고자 하는 뜻에 따라 **To Rome** they walked **on**.처럼 어순을 바꿀 수 있음.]

5) into

into는 어느 한 영역에서 다른 영역 안으로의 이동을 뜻한다. 예컨대 to go **to** the house가 그 집에 도착하는 것(→□)을 뜻한다면, to go **into** the house는 그 집에 도착해서 그 집 안으로 들어가는 것(→囗)을 뜻한다. 다시 말하자면, into는 간다고 하는 이동의 목표 지점이 집 안에 있는 것으로 생각할 때 쓰이는 것이다.

Supplies were parachuted **into** the earthquake zone.
   [식량이 지진 발생 지역으로 낙하되었다.]
She stuck her knitting needles **into** a ball of wool.
   [그녀는 털실 뭉치에 뜨개질 바늘을 꽂았다.]
They were still playing as the Titanic sank **into** the icy waters.
   [타이타닉호가 얼음 바다에 침몰할 때 그들은 여전히 놀고 있었다.]

이와 같은 경우에 이동의 결과를 나타내는 위치는 전달하고자 하는 뜻에 따라 at 또는 in으로 나타낸다.

She went **into** her office and stayed **in** her office.

---

27 *Onto* is likewise a compound, whereas *on to* can be either a free combination or a variant spelling of the compound. The free combination is seen in *We travelled on to Manchester* ("onward as far as Manchester"), the compound in %*The ball dropped on to the carpet* ("to a position on the carpet"). — Huddleston & Pullum (2002: 625).

[그녀는 자기 사무실로 들어가서 자기 사무실에 남아 있었다.]

drop, fall, put 따위와 같은 이동동사를 사용하여 다음의 (11)에서와 같이 어떤 공간 안으로의 이동을 나타낼 때 in이 쓰이기도 한다. 그러나 밖에서 안으로 이동한다는 뜻인지, 어떤 장소 내부에서 여기저기 이동한다는 뜻을 나타내는 것인지 애매해질 수도 있다.

(11) He put his hands **in(to)** his pockets.
[그는 호주머니에 손을 넣었다.]
He came **in(to)** the room.
[그가 방안으로 들어왔다.]
He took off her jewelry and put it **in** his pocket.
[그는 그녀의 보석을 빼앗아 자기 호주머니에 넣었다.]
Elvis went to the lake, climbed on(to) the pier, and jumped **in(to)** the water. (Yule 2014: 161)
[엘비스는 호수로 가서 선창에 올라가 물속으로 뛰어 들었다.]

이런 애매한 점을 없애고 안으로 이동한다는 뜻을 명확히 해야 할 필요가 있다고 생각될 경우에는 (12)에서처럼 반드시 into가 필요하다. 즉, 이동 그 자체를 생각하는 경우에는 into를 선호한다.

(12) He ran **into** the house.
[그는 집안으로 뛰어 들어갔다.]
People started running **into** the building
[사람들이 그 건물 안으로 뛰어 들어가기 시작했다.]
He walked **into** the room without asking permission.
[그는 물어보지도 않고 방안으로 걸어 들어갔다.]
Crowds pour **into** the city from the neighboring villages.
[군중들이 인근 마을에서 그 도시로 쏟아져 들어온다.]

그러나 밖에 있지 않고 안에 있다는 점과, 아울러 (13)에서처럼 어떤 장소 안에 있으면서 그 안에서의 이동을 뜻하는 경우에는 in을 사용하게 된다.

(13) Don't run (when you are) **in** the house.
　　　[집에서는 뛰어 다니지 마라.]
　　We walked **in** the park.
　　　[그는 공원에서 걸어다녔다.]

또한 run **into** troubles/difficulties(난관에 부딪치다)에서처럼 비유적으로 쓰일 때에도 into가 필수적으로 쓰인다.

　　The business ran **into** financial difficulties almost immediately.
　　　[그 회사는 순식간에 재정적인 어려움에 직면하게 되었다.]

into에 대한 반대의 뜻을 나타내는 out of는 안에서 밖으로의 이동은 물론, 이동의 결과인 어느 한 위치에 대해서도 쓰인다.

　　They all rushed **out of** the building when the explosion occurred.
　　　[폭발 사고가 났을 때 그들은 모두 그 건물 밖으로 뛰어나갔다.]
　　He walked **out of** the house and stayed **out of** the house all afternoon.
　　　[그는 집 밖으로 걸어 나와서 오후 내내 집 밖에 있었다.]

14.9.1.3. 상대적인 위치: over, under; above, below, etc.

The car is $\begin{Bmatrix} \text{at} \\ \text{in} \\ \text{on} \end{Bmatrix}$ the garage.에서 전치사 at, in, on은 모두 단순히 현재 자동차가 있는 위치를 나타낼 뿐인 반면, above, below 따위와 같은 전치사는 두 대상 사이에서 어느 하나를 기준으로 하는 수직선상의 '상대적인 위치'(relative position)를 나타낸다. 그러므로 X와 Y 두 대상 사이의 수직적인 상하 관계를 나타낼 때 X를 기준으로 하거나 Y를 기준으로 할 수 있다. 따라서 X를 기준으로 하여 X is **under** Y.라고 말할 수 있을 뿐만 아니라, 이번에는 Y를 기준으로 하여 Y is **over** X.라고 말할 수 있게 된다. 마찬가지로, X is **in front of** Y.라고 하거나, Y is **behind** X.라고 할 수 있다. 이처럼 어떤 대상이 놓인 상대적인 위치를 나타내는 경우에는 두 대상 중에서 어느 대상을 기준으로 하느냐에 따라 전치사의 선택을 달리 하게 된다.

1) above와 over

above와 over가 단지 'higher than'(…보다 높은)이라는 뜻에만 초점을 두고서 말할 경우에는 양자가 구별없이 쓰이기도 하지만, above가 더 보편적이다.[28]

The helicopter hovered { **above** / **over** } us.
  [헬리콥터가 우리 위를 맴돌았다.]

Flags waved { **above** / **over** } our heads.
  [우리 머리 위에서 깃발이 펄럭거렸다.]

{ **Above** / **Over** } the door was a sign saying 'Mind your head'.
  [문 위에 '머리 조심하시오.'라고 하는 표지판이 붙어 있었다.]

그러나 'directly above'(바로 위)라고 하는 수직적인 상하 관계를 나타낼 뿐만 아니라, 어떤 두 대상이 공간적으로 근접해 있다는 점을 나타내는 경우에는 over만 쓸 수 있다.

The passengers couldn't see the sun, as it was right **over** the plane.
  [승객들은 태양이 비행기 바로 위에 있었으므로 태양을 볼 수 없었다. → over가 '바로 위'를 나타내지만, 여기서는 부사 right가 over the plane을 수식함으로써 그 뜻을 명확히 해주고 있음.]

The doctor leaned **over** the sick child.
  [의사는 아픈 아이 위에 허리를 구부려 내려다보았다. → 두 대상 사이의 거리가 가깝다는 점을 나타내므로 over 대신에 above를 쓸 수 없음.]

The injured girl had a bad cut **over** the left eye.
  [부상당한 그 소녀는 왼쪽 눈 위가 심하게 잘렸다.]

바로 이러한 점에서 above와 over는 '보다 높은 계급'(higher in rank)을 나타내기도 한다. 예컨대 He is **above** me in rank.(그는 나보다 계급이 높다.)의 경우에 그 사람은 바로 나의 직접 상관이 아니라는 뜻인 반면에, above 대신 over를 사용하면 그는 바로 나를 지휘할 수 있는, 또는 내가 명령에 따라야 하는 사람이라는 뜻이 된다.[29] 다음과 같은 (14a, b)도 마

---

28 Swan (2005: 3) and Thomson & Martinet (1986: 99).
29 Both (= **above**, **over**) can mean 'higher in rank'. But *He is over me* would normally mean

찬가지로 설명을 할 수 있다.

(14) a. He's **above** me in the company.
    [회사에서 그는 나보다 윗자리에 있는 사람이다.]
   b. He's **over** me in the company. (Tyler & Evans 2003: 118-119)
    [회사에서 그는 바로 나의 윗자리에 있는 사람이다.]

즉, (14a)에서 above는 회사에서 나보다 윗자리에 있는 사람이기는 하지만, 직접 나를 지휘하고 영향을 미칠 수 있는 위치에 있는 사람이 아니라는 뜻이다. 말하자면 회사의 사장이나 대표 이사 등은 직급이 낮은 직원들에게 직접 영향력을 행사하는 위치에 있지 않다. 반면에 (14b)에서 over는 그 사람이 나를 직접 지휘하고 영향력을 행사할 수 있는, 말하자면 직접적으로 나에 대한 지휘 감독권이 있는 사람이라는 점을 암시한다.

over가 다음과 같은 예에서는 'covering'(에워싸는)이라는 뜻을 갖는다. 즉, X가 Y 위에 있다면 X는 Y를 뒤덮고 있는 동시에 그것과 접촉한다고 할 경우에, 또는 수평적 이동에 대하여 말할 때 over가 쓰인다.

A grey mist hung **over** the fields.
  [부연 안개가 들판 위에 걸려 있었다. → 안개가 들판을 뒤덮고 있음을 뜻함.]
We put plastic **over** the furniture to protect it.
  [우리는 가구를 보호하려고 그 위에 플라스틱을 씌웠다. → 플라스틱이 가구와 접촉해서 뒤덮고 있음을 뜻함.]
Mary bent down to look at the dead man's face, but there was a thick cloth **over** it.
  [메리는 죽은 사람의 얼굴을 보려고 허리를 구부렸으나, 두꺼운 천으로 덮여 있었다. → 얼굴이 천으로 가려 있어서 볼 수 없었음을 뜻함.]
I saw the helicopter fly **over** the water, near the fishing boat.
  [나는 바다 위 어선 가까이에서 헬리콥터가 날아가는 것을 보았다. → 헬리콥터가 바닷물과 수평을 이루면서 이동하고 있음.]

'He is my immediate superior', 'He supervises my work'. **above** would not necessarily have this meaning. —Thomson & Martinet (1986: 99). See also Tyler & Evans (2003: 118-119).

all over(= 'in every part of')도 명사구를 수반하여 어떤 지역을 전부 뒤덮는다는 뜻을 나타낸다.

>This football game is being broadcast in real time all **over** the world.
>[이 축구 경기는 전 세계에 실시간으로 방송되고 있다.]
>There is mud all **over** your coat.
>[너의 외투가 온통 진흙투성이다.]

또한 over는 종종 이동동사와 같이 쓰여 '통과'(passage)라는 뜻을 갖는다. 즉, 이것은 보다 높은 어떤 장애물을 넘는다는 것을 나타냄과 동시에 그 장애물을 넘어 맞은편에 닿는다는 뜻을 강조한다. be over는 단지 어떤 상태를 나타내거나, 장애물을 넘어 맞은편에 닿아 있는 결과를 나타낸다.

>The horses jumped **over** the fence.
>[말들이 울타리를 뛰어 넘었다. → 이 문장에 나타난 동작의 결과는 The horses were **over the fence**.처럼 나타낼 수 있음.]
>If we can't go **over** the mountain we must go around it.
>[산을 넘을 수 없으면 우리는 돌아가야 한다.]
>The Clintons live **over** the hill.
>[크린턴 씨 가족들이 언덕 너머에 살고 있다.]

이상과 같은 예에서 over가 구체적인 공간에서의 이동과 관련된 것인 반면, 다음과 같이 슬픔이나 어려움 등을 나타내는 경우에도 그러한 슬픔이나 어려움 등이 마치 사람이 뛰어 넘는 도랑이나 울타리와 같은 장애물로 간주하여 비유적으로 쓰이고 있다.[30]

>We're **over** the worst of our troubles now.
>[이제 우리는 가장 어려운 고비는 넘겼다.]
>He hasn't got **over** the death of his wife yet.
>[그는 아직도 아내의 죽음으로 인한 슬픔을 이겨내지 못하고 있다.]

---

30 이기동 (1999: 340).

수사(number) 앞에는 over가 비유적으로 쓰인 것으로 여겨진다.

There are well **over** fifty thousand people in the stadium.
   [경기장에는 50,000명이 훨씬 넘는 사람들이 모여 있다.]
The Japanese were producing **over** 100 million tons of steel.
   [일본은 1억 톤이 넘는 철강을 생산하고 있었다.]

above는 온도나 높이와 같은 척도의 보다 높은 점(point)이나 수준의 정도를 나타내는 경우에도 적용되며, 이것의 반의어는 below이다.

A swimmer has to keep his head **above** water.
   [수영하는 사람은 머리를 물위에 떠있게 해야 한다.]
The temperature is three degrees $\begin{Bmatrix} \text{\textbf{above}} \\ \text{\textbf{below}} \end{Bmatrix}$ zero.
   [기온이 영상/영하 3도이다.]
A skin-diver must be careful not to go **below** a certain depth.
   [스킨 다이빙하는 사람은 어느 정도 물 깊이 아래로 들어가지 않도록 주의해야 한다.]
Parts of Holland are **below** sea level.
   [네덜란드의 일부 지역은 해발보다 낮다.]

온도를 나타낼 때에는 above와 below 이외에 over와 under도 쓰이지만, 영도를 가리키는 경우에는 above/below zero처럼 above와 below만 쓰인다.[31]

The temperature is $\begin{Bmatrix} \text{\textbf{above/over}} \\ \text{\textbf{below/under}} \end{Bmatrix}$ 30°.
   [기온이 영상/영하 30도이다.]

이밖에 above가 비유적인 뜻으로 몇 가지 예를 들기로 한다.

This book is **above** me.
   [이 책은 내가 읽을 수 없다. → 이 책의 수준이 나의 독서 능력 위에 있다는 뜻임.]

---

31 Quirk et al. (1985: 687, note [a]).

He is **above** bribery.

[그는 뇌물이나 받을 사람이 아니다. → 인격이 뇌물 받는 것보다 우위에 있다는 뜻임.]

She is **above** suspicion.

[그녀는 의심이나 받을 사람이 아니다. → 그녀의 정직한 행위가 의심 위에 있어서 어느 누구의 의심도 받지 않는다는 뜻임.]

Many employers value personality **above** experience or qualification.

[경험이나 자격보다 인격을 우위에 두는 고용주들이 많다. → 가치면에서 보면 경험이나 자격보다 인격이 우위에 있다는 뜻임.]

You should be **above** gossiping about your neighbors.

[여러분은 이웃 사람들에 대하여 험담을 하지 말아야 합니다. → 여러분의 인격이 험담하는 행위보다 위에 있어야 한다는 뜻임.]

You must be **above** cheating in examination.

[여러분은 시험 도중에 부정행위를 해서는 안 됩니다. → 여러분의 인격이 부정행위보다 우위에 있어야 한다는 뜻임.]

2) below와 under

below와 under는 'lower than'이라는 뜻이며, 서로 바꿔 쓰이기도 한다.

Look in the cupboard $\begin{Bmatrix} \textbf{below} \\ \textbf{under} \end{Bmatrix}$ the sink.

[싱크대 아래 찬장을 보아라.]

over의 반의어 under는 'directly below'라는 뜻과 아울러 두 대상이 접촉한다는 뜻도 갖는다. 그러나 below는 어떤 수직선을 기준으로 X가 Y 아래 있으면 X is below Y라고 한다. 양자 사이가 수직 관계가 아닐지라도 X가 Y보다 아래쪽에 있다고 판단되면 below가 쓰인다.

The ice crackled **under** his feet.

[그의 발 아래에서 얼음이 깨졌다.]

There is a pipe **under** the swimming pool to take away the water.

[수영장 밑에는 물을 빼는 관이 있다.]

She hid the presents **under** a blanket.

[그녀는 그 선물들을 담요 밑에 숨겼다.]

We keep our wine **below** the ground.
   [우리는 포도주를 땅속에 보관한다.]
The hut is **below** the top of the mountain.
   [그 오두막집은 산꼭대기 아래에 있다.]

below와 under가 갖는 이상과 같은 물리적이고 구체적인 위치 관계를 나타내는 뜻이 비유적인 뜻으로 바뀌기도 한다.

Children **below** the age of 16 are not allowed to see the film.
   [16세 미만의 어린이들은 이 영화 구경이 금지되어 있습니다.]
There are still too many people living **below** the poverty line.
   [아직도 빈곤선 이하의 생활을 하는 사람들이 너무나 많이 있다.]
Everything is **under** control.
   [모든 것이 통제를 받고 있다.]
The case was still **under** consideration.
   [그 사건은 여전히 검토 중이었다.]

3) beneath와 underneath

beneath와 underneath는 격식적인 표현으로서, under 대신에 쓰일 수는 있지만 사용 빈도가 매우 낮다.[32] underneath는 한 물체와 다른 물체가 서로 접촉하고 있음을 나타낼 때가 많은 것으로서, 크기가 제한된 표면과의 접촉을 나타내는 on top of에 대한 반대 개념이다.

The police found the stolen money { **under** / **underneath** } the carpet.
   [경찰은 카페트 밑에서 잃어버린 돈을 찾아냈다.]

---

[32] Quirk et al. (1985: 679)은 under, below, beneath와 underneath의 사용 빈도를 다음과 같이 비교하고 있다. 이 표를 보면 under가 가장 많이 쓰이고, below는 under에 비하면 훨씬 사용 빈도가 떨어진다. beneath와 underneath는 아주 드물게 쓰이는 편이다 :

	전체	영국영어	미국영어
under	1352	645	707
below	295	150	145
beneath	117	60	57
underneath	22	11	11

The letter was pushed **underneath** the door.
　[그 편지는 문 아래로 밀어 넣어졌다.]
The ship sank slowly **beneath** the waves.
　[그 배가 서서히 파도 아래로 침몰했다.]
I left the newspaper **on top of** the television.
　[나는 텔레비전 위에 신문을 두었다.]

이상과 같은 예에서 본 구체적인 공간적 개념보다는 추상적인 뜻을 나타낼 경우에는 under를 사용할 수 없고, beneath를 사용하는 것이 더 무난하다.[33] 예컨대 다음의 첫 문장에서는 거짓말하는 것이 인격적 수준 아래 있다는 뜻을 나타내는 것이며, 두 번째 문장에서는 그녀의 사회적 지위보다 결혼 상대방인 남자의 사회적 지위가 밑에 있다는 뜻을 비유적으로 나타내고 있다고 해석될 수 있다.

He would think it **beneath** him to tell a lie.
　[그는 거짓말하는 것은 자기답지 못하다고 생각할 것이다. → = 'not worthy of'.]
They thought she had married **beneath** her.
　[그들은 그녀가 자신보다 지위가 낮은 사람과 결혼했다고 생각했다. → ie. married a man of lower social status.]
That man never speaks to people **beneath** him.

---

[33] While *beneath* and *under* are often interchangeable, the one as pointed out above, cannot always be replaced by the other. A person can be *under* the influence of drink, but not *beneath* the influence of drink. We can say that someone whom we despise is 'beneath notice' but not 'under notice', while conversely a person who has been given notice terminating his employment at some specified time in the future is 'under notice', but not 'beneath notice'. We may say that a foreman has twenty men *under* him, but not *beneath* him, or that a minor is a person who is *under* twenty-one, but not *beneath* twenty-one. Even when the reference is to location in space, the two words do not mean quite the same thing. Fowler (*Modern English Usage*) said that *beneath* is merely a poetic or emotional substitute for *under*, and sometimes this may be so, but it is only half the truth. *Beneath* merely expresses the position of one thing relative to another; *under* represents one thing as being superimposed upon another. *A cat was sleeping beneath the table* merely draws attention to the position of the cat. *A cat was sleeping under the table* draws our attention first and foremost to the table, and only secondarily to the cat which is sleeping under the shelter of it. — Wood (1978: 20).

[그 남자는 자기보다 못한 사람하고는 절대로 말을 하지 않는다.]

4) behind와 in front of

behind와 in front of는 서로 반대되는 뜻을 갖는 것으로서, 사람이나 사물의 상대적인 앞뒤 위치 관계를 나타낸다. 그러므로 X is **in front of** Y = Y is **behind** X라는 뜻을 나타내는 등식이 성립된다.

Johnny is **in front of** me in the photo.
[그 사진에서 조니가 내 앞에 있다.]
The children hid **behind** a tree.
[그 어린이들이 나무 뒤에 숨었다.]

in front of와 behind가 서로 별개의 대상의 앞뒤를 나타내는 것이라면, 예컨대 building, theater, train 따위와 같이 어떤 한 장소의 내부에서 앞쪽과 뒷쪽을 나타내는 경우에는 $\left\{ {at \atop in} \right\}$ the front/back of …가 쓰인다. 더욱이 미국영어에서는 at the back of 대신 in back of를 사용한다.[34]

There's a garden $\left\{ {\text{at the back of} \atop \text{in back of}} \right\}$ the house.
[그 집 뒷쪽에 정원이 있다.]
At the back of the office was a small cupboard.
[그 사무실 뒷쪽에 조그마한 찬장이 있었다.]
The first class carriages are **at the front of** the train.
[일등차는 열차의 앞부분에 있다.]
He got a seat $\left\{ {at \atop in} \right\}$ **the front of** the bus, so we had a good view.
[그 사람이 버스 앞좌석에 앉아서 우리는 잘 볼 수 있었다.]
Three people can sit **in the back of** this car.
[이 자동차의 뒷 좌석에는 세 사람이 앉을 수 있다.]

---

34 *Longman Dictionary of English Language and Culture*, pg. 72.

다음 예에서 비유적인 표현 { at / in } the back of one's mind는 추상적인 개념을 나타낸다.

There was always a slight feeling of fear **at the back of his mind**.
[그의 마음속에는 항상 그에게 영향을 미치는 약간 불안한 감정이 깃들어 있었다.]
It was **at the back of** my mind that I had to phone you, but I completely forgot.
[너에게 전화를 걸어야 한다는 생각을 했었지만, 까마득히 잊었어.]

on the { front / back } of는 어떤 '표면'의 앞뒤 위치를 나타낸다.

Write your name **on the back of** this envelope.
[이 봉투의 뒷면에 너의 이름을 써라.]

behind가 다음과 같은 예에서는 비유적인 뜻으로 쓰이고 있다. 즉, behind의 목적어가 앞에 놓여 있고, 그 뒤에 어떤 것이 놓여 있는 것으로 간주된다.

There is a great deal of hatred **behind** that smile of hers.
[그녀의 그와 같은 미소의 이면에는 상당한 증오심이 깃들어 있다. → 그녀의 미소 뒤에 증오심이라는 추상적인 대상이 놓여 있는 것으로 간주되고 있음.]
I wonder what's **behind** his sudden change of plan.
[그의 갑작스러운 계획 변경의 진정한 이유가 뭔지 알 수 없다.]
We are three days **behind** schedule.
[우리는 계획보다 3일 늦었다.]
The train arrived ten minutes **behind** time.
[열차가 예정 시간보다 10분 늦게 도착했다.]

5) after와 before

after는 공간상의 움직임이나 두 대상이 모두 고정된 경우에도 쓰인다.

The dog is running **after** the cat.
[그 개가 그 고양이 뒤를 쫓고 있다.]

A taxi passed **after** a bus.
[택시가 버스 다음에 지나갔다.]
John lives in a second house **after** the church.
[존은 교회를 지나 두 번째 집에 살고 있다.]

after와 before는 줄(queue)·목록·문서 따위에서 사람이나 사물의 순서를 나타낼 때 쓰인다. 여기서 한 걸음 더 나아가, 하고 싶은 일의 우선 순위를 따라서 등급을 매기는 경우에도 마찬가지이다.

Your name comes **before** mine on the list.
[명단에는 너의 이름이 내 이름 앞에 있다.]
Put the direct object **after** the indirect object.
[직접목적어를 간접목적어 뒤에 놓아라.]

before는 'in the presence of (somebody important)(어떤 주요 인물의 앞에)'라는 뜻을 나타내는 경우에 쓰이며, 한 걸음 더 나아가 'for the consideration of'라는 뜻을 갖기도 한다.

He came **before** a judge, accused of stealing.
[그는 절도죄로 판사 앞에 나왔다.]
He was brought **before** the judge.
[그는 판사 앞에 불려 나왔었다.]
I must try to make a more successful defence **before** you than I did **before** the judges. — Justin D. Kaplan (ed.), *Dialogues of Plato*.
[나는 재판관들 앞에서 내가 했던 것보다 더 당신 앞에서 내 자신을 잘 변호하기 위해 노력해야만 한다.]
The proposal was put **before** the planning committee.
[그 제안은 기획 위원회에 제출되었다.]

그렇지만 이러한 원칙이 그대로 지켜지지 않는 것 같다. 따라서 다음의 예에서는 before 대신 in front of가 쓰이고 있다.

Her abject apologies kept flowing **in front of** the traffic judge a few weeks later. — Mary Murray, "When You've Done Wrong"

[몇 주일 뒤에 그녀는 교통법규 위반을 재판하는 판사 앞에서 손이 발이 되도록 사과했다.]

격식적이거나 문어적인 표현에서는 before가 'in front of'와 같은 뜻으로 쓰인다.

The great plain stretched out **before** them.

[그들 앞에 대평원이 활짝 펼쳐져 있었다. → 격식적인 것으로 'in front of'의 뜻으로 쓰였음.]

before는 right before one's eyes(바로 …가 보는 앞에서)나, before one's very eyes(바로 누구 앞에)와 같은 표현에 쓰인다.

다음과 같은 예에서도 before가 구체적인 장소 개념이 확장되어 추상적인 장소 개념을 나타내는 뜻으로 해석된다.

He puts his work **before** everything.

[그는 자신의 일을 제일 중요시한다.]

Quality should come **before** quantity.

[양보다 질을 더 중요시해야 한다.]

6) opposite

예컨대 도로·강·방 따위의 맞은편에 놓여 있음을 뜻하는 경우에는 in front of가 쓰이지 않고, 이 대신에 전치사로서의 opposite가 쓰인다.[35] 즉, 이것은 어떤 두 대상이 서로 마주 바라보고 있다는 관계를 강조한다. 그러므로 어떤 두 사람 X와 Y가 마주 앉아 식사를 하고 있다고 하는 경우에는 X is sitting **opposite** Y.라고 하거나, X **is facing** Y.라고 한다. 미국영어에서는 이 대신에 across from이 사용되기도 한다.[36]

---

35 in front of와 opposite이 쓰인 다음 두 문장을 비교해 보자.
There's a bus stop **in front of** the school.
[학교 앞에 버스 정류장이 있다. → 정류장이 학교와 같은 쪽에 있다는 뜻임.]
There's a bus stop **opposite** the school.
[학교 반대편에 버스 정류장이 있다. → 버스 정류장이 학교에서 길 건너편에 있다는 뜻임.]
36 Swan (2005: 374).

The man is on the pavement just **opposite** the bank. The bank is across the road.
> [그 사람은 은행에서 바로 맞은편 인도에 있다. 은행은 길 건너편에 있다.]

There is a statue **opposite** the entrance.
> [입구 맞은편에 동상이 세워져 있다.]

She stood at the other side of the table **facing** me.
> [그녀는 나와 마주 보면서 식탁 맞은편에 서 있었다.]

The man sitting **across from** me was smoking a pipe.
> [나의 맞은편에 앉아 있는 그는 파이프 담배를 피우고 있었다.]

7) beyond

beyond는 'on or to the further side of'(...의 너머로/에)라는 뜻을 갖는다. 그러므로 이것은 제시된 지시점 — 다음의 예에서 this mountain, the church — 보다 더 먼 곳에 어떤 것이 있다는 점을 말하고자 할 때 쓰인다. 다시 말해서, 관찰자가 현재 있는 지점에서 볼 때 X가 지시점 Y 너머에 있다고 할 때 X beyond Y가 쓰인다.

There must be a river **beyond** this mountain.
> [이 산 너머에 틀림없이 강이 있을 것이다.]

There's a hill **beyond** the church.
> [교회 건너편에 언덕이 하나 있다.]

X beyond Y가 비유적인 뜻으로 쓰일 경우에는 어떤 대상이 인간의 인식 능력이라든가, 이해력이나 통제력 따위의 범위를 넘어서고 있다는 것을 뜻한다.

It's **beyond** me why she married him.
> [그녀가 그 남자와 결혼한 이유를 나는 알 수 없다.]

Understanding mathematics is **beyond** him.
> [수학을 이해하는 것이 그의 능력에서 벗어난다.]

My job goes **beyond** just teaching.
> [내가 하는 일은 단순히 가르치는 것 이상이다.]

The bicycle was **beyond** repair.
> [자전거가 수리하기 어려울 정도로 파손되었다.]

The level of inflation has gone **beyond** 10%.
[통화팽창의 수준이 10%를 넘어섰다.]

8) down과 up

down과 up은 계단·사다리·경사지 따위와 같은 곳이나 이러한 장소와 관련된 상하의 수직적인 이동을 나타낸다. 예컨대 X down Y는 X가 Y의 아래쪽으로의 이동이나 위치를 나타내고, 이와 반대로 X up Y는 X가 Y의 위쪽으로의 이동이나 위치를 나타낸다.

They carried the wounded man **down** the mountain on a stretcher.
[그들은 부상당한 그 사람을 들것에 실어 산 아래로 운반했다.]
There's a bridge a mile **down** the river from here.
[이곳에서 1 마일 강 아래에 다리가 있다.]
The hotel is just a couple of blocks **up** the road.
[그 호텔은 도로에서 바로 두 블럭 윗쪽에 있다.]
The man went **up** the ladder step by step.
[그 사람은 사다리를 한 계단씩 올라갔다.]

14.9.1.4. 통과: across, through, along, etc.

1) across

across와 through는 어느 한 위치에서 다른 위치로 이동한다는 뜻을 나타내는 것으로서, 각각 on과 in의 차이와 관계가 있다. 보다 구체적으로 말하자면, across는 다리·도로·국경·강 따위와 관련하여 맞은편의 어느 한 위치에 대해서 말하거나, 이동동사와 같이 쓰여 이들의 맞은편에 닿는다고 하는 경우에 사용된다. 이러한 뜻을 나타낼 때에는 across 대신에 over도 쓸 수 있다.

Andy lives **across** the street from us.
[앤디는 우리가 사는 길 건너편에 살고 있다.]
The bank is **across** the square.
[은행은 광장 건너편에 있다.]
Be careful when you walk **across** a street.
[길을 걸어서 건널 때에는 조심해라.]

The truck came towards them { **across** / **over** } the bridge.
[그 트럭이 다리를 건너 그들 쪽으로 왔다.]
Mike lives in the house { **across** / **over** } the road from ours.
[마이크는 우리집에서 길 건너편에 있는 집에 살고 있다.]

그러나 평면적인 면적이나 표면의 맞은편에 대하여 말하거나, 물속에서의 이동에 대하여 말할 때에는 대개 across를 선호하는 편이고, 앞에서 말한 바와 같이 보다 높은 곳의 맞은편이라고 할 경우에는 over를 선호하는 편이다.

Let's swim **across** the river.
[수영해서 강을 건너갑시다.]
It took them six hours to row **across** the lake.
[그들이 노를 저어 호수를 건너는데 여섯 시간이나 걸렸다.]
He walked **across** the stage and bowed to the audience.
[그는 무대로 걸어가서 청중들에게 인사를 했다.]
She climbed **over** the fence.
[그녀는 울타리를 기어서 넘었다.]

2) through

through는 사방이 둘러싸인 3차원의 공간 사이를 이동한다는 점을 강조할 때 사용된다. 그러므로 walk **across** the ice는 walk **on** the ice의 경우처럼 '얼음 위'를 걷는다는 뜻이다. 그러나 walk **in** the woods의 경우처럼 walk **through** the woods는 '숲속'을 걷는다는 뜻이다. 또한 이것은 종종 숲의 어느 한쪽 끝에서 다른쪽 끝으로 이동한다는 점을 암시하기도 하기 때문에, 예컨대 walk **through** the forest는 숲을 한쪽 끝에서 맞은편 끝까지 관통해서 걸어간다는 뜻인 반면에, walk **in** the forest는 숲속을 여기저기 거닌다는 뜻이다.

You can drive **through** that town in an hour.
[자동차로 한 시간이면 그 마을을 통과할 수 있어.]
He pushed his way **through** the crowd of people to get to her.
[그는 그녀에게 가려고 군중들 사이를 밀쳐 나갔다.]
The River Thames flows **through** London.
[탬즈강은 런던을 관통해서 흐른다.]

through가 다음 예에서는 추상적인 공간을 이동한다는 뜻이다. 예컨대 첫 번째 문장에서처럼 책을 첫 장에서 끝장까지 통과했다거나, 두 번째 문장에서처럼 이전의 가난 속에서 험난한 노동이라는 과정을 통과해서 부자의 상태에 이르게 되었다는 뜻을 포함한다.[37]

He read **through** the magazine.
[그는 그 잡지를 처음부터 끝까지 다 읽었다.]
He became rich **through** hard work.
[그는 열심히 일해서 부자가 되었다.]
We are **through** the worst.
[우리는 최악의 고비를 넘겼다.]

throughout은 '(all) through; everywhere'의 뜻, 즉 어떤 지역이 어떤 것으로 '충만'(pervasiveness)[38]해 있음을 나타낸다.

Outbreaks of cholera have been reported **throughout** the country.
[콜레라가 발생했다고 전국 각지에 보도되었다.]
The rumor spread **throughout** the city.
[그 소문은 시내 전체에 퍼졌다.]

3) along

along은 'from one end towards the other; in a line parallel with'(한쪽 끝에서 다른쪽 끝을 향해서; …과 평행선상에)라는 뜻이며, 강·도로·해변·복도·선 등과 같이 길고 가느다란 수

---

37 through(= 'finished')가 형용사로 쓰일 때에도 시작과 끝 사이의 통로를 지나 왔다는 뜻을 포함하기 때문에 어떤 일을 끝마쳤다는 개념을 나타내는 것이다:
I'm glad I'm **through** with that job.
[그 일을 다 마쳐서 기쁘다.]
38 imbued with, dotted with, loaded with, paved with, surrounded with를 비롯하여 다음과 같은 예에서 with도 '충만'의 뜻이 깃들어 있다.
The ground was covered **with** snow.
[땅이 온통 눈으로 덮여 있었다.]
The garden was buzzing **with** bees.
[정원이 온통 벌들이 윙윙거리는 소리로 가득 차 있었다.]
He heaped the plate **with** food.
[그는 접시에 음식을 가득 담았다.]

평적인 축(horizontal axis)을 따라 이동하거나, 거기에서 일어나는 상황을 나타낸다. 특히 이동을 나타내는 경우에는 목적지에 닿는다거나, 또는 그곳을 향하여 이동한다는 뜻이다.

    They walked **along** the footpath until they came to a small bridge.
        [그들은 조그마한 다리가 나올 때까지 오솔길을 따라 걸어갔다.]
    Her house is somewhere **along** this street.
        [그녀의 집은 이 길을 따라 어디엔가 있다.]
    Success must be won **along** one line. — Hemingway
        [성공은 하나의 길을 따라 이루어져야 한다. — 헤밍웨이]

4) past

past는 'farther than'(...보다 더 먼)이라는 뜻으로, 어떤 장소를 지나간다는 뜻을 나타낸다. by도 거의 뜻이 같다.

    A glass flew **past** his head and smashed against the wall.
        [유리잔이 그의 머리 위를 날아가서 벽에 부딪쳐 부서졌다.]
    He walked { **past** / **by** } me without noticing me.
        [그는 나에게 들키지 않고 내 곁을 지나갔다.]
    She drove **by** the supermarket but didn't stop to buy anything.
        [그녀는 자동차를 몰고 수퍼마켓을 지나갔지만, 물건을 사려고 멈추지 않았다.]

다음과 같은 예에서 past는 상태와 관련해서 어떤 대상의 다른쪽에 있다는 점을 나타낸다. 또

    We live in the house just { **past** / **by** } the church.
        [우리는 교회 바로 지나서 있는 집에 산다.]

또한 이러한 개념이 추상적으로 나타나기도 한다.

    The flowers are **past** their best.
        [그 꽃들은 절정기가 지났다.]

She's long **past** retirement age.
[그녀는 퇴임할 나이가 한참 지났다.]

14.9.1.5. 공간: between, among

1) between

between이 반드시 둘 사이에 대해서만 쓰이는 것은 아니다. 둘 이상의 어떤 대상들을 서로 개별적으로 보거나, 또는 '일정한'(definite) 수를 염두에 두면서 동시에 '분리 가능한'(separable) 대상이라고 생각하는 경우에는 둘 이상에 대해서도 쓰인다.[39] 예컨대 a quarrel **between** the six attorneys(그 여섯 변호사들끼리 다툼)에서 between이 선택된 까닭은 변호사들이 일정한 수를 나타냄과 동시에 이들이 각자 개별적으로 서로 분리될 수 있다고 여겨지기 때문이다.

Airplanes fly people **between** New York and Washington.
[비행기들이 뉴욕과 워싱턴 사이를 사람들을 실어 나른다.]
There's a lot of disagreement **between** the two main political parties on this issue.
[이 문제를 놓고 그 두 개의 주요 정당 사이에 의견이 크게 엇갈린다.]
Zimbabwe is situated **between** Zambia to the north, Mozambique to the east, Botswana to the west, and South Africa to the south.
[짐바브웨는 북쪽으로는 잠비아, 동쪽으로는 모잠비크, 서쪽으로는 보츠와나, 그리고 남쪽으로는 남아프리카 사이에 위치해 있다.]

2) among

반면에 among은 사람이나 사물을 서로 분리되거나 독립되지 않은 집단이나 덩어리의 일부로 보는 경우이거나,[40] 또는 일정한 수를 염두에 두지 않는 경우에 쓰인다. 예컨대 다음

---

[39] As prepositions of *place* we use **between** with two or more people or things that we see as individual or separate. — Hewings (2005: 178); At the word level, the central sense that differentiates the two prepositions is that objects with the semantic features of [+ explicit, + separable] always take *between*. When the objects are conceived as [+ collective], *among* is used. — Celce-Murcia & Larsen-Freeman (1999: 415).

[40] ... and we use **among** when we see the people or things as part of a group or mass. **Among**

의 첫 번째 문장에 among이 쓰인 것은 노벨 문학상을 수상한 사람들이 집합적으로 간주되기 때문이다.

Among the recipients of the Nobel prize for literature, more than half are practically unknown to readers of English.
[노벨 문학상 수상자들 중에서 절반 이상이 실제로 영어 독자들에게 알려지지 않았다.]
Skin disorders are common occupational diseases **among** factory workers.
[피부병은 공장 노동자들 사이에 흔한 직업병이다.]
She eventually found her passport **among** the clothes in her drawer.
[마침내 그녀는 자기 서랍의 옷 사이에서 여권을 찾았다.]

divide, share 다음에 단수 명사가 여러 개 놓이면 between이 쓰인다. 그러나 복수 명사가 올 경우에는 among과 between을 모두 쓸 수 있다.

I divide my time **between** teaching, writing, and lecturing.
[나는 가르치고, 글을 쓰고, 강연하는데 시간을 나누어 쓴다.]
He shared his property **between** his wife, his daughter, and his sister.
[그는 자기 재산을 아내, 딸, 그리고 누이동생에게 나눠주었다.]
He divided his money { **among** / **between** } his five sons.
[그는 자기가 가진 돈을 다섯 아들에게 분배했다.]
She divided her possessions equally **between** her four children.
[그녀는 자기 재산을 네 자녀에게 똑같이 나눠주었다.]
The winnings were divided **among** the six men.
[상금은 그 여섯 사람이 나눠 가졌다.]

예컨대 comparison, connection, contrast, difference, distinction, friendship, link, relationship 따위와 같은 단어를 사용하여 어떤 대상들 사이에 존재하는 비교나 관계를 나타내는 경우에도 between을 사용하여 a difference **between**, a friendship **between**처럼 나타낸다.

---

is only used with three or more people or things. — Hewings (2005: 178).

The *relationship* **between** lung cancer and smoking is well established.
[폐암과 흡연의 관계는 아주 확실하다.]
They are wrong to claim that there is a *connection* **between** unemployment and crime.
[그들이 실업과 범죄가 어떤 연관성을 갖는다고 주장하는 것은 옳지 않다.]

between은 다음 예에서처럼 시간이나 수적 가치를 비교하는 경우에도 쓰인다.

She lived in Japan **between** 1994 and 2000.
[그녀는 1994년에서 2000년 사이에 일본에서 살았다.]
Three years ago the television companies agreed to pay a royalty of **between** 15 per cent and 35 per cent.
[3년 전에 텔레비전 회사들은 15 퍼센트에서 35 퍼센트의 로열티를 지불하기로 합의했다.]

다음 각 예에서 among은 'one of; some of; included in; occurring in' 중 어느 한 가지 뜻을 갖는다.

Among her friends, John is her favorite.
[그녀의 친구들 중에서 그녀는 존을 가장 좋아한다.]
Some of the ancient characters still appear in Chinese names today, making them **among** the oldest in the world. — Don J. Cohn, "What's in a Name? (from *Reader's Digest*, October 1994.)
[몇몇 옛날 문자들이 오늘날 아직도 중국어로 된 이름에 쓰이고 있는데, 그 결과 이들 문자들은 세계에서 가장 오래된 문자에 속한다.]
Yeltsin was **among** the first world leaders to arrive in Paris for the summit.
[옐친은 정상회담에 참가하려고 파리에 도착한 최초의 세계 지도자의 한 사람이었다.]
Homicide is the leading cause of death **among** black men.
[살인 사건은 흑인들 사이에서 일어나는 죽음의 주된 요인이다.]

amid는 문어적이며, among과 같은 뜻 이외에 어떤 장소의 한가운데(in the middle of)라는 뜻도 포함한다. amongst는 미국영어의 문어체에서 among 대신에 쓰이며, 영국영어에서는 among과 같은 것으로 쓰인다. 그러나 amid와 amongst는 among이나 between에 비하면 사용 빈도수가 현저하게 떨어진다.

The deserted house stood **amid** snow-covered fir trees.
[사람이 살지 않는 그 집은 눈 덮인 전나무들 사이에 서 있었다.]
He found it **amongst** a pile of old books.
[그는 낡은 책 더미 가운데서 그것을 찾았다.]

among과 between이 포함된 다음과 같은 표현들이 흔히 쓰인다.

among others = among other things
between ourselves = between you and me
Among other things, I enjoy painting and gardening.
[무엇보다도 나는 그림 그리기와 정원 가꾸기를 즐긴다.]
Between ourselves, I don't think Tom is as honest as he should be.
[우리끼리 말이지만, 나는 톰이 바라는 것만큼 정직하지 못하다고 생각한다.]
Between you and me (I think) he's rather stupid.
[우리끼리 말이지만, 그는 좀 우둔한 사람 같아.]

14.9.1.6 공간: around, round

X $\begin{Bmatrix} \text{around} \\ \text{round} \end{Bmatrix}$ Y는 X가 Y의 주위를 에워싸고 있다거나, 또는 X가 이동하여 지나간 자취가 Y의 주위에 '곡선'(curve)이나 '원'(circle)을 그린다는 뜻을 나타낸다. 영국영어에서는 round를, 미국영어에서는 around를 선호하는 경향이 있다.

The spacecraft is in orbit **round** the moon.
[우주선이 달 주위를 궤도 비행하고 있다.]
We walked **around** the outside of the house looking at the damage.
[우리는 파손된 것을 바라보면서 그 집 주위를 걸었다.]
Riders scream as the roller coaster speeds down hills and **around** corners.
[롤러코스터가 속도를 내어 언덕을 내려와 모퉁이를 돌 때 탑승자들은 소리를 지른다.]
We were sitting **(a)round** the campfire.

[우리는 모닥불 주변에 둘러 앉아 있었다.]

(a)round가 'in some place near (to)'(...의 근처에)라는 뜻으로도 쓰인다. 이것은 어떤 대상이 있을만한 여러 개의 장소를 서로 선으로 연결하게 되면 그것은 일종의 원(circle)을 그릴 수 있기 때문이다.

He lives somewhere **around** Suwon.
[그는 수원 근교 어디엔가 살고 있다.]
There must be a bank **around** here somewhere.
[이 근처 어디엔가 틀림없이 은행이 있을 텐데.]

14.9.1.7. 근접: beside, near (to), next to, by, etc.

1) beside, near (to), next to

beside,[41] near (to), next to는 모두 아주 근접한 위치를 나타낸다. 예컨대 A, B, C, D, E가 나란히 있을 때 next to는 A is next to B.와 같이 바로 인접해 있어서 그 사이에 아무것도 없다는 뜻을 나타낸다.[42] near[43]도 가까운 거리를 나타내지만, 반드시 인접한 것은 아니다. 따라서 A is near C의 경우에서처럼 이 둘 사이에 B가 놓여 있다는 점을 암시하게 된다.

I want to sit by you, not **next to** her.
[나는 그녀 바로 옆자리가 아니라, 너 옆에 앉고 싶다.]

---

41 beside와 besides는 다르다. besides는 'in addition to'라는 뜻을 가지고 전치사로 쓰이거나, 부사로 쓰일 때는 'also'라는 뜻을 갖는다.
   Beside Mary there stood a young man.
   [메리 곁에 한 젊은 남자가 서 있었다.]
   Besides Mary there were several other students in the hall.
   [메리 이외에도 홀에 여러 명의 다른 학생들이 있었다.]
   She is intelligent. **Besides**, she is good-looking.
   [그녀는 똑똑하다. 게다가 외모도 멋있다.]
42 *Next to* means 'directly at the side of'(바로 옆에). — Eastwood (2005: 298). See also Lindstromberg (1998: 148-149).
43 near와 비슷한 뜻으로 close to가 있다. 여기서 close는 형용사 또는 부사로 쓰인다:
   You said Oxford was **close to** London but it takes an hour by train.
   [너는 옥스퍼드가 런던과 가깝다고 말하지만, 열차로 한 시간 걸려.]

Wouldn't you like to have a house **beside** the sea?
[바닷가에 집을 갖고 싶지 않니?]
The school is **near** the library but not **next to** it.
[그 학교가 도서관 근처에 있지, 인접해 있지는 않다.]

물리적으로 가깝다는 점을 나타내는 경우가 아니면 near to를 더 선호하는 편인데, 이런 경우에 이것은 거의 어떤 상황이나 상태에 놓여 있음을 뜻한다.

Many millions of people are **near to** starvation. (= 'almost starving')
[수백만명의 사람들이 거의 굶어죽을 지경이다.]
He felt **near to** death.
[그는 이제 다 죽었다고 생각했다.]

또한 near to는 far from, a long way from과 반의어 관계이다. far from은 주로 부정문과 의문문에 쓰이는 반면, a long way from는 대개 긍정문에서 쓰인다.[44]

Do you live **far from** your office?
[너는 사무실에서 먼 곳에 살고 있나?]
The station is **a long way from** here.
[정거장은 이곳에서 거리가 멀다.]

near (to)가 전치사인가 형용사인가 혼동할 수 있을 것이다. 그러나 형용사적으로 쓰이면 near는 the near future(가까운 미래)의 경우처럼 명사 앞에 놓여 명사에 대한 수식어 역할을 한다. 그러나 전치사적으로 쓰이게 되면 **near** the station (→ *the **near** station이라고 할 수 없음)의 경우처럼 명사구 앞에 놓여 이 명사구를 지배한다.

형용사 near는 비교급과 최상급 형태를 갖는다. 원급 형태와 달리, 비교급과 최상급 형태에는 대개 to가 첨가된다.

We want to find a house **nearer (to)** the station.
[우리는 정거장에서 보다 가까운 곳에 집을 구하고 싶다.]

---

[44] Close (1975: 171).

I'd like to live **nearer** the ocean.
[나는 바다에 좀 더 가까운 곳에 살고 싶다.]

Who's the girl sitting **nearest to** the door?
[문에서 제일 가까운 곳에 앉아 있는 그 소녀는 누구냐?]

2) by

by의 사전적인 뜻은 'just at the side of'이다. 그러므로 X by Y는 Y가 다른 어떤 것보다 더 X에 가까이에 있다는 뜻이다. 그러나 가깝다는 뜻은 상대적이라서 다음 문장에서 by는 우리가 사는 곳이 바다를 볼 수 있을 정도로 가깝다는 점을, 그리고 near는 우리가 사는 곳에서 바다가 대충 5km 정도 떨어져 있을 것이라는 점을 암시해 준다. 그리고 on은 바다에 인접해 있어서 그로 말미암아 어느 정도 바다의 영향을 받을 수 있음을 암시해 준다.

We live $\begin{Bmatrix} \text{by} \\ \text{near} \\ \text{on} \end{Bmatrix}$ the sea.

[우리는 바닷가에 산다.]

14.9.2. 시간 전치사

시간과 관련하여 전치사는 장소를 나타내는 경우와 마찬가지로 어느 한 점으로 간주되는 시점(point of time)을 비롯하여, 기간·시간의 전후 관계·어떤 상황의 지속 등 여러 가지 시간 관계를 나타낸다.

14.9.2.1. at, in, on

1) at

at은 한 점에 해당되는 시점이나 한 점으로 생각되는 기간, 또는 짧은 휴가 기간 등을 나타내는데 쓰인다.

> at ten o'clock, at lunch time, at that time, at midday/midnight, at noon; at Christmas/Easter/New Year/Thanksgiving

Anyone there **at** 4 p.m. on Sunday was invited to dinner.
[일요일 오후 4시에 그곳에 있는 사람들은 누구나 저녁 식사에 초대를 받았다.]

'주말에' 어떤 일이 벌어진다는 말을 할 때 영국 사람들은 **at** (the) weekend(s)라고 하지만, 미국 사람들은 대개 **on** (the) weekend(s)라고 한다.

I don't work **at** weekends.
[나는 주말에는 일하지 않는다.]
People used to come **at** the weekends, but during the week I was alone in that huge house.
[주말에는 사람들이 왔었다. 하지만 주중에는 그 큰집에 나 혼자 있었다.]
We often go walking $\begin{Bmatrix} \text{at} \\ \text{on} \end{Bmatrix}$ the weekend.
[우리는 자주 주말에 산책을 한다.]
On weekends, the family attends church, cleans house and mows the yard.
— Jean Parvin, "How to Beat the Daily Grind"
[주말이면 가족들은 교회에 나가고, 집안을 청소하고, 뜰에서 잔디를 깎는다.]
Almost every family in America nowadays can afford an automobile and, with it, they can get out of the cities **on** weekends and refresh themselves in peaceful retreats in nature.
— Paramhansa Yogananda, *How to be Happy All the Time*.
[요즘에는 미국의 거의 모든 가정이 자동차를 구입할 여유가 있어서 주말에는 자동차를 타고 도시에서 빠져나와 자연의 조용한 곳에서 활기를 되찾을 수 있다.]

the end of January, the beginning of the year 따위와 같이 한 점으로 생각되는 짤막한 기간에 대해서도 at이 쓰인다.

I get paid **at** the end of the month.
[나는 월말에 보수를 받는다.]
At the beginning of 1995, sales jumped.
[1995년에 접어들면서 판매량이 껑충 뛰었다.]

위의 두 번째 문장에서처럼, 예컨대 한 해의 시작 등 기간의 경계를 말할 때, 전치사 in은 at을 선택했을 때와 같은 정도로 경계점에 근접했다는 점을 강조하지 않는다.[45] 그러므로 다음 문장은 새 해가 시작되고 나서 몇 주일이 지난 다음에 비로소 판매량이 껑충 뛰었다는 뜻이 된다.

In the beginning of 1995, sales jumped.
[1995년 초에 판매량이 급증했다.]

속도·가격·나이 따위도 척도상의 한 눈금을 포함하는 영역 안의 어느 한 점에 놓여 있다는 뜻을 나타내기 때문에 at이 쓰인다.

My car was going **at** about 45 miles an hour.
[내 자동차는 대충 시속 45 마일의 속도로 달리고 있었다. → 1 마일 = 1.6 km. 따라서 시속 45 마일은 시속 72 km.]
They are selling potatoes **at** 20 dollars a pound.
[그들은 1 파운드당 20불에 감자를 팔고 있다.]
At the age of 15 he (= Bill Gates) and his future partner Paul Allen programmed computers while their classmates played basketball.
[15살 때 같은 반 친구들이 농구를 하는 동안 빌 게이츠와 그의 미래의 동업자 포올 앨런은 컴퓨터 프로그램을 만들었다.]

2) in

in은 하루의 일부(오전, 오후 등)·연·월·세기·계절이나 보다 긴 기간을 나타낼 때 쓰인다. 이처럼 시간 영역에 전치사 in이 쓰이는 것은 시간도 여러 개의 영역으로 나누어 볼 수 있기 때문이다. 즉, 하루라는 시간 영역 안에 아침·낮·오후·저녁 그리고 밤 시간으로 나누어지고, 일 년이라는 시간 영역 역시 1, 2, 3, 4월 따위와 같이 월별로 나누어지거나, 봄, 여름, 가을, 겨울과 같이 계절별로 나누어 볼 수 있다. 그러므로 예컨대 1월이라든가, 봄이라는 계절이 1년이라는 시간 영역 안에 있는 것이기 때문에 어떤 장소 안에 있다고 하는 경우와 마찬가지로 시간에 대해서도 in이 쓰이는 것이다.

---

45 Lindstromberg (1997: 174).

> in the morning/evening, in the third week of December, in winter, in March, in 1616, in the 1990s, in the 21st century, in that time/age/period

I do most of my work **in** the morning.
   [나는 대부분의 일을 오전에 한다.]
In 1969 the first astronauts landed on the moon.
   [1969년에 최초의 우주 비행사들이 달에 착륙했다.]
Construction began when the first cornerstone was laid **in** October of 1792.
   [1792년 10월에 최초의 주춧돌이 놓였을 때 건축이 시작되었다.]

at night과 in the night은 서로 다르다. at night은 'during any night'이라는 뜻이다. 다시 말하자면, 이것은 어느 특정한 밤이 아닌 일반적인 의미로 in the morning/ afternoon/ evening과 구분되는 주야의 시간을 나타낸다. 반면에, in the night은 시간의 지속(duration)에 중점을 둔 표현으로서, 'during one particular night'(밤중의 어느 특정한 시점에)라는 뜻을 갖는다.

The stars are only seen **at** night.
   [별은 밤에만 보인다.]
I can't sleep a wink **at** night.
   [나는 밤에 한 잠도 자지 못한다.]
There was a thunderstorm **in** the night.
   [밤에 한 차례 뇌우가 있었다.]
I felt very restless **in** the night and had to take a sleeping tablet.
   [나는 밤중에 몹시 불안해서 수면제를 복용해야만 했다.]

by day, by night과 같은 관용어구에서 by는 여행 따위와 같은 활동과 관련해서 during the day/night(낮/밤에)을 대신한다.

We preferred travelling { **by night** / during the night }.
   [우리는 야간 여행을 더 선호했다.]

3) on

on은 어떤 상황이 특정한 때(occasion)와 접촉해서 일어난다는 점을 나타낸다. 따라서 이것은 특정한 날이나 그 날의 일부에 대해서 쓰인다.

> on Monday (afternoon), on the following day, on May (the) first, on a bitterly cold New Year's Day, on the morning of last Monday

Steven Spielberg was born **on** December 18, 1947, in Cincinnati, Ohio.
　[스티븐 스필버그는 1947년 12월 18일에 오하이오 주 신시내티에서 태어났다.]
We'll be there **on** Sunday, June 19th.
　[우리는 6월 19일 일요일에 거기에 갈 것이다.]
On that cold evening in 1912, 1,513 people lost their lives in one of the worst disasters in history.
　[1912년 추운 그날 저녁 역사상 어느 한 최악의 재난으로 1,513명의 사람들이 목숨을 잃었다.]
The meeting is **on** Monday morning.
　[회의는 월요일 오전에 열린다.]

비격식적인 영어에서 가끔 on이 생략되는데, 특히 미국영어에서 일반적이다.

I'm seeing her **(on) Sunday morning**.
　[나는 일요일 오전에 그녀를 만날 것이다. → 특정한 날의 일부를 가리킬 때 쓰이는 전치사 on이 Sunday morning 앞에서 생략되었음.]
Protesters gathered **Tuesday night** in Ferguson — and in several other American cities — but the rage over a grand jury's decision not to indict a police officer for the fatal shooting of Michael Brown lowered from a boil to a simmer. — *The Washington Post*, Nov. 26, 2014.
　[시위자들이 화요일 밤에 퍼거슨에, 그리고 미국의 다른 여러 도시에 모였다. 그러나 마이클 브라운에게 죽음에 이르는 총격을 가한 경찰관을 기소하지 않은 대심원의 판결에 대한 끓어오르던 분노가 약간 잦아들었다. → 특정한 날의 오전, 오후 등을 나타낼 때 쓰이는 전치사 on이 생략되었음.]
According to survivors, the ship began tilting after the students finished

breakfast **Wednesday Morning**. — *The New York Times*, April 17, 2014.
[생존자들의 말에 의하면, 학생들이 수요일 아침에 아침식사를 마치고 난 다음에 배가 기울어지기 시작했다. → 세월호 침몰 사건을 다룬 뉴욕 타임즈 기사 내용. Wednesday morning 앞에 특정한 날의 오전을 나타내는 표현에서 on이 생략되었음.]

on Christmas (Day)는 특정한 날을, 그리고 **at** Christmas[46]는 크리스마스 전후의 기간의 일부 또는 기간 전체를 뜻한다.

It's traditional in England to eat turkey **on** Christmas Day.
[영국에서는 전통적으로 크리스마스 날에 칠면조 고기를 먹는다.]
"I remember working on my birthday and **on** Christmas," says Everardo.
— Kenneth Miller, "Fields of Dreams"
["나는 생일날과 크리스마스 날에 일한 기억이 난다."고 하는 것이 에버라도의 말이다.]
At Christmas the house was always filled with MOD's students.
[크리스마스 때에는 늘 집안이 모드의 제자들로 가득 찼다.]

early morning이나 late evening 따위와 같은 어구에는 in을 사용하는 것이 보통이다: in the early morning(이른 아침에), in the late evening(저녁 늦은 시간에).

14.9.2.2 기간: during, for, over, through etc.

1) during

during은 when ...? 의문문에 대한 대답에서 those three days 따위와 같이 특정한 기간을 나타내는 명사구는 물론, the meeting, the class 따위와 같이 사건을 나타내는 명사구도 수반할 수 있다. 이것은 대체로 다음과 같이 두 가지 뜻을 나타낸다.

첫째, 어떤 '특정한 기간 내내'(whole period of time)라는 뜻을 나타낸다.

---

46 .... We say "*at* Christmas" and "*at* Easter" because we think of Christmas and Easter as periods in the year which last a vague number of days. Notice that "*at* Christmas" does not necessarily mean "on Christmas Day." "*At* Christmas" may mean at any time in the period from shortly before Christmas Day to about New Year's Eve, or it may mean the whole of that period. Similarly "*at* Easter" means the few days or the week round about Easter Day. — 조병태 등 (1993: 274-275)에서 간접 인용함.

The doors will remain shut **during** the concert.

[연주회가 진행되는 동안에는 문이 계속 닫혀 있게 될 것이다. → '연주회가 진행되는 동안 내내'라는 뜻임.]

Bribery and corruption were widespread **during** the Marcos administration.

[마르코스 행정부 시절에 뇌물과 부패가 만연되어 있었다. → 마르코스 대통령의 재임 기간 내내 이러한 사건이 지속되었다는 뜻임.]

During the war, many refugees went to safer countries nearby to try to live better lives.

[전쟁 시에 보다 나은 삶을 살려고 많은 난민들이 보다 안전한 인접 국가로 갔다.]

Berkeley was a center of student protest **during** the 1960s.

[버클리는 1960년대에 학생 시위의 중심지였다.]

둘째, 특정한 기간의 어느 한때라는 뜻을 나타낸다. during이 이러한 뜻일 경우에는 in과 거의 차이 없이 서로 바꿔 쓸 수 있다.[47]

We camped there **in** the summer.

[우리는 여름에 그곳에서 야영했다. → '여름철의 어느 한 때에'(= at some time during the summer)라는 뜻임.]

He died **during** the night.

[그는 밤중에 세상을 떠났다. → '밤중의 어느 한 시점에'라는 뜻임.]

그러나 사건·활동·경험 따위에 대한 신술을 하는 경우에는 during만 쓰인다.[48]

He had some strange experiences **during** his military service.

[군 복무 시에 그는 몇 가지 이상한 경험을 했다.]

I'll try to phone you **during** the meeting.

[회의가 진행되는 동안에 너에게 전화를 걸도록 해 볼게.]

I met them **during** my stay in China.

[내가 중국에 체류하는 동안에 그들을 만났다.]

---

47 Close (1992: 175).
48 Swan (2005: 151).

2) for

반면에 for는 어떤 상황이 지속되는 '막연한' 기간을 나타내는 것으로, How long ...?으로 시작되는 의문문에 대한 대답에 쓰인다. 다시 말해서, 이것은 막연한 기간을 나타내는 명사구를 수반하여 '그 기간 동안 줄곧'이라는 뜻을 나타낸다.

The pain lingered on **for** weeks.
[통증이 수주일 동안 가시지 않았다.]
Dinosaurs have been extinct **for** millions of years.
[공룡이 사라진지 수백만 년이 되었다.]
You can't fight city hall (and win): I tried **for** years to build a garage next to my house, but they wouldn't let me do it.
[시청을 상대로 싸워 이기려고 하지 마라. 난 오랫동안 내 집 바로 곁에 차고를 지으려고 했지만, 허가를 내주려고 하지 않았어.]

위에서 제시한 문장 We camped there **in** the summer.에서 in the summer가 여름철의 어느 한 기간을 뜻한다면, We camped there **for** the summer.에서 for the summer는 '여름 내내' 캠핑을 했다는 뜻을 나타낸다.

during과 for가 각각 '특정한' 기간과 '막연한' 기간이라는 서로 다른 기간을 나타내기 때문에 하나의 문장에 같이 쓰일 수 있다.

It rained **during** the night **for** two or three hours.
[밤새 두 세 시간동안 비가 내렸다.]
I went to France **for** two weeks **during** the summer.
[나는 여름에 두 주일간 프랑스에 갔었다.]

for는 상태적인 뜻을 가진 동사와 같이 쓰여 지속을 나타내는 어구가 있는 문장에서는 생략될 수 있다.

The snowy weather lasted **(for)** the whole time we were there.
[우리가 거기에 있는 동안 내내 눈 오는 날이 지속되었다.]
We stayed there **(for)** three months.
[우리는 석 달 동안 거기에 머물렀다.]

다음과 같은 예에서처럼 동적동사와 같이 쓰이거나, 부정어 뒤에서는 생략되지 않는다.

I taught her **for** three years.
[나는 3년 동안 그녀를 가르쳤다.]
I haven't seen him **for** eight years.
[나는 8년 동안 그를 만나지 못했다.]

그러나 상태의 지속을 나타내는 경우에 전치사 for가 문두에서 대개 요구되지만, 생략된 예를 볼 수도 있다.

For several years they lived in poverty.
[여러 해 동안 그들은 가난하게 살았다.]
Five days into her recovery, however, Allison remained in a vegetative state. Her family rallied to her bedside.
— Malcolm McConnell, "The Day Allison's Heart Stopped"
[그러나 회복기로 들어가는 5일 동안 앨리슨은 여전히 식물 상태였다. 가족들은 그녀의 침대 곁으로 다시 모였다. → 문두의 five days 앞에 for가 생략되었음.]

3) over와 through(out)

over, (all) through, throughout은 장소를 나타내는 경우와 마찬가지로, 전체 기간에 걸친 상황을 나타낼 때 쓰인다.

Food was scarce **throughout** the war.
[전시 내내 식량이 부족했었다.]
Dancing went on **all through** the night.
[밤새 무도회가 계속되었다.]
They stayed in Wales **over** Christmas and the New Year.
[우리는 크리스마스를 지나 새해가 시작될 때까지 웨일즈에 있었다.]
They camped there **over** the $\left\{\begin{array}{l}\textbf{holiday}\\ \textbf{weekend}\end{array}\right\}$.
[그들은 휴가 기간/주말 내내 그곳에서 야영했다.]

전치사(Prepositions)

보통 over는 휴가나 축제 등의 특별한 때를 가리키는 명사구와 같이 쓰이므로 일반적으로 through(out)보다 짧은 기간을 가리킨다고 하지만, 예컨대 over the last three years나 over the last generation 따위를 비롯하여 다음 예가 보는 주는 것처럼 상당히 긴 기간과 관련된 표현에 쓰이는 예가 점차 보편화되는 것 같다.[49]

Over the last three decades or so a large number of linguistic theories have been developed.
[지난 30여년에 걸쳐 상당히 많은 언어학적 이론들이 생겨났다.]
Over the next several years I had occasional opportunities to pursue the subjects of this volume.
[그 다음 여러 해에 걸쳐 나에게는 가끔 이 책의 주제들을 연구할 기회가 있었다.]

14.9.2.3. 출발점: from, since

1) from
from은 단지 어떤 상황이 시작되는 시발점(starting point)을 나타낸다.

The bank will be open **from** eight o'clock (onwards).
[은행은 여덟 시부터 문을 열 것입니다.]
He was blind **from** birth.
[그는 태어날 때부터 장님이었다.]
From November 1980, the amount of money you receive may be less.
[1980년 11월부터는 네가 받는 돈 액수가 줄어들지도 모른다.]

어떤 상황이 시작되는 시발점과 그 상황이 끝나는 종결점(terminal point)을 동시에 나타내고자 할 때에는 from X to/till Y가 상관적으로 쓰여 상황이 X에서 Y에 이르기까지 지속되고 있음을 나타내게 된다.

---

[49] *Over* normally accompanies noun phrases denoting special occasions (such as holidays and festivals), and so generally refers to a shorter period of time than *through(out)*.... Expressions like *over the last three years, over the last generation* seem to have become increasingly common. — Quirk et al. (1985: 689).

We camped there **from** June $\left\{\begin{array}{l}\text{to}\\ \text{till}\end{array}\right\}$ September.

[우리는 6월에서 9월까지 그곳에서 야영했다. → from ... to/till을 사용하여 야영이 6월에서 9월말까지 지속되고 있음을 나타내고 있음.]

From the late 1950s **until** the mid-1980s, South Korea exports grew at a rate of twenty-five percent per year.

[1950년대 말에서 1980년대 중반에 이르기까지 남한의 수출이 해마다 25%의 비율로 증가했다. → from ... until이 쓰여 무역이 해마다 지속적으로 25%씩 증가되고 있다는 점을 나타냄.]

그러나 어떤 상황이 지속되는 기간에 마지막에 언급된 기간이 전체 기간 안에 포함되느냐 그렇지 않느냐 하는 애매성 때문에 미국영어에서는 (from) ... through를 사용하여 마지막에 언급된 기간이 전체 기간에 포함된다는 점을 분명히 한다.

We camped there **from** June **through** September.

[우리는 거기서 6월부터 9월말까지 야영했다.]

Generally, large stores open at 9:30 or 10:00 and close at 5:30 or 6:00 Monday **through** Saturday.

[일반적으로 대형 상점들은 월요일에서 토요일까지 9시 30분이나 10시에 문을 열고, 5시 30분이나 6시에 문을 닫는다.]

up to에는 대개 명시된 기간이 포함되지 않는다. 그러므로 He worked **up to** Christmas.는 그가 일한 기간에 크리스마스 시즌이 끝나는 시점은 포함되지 않음을 암시한다. from ... to에서 to를 대신해서 till/until, up to, 또는 미국영어에서 through는 사용 가능하지만, from ... 이 없는 구조에는 to가 쓰이지 않는다.

We stayed there from Monday $\left\{\begin{array}{l}\text{to}\\ \text{until}\end{array}\right\}$ Friday.

[우리는 월요일에서 금요일까지 거기에 머물렀다.]

We camped there $\left\{\begin{array}{l}\text{till/until}\\ \text{up to}\\ \text{through}\\ \text{*to}\end{array}\right\}$ September.

[우리는 9월말까지 그곳에서 야영했다.]

전치사(Prepositions)

till/until 앞에도 가끔 up이 쓰이는 예를 볼 수 있지만, 비격식적이다.[50]

I worked $\begin{Bmatrix} \text{(up) until} \\ \text{till} \\ \text{to} \end{Bmatrix}$ last week. (Quirk et al. 1985: 690)

[나는 지난주까지 일했다.]

Up until now we've used the term *adjunct* exclusively in terms of adverbial constructions. (Berk 1995: 20)

[지금까지 우리는 전적으로 부사적 구문의 관점에서 adjunct(부가어)라는 용어를 사용해 왔다.]

Actually, my own history in this respect has both unusual and usual aspects. **Up until** the time I entered high school, I had no exposure to science.

— Glenn Seaborg, "Letter to a Young Scientist"

[실제로 이 점에서 나 자신의 역사에는 특이한 면과 보편적인 면이 있었다. 고등학교에 입학할 때까지 나는 과학을 접해본 적이 없었다.]

2) since

어떤 상황이 과거 특정한 시점에 시작되어 현재까지 지속되고 있음을 나타내는 경우에는 from을 쓰지 않고 since를 사용하며, 주절에는 동사의 현재완료 형태가 쓰인다. 보다 더 먼 과거시부터 과거 어느 시점까지의 상황에 대해서는 과거완료형 동사가 쓰인다.

The country has made great progress **since** its independence.
[그 나라는 독립된 이후 커다란 발전을 이룩했다.]
He wondered where Ann was. He had not seen her **since** their quarrel.
[그는 앤이 어디 갔는지 궁금했다. 그는 다투고 난 이래 그녀를 만나지 못했었다.]

since 다음에 오는 '숫자 + 시간 단위 명사'는 현재를 기준으로 하는 이전의 어느 한 때를 나타내야 하기 때문에 ago를 수반해야 한다.

I have been here **since** six months ago.

---

50 Quirk et al. (1985: 690).

[나는 여섯 달 전부터 이곳에 있어 왔다. → ***since** six months는 비문법적임.]
cp. I have been here **for** six months.
　　　[나는 여섯 달 동안 이곳에 있었다. → ***for** six months **ago**는 비문법적임.]

14.9.2.4. 완료와 지속: by, till/until

1) by

by + 시간명사는 언급된 상황이 늦어도 그 시점까지는 완료된다는 뜻을 나타내는 표현으로서, 예컨대 to pay back **by** Monday는 'on or before Monday, not later than Monday'라는 뜻으로 돈을 갚는 것이 월요일을 넘기지 않는다는 뜻이다. 특히 어떤 상황이 완료되는 시점은 한 순간에 불과하기 때문에 긍정문에서 by는 arrive, come, complete, deliver, finish, get up, leave, pay, reach, receive, start 따위의 순간동사(瞬間動詞: momentary verbs)와 같이 쓰인다.

I posted the letter today, so they should receive it { **by** / *till } Monday.

　　　[오늘 편지를 부쳤으니 월요일까지는 그들이 받게 될 것이다. → receive가 순간동사이기 때문에 till/until하고 결합할 수 없고, 반드시 by와 결합되어야 함.]
Your papers are to be handed in **by** next week.
　　　[여러분의 논문은 다음 주까지 제출되어야 한다.]
Can you finish the work **by** five o'clock?
　　　[그 일을 다섯 시까지 마칠 수 있겠니?]

by 다음에 시간 명사구가 오는 경우에는 상황이 발생하는 '명확한' 시간을 나타내지만, 어떤 상황이 완료되는 '막연한' 시간은 by the time (that) + 주어 + 술어동사 ...[51]로 나타낸다.

51　by the time은 어느 한 가지 사건이 다른 사건보다 먼저 끝난다는 점을 나타내는 문장에 쓰인다. 그러므로 이 어구가 쓰이면 과거와 과거완료, 미래시를 나타내는 현재와 미래완료 형태가 병행된다:
　　By the time he **arrived**, we **had already left**.
　　　[그가 도착했을 때 우리는 이미 떠났었다. → 도착한 시점(과거) 이전에 떠났다. (과거 이전에)]
　　By the time he **arrives**, we **will have already left**.
　　　[그가 도착하는 시간이 되면 우리는 이미 떠나 있게 될 것이다. → 도착하는 미래의 시점 이전에 우리가 이미 떠나 있게 될 것이라는 뜻.]

I had a lot of work to do yesterday evening. I was very tired **by the time** I finished.

[어제 저녁에는 할 일이 많았어. 다 끝냈을 때는 무척 피곤했어.]

By the time (that) this letter reaches you I will have left the country.

[이 편지가 너에게 도착할 무렵이면 나는 이 나라를 떠나 있게 될 것이다.]

2) till/until

반면에, till/until + 시간 명사구는 언급된 상황이 지속되는 기간을 나타낸다. 예컨대 to work **until** tomorrow는 내일까지 하는 일이 계속된다는 뜻이다. 그러므로 till/ until은 camp, continue, delay, last, remain, stay, work 따위의 지속동사(持續動詞: durative verbs)와 같이 쓰여 문장에 언급된 상황이 그때까지 지속된다는 점을 나타낸다.

Let's start now and work { **till** / *****by** } dark.

[지금부터 시작해서 어두울 때까지 일하자. → till을 사용하여 일하는 상황이 지금부터 어두워질 때까지 지속된다는 뜻을 나타냄.]

The hot weather lasted **until** September.

[무더운 날씨가 9월까지 계속 되었다.]

Finally, in 1994, Nelson Mandela was elected President of South Africa, and remained in that office **until** June 1999.

[마침내 1994년에 넬슨 만델라는 남아프리카 공화국 대통령으로 선출되어 1999년 6월까지 그 직책이 유지되었다.]

미래의 어떤 상황이 일어나기까지의 시간의 길이를 나타낼 경우에는 until 대신에 to도 쓸 수 있다.

It's another three weeks { **till** / **until** / **to** } the holidays.

[휴가까지는 3 주일이 더 남았다.]

I have only a few years { **to** / **till** } retirement.

[퇴임하기까지는 몇 년 남지 않았다.]

부정문에서는 지속동사는 물론, 순간동사도 till/until과 같이 쓸 수 있다. 부정문에서는 한 순간에 일어나는 상황이 특정한 어느 시점까지 계속 일어나지 않는다는 뜻을 나타내기 때문에 till/until이 순간동사와 같이 쓰일 수 있는 것이다.

> She didn't arrive there **until** Christmas.
> [그녀는 크리스마스 때까지 도착하지 않았다.]
>
> He usually pays me on Friday but last week he didn't pay me **till** the following Monday.
> [그는 대개 금요일에 나에게 지불하지만, 지난 주에는 그 다음주 월요일까지도 지불하지 않았다.]
>
> I have to pay this bill by Tuesday, but the trouble is that I don't get my salary **until** Friday.
> [화요일까지 이 청구서 요금을 납부해야 되는데, 문제는 금요일까지 봉급을 받지 못한다는 점이다.]

부정문에서 until은 'not before'라는 뜻이다.

> I won't be seeing her **until** Tuesday.
> [나는 화요일까지는 그녀를 안 만날 것입니다.]
>
> You mustn't open your presents **until** your birthday.
> [생일날까지는 선물을 개봉하지 마라.]

till/until은 부정과 긍정의 서술에서 뜻이 다르다. 긍정적 서술에서 till/until은 'up to'(...까지)라는 종결점을 나타내고, 부정적 서술에서 이것은 'before'(...하기 전에)라는 시발점을 나타낸다.

> He slept **until midnight**.
> [그는 자정까지 잠잤다. → 자정이 되어 깨어났다는 뜻임.]
>
> He didn't sleep **until midnight**. (Quirk et al. 1985: 691)
> [그는 자정까지 잠을 자지 않았다. → 자정이 되어 잠을 자게 되었다는 뜻임.]

문어체에서는 not until ...이 문두에 놓이게 되면 주절의 어순이 도치된다.

Not until that evening *was she* able to recover her self-control.
[그날 저녁까지도 그녀는 자제력을 되찾을 수 없었다.]
Not until I left home *did I begin* to understand how strange my family was.
[집을 나가고 나서야 비로소 나는 내 가족들이 참으로 이상하다는 것을 느끼기 시작했다.]

until과 before가 장차 어떤 상황이 발생할 때까지 남은 기간을 나타내기도 한다.

It'll be ages $\begin{Bmatrix} \text{until} \\ \text{before} \end{Bmatrix}$ we meet again.
[우리가 다시 만나려면 상당한 기간이 지나야 할 겁니다.]
There's only six weeks left $\begin{Bmatrix} \text{until} \\ \text{before} \end{Bmatrix}$ vacation.
[휴가까지는 6주일밖에 남지 않았다.]

14.9.2.5. 시간의 경과: in, within, after

1) in

in은 'after an interval of …'(…의 기간이 끝나고 나서)라는 뜻으로서, (1) 어떤 상황이 발생하기까지 남은 시간의 길이를 나타낸다.[52]

In one month we'll be back home.
[한 달 있으면 우리는 집에 돌아가게 됩니다. → 집에 돌아가려면 '한 달'의 기간이 지나야 한다는 뜻임.]
I'll call you again **in** 5 minutes.
[5분 뒤에 다시 전화 걸지.]
In a few minutes we will be arriving at Delhi airport.
[몇 분 있으면 저희 비행기는 델리 공항에 도착하게 됩니다.]

---

52 예컨대 three days ago와 같은 어구에서 ago는 현재를 기준점으로 하여 과거의 어느 시점으로 되돌아가는 기간을 뜻한다. 반면에 in three days와 같은 어구에서 in은 미래의 어느 기간으로 나아간다는 점을 나타낸다.
I met her three days **ago**.
[나는 <u>3일 전에</u> 그녀를 만났다.]
I'm going to meet her **in** three days.
[나는 <u>3일 있으면</u> 그녀를 만날 것이다.]

Thoreau[53] himself refused to pay taxes and was clapped into jail, but a friend paid for him and he came out **in** twenty-four hours.
— Louis Fischer, *Gandhi: His Life and Message for the World*.
[소로우 자신은 세금 납부를 거부해서 수갑을 차고 투옥되었다. 그러나 한 친구가 대신 세금을 납부해 주어서 24시간만에 석방되었다.]

또는 (2) 문장에 표현된 행위가 시작되어 완료되기까지 걸리는 시간의 길이를 나타내는데, 이에 대해서는 14.9.2.6에서 '과정'을 나타내는 for와 관련해서 다룬다.

An athlete can run 100 meters **in** 9.92 seconds.
[운동 선수는 100미터를 9.92초에 달릴 수 있다. → 100미터 지점에 도달하는데 소요되는 시간이 9.92초라는 뜻임.]
Columbus crossed the Atlantic **in** seventy days.
[콜럼브스는 70일 만에 대서양을 횡단했다.]
By investing wisely, we doubled our income **in** just two years.
[투자를 현명하게 해서 우리는 불과 2년 만에 두 배의 수입을 올렸다.]
He rose from office boy to managing director **in** fifteen years.
[그는 15년 만에 사환에서 전무이사의 자리에 올랐다.]
The champion boxer knocked out the younger boxer **in** 30 seconds; it was a total mismatch.
[그 권투 선수권 보유자는 30초 만에 보다 나이 어린 권투 선수를 때려 눕혔는데, 그것은 전적으로 상대가 어울리지 않은 경기였다.]

지금부터 시작되는 기간의 범위를 나타내고자 하는 경우에는 다음 두 가지 표현이 모두 허용된다. 예컨대 '10분 후에' 라는 뜻을 in 10 minutes라고 하거나, 또는 특히 이러한 기간의 범위를 강조하고자 한다면 in 10 minutes' time처럼 <in + -s' + time>이라고 할 수 있다.[54]

---

53 Henry David **Thoareau**(1817-1862)는 미국 동북부 마사츠세츠 주 Concord 부근의 Walden Pond(월든 연못)에 오두막집을 지어 살면서 자연에 대한 관찰을 토대로 *Walden, or Life in the Woods*(정성호 역 「숲속의 생활」1987.샘터)를 비롯하여 인도의 간디와 마틴루터 킹(1929-1968) 미국 인권 목사에게 영향을 준 *Walden and Civil Disobedience*(월든과 시민 불복종)라는 소책자를 썼음. 지금도 넓은 월든 연못가에는 그 당시 쏘로우와 그가 살던 오두막집이 모조(replica)되어 남아 있다.
54 Close (1975: 175).

I can't give you an answer yet. Come back again $\left\{ \begin{array}{l} \textbf{in ten minutes} \\ \textbf{in ten minutes' time} \end{array} \right\}$.

[아직은 답변을 할 수 없으니 10분 있다가 다시 오너라. → = 'in ten minutes from now.']

그러나 어떤 행위가 끝나는데 걸리는 정확한 시간에는 예컨대 in 10 -s' time과 같은 표현이 허용되지 않는다. 따라서 다음 두 개의 문장은 뜻이 서로 다르다.[55]

Sanderson will run a mile **in four minutes**.
[샌더슨은 1마일을 4분에 달릴 것이다. → 1마일을 달리는데 소요되는 시간]
Sanderson will run a mile **in four minutes' time**.
[샌더슨은 4분 뒤에 1마일을 달릴 것이다. → 그가 달리기를 시작하는 시점]

결국 형태를 달리 하지 않은 다음 문장에서 in은 뜻이 애매하여 위의 두 가지 뜻을 모두 갖는다고 할 수 있다. 즉, in three days는 '3일 뒤에' 라는 뜻으로 해석될 수 있고, 그 일을 하는데 3일이 필요할 것이라는 뜻으로도 해석이 가능하다.[56]

He'll do it **in** three days.
[그는 3일 뒤에 그 일을 할 것이다./그는 그 일을 하는데 3일 걸릴 것이다.]

어느 한 기간 동안 어떤 일이 발생하지 않았음을 나타내는 부정문이나, 또는 first나 last, 또는 최상급이 포함된 문장에서 미국영어에서는 in을, 영국영어에서는 for를 사용한다.

the coldest winter **in** 32 years

---

[55] Alexander (1996: 150) and Swan (2005: 75).

[56] As a preliminary matter, we need to observe that phrases such as *in four minutes* can be used in two distinct ways, only one of which is relevant in what follows. These phrases can indicate how long a certain event goes on, or they can indicate how long it is before a certain state or event begins. Both readings are possible in the following ambiguous sentence:
(151) Roger Bannister will run a mile in four minutes.
On one reading, the sentence means that the task of running a mile will require four minutes from start to finish. On the other reading, the sentence means that the running of the mile is scheduled to begin four minutes after utterance time. — Baker (1997: 570).

[32년 만에 찾아온 가장 추운 겨울 → 32년 동안 이런 추위가 없었다는 뜻.]

This has been America' worst mining disaster **in** forty years.
[이번 사건은 40년 만에 일어난 최악의 미국 탄광의 재앙이었다. → 40년 동안에 이런 사건이 없었다는 뜻.]

It's the first letter I had **in** ten years.
[그것은 내가 10년 만에 받은 첫 편지이다.]

2) within

within은 명시된 기간 이내에 어떤 행위가 이루어진다는 점을 말하거나, 어떤 행위가 이루어지는 것이 명시된 어느 기간으로 제한되어 있음을 암시하기도 한다.

About 40% of all students entering as freshmen graduate **within** 4 years.
[신입생으로 입학하는 모든 학생들 중 거의 40%가 4년 이내에 졸업한다.]

It's mandatory to pay the debt **within** six months.
[부채는 반드시 6개월 이내에 갚아야 한다.]

You must be back **within** 30 minutes.
[30분 이내에 돌아와야 한다.]

3) after

after는 'later in time than'(...보다 뒤에)이라는 뜻이다.

We'll hear everything **after** dinner.
[저녁 식사가 끝나면 우리는 모든 것을 듣게 될 것이다.]

Frank Brown was released from prison **after** serving three years.
[프랭크 브라운은 3년간의 복역을 마치고 석방되었다.]

past는 하루의 특정한 시점 앞에, 또는 time이나 age 앞에 놓여 시간의 지남을 뜻한다.

The train leaves at half **past** five.
[열차가 다섯 시 반에 출발한다.]

It is **past** six o'clock, a quarter **past** six to be precise.
[지금 여섯시가 지났어. 정확히 여섯시 15분이야.]

It is (long) **past** my bedtime.
[내가 잠잘 시간이 (훨씬) 지났다.]

You are free to marry; you are **past** the age of consent.
[너는 맘대로 결혼해도 돼. 이제 승낙을 받아야 할 나이가 지났으니.]

14.9.2.6. 과정·완료: for, in

for는 '종결점이 없는'(atelic) 상황을 나타내는 반면, in은 어떤 명확한 '종결점이 있는'(telic) 상황에서 완결(accomplishment)이나 달성(achievement)되었음/됨을 나타낸다. 다시 말하자면, for는 단지 어떤 활동이 진행되는 과정만을 나타내어 그 활동이 제시된 기간 동안 지속되었음/됨을 나타내는 반면, in은 어떤 활동이 시작에서 '완결'에 이르기까지 걸리는/걸린 시간의 길이를 나타내는데 쓰인다. 다음 문장 (15a, b)는 learned to drive라는 동일한 술부를 포함하고 있지만, 첨가된 전치사 in과 for의 차이 때문에 두 문장의 뜻이 달라지고 있다.

(15) a. He learned to drive **for** three weeks.
[그는 3주 동안 운전을 배웠다.]
b. He learned to drive **in** three weeks.
[그는 3주 만에 운전을 배웠다.]

즉, 문장 (15a)는 3주 동안 운전을 배웠을 뿐, 반드시 지금은 운전할 줄 안다는 뜻을 포함하는 것이 아니다. 반면에 문장 (15b)는 3주 동안 운전을 배웠으며, 그 결과 지금은 운전할 수 있는 능력을 갖추었다는 뜻을 포함하고 있다.

다음 각 쌍의 문장에서도 for와 in의 선택에 따라 뜻의 차이가 드러난다.

Gordon climbed the mountain **for** two hours.
[고든은 두 시간동안 그 산에 올랐다. → 단지 정상을 향해 두 시간동안 올랐다는 것일 뿐, 정상에 다다랐다는 뜻이 아님.]

Gordon climbed the mountain **in** two hours.
[고든은 두 시간 만에 그 산 정상에 올랐다.]

그러나 다음 두 개의 문장 (16a, b)의 경우에는 술부에 나타나는 목적어의 유형이 서로 다르기 때문에 for와 in을 서로 바꿔 쓸 수 없다. 즉, (16a)에서 drank beer는 마신 맥주의 양이 구체적으로 나타나지 않고 있으므로 종결점이 없이 단지 '지속'(duration)의 뜻만 나타내고 있다. 그러므로 완결을 나타내는 전치사 in을 쓸 수 없고, for가 쓰여야 한다. 반면에 (16b)에서 drank a glass of beer는 drank의 목적어로서 구체적인 맥주의 양을 나타내고 있으므로 분명히 종결점이 있다. 즉, 한 잔의 맥주를 마시는데 걸리는 시간은 분명히 한정되어 있으며, 이에 따라 완료를 나타내는 전치사 in이 선택되어야 하는 것이다.

(16) a. Linda *drank beer* **for** 30 minutes.
[린다는 30분 동안 맥주를 마셨다. → 알 수 없는 양의 맥주를 마신 시간이 30분이라는 뜻.]
b. Linda *drank a glass of beer* **in** 30 seconds.
[린다는 30초 만에 맥주 한 잔을 마셨다. → 한 잔의 맥주를 마시는데 30초의 시간이 걸렸다는 뜻.]

다음 예에서도 목적어 a pancake 하나를 먹는데 필요한 시간의 길이는 한정되어 있으며, 따라서 종결점이 있기 때문에 완결을 나타내는 전치사 in이 쓰였고, pancakes는 막연한 복수의 수량으로서 종결점이 없기 때문에 과정을 나타내는 전치사 for가 쓰여야 하는 것이다.

Freddy *ate a pancake* **in** two minutes.
[프레드는 2분 만에 팬케익을 하나 먹었다.]
Freddy *ate pancakes* **for** two hours.
[프레드는 두 시간 동안 팬케익을 먹었다.]

동사에 따라서는 과정과 완료라는 두 가지 뜻 중에서 어느 한 가지로만 나타나는 것들도 있다. 가령 finish와 work이라는 두 개의 동사를 예로 들어 보자. finish는 어느 한 순간을 나타내는 것일 뿐, 어떤 활동의 끝남이 어느 기간 동안 지속된다고 할 수 있는 것이 아니다. 그러므로 어느 기간이 지속된다는 과정을 나타내는 for를 수반할 수 없으며, 그 상황이 끝나는데 걸린 시간만을 나타내기 때문에 in이 쓰인다. 반면에, 동사 work은 특별히 정해진 일이 끝나는데 소요되는 시간을 나타낼 수는 없기 때문에 for를 사용하여 과정은 나타낼 수 있지만, in을 사용하여 완료를 나타낼 수 없다.

He finished his homework $\begin{Bmatrix} \text{*for} \\ \text{in} \end{Bmatrix}$ two hours.

[그는 두 시간 만에 숙제를 마쳤다. → finish는 완결점이 있는 상황을 나타내는 동사이므로 for를 사용하여 두 시간 동안 계속 숙제를 마쳤다고 할 수 없음.]

He worked $\begin{Bmatrix} \text{*in} \\ \text{for} \end{Bmatrix}$ two hours.

[그는 두 시간 동안 일을 했다. → work는 종결점을 나타낼 수 없기 때문에 in을 쓸 수 없음.]

He looked for[57] the lost dog $\begin{Bmatrix} \text{*in} \\ \text{for} \end{Bmatrix}$ almost an hour.

[그는 거의 한 시간 동안 잃어버린 개를 찾아다녔다. → looked for와 관련해서는 개를 찾아 돌아다닌 시간이 거의 한 시간이라는 뜻이지, 찾았다는 뜻은 아님.]

He found the lost dog $\begin{Bmatrix} \text{*for} \\ \text{in} \end{Bmatrix}$ almost an hour.

[그는 거의 한 시간 만에 잃어버린 개를 찾았다. → found라는 동사가 쓰인 이 문장에서는 거의 한 시간만에 잃어버린 개를 찾았다는 뜻임.]

Simon treated Roger's rash **for** two weeks.

[시먼은 로저의 발진(發疹)을 두 주일 동안 치료했다. → 치료하는 데는 종결점이 있을 수 없기 때문에 in을 쓸 수 없음.]

Simon healed Roger's rash **in** two weeks.

[시먼은 두 주일 만에 로저의 발진을 낫게 했다. → 어떤 질병이 낫는데는 종결점이 있기 때문에 in이 쓰인 것임.]

14.9.3. 그밖의 뜻을 가진 전치사

앞에서 우리는 전치사가 장소 및 시간과 관련된 갖가지 정보를 전달하는 예들을 보았다. 이 이외에도 전치사는 장소나 시간이 나타내는 뜻이 확대되어 비유적이고 추상적인 뜻을 나타내는가 하면, 그밖에 다양한 여러 가지 뜻을 나타낸다. 예컨대 by는 앞에서 보았던 시간과 장소를 나타내는 이외에 다음과 같은 뜻도 나타낸다.

---

57 영어에서는 '찾다'라는 뜻과 관련해서 look for와 find가 있다. look for는 <찾는 과정>을 나타내고, find는 <찾고자 하는 대상을 찾는 종착점>을 나타낸다. 때문에 find는 전치사 in과 관련되고, look for는 for와 관련된다. 또한 이 <종착점>에 도달하는 것은 논리적으로 보아 순간이기 때문에 look for와 달리 find는 진행형으로 쓰이지 못한다 (문용 1999: 151):

What are you $\begin{Bmatrix} \text{looking for} \\ \text{*finding} \end{Bmatrix}$?

They put out the fire **by** pouring water on it. [수단]
[그들은 물을 부어서 불을 껐다.]
He is my junior **by** three years. [차이]
[그는 나의 3년 후배이다.]
The building was designed **by** a famous architect. [동작주]
[그 건물은 어떤 유명한 건축가에 의해 설계되었다.]

14.9.3.1. 원인 · 이유 · 동기: because of, on account of, due to, owing to, etc.

1) 원인 · 이유 · 동기를 나타내는 전치사로는 because of, on account of, for, out of, due to, owing to 등이 있다. on account of는 because of보다 격식적이며, out of와 for는 각각 out of gratitude/kindness와 for fear/love/joy/sorrow 따위에서처럼 주로 동기, 즉 심리적인 이유를 나타낸다.[58]

Navigation is difficult on this river **because of** the hidden rocks.
[보이지 않는 암석 때문에 이 강에서 항해하기가 어렵다.]
Many fatal accidents occurred **on account of** icy road conditions.
[도로 상태가 빙판이라서 치명적인 사고가 많이 발생했다.]
Results have been delayed **owing to** a malfunction in the computer.
[컴퓨터의 기능 장애로 말미암아 결과가 늦어졌다.]
He did accept the award not **out of** pride, but **out of** a sense of duty,
[그가 상을 수락한 것은 자부심 때문이 아니라, 의무감 때문이었다.]
She slapped her little boy **for** being rude.
[그녀는 버릇없는 행동을 한다고 해서 어린 아들을 때렸다.]
A number of illnesses have resulted **from** the misuse of these compounds.
[많은 질병들이 이 화합물을 잘못 사용했기 때문에 초래되었다.]

due to[59]는 형용사와 전치사로 이루어진 일종의 복합 전치사로서, 오늘날 흔히 because

---

58 Quirk et al. (1985: 696).
59 미래시와 관련해서 시간표상 일정의 일부를 나타내는데 쓰이는 'be due to-부정사절' 구조와 due to를 혼동하지 말아야 한다.
   The visitors **are due to** arrive at two.

of나 owing to와 마찬가지로 쓰인다. 이것은 대체로 be, seem 뒤에 또는 명사 뒤에 놓일 뿐만 아니라, 심지어 문두에도 놓인다.

> His success is entirely **due to** hard work.
> [그의 성공은 전적으로 열심히 일했기 때문이다.]
> **Due to** the extreme cold, we were unable to plant the trees.
> [너무 추워서 우리는 나무를 심을 수 없었다.]

특히 due to가 명사 다음에 놓일 경우에는 이 사이에 주격 관계대명사와 be 동사가 생략된 것으로 풀이된다.

> Accidents **due to** driving at high speed were very common that weekend.
> [그 주말에는 과속 운전으로 인한 사고가 매우 많았다. → Accidents **due to** driving ...
> 은 Accidents which were **due to** driving ...에서 which were가 생략된 구조임.]

due to와 달리, owing to는 be 동사 바로 다음에는 올 수 없다. 그러나 owing to가 이끄는 전치사구가 분열문에서 초점 요소가 되는 것은 가능한 것 같다.

> He { was / arrived } late **owing to** the storm.
> [그는 폭풍 때문에 늦었다/늦게 도착했다.]
> His absence was { **due to** / *****owing to** } the storm.
> [그가 결석한 것은 폭풍 때문이었다.]
> It was entirely **owing to** him that they acquired bonus points.
> (Sinclair 1991: 63)
> [그들이 보너스 포인트를 받은 것은 전적으로 그의 덕택이었다. → owing to가 이끄는 전치사구가 분열문에서 초점 요소가 되고 있음.]

for lack of와 for want of는 부정적인 이유를 나타낼 때 사용될 수 있다.

[방문객들이 두 시에 도착하기로 되어 있습니다.]

The project was canceled **for lack of** money.
[그 계획은 자금 부족 때문에 취소되었다.]
We watched television **for want of** anything better to do.
[우리는 보다 나은 할 일이 없어서 텔레비전을 보았다.]
During the war many children died **for lack/want of** food. (Frank 1993: 168)
[전쟁 중에 많은 어린이들이 먹을 것이 없어서 죽었다.]

die와 관련해서 of는 흔히 질병이 직접적인 원인임을 나타낼 때 쓰이고, from은 overwork, a wound 따위를 수반한다고 하지만, 실제로는 다음 예들이 보여주는 것처럼 of와 from이 모두 쓰이고 있다.[60]

More people died **of** flu in 1919 than were killed in the First World War.
[1차 세계대전에서 죽은 사람보다 1919년에 발생한 유행성 감기로 죽은 사람이 더 많았다.]
A man who worked at the nuclear processing plant has died **from** a rare form of leukemia.
[핵처리 공장에서 일했던 어떤 사람이 희귀성 백혈병으로 죽었다.]
Mrs Chen died $\begin{Bmatrix} \text{of} \\ \text{from} \end{Bmatrix}$ heart disease.
[첸 씨 부인은 심장병으로 세상을 떠났다.]
The two explorers died **from** exposure to the cold.
[그 두 명의 탐사자는 추위 때문에 죽었다.]
He was dying **from** the heat.
[그는 더위 때문에 죽어가고 있었다.]
Simon Martin died **from** brain injuries caused by blows to the head.

---

60 When someone dies as a result of a disease or injury, you can say that they **die of** the disease or injury or **die from** it. — Sinclair (1992: 187); *Die of* (= to die as a result of [a disease or ailment] is the standard idiom. *Die from* is also common, especially when the death results from physical trauma <died from injuries received in a traffic accident>. *Die with* is nonstandard. — e.g.: "And I felt them two years ago, holding me up and keeping me strong at the memorial service after his dad *died with* [read *died of*] cancer."
Yet *die with* AIDS is common: one doesn't die of it. AIDS weakens the immune system so much that you die of something else. — Garner (2009: 252). See also Cowan (2008: 157).

[시몬 마틴은 머리를 얻어 맞아 생긴 뇌손상 때문에 죽었다.]

He died **of** $\begin{Bmatrix} \text{hungry} \\ \text{thirst} \\ \text{grief} \end{Bmatrix}$.

[그 사람은 굶어/목말라/슬픔으로 죽었다.]

이 이외에도 문맥에 따라 다음과 같이 다른 전치사를 선택할 수 있다.

He died **in** an accident.
[그 사람은 사고로 죽었다.]
He died **by** drowning.
[그 사람은 물에 빠져 죽었다.]

14.9.3.2. 주제: on, about

about과 on은 'concerning'이나 'on the subject of'라는 뜻으로, '주제'를 나타낼 때 쓰인다. about은 일반 대중을 대상으로 하는 비전문적이고 깊이가 없는 내용을 주제로 하는 보다 비격식적인 말이나 글에서 사용되는 반면, on은 깊이와 넓이가 있는 전문적인 내용을 대상으로 하는 주제에 대해서 쓰인다.[61]

Not a word was spoken **about** the embarrassing affair.
[난처한 문제에 대해서는 한 마디 말도 나오지 않았다. → speak about은 일상적인 말로, 내용에 깊이가 있는 것이 아님.]

---

61 With the meaning 'on the subject of', 'concerning', *about* and *on* can combine with a considerable range of verbs and adjectives.... *On* is chiefly reserved for deliberate, formal linguistic communication, and is therefore inappropriate for verbs like *chat* or *quarrel*. Thus [1] would suggest she was making a formal speech ['gave a lecture on'], whereas [2] could refer equally to an informal conversation or casual allusion:

She *spoke* $\begin{cases} \textbf{on butterflies.} & [1] \\ \textbf{about butterflies.} & [2] \end{cases}$

— Quirk et al. (1985: 709-710); We use *about* to talk ordinary, more general kinds of communication. *On* suggests that a book, talk etc is more serious, suitable for specialists. — Swan (2005: 3). See also Close (1975: 179).

He gained a Ph.D. in biology at Cambridge University for a thesis **on** cell division in plants.

[그는 캠브리지 대학에서 식물의 세포 분열에 관한 논문으로 생물학 박사 학위를 받았다. → a thesis on cell division은 세포 분열에 관한 내용에 깊이와 넓이가 있는 논문임을 나타내는 것임.]

70% of the company's female employees attended a seminar **on** breast cancer.

[그 회사의 여종업원의 70%가 유방암 세미나에 참석했다. → a seminar on breast cancer는 유방암을 전문적으로 다룬 세미나임을 말하는 것임.]

I was attending a community-education course **on** effective parenting.

[나는 지역에서 행하는 효율적인 육아 교육 과정을 수강하고 있었다.]

By 1976, Dr. Goodheart's book **on** applied kinesiology had reached its 12th edition. — David R. Hawkins, *Power vs. Force: The Hidden Determinants of Human Behavior*.

[1976년까지 굳하트 박사의 응용 운동 과학에 관한 책이 12판 출판에 이르렀었다.]

이와 같은 설명에도 불구하고 다음과 같은 예에서는 on 과 about이 모두 쓰이고 있다. 위와 같은 설명대로라면 첫 번째에 나온 about은 on으로 바꾸어야 할 것이다.[62]

This is a book **about** death. But it is a work of philosophy, and what that means is that the topics that we're going to discuss are not identical to the topics that other books **on** death might try to cover.... What I primarily have in mind are psychological and sociological questions **about** the nature of death, or the phenomenon of death. For example, a book **on** death might well have a detailed discussion of the process of dying or coming to recon-

---

62 Lindstromberg (1997: 139)는 By far the commonest use of *about* is in the sense of 'concerning':
(16) This book is *about/*around* prepositions.
One could substitute *on* into (16) with no change in gist. *About* seems still to be marginally more suitable in formal discourse though it is my impression that *on* is being used more and more often with this meaning than formerly, perhaps partly owing to the influence of newspapers. 라고 하여 주제에 대하여 about을 on으로 바꿔 쓸 수 있지만, 점차 on이 더 많이 쓰이고 있다고 말하고 있다.

cile with the fact that you're going to die. — Shelly Kagan, *Death*.

[이 책은 죽음에 관한 것이다. 그러나 이 책은 철학서이며, 이 말은 곧 죽음에 관하여 필자가 논하려고 하는 주제들이 죽음에 관한 다른 책들이 다루려고 하는 주제와 같지 않다는 말이다. 내가 일차적으로 마음을 두고 있는 것은 죽음의 본질, 즉 죽음의 현상에 대한 심리적·사회학적 문제이다. 예를 들면, 죽음에 관한 책은 당연히 죽음이나 자신이 죽을 것이라는 사실을 받아들이는 과정에 대하여 상세히 논의하게 될 것이다.]

Many pages, chapters, books have been written **about** the modal auxiliary verbs in English. (Leech 2004: 72)

[영어의 서법조동사에 대하여 많은 페이지·장·책이 쓰여졌다.]

다음의 동사와 명사들[63]은 about과 on의 선택에 따라 화제가 전문적이냐 비전문적이냐의 차이가 난다.

> 동사+전치사: speak about/on, write about/on, argue about/on, preach about/on, lecture about/on, communicate about/on;
> 명사+전치사: a book about/on butterflies, a talk about/on antiques, a discussion about/on drugs, a word about/on garden, a fuss about nothing

She is lecturing $\begin{Bmatrix} \text{about} \\ \text{on} \end{Bmatrix}$ new techniques of management.

[그녀는 새로운 경영 기법에 대한 강연을 하고 있다.]

He told me $\begin{Bmatrix} \text{about} \\ \text{*on} \end{Bmatrix}$ his adventures.

[그는 내게 자기의 모험담을 들려주었다. → 모험담은 전문적인 내용일 수 없음.]

Ellen's world had fallen apart, but she did not succumb. Instead, she devised ingenious ways to help her husband adapt to life in a wheelchair and wrote a book **about** their experience to give courage to others in similar straits.
— Adris Whitman, "Secrets of Survivors"

[엘런의 세상은 산산조각이 났지만, 굴복하지는 않았다. 대신 그녀는 남편이 휠체어 생활에 적응할 수 있는 독창적인 방안을 생각해 냈고, 남편과 비슷한 역경에 처해 있는 다른 사람들에게 용기를 주려고 경험담을 책으로 펴냈다.]

---

63 Quirk et al. (1985: 710).

그러나 find out, hear, inform (someone), learn, keep quiet, quarrel, read, teach와 같은 동사들은 about을 수반한다.

> I didn't find out **about** Sara's illness until my brother telephoned me.
> [나는 동생이 전화를 할 때까지는 사라가 아프다는 걸 알지 못했다.]

보다 문어체적인 경우에는 tell, speak, talk, inform 등의 동사가 about 대신에 of를 수반할 수 있다. think는 of와 about와 같이 쓰이지만, 전달하고자 하는 뜻은 다르다.

> He thought $\begin{Bmatrix} \text{about} \\ \text{of} \end{Bmatrix}$ the problem.
> [그는 그 문제를 곰곰이 생각했다/회상했다. → think about은 'ponder; consider'(곰곰이 생각하다)라는 뜻이고, think of는 'bring ... to one's mind'(회상하다)라는 뜻임.]
> The whole country knew $\begin{Bmatrix} \text{about} \\ \text{of} \end{Bmatrix}$ Churchill's love of cigars.
> [온 나라가 처어칠이 시이가를 애호했다는 걸 알았다.]

concerning은 about이나 on보다 격식적이고 사용 빈도가 낮다.

> a dispute **concerning** land rights
> [토지 소유권 분쟁]
> Police are anxious to hear any information **concerning** his whereabouts.
> [경찰에서는 그가 어디 있는가에 대하여 어떤 정보라도 듣고 싶어한다.]

over는 주로 논쟁거리(subject of argument)와 관련해서 쓰인다.

> They quarrelled **over** money.
>   (= 'on the subject of; in connection with')
> [그들은 돈 문제로 다퉜다.]
> They had an argument **over** who would take the car.
> [그들은 누가 그 자동차를 가질 것인가 하는 문제를 놓고 논쟁을 벌였다.]
> It's no use crying **over** spilt milk.
> [우유가 쏟아졌다고 해서 울어봐도 소용없다.]

14.9.3.3. 동반: with(out)

with가 목적어로 유생적 존재(animate being)를 나타내는 명사를 수반하면 'in company with(...를 동반해서); together with'(...와 더불어)라는 뜻을 갖는다. 이에 대한 부정형은 without이다.

I'm so glad you're coming **with** us.
  [네가 우리와 같이 간다니 매우 반갑다.]
Jack, **(together) with** several of his noisy friends, was drinking till after 2 in the morning.
  [재크는 시끄러운 몇몇 친구들과 함께 새벽 두 시가 넘도록 술을 마시고 있었다.]
She was **without** her children.
  [그녀에게는 자식이 없었다.]

다음과 같은 예에서 with(out)는 부수적인 상황, 또는 어떤 상황에 따른 이유를 나타내고 있다.

The meeting finished **without** a single disagreement.
  [회의는 단 한 사람의 반대도 없이 만장일치로 끝났다.]
With the heavy pack on her shoulders she couldn't run very fast.
  [어깨에 무거운 짐을 지고 있어서 그녀는 아주 빨리 달릴 수 없었다.]

14.9.3.4. 지지와 대립: for, against, with

for는 지지·옹호(= 'in favor of; in defence or support of')한다는 생각을 전달하는 뜻을 갖는 반면, against는 반대(= 'in opposition to')한다는 뜻을 나타내는 것이다.

How many people voted **for** Mulhoney?
  [멀호니에게 찬성표를 찍은 사람이 몇 명이었느냐?]
There were 20 votes **for** her and 12 **against** her.
  [그녀를 지지하는 표는 20표이고, 반대표는 12표였다.]

Often we are swayed by the sheer number of arguments **for** or **against** a choice, regardless of whether they are good or bad.
> [흔히 우리는 옳고 그름에 관계없이 어떤 선택에 대하여 순전히 찬성 주장이 더 많으냐 반대 주장이 더 많으냐에 따라 영향을 받는다.]

with는 위의 for와 against가 갖는 뜻을 모두 갖기도 한다.

> Some opposition MPs voted **with** the government.
> [일부 야당 의원들이 정부에 찬성표를 찍었다. → with가 'in support of; in favor of'(... 을/를 지지하여)라는 뜻임.]
> We are competing **with** foreign businesses.
> [우리는 외국 기업들과 경쟁을 벌이고 있다. → with가 'against'(...에 반대하여)라는 뜻임.]
> It is prudent to go **with** rather than **against** the tide of public opinion.
> [여론의 흐름에 거역하는 것보다 따라가는 것이 신중한 처사이다.]

더욱이 with[64]가 'against'(...에 대항해서)라는 뜻을 가지고 fight, quarrel, argue, play 또는 이와 유사한 동사들과 같이 쓰여 두 사람이나 집단 사이의 대립 관계를 나타낸다. 예컨대 fight **with** X는 'fight X' 또는 'fight against X'라는 뜻이다. 그러나 fight **with** X **against** Y에서 with는 'be on X's side'(X를 지지하다)라는 뜻이다. fight가 'strive to overcome, destroy or prevent'(극복/파괴/방지하려고 노력하다)라는 뜻을 가지면 **fight** an illness/poverty/ignorance(질병/가난/무지와 싸우다), **fight** a fly(파리를 쫓아내려고 하다) 따위에서 동사에 against를 선택적으로 첨가할 수 있다.

> Ali could defeat anyone he fought **with** when he was twenty-five.
> [스물다섯 살 때 알리는 자신이 싸우는 어느 누구에게라도 이길 수 있었다.]

---

64 오래 전에는 with가 'against'라는 뜻으로도 쓰였는데, 그 뜻이 지금도 fight with와 같은 예에 남아 있다: WITH .... 1. AS. *wið*, governing gen., dat., and acc.; Grein, ii 692. It often has the sense of 'against,' which is still preserved in *fight with* = to fight against, and in *with-say, with-stand.* — Skeat (1983: 719). See also Jespersen (1927: 269); Meanings of prepositions have sometimes changed considerably over generations. But occasionally old meanings, though forgotten, survive in certain set expressions. For example, long ago *with* meant 'against'. That is why we may still say *fight **with** someone* when we mean 'fight *against* someone'. — Lindstromberg (1997: 5).

He's always arguing **with** his son.
[그는 항상 자기 아들하고 다툰다.]
Will you play chess **with** me?
[나하고 체스놀이할까?]
Britain fought **with** France **against** Germany in the last war.
[영국은 지난 전쟁, 즉 2차대전에서 프랑스와 연합해서 독일을 상대로 싸웠다.]
As a child, Freud wanted to become a soldier and help his country fight **against** Germany.
[어렸을 때 프로이드는 군인이 되어 자기 조국이 독일과 싸우는 것을 돕고 싶었다. → 프로이드는 오스트리아의 비엔나 태생임.]
Last year millions of people — men and women — spent well over $1 billion on surgeries, hairpieces, cosmetics and drugs to **fight** hair loss.
[지난해 수백만명의 사람들이 탈모를 방지하기 위하여 수술, (부분)가발, 화장품과 약을 사는데 10억 달러가 훨씬 넘는 돈을 썼다.]
They (= the leaders of many nations) also wanted to find a way to help nations **fight** sickness and hunger.
[많은 나라 지도자들은 또한 여러 나라들이 질병과 굶주림을 물리치려고 노력하는 것을 도울 방안을 찾고 싶었다.]

14.9.3.5. 동작주 · 도구: by, with

by는 동사가 나타내는 동작의 주체, 즉 동작주(agent)를 나타내고, with는 도구(instrument)를 나타낸다.

The teacher was slapped **by** an angry student.
[그 선생님은 어떤 성난 학생에게 얻어맞았다.]
He knocked down his opponent **with** a powerful left hand.
[그는 강한 왼손으로 상대를 쓰러뜨렸다.]

그러므로 다음의 문장 (17a)에서 by와 with 중에서 어느 것을 선택하느냐에 따라 암시하는 뜻이 서로 다르다. 즉, by는 동작주임을 나타내는 반면, with는 문장의 표면에 나타나지 않은 어떤 동작주가 나뭇가지를 도구로 삼아 나의 자동차에 손상을 입혔다는 뜻을 나타낸다. 결국 (17a-d)에서처럼 이들 문장에 포함된 요소들이 담당하는 '문법적인 기능'은 다르지만, 이 문장에 포함된 기본적인 의미 내용은 모두 같다.

(17) a. My car was damaged $\begin{Bmatrix} \textbf{by} \\ \textbf{with} \end{Bmatrix}$ the branch of a tree.

　　　[내 자동차가 나뭇가지로 파손되었다.]
　b. The branch of a tree damaged my car.
　　　[→ 도구를 나타내는 명사구 the branch of a tree가 주어 위치에 놓였음.]
　c. Someone damaged my car **with** the branch of a tree.
　　　[→ 막연한 동작주가 문장의 표면에 나타나고, with the branch of a tree가 도구를 나타낼 때.]
　d. Someone used the branch of a tree in order to damage my car.
　　　[→ 동작주 역할을 하는 사람을 주어로 삼고, 동사 use에 (in order) to-부정사절이 쓰여 의미상으로 같은 내용을 전달하고 있음.]

by-구와 with-구가 갖는 바로 이러한 차이 때문에 문장 (18)에서처럼 by-구와 with-구가 한 문장 안에 동시에 나타날 수 있다.

(18) The window had been broken **with a stone by someone**.
　　　[그 유리창은 누군가에 의해 돌로 깨졌었다.]

this music **by** Beethoven(베토벤이 작곡한 음악), a picture **by** Degas(더가의 그림) 따위와 같은 경우처럼 저작권(authorship)을 나타내기 위하여 'by + 동작주'가 명사구에 대한 후치 수식어로 나타나기도 한다.

War and Peace was written **by** Leo Tolstoy.
　[「전쟁과 평화」는 레오 톨스토이에 의해 쓰여졌다.]
It was composed **by** Tchaikovsky.
　[그것은 차이코브스키에 의해 작곡되었다.]
Jaws — a film **by** Steven Spielberg based on the novel **by** Peter Benchley
　[조스—피터 벤치리가 쓴 소설을 대본으로 삼아 스티븐 스필버그가 제작한 영화]

전치사(Prepositions)

다음과 같은 문장에서 by(= 'by means of (using)')는 수단, 즉 어떤 결과를 얻기 위하여 주어가 취하는 행위를 나타낸다.

I usually go to work **by** bus.
　　[나는 대개 버스로 직장에 간다. → by: 교통수단.]
The thief must have entered and left the house $\begin{Bmatrix} \text{by} \\ \text{(= through)} \end{Bmatrix}$ the back door.
　　[그 도둑놈은 틀림없이 그 집에 뒷문으로 들어왔다가 나갔을 것이다.]
Communication took place **by** $\begin{Bmatrix} \text{telex} \\ \text{mail} \end{Bmatrix}$.
　　[통신이 텔렉스/우편으로 이루어졌다. → by: 통신 수단.]
He makes a living **by** repairing cars.
　　[그는 자동차 수리로 생계를 유지하고 있다.]
By working the pumps, we kept the ship afloat for another 40 hours.
　　[펌프를 작동시켜서 우리는 배가 40시간을 더 물위에 떠 있도록 했다.]
I did not succeed by accident; I succeeded **by** patient hard work.
— E. Hemingway, "Advice to a Young Man"
　　[나는 우연히 성공한 것이 아니었다. 나는 인내심을 가지고 부지런히 노력해서 성공했다.]
Most plants propagate **by** seeds.
　　[대부분의 식물들은 씨앗으로 번식된다.]

through도 by처럼 수단을 나타낼 수 있지만, 동시에 원인을 나타내기도 한다.

He achieved fame $\begin{Bmatrix} \text{by} \\ \text{through} \end{Bmatrix}$ sheer hard work.
　　[그는 단지 열심히 노력해서 명성을 얻었다. → 열심히 노력했기 때문에 명성을 얻게 되었다는 뜻임.]

without은 도구를 나타내는 with와 수단을 나타내는 by에 대한 반의어로 쓰일 수 있다.

It's difficult to get her to listen **without** shouting.
　　[소리를 지르지 않고 그녀에게 알아듣도록 하는 것이 힘든 일이다.]

14.9.3.6. 제외 · 추가: except (for), but; besides, in addition to, etc.

except, except for, but, save 따위는 진술 내용에서 '제외'(exception)되는 대상을 나타낸다. 다시 말하자면, 이들은 유사한 항목에 속하기는 하지만, 어떤 면에서 보면 다른 모든 것들과 다르다는 점을 말할 때 사용된다. 예컨대 All the people there are Koreans **except** me.(거기에 있는 모든 사람들은 나만 빼고 한국인들이다.)는 거기에 많은 사람들이 있고, 또한 거기에 있는 모든 사람들이 한국인이라는 공통된 특징이 있지만, 나는 한국인에서 '제외'된다는 뜻을 나타낸다. 그러므로 이 대신에 Everyone there is Korean **with the exception of** me.라고 할 수 있다.

> Anything, **except** water, is likely to block a sink.
> [물 이외에 어떤 것이라도 싱크대를 막히게 할 것 같다.]
> Under US law and a 1961 treaty ratified by 125 nations, it is forbidden to produce cocaine **except for** medical use.
> [미국의 법과 125개국이 비준한 1961년의 조약에 의해, 의학적 용도 이외에는 코카인 생산이 금지되었다.]
> The window is never opened **save** in summer.
> [그 창문은 여름철 이외에는 절대로 열려 있지 않는다.]
> The worst period of my life, **apart from** the war, was when I was out of work.
> [그 전쟁을 빼면 나의 생애에서 최악의 기간은 직장을 잃었을 때였다.]
> Everyone has improved, **with the (possible) exception of** Simon.
> [(어쩌면) 시먼만 빼고 모두가 나아졌다.]
> The Saxons settled in the rest of England south of the Thames **with the exception of** the South-West.
> [색슨족들은 서남부 지역을 제외하고 템즈강 이남의 잉글랜드 나머지 지역에 정착했다. → A.D. 449-547년 사이에 대륙의 Angles(앵글족), Saxons(색슨족), 그리고 Jutes(쥬트족)들이 브리튼섬으로 들어와 오늘의 영국이라는 나라가 형성됨.]

aside from은 미국영어에서만 쓰인다.

> I'm all right now, **aside from** a headache.

[머리가 아픈 것 빼고는 지금 기분이 좋다.]

특히 but은 한정사 no, all, each, every, any, 부정대명사 all, nobody, none, everything, 부정의 부사 anywhere, nowhere, 또는 의문사 who, where, what 뒤에만 놓인다.

We're all here **but** Mary.
[메리만 빼고 우리는 모두 여기에 있다. → ***But** Mary we're all here.는 비문법적인 문장임.]
All **but** a few people ran toward the speaker.
[몇 사람을 제외한 모든 사람들이 연사 쪽으로 달려갔다.]
You've done nothing **but** grumble.
[너는 여태껏 불평만 하는구나.]
Nothing remains **but** to die.
[죽는 일만 남았다.]
Robin never allowed his men to harm anybody **but** the rich men.
[로빈은 자기 부하들이 부자들 이외의 어떤 사람에게도 해를 끼치는 것을 결코 허락하지 않았다.]

but이 이끄는 전치사구는 결코 문두에 놓이지 않으며, 자신이 수식하는 부분과 분리되어 문미에 놓일 수 있다.

Everyone **but** me was exhausted. ~ Everyone was exhausted **but** me.
[나만 제외하고 모든 사람들이 녹초가 되어 있었다.]

except는 전치사구, 부정사절, 및 정형절(finite clause) 형식도 수반할 수 있다. 특히 마지막 예에서처럼 do 뒤에서는 원형 부정사절을 수반할 수 있다.

To repeat, we do not recommend this posture, **except** *to those who learn it under direct personal guidance.* — S. Rama, *Meditation and Its Practice.*
[되풀이해서 말하자면, 우리는 직접 개인 지도를 받는 사람들이 아니면 이 자세를 추천하지 않는다.]
The car's all right, **except** (*that*) the heater doesn't work.

[그 자동차는 히터가 작동되지 않는 것만 빼면 괜찮다.]

I know nothing about the accident **except** *what I read in the paper*.
[나는 신문에서 읽은 것 말고는 그 사건에 대해서 아는 것이 아무것도 없다.]

He demanded nothing of her **except** *to be there*.
[그는 그녀보고 거기에 가라는 것 이외에는 아무것도 요구하지 않았다. → except 다음에 to-부정사절이 놓였음.]

As for the housework, I do everything **except** *cook*.
[집안일에 대해서 말하자면, 나는 요리하는 것을 빼고 모든 일을 한다. → do 다음에 놓인 전치사 except가 원형 부정사절을 수반하고 있음.]

except와 달리, except for 다음에는 반드시 명사구만 놓인다. 그러므로 이 다음에 that-절이 놓이려면 반드시 동격 요소로서 the fact와 결합하여 복합 명사구 구조를 이루어야 한다.

He hadn't eaten a thing **except for** one forkful of salad.
[그는 한 포크의 샐러드를 제외하고는 아무것도 먹지 않았었다.]

I know nothing about him **except for** *the fact that* he lives next door.
[나는 그 사람이 이웃에 산다는 점 말고는 아는 것이 아무것도 없다.]

이미 언급된 집단/대상에 또 다른 대상을 추가(addition)하고자 할 때에는 besides를 비롯하여 in addition to와 as well as 등이 쓰인다.[65] 예컨대 다음의 첫 번째 문장은 동물이 필요로 하는 것들에 대하여 말하고 있다. 즉, 이미 두 가지에 대하여 말하고 다시 여기에 다른 하나, 즉 '휴식'이라는 것을 추가하고자 하는 것이다.

Besides food and water, animals need rest.
[식량과 물 이외에도 동물들은 휴식을 필요로 한다.]

Besides being economical, it's fun, too.

---

[65] 등위적인 구조에서는 첨가를 나타낼 때 and, 또는 보다 강조하고자 할 때는 not only ... but also가 쓰일 수 있다:
The money (was stolen) **and** three valuable paintings were stolen.
Not only the money, **but also** three valuable paintings were stolen.
[돈과 귀중한 세 점의 그림이 도난당했다.]

[경제적일 뿐만 아니라, 그것은 재미도 있다.]
As well as eating a four-course meal, they drank three bottles of wine.
[네 가지 코스의 식사를 먹는 것 말고도 그들은 포도주를 세 병 마셨다.]
In addition to financial issues, U.S. trade policy is of importance to Korea.
[재정적인 문제 이외에도 미국의 무역 정책은 한국에 중요한 역할을 한다.]

'제외'와 '추가'의 관계는 다음과 같은 두 개의 문장에서 besides와 except (for)의 차이를 비교해 보면 뚜렷하게 나타난다.

Besides her novels and poems she published a number of short stories.
[소설과 시 이외에도 그녀는 많은 단편소설들을 발간했다. → 그녀는 소설, 시, 단편소설을 출판했다는 뜻.]
I haven't read anything written by her, **except (for)** one of her short stories.
[그녀의 단편 소설 한 편을 제외하면 나는 그녀가 쓴 것은 아무것도 읽지 않았다. → 그녀가 쓴 것으로 내가 읽은 것은 한 편의 단편소설뿐이라는 뜻임.]

apart from은 except (for)와 besides가 갖는 뜻을 모두 가지므로 이 대신에 사용할 수 있다.[66]

Apart from his nose he's quite good-looking.
[그의 코를 빼면 그는 상당히 미남이다. → = apart from이 'except (for)'의 뜻으로 쓰였음.]
Apart from the injuries to his face and hands, he broke both legs.
[그의 얼굴과 손을 다친 것 이외에 두 다리도 부러졌다. → apart from이 'in addition to'의 뜻으로 쓰였음.]
We had no trouble on the journey { **apart from** / **except for** } a flat tyre.
[여행 도중에 타이어가 펑크난 것 이외에는 아무 문제도 없었다.]

except와 besides는 긍정의 서술문에서는 의미상의 차이가 뚜렷하지만, 부정문과 의문문에서는 뜻의 차이가 없다. 특히 except나 besides가 포함된 부정문에는 anybody, anywhere, anytime 따위가 흔히 수반된다.

---

66 Swan (2005: 87).

I didn't know anyone at the party $\begin{Bmatrix} \text{except} \\ \text{besides} \end{Bmatrix}$ the host.

[그 파티에서 주인을 제외하고는 내가 아는 사람이 아무도 없었다.]

He never eats anywhere $\begin{Bmatrix} \text{except} \\ \text{besides} \end{Bmatrix}$ expensive hotel restaurants.

[그 사람은 값비싼 호텔 식당 이외에는 절대로 아무데서도 식사를 하지 않는다.]

의문문에서는 일반적으로 except를 사용하지 않고, 대신에 besides, apart from, other than과 같은 것들이 사용된다.

Which Asian countries have you seen $\begin{Bmatrix} \text{besides} \\ \text{apart from} \\ \text{other than} \end{Bmatrix}$ Japan?

[일본 이외에 아시아의 어떤 나라들을 보셨습니까?]

other than은 부정문에서도 흔히 쓰이고 있다.

I know she has brown hair, but **other than** that I don't remember much about her.
  [나는 그녀의 머리가 갈색이라는 것을 알고 있지만, 그 이외에는 그녀에 대해 기억나는 것이 많지 않다.]
He doesn't eat pork, but **other than** that he'll eat just about anything.
  [그는 돼지고기를 먹지 않지만, 그것 빼고는 거의 아무것이나 먹는다.]

14.9.3.7. 양보: despite, in spite of, for all, etc.

despite와 in spite of는 둘다 앞에서 언급된 내용과 비교하면 놀랍다거나 예상밖이라는 '양보'(concession)의 뜻을 나타낸다는 점에서는 서로 같다. 그러나 despite는 보다 격식을 갖춘 경우에 쓰이고, in spite of는 '양보'라는 뜻을 나타내는데 일반적으로 쓰인다는 점에서 다르다.

In spite of the difficulties of the moment, I still have a dream.
— Martin Luther King, Jr., "I Have a Dream"
  [현재 순간은 어려움이 있지만, 그래도 나는 여전히 꿈을 꾸고 있다. → 마틴 루터 킹 목사:

미국의 종교가, 흑인 운동 지도자. 1968년에 암살됨.]
Despite strong pressure from the government, the unions have refused to order a return to work.
[정부의 강한 압력에도 불구하고 노동조합에서는 직장으로 복귀하라는 명령을 거부했다.]

despite와 in spite of는 전치사이기 때문에 that이 이끄는 정형절이 오지 못한다. 그러나 depite the fact that ...와 in spite of 다음에 the fact that-절 구조가 가끔 나타나기도 하는데, 특히 두 개의 절의 주어가 다를 경우에 그렇다. 그러나 이 대신에 although가 이끄는 양보절로 나타내는 것이 더 간결하다.[67]

No new safety measures have been introduced, **despite the fact that** a serious
(= **although** a serious accident ....)
accident happened three months ago.
[석달 전에 중대한 사건이 발생했음에도 불구하고 아무런 새로운 안전 조치도 도입되지 않았다.]

despite나 in spite of 다음에 올 수 있는 부정적인 표현 대신에 lack of를 쓸 수 있다.

He **doesn't** have much education, yet he knows a lot about literature.
~ **Despite** his lack of education, he knows a lot of literature.
[교육을 받지 못했음에도 불구하고 그는 문학에 대하여 아는 것이 많다.]

with all, for all은 보다 일상적인 대화에서 쓰인다.

$\begin{Bmatrix} \text{With all} \\ \text{For all} \end{Bmatrix}$ this noise I managed to get some sleep.
[이처럼 시끄럽기는 하지만 나는 겨우 잠을 좀 잘 수 있었다.]
With all his success, he was still not happy.
[성공했음에도 불구하고 그는 여전히 행복하지 않았다.]

notwithstanding은 격식적이고 다소 법률적인 문체이다. 특히 다음의 두 번째 예에서처

---

67 Eastwood (2005: 334).

럼 명사구 다음에 놓이는 경우에 그렇다.

They are determined to go ahead with the plan, **notwithstanding** widespread public opposition.
[많은 대중들의 반대에도 불구하고 그들은 그 계획을 추진하기로 결심했다.]
The end of the Cold War **notwithstanding**, the world is still a dangerous place.
[냉전이 끝났음에도 불구하고 이 세계는 여전히 위험하다.]

14.9.3.8. 소유: of, with(out)

다음의 표현들 중에서 (19a)가 가지고 있는 '소유'라는 뜻은 나머지 (19b-e)의 명사구와 관련이 있다.

(19) a. The man **has** courage. [그 남자에게는 용기가 있다.]
　　b. the man **having** courage [용기가 있는 그 남자]
　　c. the man**'s** courage [그 남자의 용기]
　　d. the courage **of** the man [그 남자의 용기]
　　e. a man **of** courage [용기있는 사람]

마지막 두 개의 표현 (19d, e)는 후치수식하는 of-전치사구를 수반하고 있다. 그렇지만, 이 두 가지 표현 사이에는 차이가 있다. 즉, (19d)에서 중심어 the courage는 논리적인 목적어 역할을 하고 있지만(→ The man has **courage**.), (19e)에서 중심어 a man은 논리적인 주어 역할을 하고 있다. 특히 (19e)에서 전치사 of는 추상적인 속성(abstract attributes)을 지닌 명사구를 수반하여 어떤 사람이나 사물이 갖고 있는 특성을 나타낸다. 예컨대 a man of great insight(= 'a very insightful man')는 문제의 어떤 사람이 갖고 있는 통찰력이 대단하다는 특성을 나타내는 것이다.

a man **of** great insight [대단한 통찰력을 가진 사람]
a man **of** sentiment [다정다감한 사람]
an issue **of** utmost importance to national security [국가 안전에 지극히 중요한 문제]

a performance **of** distinction [탁월한 연기]

an area **of** low rainfall [강우량이 적은 지역]

Albright was seen as a woman **of** great determination.
[올브라이트는 아주 결단력이 강한 여성으로 여겨졌다. — a woman of great determination = a very determined woman. (Madeleine) Albright: 전 미국 국무장관.]

A publisher contacted the writer on a matter **of** great importance.
[한 편집인이 대단히 중요한 문제로 그 작가와 접촉했다.]

이와 같은 'of + 추상명사'라는 표현은 바로 이 추상명사에 대한 형용사 형태로 바꿔 쓸 수 있다. 그러므로 **of** ability는 ability의 형용사형 able로 바꿀 수 있다.

of sentiment = sentimental [감상적인, 다정다감한]

of distinction = distinguished [저명한]

of utmost importance = very greatly important [대단히 중요한]

with와 이에 대한 부정어 without을 사용하여 소유의 개념을 보다 일반적으로 나타낼 수 있다. 특히 of와 달리, with는 보통명사와 같이 쓰인다. 그러므로 a man **with** a red nose, a woman w**ith** a large family와 같은 표현에서 대개 with 대신에 of를 사용하지 않는다.

He wants a car **with** four doors.
[그는 문이 넷 달린 자동차를 원한다.]

Do you know the kid **with** the freckles?
[주근깨가 있는 그 아이를 아느냐?]

The material should be completely accessible to anyone **with** a rudimentary knowledge of English grammar.
[그 자료들은 영문법에 대한 기본적인 지식을 갖춘 사람이라면 누구든지 완전히 이해할 수 있을 것이다.]

You can't leave the country **without** a passport.
[여권이 없으면 그 나라를 떠날 수 없다.]

14.9.3.9. 기준: for, at

비교형으로 나타나지 않는 정도 형용사는 어떤 기준이나 표준이 포함되어 있다. 그러므로 다음 문장 (20a, b) 두 문장에 나타난 두 개의 big은 서로 다른 뜻을 갖는다.

(20) a. This elephant is big.
    b. This cat is big.

그 까닭은 big for an elephant(코끼리로서는 몸집이 큰)는 big for a cat(고양이로서는 큰)보다 더 큰 척도, 더 큰 표준을 전제로 삼기 때문이다. 즉, 코끼리의 경우에 크다는 말과 고양이의 경우에 크다는 말은 서로 다른 뜻을 내포한다. 바로 이러한 경우에 어떤 대상에 대한 표준은 for가 이끄는 전치사구로 사용하여 명확히 나타낼 수 있는데, 여기서 for는 'considering that X is …'(X가 …라는 점을 고려하면)라는 뜻을 갖는다.

He's not bad **for** a youngster.
  [나이가 어리다는 점을 고려하면 그는 나쁘지 않다. → for a youngster는 'considering that he is a youngster'라는 뜻임.]
He is tall **for** an eight-year-old.
  [여덟 살이라는 점을 고려하면 그는 키가 크다.]
It's cold **for** July.
  [지금이 7월이라는 점에서는 추운 편이다.]

정도 형용사나 명사가 갖는 뜻을 구체적으로 밝혀줄 수 있는 또 다른 방법은 at을 사용하여 술부에 나타난 형용사가 전달하는 뜻이 어떤 면에서 주어에게 적절하다는 관점을 나타낸다.[68]

He's { **bad** / **better** / **terrible** / **no good** } **at** games. (Quirk et al. 1985: 711)

---

[68] A further way in which one may specify the meaning of a gradable adjective or noun is to use *at* to indicate the respect in which the adjective is appropriate to the subject. — Quirk et al. (1985: 711).

[그는 게임을 잘 못한다/게임을 보다 잘 한다/게임 능력이 아주 형편없다/결코 게임을 잘 하지 못한다]

He is hopeless **at** managing people.

[그는 사람들을 다루는 솜씨가 아주 형편없다. → 특히 영국영어에서 hopeless가 'very bad at ...'이라는 뜻으로 쓰임.]

He is an expert **at** making things out of junk.

[그는 폐물을 가지고 물건을 만들어내는 솜씨가 뛰어난 사람이다.]

14.9.3.10. 자극과 반응: at, to

다음과 같은 세 개의 문장 (21a-c)를 검토해 보자.

(21) a. Their rejection of the offer **surprised** me.
 [그들이 그 제의를 거절한 것이 나를 놀라게 만들었다.]
 b. I was **surprised by** their rejection of the offer.
 [나는 그들이 그 제안에 거절한 점 때문에 놀랐다.]
 c. I was **surprised at** their rejection of the offer.[69]
 [나는 그들의 그 제안에 거절한 점에 놀랐다.]

(21a)는 주어 + 동사 + 목적어의 관계를 나타내는 문장 구조이다. 이 문장에서 주어는 '자극'(stimulus), 동사는 사건을 나타내고, 목적어는 주어가 나타내는 자극에 따른 감정적 반응(emotional reaction)을 뜻한다. 바로 이와 같은 관계를 (21b)와 같이 순수한 수동태 문장으로 나타낼 수 있는가 하면, (21c)에서처럼 by 대신에 at을 사용해서 나타낼 수 있는데, 이와 같은 경우에 surprised는 동사의 과거분사형이 아니라, 분사 형용사이다. 이 경우에 at은 감정적 반응과 자극 관계를 나타낸다. 바로 이처럼 어떤 감정적 반응을 일으키게 하는 '자극'을 나타낼 때 주로 at이 쓰인다. 그러므로 (21c)에서 전치사 at의 목적어인 their rejection of the offer는 자극을 나타내고, 이 자극은 주어 I로 하여금 어떤 감정적 반응, 즉 여기서는 '놀라움'이라는 반응을 일으키게 하고 있다. 이처럼 자극을 나타내는 at은 어떤 감정적 반응을 나타내는 형용사나 동사와 결합해서 쓰인다.

---

[69] be surprised { by / at } 따위에 대해서는 본서 제2권 7.6 note 73 참조.

I was furious **at** what he has done.

[나는 그가 한 행동에 몹시 화가 났다.]

He was delighted **at** the result.

[그는 그 결과에 기뻐했다.]

I laughed **at** his joke.

[나는 그의 농담을 듣고 웃었다.]

alarmed at, disgusted at, amused at, delighted at의 경우와 같이, 미국영어에서는 at이 일반적이지만, 영국영어에서는 자극 제공자가 어떤 사건이 아니라 사람이나 사물이면 with를 선호하는 경향이 있다.[70]

Are you annoyed **with** me for being late?

[제가 늦어서 화가 납니까?]

I was delighted **with** the present.

[나는 그 선물을 받고 기뻤다.]

이 이외에도 about, in, of가 자극을 나타내는 명사구를 목적어로 삼기도 한다.

It's stupid to get angry **about** things that don't matter.

[중요하지도 않은 일 때문에 화를 내는 것은 어리석은 짓이다.]

Are you interested **in** quantum theory?

[너는 양자 이론에 관심을 갖고 있니?]

I think he's jealous **of** her.

[나는 그가 그녀에게 시기심을 품고 있다고 생각한다.]

이처럼 자극과 반응의 관계를 나타낼 때 여러 가지 전치사가 쓰이기 때문에 좋은 사전을 참고하여 어떤 전치사를 선택할 것인지 잘 살펴보아야 한다.

to는 to my relief, to my regret, to my surprise, to my annoyance와 같은 'to one's + 감정명사'의 표현에 쓰여 감정적 반응을 나타낸다. 즉, 주절은 자극 역할을 하는 사건을 나타내고 이에 대한 반응은 to 다음에 my, his, her, their, our 따위와 같은 '인칭대명사의 속

---

[70] Quirk et al. (1985: 702).

격형+추상적인 감정명사'가 놓인 형태로 나타난다.

To his great delight his novel was accepted for publication.
[그가 매우 기쁘게도 그의 소설이 출판하기로 받아들여졌다.]
Much to my regret, I am unable to accept your invitation.
[대단히 유감스럽지만 초대에 응할 수 없네요.]

<to one's + 감정명사>라는 표현을 감정명사의 과거분사 형태로도 풀어쓸 수 있다.

To my great disappointment, she wasn't on the train.
= I was greatly **disappointed** that she wasn't on the train.
[그녀가 열차에 타지 않아서 나는 크게 실망했다.]
To my surprise, they rejected my offer.
[내가 놀랍게도 그들은 나의 제의를 거절했다.]
= I was **surprised** at their rejection of the offer.
[나는 그들이 제의를 거절한 것 때문에 놀랐다.]

이 이외에 to me, to my mind, in my opinion과 같은 형태로도 반응을 나타낼 수 있다.

$$\left\{\begin{array}{l}\textbf{To me}\\ \textbf{To my mind}\\ \textbf{In my opinion}\end{array}\right\}, \text{their rejection was a surprise. (Quirk et al. 1985: 712)}$$

[내 생각으로는 그들의 거절은 놀라운 일이었어.]

according to는 제시된 진술 내용에 대하여 반응을 나타내는 것이 아니라, 진술 내용에 대한 해석을 하는데 쓰인다. 이것은 'if what X says is true'(X의 말이 사실이라면)라는 뜻을 가지며,[71] 특정한 사람·책·시간표 등 정보의 출처를 나타낼 수 있는 명사구와 같이 쓰인다.

Every year, tobacco causes more than three million deaths worldwide, and this number will rise to ten million by 2025, **according to the WHO**.
(= 'If what the WHO says is true')

---

[71] Swan (2005: 4).

— Bonnie Munday, "Making Sure Your Kids Never Start Smoking"

[세계보건기구(WHO: world health organization)에서 전하는 말에 따르면 해마다 흡연으로 인하여 전 세계적으로 3백만 명 이상이 사망하고 있으며, 이 숫자가 2025년에 가면 천만 명까지 올라가게 될 것이다. → 즉, '세계보건기구가 전하는 말이 사실이라면'이라는 뜻.]

You've been in prison six times **according to** our records.
[우리가 가진 기록을 보니 너는 전과 6범이군.]

*according to me/my opinion이라고는 할 수 없으며, 이 대신에 in my opinion/viewpoint/point of view(내 견해로는)라고 한다.

according to the management
= in the management's opinion/view
  [경영진의 견해로는]

$\left\{\begin{array}{l}\text{*According to me}\\ \text{*According to my opinion}\\ \text{In my opinion}\end{array}\right\}$, the rent is too high.

= My opinion is that the rent is too high.
  [내 생각으로는 임대료가 너무 비싸다.]

according to가 나타내는 이러한 뜻은 in accordance/agreement/conformity with가 나타내는 뜻과 구별된다.

In accordance with your orders, I cancelled the meeting.
[당신의 명령대로 나는 그 회의를 취소했다.]

14.9.3.11. 유사성: as, like

like는 'similar to the same as'(...와 비슷한)의 뜻이며, 이에 대한 부정어 unlike(= 'not like')는 부정적인 유사성을 나타낸다.

Possession of material riches, without inner peace, is **like** dying of thirst while bathing in a lake. — P. Yogananda, *How to be Happy All the Time*.

[마음이 평온하지 못하면서 물질적인 부(富)를 소유한다는 것은 호수에서 목욕하면서 갈증이 나서 죽을 지경에 처해 있다는 것과 같다.]

Some guests are **like** fish. After three days, they stink.

[일부 손님들은 생선과 같아서 3일이 지나면 악취가 난다.]

Like most fast food restaurants and cafeterias, many restaurants don't serve alcoholic beverages.

— Nancy Church & Anne Moss, *How to Survive in the U.S.A.*

[즉석 음식이 나오는 대부분의 식당과 간이식당들처럼 많은 식당에서도 주류가 나오지 않는다.]

Unlike his brother, Bill writes science fiction.

[형과 달리, 빌은 과학소설을 쓴다.]

like가 가끔 'for example'이라는 뜻으로 쓰이며, 이 대신에 such as(= 'for example')를 쓸 수도 있다.

Some sports, { **like** / **such as** } motor racing, can be dangerous.

[자동차 경주와 같은 일부 스포츠는 위험하기도 하다.]

Many stores that sell expensive items — home appliances **like** washing machines and refrigerators, for example — allow their customers to pay for them on the installment plan.

— Nancy Church & Anne Moss, *How to Survive in the U.S.A.*

[값비싼 제품들, 예를 들어 세탁기와 냉장고와 같은 가전제품을 파는 많은 가게들이 고객들에게 할부로 지불하도록 해준다.]

특히 like는 act, behave, live 따위의 동적동사와 함께 쓰이면 강한 양태(manner)의 정도를 나타내어 양태부사를 끌어내는 경우처럼 how로 시작되는 의문문에 대한 대답에 쓰인다.

John walks just **like** his father.

[존은 걸음걸이가 꼭 자기 아버지를 닮았다. → 양태를 묻는 How does John walk?와 같은 의문문에 대한 대답으로 쓰일 수 있음.]

like는 전치사이므로 명사구를 수반하지만, 접속사로서의 as는 주어 + 동사 등 절 구조를 수반한다.

He walks just **as** his father used to (walk).
[그의 걸음걸이가 과거의 자기 아버지와 아주 비슷하다.]

전치사로서의 as는 'in the position of; in the form of'와 같은 뜻을 갖는다.

He wrote to me **as** my legal adviser.
[그는 나에게 법률 고문으로 편지를 보내왔다.]

의미상으로 as는 실제적인 역할을 나타내는 반면, like는 유사한 역할을 나타내는 점에서 두 가지는 서로 다르다.

During the war this hotel was used **as** a hospital.
[전시에 이 호텔은 병원으로 사용되었다. → 호텔이 실제로 병원이었다.]
Everyone is ill at home. Our house is **like** a hospital.
[모두 아파서 집에 있기 때문에 우리집은 마치 병원과 같다. → 실제는 병원이 아니지만 병원처럼 여겨진다는 뜻.]

14.9.3.12. 성분 · 재료: with, (out) of, from

'make'와 같은 부류의 동사에 수반된 with는 물건을 만드는데 포함되어 있는 일부 성분(ingredient)을 나타내고, of와 out of는 물건 전체의 재료를 나타낸다. 또한 from은 어떤 물건이 만들어지는 물질(substance)을 나타낸다.

This cake is made **with** lots of eggs.
[이 케이크는 계란을 많이 넣어서 만들었다. → 계란이 케이크의 주성분이라는 뜻을 함축.]
That necklace is made **of** pearls.
[그 목걸이는 진주로 만든 것이다. → 진주가 목걸이의 유일한 재료임.]
Clouds are made **of** water.
[구름은 물로 이루어진다.]

He made the frame **(out) of** wood.

[그는 목재로 그 틀을 만들었다.]

The terminal was constructed $\begin{Bmatrix} \text{out of} \\ \text{with} \end{Bmatrix}$ reinforced concrete.

[그 터미널은 철근 콘크리트로 건조되었다. → 철근 콘크리트가 터미널 건조에 필요한 전체 재료인가 성분인가에 따라 전치사의 선택이 달라진다.]

Coffee comes **from** beans.

[커피는 커피콩에서 만들어진다.]

Proteins **from** soybeans can have the same dramatic impact on those people with extra-high blood cholesterol, and may even help reverse damage already done to arteries.

— Marla Cone, "Cancer & Chemicals: Are We Going Too Far?"

[콩에서 얻은 단백질은 피속에 콜레스테롤 수치가 엄청나게 높은 사람들에게 똑같은 놀라운 영향을 미칠 수 있으며, 이미 손상된 동맥을 회복시키는데 도움이 될 것이다.]

Father has made me a professor.에서 목적어와 목적보어의 어순이 바뀌어 Father has made a professor **of** me.와 같이 나타낼 수 있는데, 이 경우의 of는 재료를 비유적으로 나타낸 것이다.

전통적으로, 재료 자체의 변화가 있으면 from을 사용하고, 변화가 없으면 of를 사용한다고 설명하지만, 다음 예가 보여 주듯이 전적으로 그렇지는 않은 것 같다.

Those gloves are made **from** leather.

[그 장갑은 가죽으로 만들어졌다.]

She made herself a dress $\begin{Bmatrix} \text{out of} \\ \text{with} \end{Bmatrix}$ an old lace curtain.

[그녀는 낡은 레이스 커튼으로 손수 드레스를 만들었다.]

14.9.3.13. 목적, 의도된 목적지: for

다음과 같은 예에서 for는 목적(purpose)을 나타내는데 쓰이고 있다.

He'll do anything **for** money.

[그 사람은 돈이라면 무슨 일이라도 할 것이다.]

He is fighting **for** freedom.
 [그는 자유를 얻기 위하여 싸우고 있다.]
He ran **for** his life.
 [그는 살려고 달려갔다.]

이러한 뜻으로 쓰인 for는 in order to를 사용하여 그 뜻을 풀어쓰기 할 수 있다.

for money = in order to gain money
for his life = in order to save his life

의도된 목적지(intended destination)를 나타내고자 하는 경우에는 대개 run, start, head, leave, set off 따위와 같은 동사와 더불어 for가 쓰인다. 이 경우에 for는 'towards; so as to reach'라는 뜻을 나타낸다.

The children set off **for** school.
 [그 어린이들이 학교로 떠났다.]
This train is **for** Brighton only.
 [이 열차는 브라이튼에만 간다. → = 'It doesn't stop anywhere else.'라는 뜻임.]
The ship was heading **for** Cuba.[72]
 [그 배는 쿠바로 향하고 있었다.]

이러한 경우에 for 대신에 to를 사용하면 목적지에 도착하게 될 것이라는 점을 가정하는 뜻이 된다.

He { **went to** / **left for** } London.
Is this the train { **to** / **for** } London?

---

[72] 다음과 같은 예에서 head for는 바람직하지 않은 상황을 향하여 가고 있다는 추상적인 뜻을 나타내고 있다.
 Forecasters predict the region's economy is **heading for** disaster.
  [그 지역 경제가 재앙을 향해 나아가고 있다고 예언가들이 내다보고 있다.]

14.9.3.14. 수용자 · 목표 · 표적: for, to, at

for 다음에 사람이나 동물을 가리키는 명사구가 오면 이것은 다소 '의도된 수용자'(intended recipient)를 뜻한다. 즉, 어떤 물건이 장차 이 명사구가 나타내는 사람이나 동물에게 주어지게 된다는 뜻을 나타낸다.

> She made a beautiful doll **for** her daughter.
> [그녀는 자기 딸에게 주려고 예쁜 인형을 만들었다. → 그녀의 딸이 그 인형을 받게 되거나 그렇지 않을 수도 있음.]
> He cooked a dinner **for** her.
> [그는 그녀를 위해 저녁 준비를 했다.]
> He laid a trap **for** his enemies.
> [그는 자기의 적을 잡으려고 덫을 놓았다.]

for와 달리, to는 실제적 수용자(actual recipient)를 나타낸다.

> She gave a beautiful doll **to** her daughter.
> [그녀는 자기 딸에게 예쁜 인형을 주었다. → 실제로 그녀의 딸이 인형을 받았다는 뜻임.]

위의 두 가지 어느 경우에든 간접목적어 + 직접목적어 어순을 가진 문장 구조와 관련이 있다.

> He cooked a dinner for her. ~ He cooked her a dinner.
> I gave the book to my friend. ~ I gave my friend the book.

명사가 나타내는 것이 의도된 목표나 표적물이면 그 명사 앞에는 at이 사용되는데, 특히 이런 경우에 roar, bellow, shout, throw, growl 따위와 같은 동사가 at을 수반하면 '적대적인 감정'을 표시하게 된다. 그러므로 다음과 같은 문장에서 전치사구를 이끄는 전치사로서 at과 to를 사용할 때 뜻이 각기 달라진다.[73]

---

73 2a. The little girl threw the ball to the boy.
    2b. The little girl threw the ball at the boy.

On Thursday evening, families threw water bottles **at** fellow teachers who had visited the gymnasium and knelt before the families in apology.
— *The New York Times*, April 19, 2014.

[목요일 저녁 가족들은 체육관을 찾아 사과의 뜻으로 가족들 앞에서 무릎을 꿇은 동료 교사들에게 물병을 던졌다. → threw ... at은 목적어인 fellow teachers가 맞도록 던졌다는 뜻임. families는 2014년 4월 16일 진도 앞바다에서 침몰된 세월호 사고 실종자 가족들을 말함.]

He threw the ball **to** me.

[그는 내게 공을 던졌다. → 내가 잡도록 하려고 공을 던졌다는 뜻.]

다음과 같은 문장에서도 이와 비슷한 대립 관계가 나타난다.

Stop shouting **at** me!

[이제 나에게 고함지르지 마라! → 상대방이 나에게 화가 났다는 점을 암시함.]

The taxi driver shouted **to** someone across the street. 'Is the station near here?'

[그 택시 운전사가 '이 근처에 역이 있어요?'하고 길 건너편에 있는 어떤 사람에게 소리를 질렀다. → 운전사가 길 건너편에 있는 사람이 알아들을 수 있도록 외쳤다는 점을 암시함.]

He aimed the gun **at** me.

[그는 나에게 총을 겨누었다. → 이 다음에 but he missed it completely(하지만 목표물을 완전히 놓치고 말았다) 따위와 같은 내용을 덧붙일 수 있음.]

He { **handed** / **passed** } a note **to** me.

[그는 나에게 쪽지를 건네주었다.]

3a. The little boy shouted to the girl.
3b. The little boy shouted at the girl.

Sentence 2a has a **literal** meaning. It simply tells us that **the girl tossed the ball to the boy**, intending for him to catch it. Sentence 2b is **idiomatic** and means that **she didn't intend for him to catch the ball**. It could even communicate that she was angry with the boy and meant to hit him with the ball.

Sentence 3a is **literal** and simply tells us **the direction that his shouting was going in**. Sentence 3b is **idiomatic** and could mean that **he was angry with the girl** or meant to **send her a warning.**

— Firsten & Killian ((2002: 173-174). See also Leech & Svartvik (2002: 97).

그러나 다음 문장에 쓰인 전치사 at에는 위와 같은 적대적 감정이 포함되어 있지 않다.

This novel is aimed at a young audience.
[이 소설은 젊은 독자층을 겨냥한 것이다.]

제15장

등위구조(Coordination)

15.1. 등위접속사의 종류

등위접속사(等位接續詞: coordinate conjunction)는 문중에서 문법적인 기능과 구조적으로 동등한 비중을 가진 두 개 또는 그 이상의 요소를 서로 대등하게 연결하는 역할을 담당하는 것으로서, 여기에는 한 개의 단어로 나타나는 단일 접속사(single-word conjunction)와 여러 개의 단어가 상관적으로 연결되어 나타나는 다어 접속사(多語接續詞: multiword conjunction) 등 두 종류가 있다.[1] 이 두 가지 등위접속사를 이용하여 대등하게 등위접속되는 요소들 사이에는 일종의 병렬 관계(竝列關係: parataxis)[2]가 있다.

---

1 *Coordination* is the joining of constituents of the same type — for example, clauses, noun phrases, verb phrases, or prepositional phrases — by *coordinating conjunctions*, or *coordinators*. The coordinators are of two types: *single-word coordinators*, such as *and, but, or*, and *yet*; and *multiword coordinators*, such as *either ... or, neither ... nor*, and *both ... and*. — Cowan (2008: 595); **Coordinators**, or **coordinating conjunctions**, are used to build coordinate structures, both phrases and clauses. Unlike prepositions (2.4.5) and subordinators (2.4.8), which both mark the following structure as subordinate, they link elements which have the same syntactic role. — Biber (1999: 79).

2 '병렬 관계'란 예컨대 두 개 또는 그 이상의 문장 요소 또는 구 요소가 등위접속사를 하나의 축으로 하여 서로 대등하게 연결되어 있는 것을 말한다. 이와 반대로, '종속 관계'(hypotaxis)는 예컨대 I know **that he is busy today**.에서 that he is busy today와 같은 종속절이 그 자체로서는 홀로 존재하지 못하고 항상 더 큰 문장의 일부로 연결되어 있는 것을 말한다. 영어의 발달 과정에서는 병렬 관계를 나타내는 고대영어의 문장 구조에서 현대영어에서와 같은 종속 관계로 변천되었다: Another characteristic of Old English syntax is a fondness for clauses linked together by the conjunction *and*, whereas today we prefer conjunctions which show what is the relationship between clauses. The first type of construction, which places clauses side by side, leaving the reader to work out the connexion between them, is known as *parataxis*, while the second type, which subordinates one clause to another, is known as *hypotaxis*. The syntax of Old English is natural in that it reflects the succession of mental images as

15.1.1. 단일 접속사

형태적으로 보아 등위접속사가 한 개의 단어로 등장하여 문법적으로 동일한 구조를 가지고, 또한 동일한 기능을 담당하는 요소들을 대등하게 연결하게 되는데, 여기에 속하는 주된 것으로는 and, but, 그리고 or가 있다. 이들은 대등하게 연결되는 두 요소 사이에 놓인다. 다음 각 문장에서 등위접속사를 사이에 두고 [ ]에 놓인 두 개의 요소가 서로 대등하게 연결되어 있다.

[It's November] **and** [there isn't a single tourist in sight].
[지금은 11월이라서 관광객이 한 사람도 보이지 않는다.]
[You can fly] **or** [you can go by bus].
[비행기로 가거나 버스로 갈 수 있다.]
The soldier replied [courteously] **but** [firmly].
[그 군인은 공손하면서도 확고하게 대답했다.]

때로는 비격식적인 글에서 이 세 가지 접속사가 새로운 문장이 시작되는 문두에 놓여 보다 극적인(dramatic) 효과를 나타내거나, 뜻을 보다 강화시키는 것처럼 보이게 할 수도 있다. 그러나 이러한 용법을 옳지 않게 생각하는 사람들도 있다.[3]

Cars are very dangerous. **And** they are expensive.
[자동차들이 매우 위험하다. 또한 가격이 비싸다.]
There are three ways to get from city to city without a car. In some places, you can take Amtrak, the national passenger rail services. **Or** you can take a bus. — Nancy Church & Anne Moss, *How to Survive in the U.S.A.*
[자동차 없이도 한 도시에서 다른 도시로 갈 수 있는 세 가지 방법이 있다. 어떤 곳에서는 국유 철도인 암트랙을 탈 수 있다. 아니면 버스를 탈 수 있다. → Amtrak은 National Railroad Passenger Corporation(전국 철도 여객 수송 공사)의 통칭.]

---

they occur, whereas Modern English syntax imposes a discipline which makes clear the relation of one idea to the next. — Brook (1958: 145).

3   **8.148** In writing, you can sometimes begin a sentence with a coordinating conjunction. You do this to make the sentence seem more dramatic or forceful. Some people think this use is incorrect. — Sinclair (1990: 376).

Thousands of accidents happen every day. **But** we all imagine that nothing will happen to us.

[날마다 수천 건의 사고가 발생한다. 하지만 우리에게는 아무런 사고도 일어나지 않을 것이라고 우리 모두 생각한다.]

15.1.2. 다어 접속사

한 개의 접속사가 문장이나 구 요소들을 등위적으로 연결하는가 하면, both ... and, either ... or, 그리고 neither ... nor 따위와 같이 두 개의 단어가 서로 밀접한 관계를 가지고 문장이나 구 요소들을 서로 연결하는 역할을 하기 때문에 이를 상관접속사(相關接續詞: correlative conjunction)라고 한다. 이러한 상관접속사는 단독으로 나타나지 않고, 한 쌍의 단어가 접속사로서 서로 연관성을 갖고 문법적으로 대등한 기능을 담당하는 요소들을 연결한다. 그러므로 both, either, neither가 나타나게 되면 이들은 각각 and, or, nor를 수반하여 both ... and, either ... or, 그리고 neither ... nor와 같이 나타난다.

Coeducation suits **both** [boys] **and** [girls].
[남녀공학은 남녀 학생 모두에게 적합하다.]
Either [he is ill] **or** [he has forgotten the appointment].
[그가 아팠거나 약속을 잊고 있다.]
Neither [worldly power] **nor** [moneymaking schemes] can ever capture happiness. — P. Yogananda, *How to be Happy All the Time*.
[세속적인 권력도 돈을 벌려는 계략도 결코 행복해지게 할 수 없다.]

15.2. 등위접속

등위접속(等位接續: coordination)이란 문법적인 구조와 기능이 서로 같은 두 개 또는 그 이상의 요소들이 등위접속사에 의해 대등하게 연결되는 것을 말하며, 이렇게 연결되는 요소들은 등위접속사라는 하나의 축(axis)을 중심으로 하여 서로 '대칭적'(symmetric) 관계를 가진다. 예컨대 다음과 같은 몇 가지 수형도(樹型圖: tree diagram)를 통해서 보면, 등위접속된 요소들은 등위접속사를 축으로 하여 완전히 포개어져 대칭적인 관계에 놓여 있음을 알 수 있다.

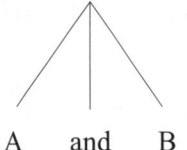 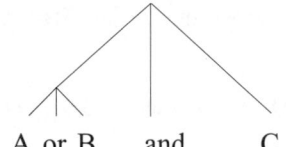 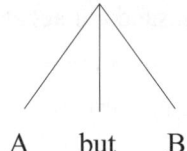

[등위접속사 and를 축으로 하여 A와 B가 완전히 포개어지고 있음]

[등위접속사 or를 축으로 하여 A와 B가 포개어지고, 이 것은 다시 and를 축으로 하여 C와 포개어지고 있음]

[등위접속사 but을 축으로 하여 A와 B가 포개어지고 있음]

15.2.1. 등위접속 요소

등위접속되는 요소들은 문중에서 담당하는 문법적인 기능으로 보면 주어나 술부 전체이거나, 또는 술부의 일부인 동사, 목적어, 보어이거나, 또는 수식어 역할을 하는 것이다. 또한 구조적으로 보면 이들은 단어, 구, 종속절, 그리고 독립절 등이다.[4]

University students should [make good use of their time] **and** [equip themselves for the future].
  [대학생들은 시간을 잘 이용해서 미래에 대한 준비를 갖춰야 한다. → and를 축으로 하여 두 개의 동사구가 등위접속되고 있음.]
I didn't know [who she was], **or** [what she wanted].
  [나는 그녀가 누구인지, 또는 무엇을 원하는지 알지 못했다. → 타동사 know의 목적어로서 두 개의 종속절이 등위접속되고 있음.]
Autumn is lengthening into winter, [slowly] **but** [surely].
  [가을이 깊어져 서서히 그러면서도 확실하게 겨울로 접어들고 있다. → 두 개의 부사적 수식어가 등위접속되어 있음.]
The journey was [long] **and** [extremely arduous].
  [그 여행은 길고 상당히 힘들었다. → be 동사의 보어로서 두 개의 형용사가 등위접속되고 있음.]
A good watch **neither** [gains] **nor** [loses].

---

4 등위접속되는 최소 단위는 형태소(形態素: morpheme)이다. 예컨대 **pro-** and **anti-** abortionists와 같은 경우에 pro-와 anti-는 형태소로서 일정한 뜻을 가진 단어의 일부일 뿐, 결코 문중에서 아무런 문법적인 기능도 담당하지 않는다.

[좋은 시계는 빠르지도 않고 느리지도 않는다. → 두 개의 동사가 등위접속되고 있음.]

He spoke [for the first motion] **and** [against the second motion].

[그는 첫 번째 동의안은 지지하고 두 번째 동의안에는 반대하는 말을 했다. → 동사 spoke에 관련된 두 개의 전치사구가 등위접속되고 있음.]

I am prepared to meet them [when] **and** [where] they like.

[나는 그들이 좋아하는 시간과 장소에서 만날 준비가 되어 있다. → 종속절을 이끄는 두 개의 종속접속사가 등위접속되고 있음.]

다음 문장에서는 두 가지 등위접속 관계가 나타나고 있다. 한 가지는, 타동사 caught의 목적어 crickets와 lizards가 and에 의해 등위적으로 연결되어 있으며, 다른 하나는 두 개의 동사구 caught crickets and lizards와 ate them raw가 and에 의해 등위적으로 연결되어 있다.

We [caught [crickets] **and** [lizards]] **and** [ate them raw].

[우리는 귀뚜라미와 도마뱀을 잡아서 날 것으로 먹었다.]

15.2.2. 독립절과 등위절

특히 The room is too small.과 The piano is too large.의 경우처럼 완전한 두 개의 문장과 문장이 등위접속사에 의해 연결되면 이들 각 문장은 아래 예문에서처럼 보다 더 큰 문장의 일부가 되기 때문에 '절'(clause)이라 하며, 이 각각의 절들은 서로 다른 절이 없더라도 그 자체만으로도 홀로 독립해서 존재할 수 있는 것이기 때문에 '독립절'(獨立節: independent clause)이라 한다. 이렇게 연결된 절들은 각각 다른 절에 대하여 서로 대등한 관계를 가지고 있다는 점에서 본다면 이 두 개의 절을 '등위절'(等位節: coordinate clause)이라고 부르게 된다. 그리고 종속접속사의 경우와 달리, 이 두 개의 절을 연결하는 등위접속사는 어느 절에도 속하지 않는다. 이제 이 두 개의 절은 예컨대 either ... or와 같은 상관접속사를 이용하여 다음과 같이 한 개의 문장으로 연결될 수 있다.

Either the room is too small **or** the piano is too large.

[방이 너무 작거나 아니면 피아노가 너무 크다.]

15.2.3. A, B {and / or} C 구조

세 개 이상의 등위절들이 나타나는 경우에, 이들은 and나 or로 연결될 수 있다. 이러한 경우에 한 문장에 포함된 어느 하나의 등위절이 다른 절에 대하여 의미상 반드시 동일한 관계로 연결되는 것은 아니다.

I'll pay for the meal and you pay for the taxi, or perhaps I'll pay for both.
    [A]   [B]   [C]
[내가 식사 값을 내고 너는 택시비를 내든가, 또는 내가 두 가지 요금을 모두 내게 될 것이다.]

이 문장은 먼저 [A]와 [B]가 등위접속사 and에 의해 등위접속되고, 이 두 개의 등위절 A와 B가 다시 or를 사용하여 [C]에 등위적으로 연결되고 있다. 그러므로 이 구조를 [A and B] or [C]로 나타낼 수 있다. 즉, 위 문장은 다음과 같이 and로 등위접속된 문장과 or로 시작되는 문장이 결합되어 이루어진 것이다.

I'll pay for the meal and you pay for the taxi.
Or perhaps I'll pay for both.

이 관계를 수형도(樹型圖: tree diagram)로 나타내면 다음과 같다.

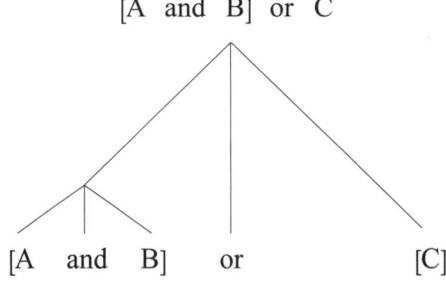

또 다른 예문을 보기로 하자.

His parents live in New York and he writes to them from time to time or
          [A]   [B]
phones them.
   [C]

[그의 부모님께서 뉴욕에 살고 계시므로 그는 가끔 편지를 쓰거나 전화를 건다.]

이 문장은 등위절 [A]가 or로 연결된 두 개의 등위절 [B]와 [C]에 연결된 것이다. 즉, 이 문장은 [A] and [B or C]와 같은 구조, 즉 문맥 내용으로 보면 or로 연결된 [B]와 [C]가 하위구조로서 상위구조인 [A]에 and로 연결된 구조이다.

His parents live in New York.
And he writes to them from time to time or (he) phones them.

이 관계를 수형도로 나타내면 다음과 같다.

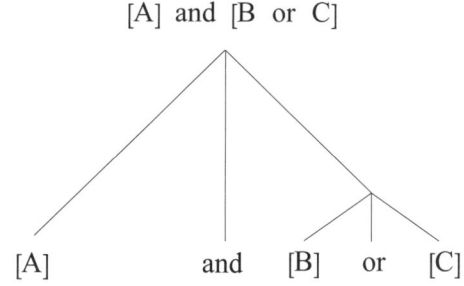

다음 문장에 나타난 등위접속 구조도 이와 같다.

She asked me to buy four oranges **and** one large melon **or** two small ones.
[그녀는 내게 오렌지 네 개와 멜론 큰 것 하나 또는 작은 것 두 개를 사라고 했다.]

15.2.4. 평행 구조

등위접속사에 의해 연결되는 문장 요소들은 평행 구조(平行構造: parallelism, parallel structure)를 이룬다. 즉, 문법적으로 동일한 기능을 담당하는 요소들은 구조도 동일하게 나타나는 경향이 있다.[5] 예컨대 목적어이면 명사구 + 명사구로 나타나거나, 절 구조로 나타난다면 부정사절 + 부정사절, that-절 + that-절 따위와 같이 동일한 구조로 나타나야 한다는 것이다.

---

5 As noted earlier (*cf* 13.47, 13,49), the members of coordinate constructions tend to be parallel both in their structure and in their meaning. — Quirk et al. (1985: 947).

He made *a few friends* and *many enemies*.
　[그는 친구는 몇 명 사귀지 못한 반면, 적은 많이 생겼다. → 타동사 made의 목적어 역할을 하는 두 개의 명사구 a few friends와 many enemies가 and에 의해 연결되어 평행 구조를 이루고 있음.]

Eating food **and** then *immediately retiring to bed* is not a healthy habit.
— S. Rama, *Meditation and Its Practice*.
　[음식을 먹고 바로 드러눕는 것은 건강을 지키는 습관이 아니다. → and로 연결된 두 개의 주어 역할을 하는 동명사절이 평행 구조를 이루고 있음.]

American women are used to being independent. They are used to *going places by themselves*, *earning their own money*, and *often living alone*.
　[미국의 여성들은 독립해서 살아가는데 익숙하다. 그들은 홀로 여기저기 다니고, 스스로 벌어서 쓰고, 또한 종종 홀로 사는데 익숙하다. → 전치사 to의 목적어로 세 개의 동명사절이 and로 연결되어 평행 구조를 이루고 있음.]

We want a government *of the people*, *by the people* and *for the people*.
　[우리는 국민의, 국민에 의한, 국민을 위한 정부를 원한다. → 명사구를 수식하는 세 개의 전치사구가 and로 연결되어 평행 구조를 이루고 있음.]

Happiness can be secured **by the exercise of self-control, by cultivating habits of plain living and high thinking**, and **by spending less money**, even though earning more.
— Paramhansa Yogananda, *How to be Happy All the Time*.
　[자제력을 발휘하고, 소박한 생활과 고귀한 사고 습관을 가지고, 또한 더 많은 돈을 벌더라도 덜 씀으로써 행복해질 수 있다. → 방법을 나타내는 세 가지 전치사구가 and로 연결되어 평행 구조를 이루고 있음.]

She likes a romantic novel *which has an exciting action* and *which keeps her guessing*.
　[그녀는 흥미있는 행위가 들어 있고 계속 생각하게 하는 낭만적인 소설을 좋아한다. → 선행사인 명사구 a romantic novel을 수식하는 두 개의 관계사절이 and로 연결되어 평행 구조를 이루고 있음.]

It is unclear *why the Sewol leaned so far to the left before sinking*, **and** *why so many aboard the ship had been unable to escape*, even though it took nearly two and a half hours for the vessel to capsize and all but disappear underwater. — *The New York Times*, April 17, 2014.
　[세월호가 전복되어 거의 물속으로 사라지는데 두 시간 반 가까이 걸렸음에도 불구하고 이

배가 침몰하기 전에 왼쪽으로 그렇게 많이 기울어지고 배에 탄 대단히 많은 사람들이 탈출하지 못한 이유가 무엇인지 명확치 않다. → 주어 역할을 하는 두 개의 종속 의문사절이 and에 의해 등위적으로 연결되었음.]

반면에 다음 문장에서는 and로 연결된 주어가 부정사절과 동명사절이라는 서로 다른 구조를 가진 형태로 나타나고 있어서, 평행 구조를 이루지 못하고 있다.[6] 그러므로 이 문장이 '사실적인'(factual) 뜻을 나타내는 것이라면 (1a)에서 부정사 to walk를 (1b)에서처럼 동명사 형태 walking으로 바꿔야 한다.

(1) a. *Swimming in the lake* and *to walk through the woods* are his favorite pastimes. →

b. *Swimming in the lake* and *walking through the woods* are his favorite pastimes. (Frank 1993: 210)
  [호수에서 수영을 하고 숲속을 산책하는 것이 그가 가장 좋아하는 여가 활용이다.]

반면에 이 문장에서 주어 부분이 '생각'을 나타내는 것이라면 동명사절을 모두 부정사절로 바꾸어야 할 것이다.

이상과 같은 예에서처럼, 등위접속을 지배하는 원칙은 등위적으로 접속되는 요소들이 구조와 기능, 그리고 의미면에서 같아야 하는 것이 일반적이지만, 등위접속되는 요소들이 다르게 나타나기도 한다. 특히 부사적인 요소가 부사와 전치사구로 나타나기도 한다.[7] 그러나 의미면에서는 긴밀한 의미상의 평행성이 유지된다. 즉, 양태부사적인 역할을 하는 요소들끼리 접속된다든가, 시간 부사류들끼리 연결된다.[8]

---

6 But it seems impossible, for example, to coordinate a nominal infinitive with an *-ing* clause. — Quirk et al. (1985: 947).
7 The general principle governing the coordination of phrases and words is that the conjoins must belong to the same category, formally, functionally, and semantically. Sometimes, however, the normal formal parallelism is not maintained, so that there is coordination of different adverbial categories. — Quirk et al. (1985: 969).
8 cf. We may join two or more like structures, such as prepositional phrases:
  10.64 We looked under the rug and in the closet.
  Both *under the rug* and *in the closet* function as adverbials of place. If we try joining an adverbial of place with one of time, we produce an unacceptable sentence:
  10.65 *We looked under the rug and at noon.

The enemy attacked *quickly* and *with great force*.
[적은 신속히 막강한 힘을 동원하여 공격했다.]
You can wash them *manually* or *by using a machine*.
[그것을 손으로나 기계로 빨 수 있다.]
They can call *this week* **or** *whenever you wish*.
[그들은 이번 주나 네가 원하는 시간에 전화를 걸 수 있다.]

다음의 보어 역할을 하는 요소들도 형용사와 형용사적인 역할을 하는 전치사구가 등위접속되고 있으며, 이들 역시 의미상으로 긴밀한 관계가 유지되고 있다.

Because the medicine is both *expensive* and *in great demand*, huge profits can be made.
[약값이 비싸고 수요도 높기 때문에 엄청난 수익을 올릴 수 있다. → be 동사의 보어로 형용사 expensive와 형용사 역할을 하는 전치사구 in great demand가 놓여 있음.]
She was very *ill*, but is now *out of danger*.
[그녀는 많이 아팠지만, 지금은 위험한 고비를 넘겼다. → 두 개의 절에 보어로서 각각 형용사 ill과 형용사적 역할을 하는 전치사구 out of danger가 쓰이고 있음.]
Yet nothing looked *shabby* or *out of style*.
— Edward Klein, *Farewell, Jackie: A Portrait of the Final Days*.
[그렇지만 초라해 보이거나 유행이 지난 것 같은 것은 아무것도 없었다.]

15.3. 등위접속사의 생략

문법적으로 동일한 기능을 담당하는 두 개의 요소들이 연결되는 경우에는 두 번째 요소 앞에 등위접속사가 놓인다.

"The Philosophy of Tea" conjoins *ethics* and *religion*.
['다도(茶道)'는 윤리와 종교를 결합시킨다.]
Quickly and *resolutely*, he trod into the bank.

The conjunction of two unlike structures such as an adverbial of time and one of place is known as ***faulty parallelism***. — Liles (1979: 167). See also Frank (1993: 210-211).

[재빨리 그리고 굳은 의지를 가지고 그는 은행으로 걸어 들어갔다.]
They are living in England, or they are spending a vacation there.
[그들이 영국에 살고 있거나, 그곳에서 휴가를 보내고 있다.]

그러나 세 개 이상의 요소들이 연결되는 경우에는 일반적으로 연결되는 요소들 사이에 쉼표를 첨가하여 이들을 분리시키게 되는데, 마지막 요소 앞에 쉼표를 붙이느냐, 그렇지 않느냐 하는 것은 언어 사용자에 따라 다르다.[9] 그리고 a society based on *democracy*, *peace*, and *social justice*(민주주의와 평화와 사회적 정의를 토대로 한 사회)와 같은 예에서처럼 등위접속사는 등위적으로 연결되는 마지막 두 요소 사이에만 첨가되고, 그 앞에는 생략되는 것이 보통이다. 이렇게 되면 생략된 접속사는 마지막에 나타난 접속사와 동일하다. 그러므로 A, B, *and* C와 같은 구조는 A and B(,) and C와 같은 형태에서 앞에 놓인 and가 생략된 것으로 해석된다.

Nature, time, **and** *patience* are the three great physicians.
　[자연, 시간 그리고 인내심은 세 명의 위대한 의사이다.]
Every year, Pitcairners receive thousands of letters from those yearning to live on an island with *no cars*, *no banks*, *no TV*, *no taxes*, *no paved roads* **and** probably *the lowest crime rate in the world*.
— Dea Birkett, "Island of Dreams" (*Reader's Digest*. November 1992).
　[해마다 피트케언 섬 주민들은 자동차, 은행, TV, 포장도로가 없고, 어쩌면 세계에서 범죄율이 가장 낮은 섬에서 살고 싶어하는 사람들로부터 수천 통의 편지를 받는다. — Pitcairn 섬은 뉴질랜드에서 3000 마일쯤 떨어진 남태평양에 있는 면적 5km^{2}의 영국령 작은 섬.]
Most of us were in the hall, the doors had been closed **and** *late comers had to wait outside*.
　[우리들 대부분은 홀에 있었고, 문이 닫혀 있어서 늦게 온 사람들은 밖에서 기다려야만 했다.]
The battery may be disconnected, the connection may be loose, **or** *the bulb may be faulty*.
　[배터리가 연결되지 않았거나, 연결이 제대로 되어 있지 않거나, 아니면 전구에 결함이 있을 지도 모르지.]

---

[9] Some authors regularly place a comma before *and* in a series; others omit it. — Liles (1979: 167).

Coming to terms with *the death of a loved one*, *divorce*, *illness* **or** *loss of a job* is always painful.
— William Thomas Buckley, "How to Cope with Crisis"
[사랑하는 사람의 죽음, 이혼, 질병, 또는 직장을 잃는 것 등을 현실로 받아들인다는 것은 언제나 괴로운 일이다.]

People eat in their cars **or** take their food *home*, *to their offices* **or** *to parks*.
[사람들은 자동차에서 먹거나 또는 먹을 것을 집이나 사무실이나 공원으로 가지고 간다.]

A mantra may be *a word*, *a phrase*, *a set of sounds*, **or** *simply a syllable*.
[주문(呪文)은 한 단어이거나, 어구이거나, 소리의 집합이거나, 또는 단순히 한 음절로 된 것일 수도 있다.]

이론상으로 and와 or는 무한수의 절들을 결합시킬 수 있는 반면, 의미상 but은 오로지 두 개의 절만을 연결시킬 수 있다. 때문에 다음과 같이 셋 이상의 절이 연속적으로 연결되는 문장에서 처음 두 개의 절 사이에는 and가 생략된 것이다.

John studies in France, Bill studies in Sweden, **but** *Paul studies in his own country, America*.
[존은 프랑스에서 공부하고, 빌은 스웨덴에서 공부하지만, 폴은 자기 나라 미국에서 공부한다.]

He failed, got into debt, **but** *found a job in Brussels*.
[그 사람은 실패해서 빚에 빠졌지만, 브뤼셀에서 직장을 구했다.]

그러나 연결되는 요소들 사이에 모두 접속사가 놓이거나, 모두 생략된 극단적인 예들도 볼 수 있다.[10]

She's going to spend the summer in *London* or *Paris* or *Rome*.
[그녀는 여름을 런던이나 파리나 로마에서 지내려고 한다. → 세 개의 등위접속 요소들이 모두 or로 연결되어 있음.]

Their gift of mimicry, their knack of telling a story, their quick wit, make

---

[10] Swan (2005: 44)은 and 없이 문장 요소들이 연결되는 것은 문어적이며, 비교적 드문 현상이라고 말하고 있다:

My dreams are full of **darkness**, **despair**, **death**.
[나의 꿈은 암흑, 절망, 죽음으로 가득 차 있다.]

them often highly entertaining.
— W. Somerset Maugham, *The Summing Up*.
  [그들의 흉내내는 재주, 이야기하는 요령, 재빠른 재치가 종종 그들을 상당히 재미있는 사람으로 만든다. → 세 개의 등위접속 요소들이 등위접속사 없이 나란히 놓여 있음.]

15.4. 등위절에서의 생략 요소

등위접속사를 이용하여 절과 절을 등위접속하는 경우에 유의하여야 할 사항은 이른바 생략 구문(elliptical constructions)이 등장한다는 사실이다. 이를테면, 이미 앞에 놓인 등위절에서 언급된 똑같은 내용을 두 번째 등위절에서 되풀이한다는 것은 어느 모로 보더라도 언어 사용이 비경제적이기 때문에, 이미 앞에 놓인 절에서 언급된 같은 내용이 되풀이 될 경우에는 되풀이되는 그 부분을 생략한다는 것이다. 다시 말하자면, 둘 또는 그 이상의 절들을 등위적으로 연결하고자 할 때 특정한 절 요소들이 생략될 수 있는데, 이렇게 하는 것은 두 개의 절이 서로 밀접하게 연결되어 있어서 이미 앞에 나온 절에서 언급된 동일한 요소가 두 번째 절에서 반복되는 것을 피할 수 있는 수단이 되기 때문이다. 다음 예문에서는 but을 이용하여 두 개의 절이 서로 반의적(反意的: adversative)으로 등위접속되고 있다.

  Men shake hands, but usually only when they're introduced.
    [남자들은 악수를 하지만, 대개 소개를 받는 경우에만 악수를 한다.]

이 문장에서 but을 이용하여 등위접속된 두 번째 절 but usually only ... 이하에서는 처음으로 등장한 부사적 요소를 제외하고 첫 번째 절에서 언급된 내용이 모두 생략되었다. 첫 번째 절에 나온 내용을 두 번째 절에서 모두 나타내게 되면 but **they** usually **shake hands** only when they're introduced처럼 완전한 절이 되지만, 이렇게 같은 말을 불필요하게 되풀이하지 않고 반복되는 내용을 모두 생략하더라도 충분히 의사전달이 가능하기 때문에 굳이 되풀이할 필요가 없게 되는 것이다.

일반적으로 두 번째 절에서 생략되는 요소는 첫 번째 절에 나타난 요소와 동일하지만, 전달하고자 하는 뜻의 차이에 따라서는 시제(tense)나 수(number)와 관련된 동사 형태가 달라지기도 한다.

  Mary *is going* to Paris and her sisters (*are going*) to Rome.

[매리는 파리로 가고 그의 자매들은 로마로 간다. → 첫 번째 절의 주어는 3인칭 단수이기 때문에 is going이지만, 두 번째 절의 주어가 복수이기 때문에 생략된 동사는 are going이라야 함.]

He has *complained*, and he will (*complain*) again.
[그는 불평을 해왔으며 다시 (불평)할 것이다. → 첫 번째 절에서는 현재완료 형태가 쓰인 반면, 두 번째 절에서는 법조동사가 나타나고 동사 원형 complain이 생략되었음.]

생략 현상은 문장의 모든 요소에서 고루 일어난다. 주어를 비롯하여 술부(predicate)의 일부가 생략될 수 있다.

15.4.1. 주어

등위접속되는 두 개의 절의 주어가 동일하면 두 번째 절의 주어가 생략되는 것은 아주 보편적이다.

He went up and found the bed hadn't been slept in.
[그는 올라가서 침대가 이용되지 않았었다는 것을 알았다. → 두 번째 절에서 주어 he가 생략됨.]

She turned a deaf ear to our warnings and got lost.
[그녀는 우리의 경고를 외면했다가 길을 잃고 말았다. → 두 번째 등위절의 주어 she가 생략되었음.]

Bert robbed a bank and was caught by the police.
[버트는 은행을 강탈해서 경찰에 붙잡혔다. → 두 번째 등위절의 주어 he (= Bert)가 생략됨.]

By the end of 1985 the yacht was ready. *Jerry* and *Pat* sold their 350-seat restaurant, said good-by to their five grown children and were off.
— Peter Schafer, ""Mayday!" Off Cape Town"
[1985년 말에 요트가 마련되었다. 제리와 패트는 350석을 갖춘 식당을 처분하고 성장한 다섯 자녀들에게 작별 인사를 하고, 떠나버렸다. → said good-by와 were off 바로 앞에 Jerry and Pat을 가리키는 공통 주어 they가 생략되었음.]

15.4.2. 주어와 술부의 일부

주어를 포함하여 술부의 일부가 생략될 수 있다. 즉, 주어와 본동사가 생략되거나, 주어와 조동사가 서로 동일하면 대개 이 두 요소가 모두 생략될 수 있다.

Tradition is a guide **and** not a jailer.
[전통은 하나의 안내자이지, 간수가 아니다. → 두 번째 등위절에서 it is가 생략되었음.]
You should write to them **or** give them a ring some time.
[조만간 너는 그들에게 편지를 쓰거나 전화를 걸어야 한다. → 두 번째 등위절에서 you should가 생략되었음.]
Laura may have received the letter **but** forgotten to reply.
[로라가 그 편지를 받았겠지만 답장할 것을 잊었을 거야. → 두 번째 등위절에서 she may have가 생략되었음.]
Remember, **you can't** usually send telegrams **or** make telephone calls from U. S. post offices.
[잊지 말아라. 미국 우체국에서는 보통 전보를 치거나 전화를 걸 수 없다는 것을. → 두 번째 등위절에서 you can't가 생략되었음.]
"**A man can** live without a wife, **but** not without kimchi." For centuries, this ancient Korean saying about the country's fiery national food was not far from the truth. — Yoon Hee Park, "Please Pass the Kimchi"
["아내 없이는 살 수 있어도 김치 없이는 살 수 없다." 수 세기 동안 한국의 얼얼한 국민 식품에 대한 이 옛 격언은 결코 사실에서 벗어난 것이 아니다. → but으로 시작되는 등위절에서 주어와 조동사+본동사가 생략되었음.]

15.4.3. (조동사+) 본동사

조동사가 있으면 조동사를 포함하여 본동사가 생략되고, 주어와 술부의 나머지 부분만 나타나는 구조를 중간 생략, 즉 이것을 줄여서 중략(中略: gapping)이라고 한다.[11] 그러므로

---

11 Gapped coordinates are structurally incomplete clauses: the predicator is omitted, so that there is a gap in the middle of the clause. Compare:
 [6] i *Kim is an engineer and Pat is a barrister.*   [basic coordination]
   ii *Kim is an engineer and Pat _____ a barrister.*   [gapped coordination]

예컨대 다음 문장 (2a)에서 두 번째 등위절 안에 있는 조동사와 본동사는 (2b)에서처럼 생략되고 주어와 목적어만 남아 있다.

>(2) a. John *has written* a poem, **and** Bob *has written* a short story.
>   b. John *has written* a poem, and Bob a short story.
>   [존은 시를 쓰고, 바브는 단편소설을 썼다. → 두 번째 등위절에서 동사 has written이 생략되었음.]

특히 중략이 이루어지는 이러한 구조에서는 주어가 서로 달라야 하고, 술부에서 최소한 동사를 제외한 다른 하나의 요소가 나타나야 한다.

> I *work* in a factory, **and my brother on a farm**.
>   [나는 공장에서 일하고, 내 동생은 농장에서 일한다. → 두 번째 등위절에서 동사 works가 생략되어 있음.]
> The wind **was** brisk, **the sun bright, and the ocean calm**.
>   [바람은 냉랭하고, 태양은 화사하고, 또 바다는 잔잔했다. → 두 번째와 세 번째 등위절에서 동사 was가 생략됨.]
> There are rules for introducing people to each other. A younger person **is generally introduced** to an older one, **a guest to the host or hostess, and one person to a group**.
>   — Gradys Doty & Janet Ross, *Language and Life in the U.S.A.*
>   [사람들을 서로 소개하는 규칙이 있다. 나이 어린 사람은 일반적으로 나이 많은 사람에게 소개되고, 손님은 남자 주인이나 여자 주인에게, 그리고 한 사람은 단체에게 소개된다. →

The gapped, marked in [ii] by '_____', is interpreted anaphorically from the underlined antecedent in the first clause. Usually a gapped coordination is semantically equivalent to a basic coordination in which there is repetition rather than a gap, as [ii] here is equivalent to [i]. Gapping is possible only when the coordinates have parallel structures: the gap is flanked by elements which match elements of like function flanking the antecedent. In [ii], for example, *Pat* matches the subject *Kim* and *a barrister* matches the predicative complement *an engineer*. In multiple coordination all the coordinates after the first can be gapped: *Kim is an engineer, Pat a barrister, and Alex a doctor.* — Huddleston & Pullum (2002: 1337). See also Quirk et al. (1985: 974-975), Baker (1997: 518), Celce-Murcia & Larsen-Freeman (1999: 469), Berk (1999: 226), and Dixon (2005: 70).

and로 연결된 세 개의 절에서 두 번째와 세 번째 절에서 is introduced가 생략됨.]
And so, not surprisingly, Harriet fell in love with Mill **and he with her**.
— Maurice Cranston, "Mr. and Mrs. Mill on Liberty"
[그래서 해리어트는 밀과 사랑에 빠지게 되고, 밀은 해리어트와 사랑에 빠지게 된 것은 전혀 놀라운 일이 아니었다. → and 다음의 주어 he와 전치사구 with her 사이에 fell in love가 생략됨.]

이러한 구조에서 주어가 동일하면 주어까지도 생략될 수 있다.

Paul is flying to Madrid tonight **and** to Athens next week.
[포올은 비행기로 오늘밤에 마드리드로 가는데, 다음 주에는 비행기로 아테네에 간다. → 두 번째 등위절에서 he is flying이 생략되어 있음.]
English **has replaced** French in the world of diplomacy **and German in the field of science**. — Joseph Treen, "English, English Everywhere"
[외교계에서는 영어가 불어를 대신하고, 과학계에서는 독일어를 대신하게 되었다.]

두 개의 목적어, 또는 목적어와 목적보어가 내포된 절에서 본동사가 생략되거나, 조동사가 있으면 조동사를 포함한 동사구, 즉 조동사 + 본동사가 생략될 수 있다. 물론 이러한 경우에는 주어도 생략되어야 한다.

He has promised John a book, Bill a watch, **and** Mary a doll.
[그는 존에게 책을 약속했으며, 빌에게는 시계를, 그리고 메리에게는 인형을 약속했다. → 주어와 동사구가 생략되었음.]
He made John happy, **but** Mary angry.
[그가 존은 행복하게 해주었지만, 메리는 화나게 만들었다. → 주어와 본동사가 생략되었음.]

15.4.4. (동사 +) 주격보어

주격보어, 또는 동사와 주격보어가 생략될 수 있다. 주어가 동일하면 주어도 생략될 수 있다.

Either Ed is *a liar* **or** Max is.
[에드가 거짓말쟁이거나 맥스가 거짓말쟁이다.]

John *was the winner* in 1970 **and** Bob in 1971.
[1970년에는 존이 승자였지만, 1971년에는 보브가 승자였다.]
It's cold in December in England, **but** in July in New Zealand.
[영국은 12월이 춥지만, 뉴질랜드에는 7월에 춥다.]

15.4.5. 동사구 + 목적어

동사구와 목적어가 생략될 수 있다.

Joan *will cook the meals* today **and** Barbara tomorrow.
[조안은 오늘 식사 준비를 하고 바바라는 내일 한다. → Barbara 다음에 will cook the meals가 생략됨.]

어떤 문맥의 구조에서는 주어와 동사가 생략되었는지, 동사와 목적어가 생략되었는지 애매한 경우도 있다.

Bob will interview some candidates this morning and Peter this afternoon.

이 문장은 다음과 같이 두 가지 유형 중 어느 한 가지 생략이 이루어진 것으로 해석될 수 있을 것이다.

Bob will interview some candidates this morning and (*Bob will interview*) Peter this afternoon.
[보브가 오늘 오전에는 몇 명의 후보자들을 면접하고 오후에는 피터를 면접할 것이다. → 두 번째 절이 주어와 동사구가 생략된 형태로 분석됨.]
Bob *will interview some candidates* this morning and Peter (*will interview some candidates*) this afternoon.
[보브가 오늘 오전에 몇 명의 후보자들을 면접하고 오후에는 피터가 몇 명의 후보자들을 면접할 것이다. → 두 번째 절이 동사구와 목적어가 생략된 것으로 분석됨.]

특히 등위구조에서는 중략이 이루어진 문장은 그렇지 않은 문장보다 이해하기가 더 어렵다. 그러므로 어떤 문장이 중략이 일어난 것으로 해석될 수도 있고, 중략이 일어나지 않은 것으로도 해석될 경우에는 중략이 이루어지지 않은 쪽으로 해석하는 것을 더 선호하는 경향이 있다.[12] 그러므로 (3a)의 뜻으로는 (3c)보다 오히려 (3b)를 선택할 것이다.

(3) a. Barbara *gave* Sue a magnolia **and** Ada a camellia.
b. [= Barbara gave Sue a magnolia and Barbara gave Ada a camellia.]
   [바바라는 스우에게 목련을 주고, 아다에게 동백나무를 주었다.]
c. [≠ Barbara gave Sue a magnolia and Ada gave Sue a camellia.]
   (Quirk et al. 1985: 974)
   [바바라는 스우에게 목련을 주고, 아다는 스우에게 동백나무를 주었다.]

15.5. 등위접속사의 용법

15.5.1. and

15.5.1.1. 등위접속 요소

and는 추가 접속사(additive conjunction)로서, 문장 내에서 문법적으로 동일한 기능을 담당하는 요소들을 추가적으로 연결한다. 즉, and는 중심적인 등위접속사의 하나로서 아래 예에서처럼 문법적인 기능이 같은 둘 또는 그 이상의 단어, 구, 절(등위절, 종속절) 등을 대등하게 연결한다.

Steve and ***his friends*** are coming to dinner.
  [스티브와 그의 친구들이 저녁 식사하러 온다. → 주어 역할하는 명사구.]
Being a good friend, and ***having a good friend***, can enrich your days and bring you lifelong satisfaction.
— Sue Browder, "How to Build Better Friendships"
  [좋은 친구가 되는 것과 좋은 친구를 사귀는 것은 여러분의 하루하루가 풍요로워지고 일생

---

12 Coordination with gapping is apparently more difficult to decode and comprehend than coordination without gapping. An indication of this is that non-gapped interpretations are preferred to gapped interpretations in cases where a sentence permits both kinds of interpretation. — Quirk et al. (1985: 974).

을 만족하게 해줍니다. → 주어 역할을 하는 동명사절.]

The weather will be *cold* **and** *cloudy*.

[날씨가 춥고 구름이 낄 것이다. → 보어 역할을 하는 형용사.]

English *is,* **and** *always has been*, the language of the common man.

[영어는 평범한 사람들의 언어이고, 또한 지금까지도 늘 그랬다. → 동사.]

You must *take the course* **and** *pass the examination*.

[여러분은 과정을 이수하고 시험에 통과해야 한다. → 서술부.]

On this farm, they keep *cows, sheep, pigs,* **and** *a few chickens*.

[이 농장에서 그들은 소, 양, 돼지와 닭 몇 마리를 기른다. → 타동사의 목적어 역할을 하는 명사구.]

The bus *for the Houses of Parliament* **and** *Westminster Abbey* leaves from this point.

[의사당과 웨스트민스터 사원으로 가는 버스가 여기에서 출발한다. → 전치사의 목적어인 명사구.]

We see them on their way *to* **and** *from* school.

[우리는 그들을 등하교 길에 만난다. → 전치사구의 중심어인 전치사.]

Gargarine's space flight had an *immediate* **and** *wide-ranging* impact on US scientific policy.

[가가린의 우주 비행은 미국의 과학 정책에 직접적이고 광범위한 영향을 미쳤다. → 명사를 수식하는 형용사. 가가린은 옛 소련의 우주 비행사로서, 인류 최초로 지구 궤도 비행에 성공.]

특히 and는 다음과 같은 어구들을 연결하기도 한다.

(1) 흔히 사용되는 고정된 어구를 연결하는데, 이 경우에 어순을 바꿀 수 없다.[13] 흔히 짧은 표현이 앞에 놓인다.

> hand and foot(손발을 모두), on one's hands and knees(손과 무릎으로 기어다니는), bread and butter(버터를 바른 빵), young and pretty(젊고 예쁜), thunder and lightning(천둥과 번개), black and blue(멍이 든), black and white(흑백), cup and saucer(받침 접시가 있는 컵), a knife and fork(칼과 포크), a ball and chain(쇳덩이가 달린 사슬),

---

13 Some common expressions with *and* have a fixed word order which cannot be changed. The shortest expression often comes first. — Swan (2005: 44).

이렇게 연결된 어구가 명사 + 명사일 경우, 이들은 긴밀한 관계를 가진 하나의 물건처럼 여겨지기 때문에 이러한 명사구가 주어 역할을 하게 되면 단수로 취급되어 단수 동사에 일치한다.[14]

Law and order *is* a primary concern of the new administration.
(Quirk et al. 1985: 955)
  [법질서를 지키는 일은 새로운 정부의 일차적 관심사이다.]
Fish and chips *is* very popular in Britain, and *is* considered to be a typically British meal.
  [생선튀김에 감자튀김이 곁들인 음식이 영국에서 아주 인기가 있으며, 영국인들의 전형적인 식사로 여겨진다. → a fish-and-**chip** shop에서는 chip이 단수형으로 나타남.]
The Stars and Stripes *is* a name for the national flag of the United States of America.
  [the Stars and Stripes(성조기)는 미국 아메리카 합중국의 국기이다.]

(2) 명사를 전치수식하는 형용사 사이에는 and가 첨가되지 않는다.

Thanks for your **nice long** letter.
  [재미있는 긴 편지를 보내줘 고맙다.]
a **tall, dark, handsome** student
  [키가 크고 피부색이 검은 잘 생긴 학생]
cheap wooden garden furniture
  [나무로 만든 값싼 정원용 기구]

(3) 그러나 다음과 같은 경우에는 형용사들이 and로 연결된다.
(a) 수식어가 동일한 대상의 서로 다른 부분을 나타내는 경우.

red and yellow socks
  [빨갛고 노란 양말]

---

14 In some cases the conjoins are so closely linked in meaning that they participate in the meaning of the clause as if they referred to a single object. The whole phrase may behave as a singular noun phrase for purposes of concord. — Quirk et al. (1985: 955).

a **metal and glass** table

[철재와 유리로 만든 테이블]

(b) 어떤 대상이 둘 이상의 서로 다른 부류에 속한다는 점을 나타내고자 할 때.

It's a **social and political** problem.

[그것은 사회 · 정치적 문제이다.]

She's a **musical and artistic** genius.

[그녀는 음악적이고 예술적 천재이다.]

(c) 마음에 드는 것이나 그렇지 않은 것들을 나열하는 경우.

They are **generous, kindly and courageous**.

[그들은 너그럽고, 친절하고, 또한 용기가 있다.]

It's an **ill-planned, expensive and wasteful** project.

[그것은 계획이 잘못되고, 비용이 많이 들고, 또한 낭비성의 사업이다.]

15.5.1.2. 유사 등위접속

외형적으로는 동일한 기능을 담당하는 두 개의 요소가 and로 대등하게 연결된 것처럼 보이면서도 사실상 동일한 기능을 담당하는 요소들의 연결이 아닌 형태들도 있다. 비격식체 영어에서 nice and ...는 두 개의 형용사 — 때로는 두 번째 요소로 부사가 나타나기도 함 — 가 and로 연결된 구조로서, [náisn ...]¹⁵으로 발음된다. 이 구조에서 첫 번째 요소로 나타나는 형용사는 두 번째 형용사의 뜻을 강화시켜 주는(intensifying) 일종의 부사적 역할을 하는 것이다.¹⁶ 예컨대 He's nice and drunk.에서 nice and drunk는 두 단어가 갖는 각각의 뜻이 and로 연결된 것이 아니라, '몹시 취한'이라는 뜻이다. 이러한 어구는 주로 비격식적으

---

15 and의 발음: and가 강세를 받으면 [ǽnd]로 발음되지만, 강세를 받지 않게 되면 [ənd]로 약화되며, 여기에서 약모음 [ə]가 탈락되고 [nd]가 남는다. 이 두 소리는 입안의 같은 위치에서 발음되기 때문에 [d]가 탈락되고 최종적으로 [n]만 남는다. 바로 이 때문에 nice and가 [naisn]으로 발음되는 것이다. 거리를 걷다 보면 TOM N TOMS COFFEE라는 상호를 볼 수 있는데, 여기서도 위에서처럼 AND에서 N만 남아서 이루어진 것이다.

16 Downing & Locke (2006: 487).

로 쓰이는 것으로, 대충 'pleasantly ...' 또는 'suitably ...'라고 하는 호감을 주는 뜻을 함축한다.[17]

> This room is **nice and warm**. (= comfortably warm)
> [이 방은 상당히 따뜻하다.]
> His speech was **nice and short**.
> [그의 연설이 상당히 짧았다.]
> I like my coffee **nice and strong**.
> [나는 커피를 상당히 진하게 마시기를 좋아한다.]
> Everybody arrived **nice and early**.
> [모든 사람들이 상당히 일찍 도착했다. → early는 부사이며, nice and early는 부사적으로 쓰이 고 있음.]

특히 미국영어에서는 nice and 대신에 good and를 사용하는 사람들도 있지만[18], nice and보다 사용 빈도수가 훨씬 떨어진다.

> Don't rush me; I'll do it when I'm **good and ready**.
> [재촉하지 마라. 준비가 다 되면 그 일을 하겠어.]

더욱이 이러한 구조는 서술적인 역할을 하는 위치에서만 나타나며, 명사를 수식하는 한정적인 위치에 놓이게 되면 이러한 강의적인 뜻을 전달하지 않는다. 특히 good and ...는 faithful이나 prosperous 따위처럼 호의적인 뜻을 포함하는 단어들과 결합된다.

> There are many **good and prosperous** people here.

---

17 Again in informal speech, there is a special use of some commendatory adjectives as first conjoin of a coordination by *and*. The most common adjective of this type is *nice*. — Quirk et al. (1985: 979); In an informal style, the expression *nice and* is often used before another adjective or an adverb. It means something like 'pleasantly' or 'suitably'. — Swan (2005: 13); Conjoined sequences beginning with *good and* or *nice and* often serve to intensify the degree of the second adjective. This so-called 'pseudo-coordination' is characteristic of predicative rather than attributive uses, as in *Everything looks nice and burnt!* — Biber (1999: 537).
18 Quirk et al. (1985: 979) and Biber (1999: 538).

[이곳에는 착하고 부유한 사람들이 많다.]

Her former lover is a **good and supportive** friend.
[그녀의 전 애인은 착하고 남을 도와주는 친구이다.]

15.5.1.3. try and ...

try and ...가 비격식적인 경우에 try to ... 대신에 쓰인다. 예컨대 I'll try and get a newspaper.는 I'll try to get a newspaper.(신문을 사오도록 하지.)라는 뜻이다. 이 경우에 try는 반드시 원형이라야 하며, tries, tried와 같은 형태에서는 허용되지 않는 것 같다.

Try and eat something — you'll feel better if you do.
[뭔가 좀 먹어 보도록 해라. 그러면 기분이 좀 나아질 거야.]
I'll **try and phone** you tomorrow morning.
[내일 오전에 전화를 걸도록 할게.]
Try and get here before 4 o'clock.
[네 시 전에 여기로 오도록 해봐라.]

이와 유사한 형태로서 **Go and look** for him immediately.에서도 go와 look이 and를 사용하여 대등하게 연결된 것이 아니라, **Go to look** for him immediately. (당장 그를 찾으러 가거라.)라는 뜻을 나타내는 것이다. 다른 예로서 come/run/ hurry up/stay and ...와 같은 것들을 들 수 있으며,

Come and have a drink.
[와서 한 잔 하게.]
Stay and have dinner.
[있다가 저녁 식사 하자.]

또한 이러한 동사들이 3인칭 단수형이나 과거형이라도 가능하다.

He often **comes and spends** the evening with us.
[그는 자주 우리와 저녁 시간을 같이 하러 온다.]
She **stayed and played** with the children.

[그녀는 남았다가 애들과 같이 놀았다.]

미국영어의 비격식체에서는 come이나 go의 어간형(語幹形: base form) 다음에 and가 생략되는 예를 간혹 볼 수 있다[19]

Let's **go see** if Anne's home.
[앤이 집에 있는지 가보자.]
Come sit on my lap.
[와서 내 무릎에 앉아라.]

15.5.1.4. 동사 + and + 동사 등

같은 형태의 동사가 and에 의해 등위접속되는 경우, 순간동사의 등위접속은 '반복'의 뜻을 나타내지만, 비완결동사(atelic verbs)[20]의 등위접속은 '지속'의 뜻을 나타낸다.[21]

They *knocked* and *knocked*.
(= They knocked *repeatedly*.)
[그들은 반복해서 문을 두드렸다. → 순간동사 knocked가 and에 의해 등위적으로 연결되어 반복의 뜻을 나타내고 있음.]

He *talked* and *talked* and *talked*.
(= He talked *for a very long time*.)

---

19 Swan (2005: 45).
20 He is doing his homework.의 경우에는 숙제를 시작해서 끝나는 데 걸리는 시간이 분명하다. 이렇게 쓰인 동사를 telic verbs (완결동사)라고 한다. 그러나 camp, study, wait, walk 따위와 같은 동사처럼 시작과 끝이 없는 동사를 atelic verbs (비완결동사)라고 한다. '완결동사'와 '비완결동사'에 대해서는 본서 제2권 6.7.2.4 참조.
21 특히 '반복'이나 '지속'의 뜻은 again and again, over and over, up and up, down 따위가 and로 연결되어 나타나기도 한다.
 I've said it **again and again**, but she still takes no notice.
 [나는 그 말을 거듭거듭 말했지만, 그녀는 여전히 주의를 기울이지 않았다.]
 The ballon went **up and up** into the sky.
 [풍선이 계속해서 하늘로 올라갔다.]
 — Quirk et al. (1985: 980).

[그는 상당히 오랫동안 말을 했다. → 비완결동사 talked가 and에 의해 등위적으로 연결되어 시간의 지속을 나타내고 있음.]

She *laughed* and *laughed*.

[그녀는 한동안 웃었다.]

We *ran* and *ran*.

[우리는 계속 뛰었다.]

He *pushed* and *pushed* and *pushed* on the door.

[그는 계속해서 문을 밀었다.]

두 개의 동일한 명사가 and로 등위접속되면 표출된 그 대상의 종류가 다양하다는 점을 암시한다. 반면에, 셋 이상의 동일한 명사가 등위접속되면 그 수효가 많다는 점을 암시한다.

There are *teachers* and *teachers*.

[선생님에도 이런 저런 선생님들이 있다. → 훌륭한 선생님이 있는가 하면, 형편없는 선생님들도 있다는 뜻임.]

There are *dictionaries* and *dictionaries*.

[사전에도 이런저런 것들이 있다. → 사전들 중에는 다른 것보다 훨씬 좋은 것도 있고, 그렇지 않은 것들도 있다는 뜻임.]

There are *doctors* and *doctors*.

[의사들도 천차만별이다.]

'They said this guy is an expert.' 'Yes, but there are *experts* and *experts*.'

[그들은 이 사람이 전문가라고 말했어.' '그래요. 하지만 전문가에도 이런저런 사람들이 있지.']

We saw *dogs* and *dogs* and *dogs* all over the place.

[우리는 도처에서 많은 개들을 보았다.]

15.5.1.5. and의 여러 가지 의미

등위절을 연결하는 접속사 and는 가장 폭넓은 뜻을 가지고 사용된다. 다만 이것이 동일한 기능을 담당하는 절을 연결하는 경우에는 연결되는 두 개 (또는 그 이상)의 절은 내용이 서로 긴밀하게 연관되어 있는 것이라야 한다. 그러므로 다음 문장에서 두 개의 등위접속된 절은 서로 아무런 관계도 없기 때문에 어색하다.

The youngsters went off to a dance **and** the equator is equidistant from the two poles.

[어린이들이 무도회에 가버렸고, 적도는 양극에서 같은 거리에 있다.]

and가 등위절과 등위절을 연결할 때 그 두 개의 등위절 사이에는 첨가 · 시간적인 연속 관계 · 인과 관계 · 조건 · 양보 등 여러 가지 의미 관계가 존재한다.[22] 특히 등위접속된 요소들 사이에 함축된 의미 관계는 그 의미와 관련된 부사를 첨가함으로써 더욱 분명해진다.

(1) 서로 관련된 사실을 연결한다.

He gained a B in English **and** now plans to study Spanish.
[그는 영어 과목에 B 학점을 받았으며, 이제는 스페인어 공부 계획을 하고 있다.]
She has written a lot of books, **and** one of them has been turned into a successful screenplay.
[그녀는 많은 책을 썼으며, 그 중 한 권은 성공적인 영화대본이 되었다.]

(2) 시간상의 전후 관계(time sequence)를 나타낸다. 등위적으로 연결된 두 개의 등위절 중에서 두 번째 절에 나타나는 내용이 첫 번째 절에 나타나는 내용보다 시간상으로 나중에 일어난다. 그러므로 and 다음에는 then을 첨가하여 두 번째 절에 나타난 상황이 첫 번째 절이 나타내는 상황 다음에 일어나는 것임을 명확히 할 수 있다.

Their family settled down in the Midwest **and** began farming.
[그들의 가족들은 중서부 지방에 정착해서 농사를 짓기 시작했다.]
I washed the dishes **and *then*** I dried them.
[나는 설거지를 하고 그릇을 말렸다. → 두 번째 절 앞에 then을 첨가하여 앞에 놓인 절보다 시간적으로 나중에 일어난 상황이라는 점을 분명하게 밝히고 있음.]
He glanced quickly at Sally **and *then*** looked away again.
[그는 재빨리 샐리를 힐긋 쳐다보고 나서 다시 시선을 다른 곳으로 돌려버렸다.]

---

22 *And* is the most frequently used coordinator in spoken and written English. Its inclusion can establish any of a range of meaning relationships between two clauses. Some of the most basic of these are *addition, temporal succession, cause and effect, condition,* and *concession.* — Cowan (2008: 597).

특히 이처럼 시간적인 전후 관계를 나타내는 경우에는 묘사되고 있는 상황들이 일어난 순서대로 연결되어야 한다. 다음 예를 보자.

When I reached the motel, I registered **and** went straight to my room.
[모텔에 도착해서 나는 등록을 하고 곧바로 방으로 갔다.]

이 문장에서 주절에 나타난 두 개의 구 registered와 went straight to my room은 분명히 상황이 일어난 자연스러운 순서대로 연결되어 있지만, 만약 이 두 개의 구가 놓이는 순서를 서로 바꾸게 되면 논리적으로 아주 어색한 배열이 된다.

그러나 다음 두 문장 (3a, b)는 잠시 생각을 요한다. (3a)는 넘어진 것이 원인이 되어 그로 말미암아 다치게 되는 결과가 발생했다는 점을 나타내는 것이다. 이러한 상황일 경우에 (3b)에서 등위접속되어 있는 두 개의 절은 자연스럽게 연결되었다고 볼 수 없다.

(3) a. Fred fell down, **and** he hurt his foot badly.
    [프레드가 쓰러져서 발을 크게 다쳤다.]
  b. (?)Fred hurt his foot badly, **and** he fell down.
    [프레드는 발을 심하게 다쳐서 넘어졌다.]

(3a)는 쓰러진 것이 원인이 되어 그 결과 발을 크게 다치게 되었다는 자연스러운 인과 관계가 시간의 전후 관계에 따라 순서대로 나타나고 있다. 그러나 (3b)는 다소 어색한 문장인 것처럼 여겨진다. 그러나 프레드가 쓰러져 다쳤다고 하는 것이 아니라, 오히려 이 반대로 프레드가 발을 심하게 다친 것이 원인이 되어 그 결과 쓰러지게 된 것으로 본다면 허용 가능한 문장이 될 수 있다.

(3) 인과 관계(causation)를 나타내며, 이 관계를 명확히 하기 위하여 and 다음에 therefore를 첨가할 수 있다. 첫 번째 절은 상황적 배경을 이루는 원인을 제공하는 것이고, 두 번째 절은 이에 따라 발생하게 되는 결과를 나타낸다. 이와 같은 뜻을 나타낼 때 and로 연결되는 두 개의 절의 배열순서는 상황이 발생한 순서를 반영하게 된다.

She won the prize **and** astonished them all.
[그녀가 상을 받아서 그들 모두를 놀라게 만들었다.]
She ran out of money, **and** (*therefore*) had to look for a job.

[그녀는 돈이 다 떨어져서 직장을 구해야만 했다.]
He drank heavily **and** died *as a consequence*.
[그는 과음을 해서 그 결과 세상을 떠났다.]

그러므로 He heard an explosion **and** he phoned the police. (그는 폭발하는 소리를 듣고서 경찰에 전화를 걸었다.)에서 두 개의 등위절을 서로 바꿀 수 없다. 그러나 다음 예에서처럼 나타내고자 하는 뜻에 따라 사건의 발생 순서를 달리 할 수 있다.

She was sick **and** took some medicine.
(= 'Because she was sick, she took some medicine.')
[그녀는 아파서 약을 좀 먹었다.]
She took some medicine **and** was sick.
(= 'Because she took some medicine, she was sick.')
[그녀는 약을 좀 먹었다가 아팠다.]

특히 (4a)에서처럼 등위접속사를 이용하여 인과 관계를 나타내고 있는 문장을 (4b)에서처럼 종속접속사를 이용하여 나타낼 수도 있다.

(4) a. Silver is malleable **and** can be shaped into jewelry.
   b. As silver is malleable, it can be shaped into jewelry.
      [은(銀)은 유연해서 보석 모양으로 만들 수 있다.]

(4) 두 번째 절은 대립 관계(contrast)를 나타낸다. 특히 이 점이 명백하게 나타나도록 하기 위하여 and 다음에 in contrast를 첨가할 수 있다.

Robert is secretive **and** David is candid.
[로버트는 숨기려고 하는 반면, 데이비드는 솔직하다.]
She's a bank manager **and** I'm just a road-sweeper.
[그녀는 은행 지배인이지만, 나는 거리 청소부에 불과하다.]
"I don't pretend to know much about old books." he said. "I've had these for years, **and** I haven't even read them...."
["나는 옛날 책에 대하여 많이 아는 체 하지 않는다. 나는 수년 동안 이러한 책들을 간직해

왔지만, 읽어보지도 못했다."라고 그가 말했다.]

특히 첫 번째 절에 언급된 내용과 대립된다는 사실을 강하게 부각시키고자 하는 경우에는 and 다음에 yet을 첨가할 수 있다.

They are poor, **and** *yet* proud.
[그들은 가난하지만, 그래도 자부심이 있다.]
I want to leave, **and** *yet* I feel obliged to stay.
[나는 떠나고 싶지만, 그래도 남아 있어야 할 것 같다.]

(5) 양보의 뜻(concessive force)을 나타낸다. 즉, 첫 번째 절에 나타난 내용과 비교하면 두 번째 절의 내용은 예상밖이라는 '놀라움'의 뜻을 나타낸다. 양보의 뜻은 등위접속사로 나타내거나, 종속접속사 (al)though를 이용하여 나타낼 수도 있다.

She tried hard **and** she failed. ⇒
Although she tried hard, she failed.
[그녀는 열심히 노력했지만, 실패했다.]
You can eat as much of this as you want, **and** you won't put on weight.
(Cowan 2008: 597)
[이것을 먹고 싶은 양만큼 먹어도 체중이 늘지 않는다.]

두 개의 절에 나타나는 의미 관계 때문에 위의 (4)와 (5)에 예시된 예문에 포함된 and를 but으로 바꿔 쓸 수 있다.

(6) 조건(condition)을 나타낸다. 즉, 명령이나 조언 등 지시적인(directive) 뜻이 담긴 조건과 이에 따라 발생하게 되는 결과의 뜻을 나타낸다. 이러한 점 때문에 if ... then의 경우처럼 상관적으로 쓰이는 then이 and 다음에 첨가될 수 있다. 그러므로 이와 같은 문장은 조건을 나타내는 if-절과 이에 따른 결과절로 나타낼 수 있다.

Take this medicine, **and** (*then*) you'll feel better. ⇒
If you take this medicine, (**then**) you'll feel better.
[이 약을 먹으면 나을 것이다.]

Water the seeds **and** they will grow.
   [씨앗에 물을 주면 싹이 나올 것이다.]
Pay a little extra attention to the way you face the world each day **and** you may be able to slow down the hands of time.
   [매일 여러분이 이 세상을 마주하는 방법에 좀 더 관심을 기울이면 세월의 흐름을 지연시킬 수 있을 것이다.]

15.5.2. or

or는 선택 접속사(alternative conjunction)이다. and와 마찬가지로, or 역시 둘 이상의 동일한 기능을 담당하는 다양한 요소들을 등위적으로 연결하지만, 대체로 동일한 유형의 구조만 연결한다.

One* or *the other of the secretaries has to attend the meeting. But both of them are reluctant to do so.
   [그 비서들 중 어느 한 사람이 회의에 참석해야 한다. 하지만 둘 다 참석하기를 꺼려하고 있다.]
Have you seen ***Ken* or *Brian***?
   [켄이나 브라이언을 만났느냐?]
He *has lost* or *misplaced* his sheep.
   [그가 양을 잃어버렸거나 잘못 두었다.]
She will *clean the house* or *fix the meal*.
   [그녀가 집안 청소를 하거나 식사를 준비할 것이다.]
He is good at painting *with watercolors* or *with oil paints*.
   [그는 수채화나 유화를 잘 그린다.]
Should we walk *around* or *through* that puddle?
   [저 물 웅덩이를 돌아가야 할까 건너가야 할까?]
I *may* or *may not* attend the lecture.
   [나는 강의에 출석하게 될지 어떨지 모르겠다.]
Mary Jane's sleeping or ***she's not at home***.
   [메리 제인이 잠자고 있거나 외출중이다.]

and와 or가 서로 바꿔 쓰이기도 한다. 그래서 흔히 글 가운데 and/or와 같이 나타난다. 이것은 이러한 접속사로 연결되는 요소가 다음 문장에서와 같이 둘 중의 어느 하나이거나, 둘 전부를 뜻한다.

> This hair cream may be used by men **and** women.
> or This hair cream may be used by men **or** women.
> [머리용 이 크림은 남자와 여자들/남자 또는 여자들이 사용할 수 있을 것이다.]

그러나 이처럼 and와 or가 서로 바꿔 쓰이는 것에 대하여 비난하는 사람들도 있기는 하지만, 상업적인 글이나 일반적으로 사용되는 어법이다.[23]

> In case the appliance does not function properly, write the store $\left\{\begin{array}{l}\text{and}\\\text{or}\end{array}\right\}$ the manufacturer.
> [제품 성능이 좋지 않으면 가게나 제조업체에 편지를 보내 주세요.]

or의 변이형으로 or else가 서로 비슷한 뜻으로 쓰인다.

> I think I was at school **or else** I was staying with a school friend during the vacation.
> [방학 동안에 나는 학교에 있었거나 학교 친구와 같이 있었던 것으로 생각된다.]

비격식적으로 or else가 단독으로 쓰여 위협이나 경고의 뜻을 나타내기도 한다.

> Just shut up, **or else**!
> [입 다물지 못해. 그렇지 않으면 알지!]

부정어 not 다음에는 and 대신에 or가 놓여 'and not'이라는 전면적인 부정의 뜻을 나타내게 된다. 따라서 not A or B는 'not A, and also not B'라는 뜻이다. 예컨대 I like *coffee and tea*.에 대한 부정문으로는 I don't like *coffee and tea*. 대신에 I don't like *coffee or tea*.(나는 커피나 차를 좋아하지 않는다.)라고 말한다.[24]

---

23 Frank (1993: 207) and Pickett (2005: 31).
24 One final comment on the meaning of conjunctions has to do with the alternation between

The situation is just **not** fair on *the children* or *their parents*.

[그 상황은 자녀들에게도 그들의 부모님에게도 공정하지 않다.]

The reflectors still work because they have **no** *batteries* or *circuits* to wear out.

[그 반사경은 닳아 못쓰게 되는 배터리나 소켓이 없기 때문에 계속 쓸 수 있다.]

There are a lot of Americans who do**n't** *smoke* or *drink*.

[담배를 피우거나 술을 마시지 않는 미국인들이 많다.]

I was**n't** born *a First Lady* or *a senator*.... I was**n't** born *a lawyer* or *an advocate of women's rights and human rights*.

— Hillary R. Clinton. *Living History*.

[나는 대통령 영부인으로도 상원의원으로도 태어나지 않았다. 나는 변호사로도 여성과 인간의 권리를 옹호하는 사람으로도 태어나지 않았다.]

not ... or 대신에 쓸 수 있는 neither ... nor는 보다 강조적이고 좀 더 격식적이다.

She is **not** charming **or** intelligent.

⇒ She is **neither** charming **nor** intelligent.

[그녀는 매력도 없고, 영리하지도 않다.]

---

and and *or* in conjoined structures in affirmative and negative statements, respectively. Consider the following sets:
    a. They have a house and a car.
    b. They don't have a house and a car.
    c. They don't have a house or a car.
Most native speakers of English will tend to find the proper negation of the proposition expressed in (a) to be (c), not (b), although negation seems to have operated on (b) in the normal way.
 What sentence (c) expresses is:
    It is not true that they have a house. It is also not true that they have a car.
In contrast to that, the typical logical interpretation of the (b) sentence is:
    It is not true that they have both a house and a car. It is true that they have either a house or a car.
— Celce-Murcia & Larsen-Freeman (1999: 479-480). Because *and* and *or* contrast with one another in meaning, *or* following a negative is in some respects equivalent to *and*. Thus:
 He doesn't have long hair *or* wear jeans.'.
is logically equivalent to the combination of two statements 'He doesn't have long hair AND *He doesn't wear jeans*'. — Quirk et al. (1985: 934).

or는 앞에서 등위접속되는 내용을 재차 진술하거나 명확히 하거나, 또는 수정해서 다시 말하는 역할도 한다. 예컨대 **Linguistics or the science of language** attracts many students.(언어학, 즉 언어 과학은 많은 학생들을 매혹시킨다.)의 경우처럼 앞에 언급된 linguistics를 보다 구체적으로 다시 고쳐 말하는 경우에 or가 쓰인다. 이러한 경우에 or 앞에 놓이는 쉼표는 다음에 오는 구조를 분리시키는 역할을 하게 된다.[25]

She was born in **Saigon, or Ho Chi Minh** as it is now called.
 [그녀는 사이공, 아니 지금은 호치민시라고 불리는 곳에서 태어났다.]
Most dictionaries give **the etymology, or the origin, of each word**.
 [대부분의 사전들은 어원, 즉 각 단어에 대한 기원을 제시하고 있다.]
He was afflicted with **Hansen's disease, or as it is more commonly known, leprosy**.
 [그는 한센병, 아니 더 일반적으로 알려져 있는 문둥병으로 고통을 당했다.]
Another consonant change which may take place at any time but which had begun to take place in Old English is **metathesis, or the transposition of two consecutive sounds**.
 — G. L. Brook, *A History of the English Language*.
 [어떤 시기라도 일어날 수 있으면서 고대영어에서 일어나기 시작했던 또 다른 자음 변화는 음위전환(音位轉換: metathesis), 즉 연속적으로 놓인 두 개의 음이 서로 위치가 바뀌는 것이다.]
The teeth play a part in the pronunciation of certain consonants, and so do **the gums or the teeth-ridge immediately behind the upper teeth**.
 — G. L. Brook, *A History of the English Language*.
 [치아는 어떤 자음의 발음에 어떤 역할을 하는데, 잇몸, 즉 윗니 바로 뒤 잇몸도 마찬가지이다.]

or 다음에 at least, better still, rather가 수반되기도 한다.

I worked as **a secretary, or rather, a typist**.
 [나는 비서로서, 아니 오히려 타자수로 일했다.]

---

25 Frank (1993: 209).

He had *to walk* — **or rather** *to run* — to the office.
[그는 사무실까지 걸어가야 했다. 아니 오히려 사무실까지 달려가야 했다.]
He could*n't help us*, **or rather** he did*n't want to*.
[그는 우리를 도울 수 없었다. 아니 오히려 돕고 싶지 않았다.]
They *are enjoying themselves*, or { at least / rather } they *appear to be enjoying themselves*.
[그들은 재미있게 시간을 보내고 있다. 아니 오히려 그들은 재미있게 시간을 보내고 있는 것 같다.]

이러한 경우에 or 다음에 놓이는 등위접속되는 요소는 '나중에 떠오른 생각' (after-thought)으로 덧붙여지는 것을 뜻한다.

or는 'if not; otherwise'라는 뜻으로 부정적인 조건(negative condition)을 암시한다. 다시 말해서, 이것은 조언·경고·명령을 하는 경우에 만약 말한대로 하지 않으면 바람직스럽지 못한 결과가 발생하리라는 점을 상대방에게 말할 때 사용하는 것으로, 명령문 다음에 or를 첨가하고 그 다음에 미래 동사가 수반된 등위절이 사용된다. 예컨대, Go away! If you don't go away, I'll scream.(꺼져! 꺼지지 않으면 소리 지르겠어.)이라고 부정적 조건절이 포함된 문장을 사용하는 대신에 Go away, **or** I'll scream.이라고 말하게 된다.

Confess your crime **or** you'll never be released!
[죄를 고백하지 않으면 결코 석방되지 못할 걸!]
Give me some money, **or (else)** I'll shoot.
[돈 좀 내놔라. 그렇지 않으면 쏠 테야.]

and는 항상 긍정의 명령문 다음에만 오지만, or는 긍정과 부정 명령문 다음에도 온다. 이런 경우에는 긍정형의 if-절을 사용해서 다음과 같이 풀어쓸 수 있다.

Don't pour hot water into the glass **or** *it will crack*.
(= 'If you pour hot water into the glass it will crack.')
[뜨거운 물을 유리잔에 부으면 잔이 깨진다.]
Don't pull the pages so hard **or** *they will tear*.
[책장을 그토록 세게 잡아당기지 마라. 그렇게 하면 찢어진다.]

Don't tilt your chair **or** you'll fall over!
[의자를 기울이면 넘어진다!]

조건의 뜻을 포함한 or를 사용하는 명령문 대신에 서술문으로도 명령문이 갖는 뜻을 나타낼 수 있다.

The soldiers told everyone to leave **or** they would be shot.
[군인들은 모든 사람들에게 떠나지 않으면 총살당할 것이라고 말했다. → cp. The soldiers said to everyone, "Leave, or you will be shot."]
We must deal with the problem now, **or else** it will be too late.
[우리가 지금 이 문제를 처리하지 않으면 너무 늦게 될 것이다.]

15.5.3. but

but은 반의 접속사(反意接續詞: adversative conjunction)로서, and와 or에 비하면 그 용법이 보다 제한되어 있다. 예컨대 부정어나 only가 수반되지 않으면 but은 대개 구와 구를 등위접속시키지 못한다.

I have been *to Switzerland*, **but** *not to the Alps*.
[나는 스위스에는 갔다 왔지만, 알프스에는 가보지 못했다.]
On this farm, they keep *cows* and *sheep*, **but only** *a few chickens*.
[이 농장에서는 소와 양을 기르는데, 닭은 몇 마리만 기른다.]

등위접속되는 요소들은 반복적(recursive)이거나, 반복적이 아닌(non-recursive) 것이다. 가령 and와 or로 이어지는 요소들이 몇 개나 되느냐 하는 점에는 제한이 없다. 그러므로 이들이 등위적으로 연결하는 요소들은 여럿이 될 수 있다. 그러나 but은 오로지 둘 사이를 연결하는데 그친다.[26] 그러므로 다음 문장은 틀린 것이다.

---

26 Coordination may be *recursive* or *non-recursive*. As pointed out in section 6.1, there is in principle no limit to the number of conjoints that may be joined together by *and* and *or*. Coordination with *but*, however, is non-recursive. Here the number of conoints is always restricted to two. — Bache & Davidsen-Nielsen (1997: 173).

*I like claret **but** not port **but** Madeira.
  [→ but이 둘 이상의 등위접속을 시킬 수 없음.]

이와 반대로, 다음 문장에서는 세 개의 등위절이 나란히 놓였으며, 마지막 두 개의 등위절 사에에만 but이 놓여 있고, 처음과 두 번째 등위절 사이에는 아무런 접속사도 없다. 그러나 처음 두 개의 등위절 사이에는 and가 생략된 것이다.

It wasn't cheap, it wasn't easy, **but** it's the best solution.
  [그것은 값이 헐하지 않았으며, 쉽지도 않았다. 그러나 최상의 해결책이었다.]

대체로 but은 두 개의 등위절 사이에 존재하는 대립 관계를 나타낸다. 즉, 일반적으로 등위접속되는 두 번째 절의 내용은 첫 번째 절의 내용에 비추어 볼 때 이상하다거나 예상밖의 상황이라는 점을 암시한다. 예컨대, I eat very little **but** I'm gaining weight. (나는 음식을 아주 적게 먹는데도 체중이 늘고 있다.)에서 음식을 적게 먹으면 체중이 늘지 않을 것이라고 자연스럽게 예상됨에도 불구하고 오히려 체중이 늘어나고 있다는 예상밖의 상황을 나타내기 위하여 but이 사용되고 있는 것이다.

The situation looked desperate, **but** they didn't give up hope.
  [상황이 절망적인 것처럼 보였지만, 그들은 희망을 잃지 않았다.]
She's 83 **but** she still goes swimming every day.
  [그 할머니는 83세이지만, 여전히 매일 수영하러 다닌다.]
Bill and I often disagree, **but** we are good friends.
  [빌과 나는 종종 의견이 엇갈리지만, 설친한 친구 사이이다.]
We're making a lot of progress, **but** we've still got a long way to go.
  [우리는 상당히 일이 진척되고 있지만, 아직도 갈 길이 멀다.]
Some children have problems making friends, **but** with proper guidance and support, that can change.
  [일부 어린이들은 친구를 사귀는데 어려움이 있지만, 적절한 지도와 도움을 받으면 이 점은 고칠 수 있다.]

전형적으로 but이 대립 관계를 나타내기 때문에, 대개 not ... but의 구조를 사용하여 not 다음에 놓인 부정적인 요소(절, 어구)와 but 다음에 놓인 긍정적 요소(절, 어구)가 서로 '대립적'이라는 점을 나타낸다.

They applauded **not** the players **but** the referee.
[그들은 선수들이 아니라 심판에게 박수를 보냈다.]
Jane did **not** waste her time in the week before the exam, **but** studied hard every evening.
[제인은 시험 전 주에 시간을 낭비하지 않고, 매일 저녁 열심히 공부했다.]
His death was **not** a tragedy, **but** a release from pain and suffering.
[그의 죽음은 비극이 아니라, 고통과 고난으로부터의 해방이었다.]
South Korean conservatives fear that Mr Kim's real intention is **not** to denuclearize **but** to use negotiations for a peace treaty to derive out 28,500 American troops based in the South. — *New York Times*, Oct. 17, 2018.
[남한의 보수주의자들은 김(정은)의 진정한 의도가 비핵화를 하는 것이 아니라, 남한에 기지를 둔 28,500명의 미군을 몰아내기 위하여 평화조약 협정을 이용하려는 것이 아닌가 하고 염려하고 있다.]

이러한 구조는 분열문(→ 본서 제4권 20.8.2 참조)에도 자주 나타난다.

It is **not** what one does, **but** what one tries to do, **that makes a man strong**.
— E. Hemingway, "Advice to a Young Man"
[인간을 강하게 만드는 것은 우리가 무엇을 하느냐 하는 것이 아니라, 무엇을 하려고 노력하느냐 하는 것이다.]
What truly matters is **not** which party controls our government, **but** whether our government is controlled by the people.
— Donald Trump's Inaugural Speech (2017. 2. 20)
[참으로 중요한 것은 어느 당이 정부를 이끌어 가느냐 하는 점이 아니라, 우리의 정부가 국민의 통제를 받고 있느냐 하는 점이다.]

but 다음에 rather나 on the contrary와 같은 어구를 첨가하게 되면 뜻이 강조될 수 있다.

특히 이러한 경우에는 절보다 작은 단위, 즉 구 단위가 연결된다.[27]

> Our goal was **not** to punish the rich, **but rather** to bring justice to the poor.
> [우리의 목표는 부자들을 처벌하는 것이 아니라, 오히려 가난한 자들에게 정의를 가져오려고 하는 것이었다.]
> I am **not** objecting to his morals, **but rather** to his manners.
> [나는 그의 도덕심에 반대하는 것이 아니라, 그의 예절에 반대하는 것이다.]

15.5.4. 상관접속사

both … and, either … or, 그리고 neither … nor는 상관접속사로서, 등위접속되는 두 요소를 서로 상관관계(correlation)를 갖도록 연결시켜 주는 역할을 한다. 이때 상관접속사의 첫 번째 요소 both, either, neither는 등위접속하는 요소들이 상관관계에 있음을 확인시켜 주는 (endorsing) 요소이고, 두 번째 요소 and, or, nor는 등위접속사 역할을 하는 것이다.

15.5.4.1. both … and 등

and가 갖는 등위접속 기능을 강화시켜주거나 그 기능을 명확히 밝혀주기 위해 등위접속되는 첫 번째 요소 앞에 both를 첨가시켜 both … and의 형식을 취하는 경우가 흔히 있을 수 있다. 이것은 등위접속되는 두 가지 요소 모두를 긍정적으로 연결시켜 주는데, 이 이외에도 not only … but also를 포함하여 at once … and가 있다.

both … and는 and가 갖는 '추가(addition)'의 뜻을 강조한다. 다시 말하자면, 이것은 긍정적인 진술 내용이 등위적으로 연결되는 두 가지 요소 각각에 적용된다는 점을 강조한다. 그러므로 (5a)에 제시된 두 개의 문장에 포함되어 있는 내용을 (5b)에서처럼 both … and와 같은 상관접속사를 이용하여 하나의 문장으로 만들 수 있다.

> (5) a. David loves Joan. He (therefore) wants to marry her.
>   [데이비드는 조안을 사랑한다. (그러므로) 그는 그녀와 결혼하고 싶어 한다.]
>   b. David **both** loves Joan **and** wants to marry her.
>   [데이비드는 조안을 사랑도 하고, 그녀와 결혼도 하고 싶어 한다.]

---

27 Quirk et al. (1985: 935).

얼핏 보면 both ... and는 both 없이 and만 단독으로 쓰일 때와 동일한 관계를 갖는 것처럼 보이지만, neither ... nor와 마찬가지로 두 개의 등위절을 등위접속시키는 경우에는 사용되지 않는다. 그러므로 (6b)와 달리, (6a)는 틀린 문장이다.

(6) a. ***Both** Mary washed the dishes **and** Peter dried them.
[→ both ... and는 두 개의 절을 등위접속시키지 못하기 때문에 틀린 문장임.]
b. Mary washed the dishes **and** Peter dried them.
[메리는 설거지하고 피터는 그릇을 말렸다.]

등위절의 경우를 제외하면 both ... and는 문장의 주어, 술부나 술부의 일부(예: 동사, 목적어, 보어, 부사어구) 등 상관관계를 갖는 거의 어떤 구조라도 등위적으로 연결할 수 있다.

Both *Islam* **and** *Hinduism* are world religions.
[이슬람교와 힌두교는 모두 세계의 종교이다. → 주어와 주어의 연결.]
Torture dehumanizes **both** *the torturer* **and** *the victim*.
[지나친 육체적 고통은 주는 사람과 받는 사람 모두를 비인간으로 만든다. → 목적어와 목적어의 연결.]
She's **both** *pretty* **and** *clever*.
[그녀는 예쁘기도 하고 영리하기도 하다. → 보어와 보어의 연결.]
I spoke to **both** *the Director* **and** *her secretary*.
[나는 관장과 그의 비서 모두에게 말했다. → 전치사의 목적어와 목적어의 연결.]
She **both** *dances* **and** *sings*.
[그녀는 춤도 추고 노래도 부른다. → 동사와 동사의 연결.]
This new machine will **both** *accelerate the copying process* **and** *improve the quality of reproduction*.
[새로 나온 이 기계는 복사를 보다 신속히 하고 복사의 질도 개선해 줄 것이다. → 술부와 술부의 연결.]
He did his work **both** *with speed* **and** *with enthusiasm*.
[그는 자기에게 주어진 일을 빠르고 열성적으로 했다. → 수식어와 수식어의 연결.]
Now women work **both** *before* **and** *after* having their children.
[지금은 여성들이 자녀를 갖기 전과 갖고 난 뒤에도 일을 한다. → 전치사와 전치사의 연결.]

both ... and에 대한 부정형은 neither ... nor이다. 그러므로 *I do **not both** *smoke* **and** *drink*.는 비문법적이며, 이 대신에 I **neither** *smoke* **nor** *drink*.(나는 담배도 피우지 않고 술도 마시지 않는다.)이라고 한다.

not only ... but also도 both ... and와 마찬가지로 첨가(addition)의 뜻을 나타낸다. 이것은 특히 첫 번째 요소보다 두 번째 요소를 더욱 강조한다. 즉, 대개 두 번째 요소는 첫 번째 요소에 비해 더 놀랍다거나, 더 유익하다거나, 또는 더 중요하다는 점을 말해 준다.

The proposal has the support **not only** of a majority of democrats **but also** of several Republicans.
  [그 제안은 다수의 민주당원은 물론이고, 몇 명의 공화당원의 지지도 받는다.]
Some parents are **not only** concerned with safety **but also** sceptical of the educational value of such trips.
  [일부 부모들은 안전에 관심을 가질 뿐만 아니라, 그러한 여행의 교육적 가치에도 회의적이다.]
He was **not only** a talented pianist **but also** a great composer.
  [그는 재능 있는 피아노 연주자일 뿐만 아니라, 위대한 작곡가였다.]
The English language has augmented its resources **not only** by the adoption of words from other tongues, **but also** by the making of new words.
  — Henry Bradley, *The Making of English*.
  [영어는 외국어에서 단어를 차용함으로써 뿐만 아니라, 새로운 단어를 만드는 방법으로도 그 자원을 증대시켰다.]

not only ... but also에서 also가 주어와 동사 사이에 놓이거나 생략되기도 하고, 또한 but 대신에 세미콜론(;)이 첨가되는 예들도 있다.

He **not only** brought the Christmas tree and all the decorations, **but** he **also** brought a pile of presents for the children.
  [그는 크리스마스트리와 모든 장식물은 물론, 어린들에게 줄 선물 꾸러미도 갖고 왔다.]
He resolved to become **not only** *the best black actor in the world*, **but** *the best actor*. — Adris Whitman, "Secrets of Survivors"
  [그는 세계 제일의 흑인 배우뿐만 아니라, 세계 제일의 배우가 되겠다는 결심도 했다.]
Science itself is **not only** *morally neutral*, that is, indifferent to the ends for

which the means are used; it is **also** *totally unable* to give any moral direction.
— Mortimer J. Adler, "Philosophy in an Age of Science"

[과학 그 자체는 도덕적으로 중립적인, 즉 수단이 이용되는 목적에 무관심할 뿐만 아니라, 전혀 아무런 도덕적인 방향도 제공해 줄 수 없다.]

강조하기 위하여 not only가 문두에 놓여 단문을 등위적으로 연결하는 경우에는 조작어와 주어의 어순이 도치된다.

Not only *did they break* into his office and steal his books, **but** they **also** tore up his manuscripts.

[그들이 그의 사무실에 침입하여 그의 책을 훔쳤을 뿐만 아니라, 그의 원고를 찢어버리기도 했다.]

Not only *did they win*, **but** they **also** changed the nature of their team.

[그들이 승리했을 뿐만 아니라 팀의 성격도 바꿨다.]

not only 다음에 but also 대신에 문장의 맨 마지막에 as well이 쓰인 예도 볼 수 있다.

Not only *are women playing* important roles in America's labor force, they are important in politics **as well**.
— Gradys Doty & Janet Ross, *Language and Life in the U.S.A.*

[미국의 노동력에 있어서 여성들이 중요한 역할을 할 뿐만 아니라, 정치에 있어서도 중요한 역할을 하고 있다.]

Not only *did I go* to Sunday school and church; I was taken to Wednesday evening prayer meetings **as well**. — Warren Weaver, "Can a Scientist Believe in God?" (*Condensed from* Redbook)

[나는 일요 학교와 교회에 나갔을 뿐만 아니라, 수요일 저녁 기도회에도 나갔다.]

또 다른 변이형으로 다음 예에서처럼 not just ... but이 나타나기도 한다.

For several decades, the United States and South Korea have been the closest of allies. Their soldiers have served together **not just** on the Korean Peninsula **but** in Vietnam, Afghanistan and Iraq.

— *The Washington Post*, Sept. 4, 2017.
[수십 년 동안 미국과 한국은 가장 긴밀한 동맹 관계를 맺어 왔다. 양국의 군대는 한반도에서 뿐만 아니라 베트남, 아프카니스탄과 이락크에서도 같이 근무했었다.]

두 개의 주어를 연결하는 경우, 이에 대한 동사의 수(number)는 마지막에 놓인 주어에 일치한다.

Not only *the father* **but also** *his sons are* very fond of liquor.
[아버지뿐만 아니라 그의 아들들도 술을 무척 좋아한다. → 동사는 두 번째 주어 his sons에 일치하여 복수 동사 are가 쓰이고 있음.]

at once ... and도 both ... and와 같은 뜻으로 쓰인다.

The film is **at once** *humorous* **and** *moving*.
[그 영화는 재미있기도 하고 감동적이다.]

Human beings, ever since their fathers invented language have allowed themselves to be dominated by tradition. This has been **at once** *the main cause of progress* **and** *the main obstacle of progress*.
— Bertrand Russell, "New Hopes for a Changing World"
[인간은 조상들이 언어를 만들어낸 이래 자신들이 전통의 지배를 받게 되었다. 전통은 발전의 주된 요인이 되기도 하고 동시에 발전의 주된 장애가 되기도 했다.]

Conversation is **at once** *the most primitive* **and** *the most refined expression of the human mind*.
— Revel, Jean Francois & Matthieu Richard, *The Monk and the Philosopher*.
[대화란 가장 원시적이며 동시에 인간 정신을 가장 세련되게 나타내는 것이다.]

15.5.4.2. either ... or

1) either ... or는 선택 관계를 나타낸다. 예컨대 다음의 (7a)와 (7b)를 비교하여 보자.

(7) a. We pay someone to do the job or we do it ourselves.
   b. **Either** we pay someone to do the job **or** we do it ourselves.

[우리가 누군가에게 돈을 주고 그 일을 시키든가 우리 스스로 그 일을 한다.]

(7a)와 (7b) 두 문장은 같은 뜻을 나타내지만, (7a)보다 (7b)와 같은 문장 구조가 더욱 강조하는 것이 된다. 특히 either 없이 or가 단독으로 나타나는 경우에는 선택 요소가 둘 또는 그 이상이 될 수도 있으나, either ... or는 'one of A and B'(A와 B 둘 중의 하나)를 나타내는 것으로, 두 개의 가능성 중에서 어느 하나를 선택하고 다른 것은 선택에서 제외된다는 점을 나타내는 것이다.

either ... or에 의해 등위접속되는 요소는 단어, 구, 또는 절(등위절, 종속절) 등이다. 특히 등위접속 요소로서 등위절보다 작은 단위로 나타나는 것은 생략 현상으로 말미암아 완전한 절이 축약되었기 때문이다.

Either stay **or** go.
  [그대로 있든지 가든지 하라. → 동사와 동사.]
They **either** ignored the situation **or** treated it lightheartedly.
  [그들은 그 상황을 무시해버리거나 가벼운 마음으로 취급했다. → 술부와 술부.]
Recruits are interviewed by **either** Mrs Darby **or** Mr Bootle.
  [신입사원들은 다비 여사나 보틀 씨의 면접을 받는다. → 명사구와 명사구.]
Science gives us power which can be used **either** constructively **or** destructively. — Mortimer J. Adler, "Philosophy in the Age of Science"
  [과학은 우리들에게 건설적으로 또는 파괴적으로 사용할 수 있는 힘을 준다. → 부사와 부사.]
She comes from **either** Los Angeles **or** San Francisco.
  [그녀는 로스앤젤레스나 샌프란시스코에서 온다. → 명사구와 명사구.]
Either the government will have to give these people what they want immediately **or** it must take steps to end the strike.
  [정부가 이 사람들에게 자기들이 원하는 것을 당장 주든가 파업을 종식시킬 조치를 취해야만 할 것이다. → 절과 절.]
Noisy breath means **either** that you are using force to breathe **or** that there is some obstruction or congestion in your respiratory passages.
  — S. Rama. *Meditation and Its Practice*.
  [거친 호흡이란 힘들여 호흡을 하고 있다는 것이거나 호흡 기관에 어떤 장애나 막힘이 있음을 뜻한다. → 두 개의 종속절인 that-절이 either ... or로 연결되어 있음.]

일상적인 회화에서는 either가 대등한 접속요소 바로 앞에 놓이지 않고, 때로는 동사 앞에 놓이기도 한다. 따라서 I will ring you **either** today **or** tomorrow. (오늘이나 내일 전화하지.) 대신에 I will **either** ring you today **or** tomorrow.처럼 나타내기도 한다.[28] 그러나 이러한 용법이 회화에서는 허용되지만, 격식을 갖춘 글에서는 사용하지 말아야 할 것이다.

2) 부정문에서는 either ... or를 사용하여 진술 내용이 두 개의 대상이나 성질을 모두 가리킨다는 점을 강조한다. 예컨대, I have**n't** been to *Paris* or *Rome*. 대신에 I have**n't** been to **either** Paris **or** Rome. (나는 파리나 로마에 가본 적이 없다.)라고 한다. 이와 같은 경우에 not은 not [either A or B]의 관계를 나타내는 것으로 A와 B에 모두 부정의 범위에 포함되기 때문에 neither ... nor와 같은 뜻을 나타낸다.

> Dr. Kirk, you're **not** being **either** frank **or** fair.
> [커크 박사님, 당신은 솔직하지도 공정하지도 않습니다.]
> This should **not** be disastrous **either** morally **or** politically.
> [이것은 도덕적으로든 정치적으로든 좋지 못한 것은 아닐 것이다.]

3) either ... or로 등위접속되는 요소가 주어일 때 동사가 나타내는 수는 두 번째 접속된 요소에 일치한다. 즉, 동사는 가까이에 놓인 주어에 일치한다.

> **Either** the workers **or the director** *is* to blame for the disruption.
> [근로자들이나 감독이 붕괴 사건의 책임을 져야 한다. → 동사에 가까이에 놓인 주어가 단수형이므로 단수 동사에 일치하고 있음.]
> **Either** the teacher **or the students** *are* planning to come.
> [신생님이나 학생들이 올/갈 계획을 하고 있다. → 동사에 가까이에 있는 주어가 복수형이므로 복수형에 일치하여 복수동사가 쓰이고 있음.]

15.5.4.3. neither ... nor

both ... and의 반대의 뜻을 나타내는 neither ... nor가 상관적인 한 쌍을 이루게 되며, 이

---

28 In conversation, **either** is not always used immediately in front of the first alternative; it is sometimes used in front of a verb earlier in the sentence. For example, instead of saying 'I will ring you either today or tomorrow, people sometimes say I will **either** ring you today or tomorrow'. — Sinclair (1992: 212).

것은 부정적인 진술이 두 개의 어군에 모두 적용된다는 점을 강조한다. 예컨대 He *loves her* and *wants to marry her*.와 같이 등위적으로 연결된 두 개의 긍정형의 술부가 내포된 문장에 두 개의 절에 각각 부정어 not을 첨가하게 되면 다음과 같은 문장 (8)에서 두 개의 절은 결과적 관계를 나타낸다.

(8) He doesn't love her, and so doesn't want to marry her.
[그는 그녀를 사랑하지 않아서 그녀와 결혼하고 싶어 하지 않는다.]

더 나아가 상관접속사 neither ... nor를 이용하여 다음 문장 (9)에서처럼 등위접속되는 이 두 개의 요소를 모두 부정한다는 점을 강조할 수 있다.

(9) He **neither** loves her, **nor** wants to marry her.
[그는 그녀를 사랑하지도 않고, 그녀와 결혼하고 싶은 마음도 없다.]

neither ... nor는 좀더 강조하고 격식적인 표현 방식인 반면, I d**on't** smoke **or** drink. (나는 담배를 피우거나 술을 마시지 않는다.)에서처럼 not ... or는 덜 격식적인 구어체의 구조이다.[29]

Laura Schrock, 36, a homemaker and political independent in Greenwood, Del., said she will **not** vote for Mr. Trump **or** Mrs. Clinton.
— *The New York Times*, July 14, 2016.
[가정주부이며 정치적으로 어느 당에도 속하지 않은 델러웨어 주의 그린우드에 사는 36세의 로라 슈록은 트럼프에게도 크린튼에게도 투표를 하지 않겠다고 말했다.]

both ... and의 경우처럼, neither ... nor 역시 두 개의 절을 등위적으로 연결시키지 않는다. 그러므로 ***Neither** he loves her, **nor** he wants to marry her.는 비문법적인 문장이다. 그러나 절과 절을 연결하는 경우가 아니면 다음 예에서처럼 문장에서 어떤 요소들이라도 연결시킬 수 있다.

---

29 In the negative we can use *not ... or,* but *neither ... nor* is more emphatic and a little more formal. — Eastwood (1997: 324).

I **neither** confirmed **nor** denied the rumors.
[나는 그 소문을 확인하지도 부인하지도 않았다.]

The government could get **neither** foreign **nor** domestic loans.
[정부는 외국차관도 국내융자도 받을 수 없었다.]

He was **neither** as slim **nor** as healthy as I was.
[그는 나만큼 몸이 호리호리하지도 않고 건강하지도 않았다.]

The president spoke **neither** for **nor** against economic reform.
[대통령은 경제 개혁을 지지한다거나 반대한다는 말을 하지 않았다.]

The Nobel Peace Prize committee said on Thursday that a central part of the 2010 award presentation in Oslo next month would most likely be postponed because **neither** the winner, the imprisoned Chinese dissident Liu Xiaobo, **nor** family members under official restriction in China were able to attend.
— *The New York Times*, November 18, 2010.
[노벨 평화상 수상자인 수감된 중국의 반체제 인사 류 사오보(Liu Xiaobo)도, 중국에서 공식적으로 제약을 받고 있는 가족들도 참석할 수 없기 때문에 다음 달 오슬로에서 있을 가장 중요한 2010년 시상식이 연기될 가능성이 아주 높을 것이라고 목요일에 노벨 평화상 위원회가 말했다.]

neither ... nor의 상관적 등위접속사가 쓰일 때, neither 다음에는 어순이 도치되지 않는다. 그러나 nor가 이끄는 완전한 등위절이 놓이게 되면 주어와 조작어의 어순이 도치된다.

You can **neither** write elegantly, **nor** *can you* write clearly.
[너는 글씨를 예쁘게 쓰지도 못하고, 잘 알아볼 수도 없다.]

John **neither** has long hair, **nor** *does he* wear jeans.
[존은 머리를 기르지도 않고, 청바지도 입지 않는다.]

Mary was **neither** happy, **nor** *was she* sad.
[메리가 행복하지도 슬프지도 않았다.]

They have **neither** replied to my letters, **nor** *have they* answered my telephone calls.
[그들은 나의 편지에 답장도 하지 않았고, 전화도 받지 않았다.]

neither ... nor ...가 두 개의 주어를 등위적으로 연결할 때 이에 수반되는 동사는 nor 다음에 놓인 주어가 복수형이냐 단수형이냐에 따라 다르다. 즉, 이것이 복수형이면 이에 따른 동사도 복수형이 되고, 단수형이면 동사도 단수형으로 나타난다.

Neither Margaret **nor** John **was** there.
[마가레트도 존도 그곳에 없었다.]
Neither money **nor** power **has** made him arrogant.
[돈도 권력도 그를 오만하게 만들지 않았다.]

그러나 신중하지 못한 문체에서는 복수 동사가 사용되기도 한다. 이것은 both ... and로 연결된 두 개의 주어에 수반되는 술부를 부정하는 것이라고 생각하기 때문이다.

Neither his son **nor** his daughter **were** at the funeral.
[그의 아들도 딸도 장례식에 참석하지 않았다.]
Neither the TV **nor** the video actually $\begin{Bmatrix} works \\ work \end{Bmatrix}$.
[TV도 비디오도 제대로 작동되지 않는다.]

4) 처음 나오는 절 안에 not이나 never와 같은 명백한 부정어가 들어 있거나, 부정적인 뜻을 암시하는 단어가 포함되어 있으면 다음에 두 번째 오는 또 다른 절에서 neither나 nor가 'and ... not'이라는 부정적인 뜻을 추가하는 부사로 쓰이기도 한다.[30] 특히 이러한 구조의 문장에서 두 번째 절은 조작어 + 주어의 어순으로 도치된다.

I have not been asked to retire, **nor** *do I intend* to do so.
(= 'I have not been asked to retire, **and** I do **not** intend to do so.')
[나는 그만두라는 요구를 들어본 적도 없고, 또 그만 둘 생각도 없다.]
I have never been dishonest, **nor** *do I intend* to start being so now.
[나는 정직하지 않았던 적이 없으며, 지금부터 그렇게 할 생각도 없다.]
I won't give in their threats, and neither *will my colleagues*.

---

[30] cf. *Nor* and *neither* can be used without being a correlative pair. They generally presuppose that a previous clause is negative or contains a negative word or a negative implication. — Quirk et al. (1972: 565).

[나는 그들의 위협에 굴복하지 않을 것이며, 나의 동료들도 마찬가지일 것이다.]

Many people are *only* dimly aware of the ways in which the environment can be protected. **Nor** *have governments made* sufficient efforts to educate them.

[많은 사람들이 환경을 보호할 수 있는 방법을 어렴풋이 의식할 뿐이다. 또한 여러 나라의 정부들이 이들을 교육시킬 충분한 노력을 기울이지 않고 있다. → only가 부정적인 뜻을 암시하고 있음.]

제16장

명사절: that-절

16.1. 명사절의 유형

명사절은 관계사절, 부사절과 더불어 복문(複文: complex sentence)에 포함되는 세 가지 종속절(從屬節: subordinate clause) 유형의 하나이다. 이것은 원래 완전하고 독립적인 문장이 종속접속사, 관계사, 그리고 의문사 등에 의해 유도됨으로써 이루어진 절 형식으로, 명사구와 동일한 문법적인 기능을 담당하는 것이다. 예컨대 다음과 같은 문장 (1a, b)에서 명사구 the story와 명사절 that my niece has been arrested for shoplifting은 각각 타동사 astonished와 bothers의 주어 역할을 담당하고 있으며, (2a, b)와 같은 한 쌍의 문장에서는 명사구 the hotel과 명사절 where we stayed가 모두 타동사 like의 목적어 역할을 하고 있다.

(1) a. **The story** astonished us.
   [그 이야기가 우리를 놀라게 했다. → 명사구 the story가 주어 역할을 하고 있음.]
   b. **That my niece has been arrested for shoplifting** bothered me.
   [내 조카딸이 들치기했다고 해서 체포된 것이 나를 난처하게 만들었나. → that ...for shoplifting까지의 명사절이 주어 역할을 하고 있음.]
(2) a. We didn't like **the hotel**.
   [우리는 그 호텔이 마음에 들지 않았다. → 명사구 the hotel이 주어 역할을 하고 있음.]
   b. We didn't like **where we stayed**.
   [우리는 머물었던 곳이 마음에 맞지 않았다. → 명사절 where we stayed가 주어 역할을 하고 있음.]

이처럼 명사구와 명사절이 담당하는 문법적인 기능은 서로 같지만, 명사절이 문장에서의 분포는 명사구와 완전히 똑같다고는 말할 수 없다. 예컨대 동사, 명사, 형용사 다음에 명사절이 수반된 다음과 같은 문장 (3a-c)를 보자.

(3) a. He feared **that he might lose his job**.
[그는 직장을 잃지 않을까 두려워했다.]
b. He told me of *his fear* **that he might lose his job**.
[그는 직장을 잃지 않을까 하는 두려움을 내게 말했다.]
c. He was afraid **that he might lose his job**.
[그는 실직장을 잃게 되지 않을까 두려워했다.]

문장 (3a)에서는 that-절 대신에 명사구를 사용하여 He feared **the prospect of unemployment**.(그는 직장을 잃게 되나 않을까 하고 두려워했다.)라고는 할 수 있겠지만, (3b)와 (3c)에서는 that-절을 명사구로 바꿔 사용할 수 없다. 즉, (3b)에서는 명사구 his fear에 대한 동격절 역할을 하는 that-절을 대신할 수 있는 어떤 명사구도 놓일 수 없으며, (3c)에서는 형용사 afraid의 보충 요소로는 that-절을 포함하여 of가 이끄는 전치사구, 그리고 to-부정사 절은 놓일 수 있지만, 명사구는 올 수 없다.

대부분의 명사절들은 종속접속사, 의문사, 또는 관계사 등에 의해 유도된다. 이에 따라 종속접속사 that이 이끄는 절을 **that-절**[1]이라 하고, 의문사가 이끄는 절을 **의문사절**(疑問詞節: interrogative clause), 관계사 what이 이끄는 절로서 명사구와 같은 기능을 담당하는 것을 **명사적 관계사절**(名詞的關係詞節: nominal relative clause), 그리고 감탄사로서 how나 what이 이끄는 절을 **감탄절**(感歎節: exclamatory clause)이라 하는데, 이와 같은 절들이 문장에서 주어·목적어·보어 등 명사구와 동일한 기능을 담당할 때 이들은 모두 명사절이라고 한다.

Everybody expected **that he would resign**. (that-절)
[모든 사람들이 그가 사직할 것으로 예상했다.]
The question is **when he did it**. (의문사절)
[문제는 언제 그가 그 일을 했느냐 하는 점이다.]

---

1 Jespersen은 that-절을 '내용절'(content clause)이라 부르고 있다: I venture to coin this new term for clauses like the one in "(I believe) *that he is ill*". Such clauses are generally termed "noun clauses" (or substantive clauses", Curme), but that name is not very felicitous. — Jespersen (1927: 23).

Whether he has signed the contract doesn't matter. (의문사절)
[그가 계약서에 서명했느냐 하는 것은 중요하지 않다.]
What matters most is good health. (명사적 관계사절)
[가장 중요한 점은 양호한 건강 상태이다.]
I realized **how strong a team we had become**. (감탄절)
[나는 우리가 참으로 강한 팀이 되었다는 것을 깨달았다.]
Everyone ignored **John's being completely drunk**. (동명사절)
[모든 사람들이 존이 만취되었다는 걸 무시했다.]
I hope **to be a physician someday**. (부정사절)
[나는 장차 의사가 되기를 희망한다.]

이 장에서는 that-절에 대해서만 다루고, 명사적 관계사절은 제17장에서, 그리고 의문사절과 감탄절은 제20장에서 별도로 다루고자 한다. 이 이외에도 전형적인 비정형절의 형태로 명사적 용법을 포함해서 부정사절은 제7장에서, 그리고 동명사절은 제8장에서 이미 다루었다.

16.2. that-절의 형성

that-절은 원래 (4a)와 같은 독립적이고 완전한 뜻을 전달하는 진술문에 (4c)에서처럼 종속접속사 that이 첨가되어 이루어진 것이다. 즉, 다음의 문장 (4b)에서처럼 that은 강세를 수반하여 원래 [ðǽt]으로 발음되는 지시대명사로서 타동사에 대한 목적어 역할을 하던 것이었다. 그러다가 나중에 이것이 (4c)에서처럼 독립된 진술문 (4a)의 머리에 첨가됨으로써 이제는 (4d)에서와 같이 [ðət]으로 약하게 발음되는 종속접속사로서 종속절을 이끌어 문장의 다른 절에 연결시키는 역할만 담당할 뿐, 그 자체는 절 안에서 아무런 문법적인 역할도 담당하지 않을 뿐만 아니라, 하등 아무런 사전적인 뜻도 없이 쓰이게 되었다.[2]

---

2 In both expressions we had originally two independent sentences: "I think: he is dead" and "I think that (demonstrating pronoun pointing to what follows, namely)): he is dead" But in course of time *that* was accentually weakened (**4.**9, note now the obscure vowel [ə] different from the full vowel [æ] which we pronounce in the demonstrative pronoun), and this weak *that* was eventually felt to belong to the clause instead of to what precedes, and by that very fact became what we now call a "conjunction." — Jespersen (1933: 350); **295** The first stage in the progress from hypotaxis to parataxis is the correlation of two paratactic

(4) a. Plants need water in order to grow.
　　　[식물이 성장하려면 수분이 필요하다.]
　b. Farmers recognize **that** fully:
　　　[ðǽt: 지시대명사]
　　　[농부들은 **이 점**을 잘 알고 있다. → that은 문장 (4a)를 가리키는 지시대명사로서 타동사 recognize의 목적어 역할을 하고 있음.]
　c. ***that* plants need water in order to grow**
　　　[식물이 성장하기 위해 수분을 필요로 하는 것 → that이 문장 (4a)의 머리에 놓이게 됨으로써 이제는 이것이 종속절을 이끄는 종속접속사로 문법적인 기능이 바뀌었음.]
　d. Farmers recognize fully ***that* plants need water in order to grow**.
　　　[ðət: 종속접속사]
　　　[식물이 성장하려면 수분이 필요하다는 점을 농부들은 잘 알고 있다. → that-절이 명사절로서 타동사 recognize의 목적어 역할을 하고 있음.]

이를 도식화하면 다음과 같이 나타낼 수 있다.

Farmers recognize ***that*** fully: [지시대명사]	Plants need water in order to grow.
⇓	
Farmers recognize fully	***that*** plants need water in order to grow. [종속접속사: that이 종속절을 이끌어 주절에 연결시키는 역할을 함]

---

sentences. This may be done by placing a demonstrative word in one of the sentences, which serves to resume the other or a part of it.

296 1. Sometimes the demonstrative refers to the preceding sentence as a whole:

　　　He has gone ‖ I tell you *that*.

This has become: I tell you *that* he has gone.

As a result of the hypotactical combination of the two sentences, *that* has lost its demonstrative emphasis and become a mere conjunction having little meaning of its own, and forming simply a connecting-link; and 'that he has gone' has degenerated into a noun-equivalent, the object of the verb 'see'. Such is the origin of noun-clauses introduced by *that*. — Onions (1929: 156). See also Onions (1929: 76), Curme (1931: 243), and Roberts (1954: 338).

이러한 과정을 거쳐 만들어진 that-절은 술어동사에 따라 대개 '사실'(fact)이나 '생각'(idea)을 나타낸다.

That she is still alive consoles me. [사실]
[그녀가 아직도 생존해 있는 것이 내게 위로가 된다.]
I am sure **that things will improve**. [생각]
[상황이 더 나아질 것이라고 나는 확신한다.]

16.3. that-절의 문법적 기능

명사구와 마찬가지로, 명사절의 한 가지 유형인 that-절 역시 문장 요소로서 주어·타동사의 목적어·보어 역할을 하거나, 명사구에 대한 동격절 역할을 하거나, 또는 형용사의 뜻을 보충하는 요소로서의 역할을 할 수 있다. 그러므로 이러한 문법적인 기능에 따라 that-절은 각각 주어절·목적어절·보어절·동격절을 비롯하여 형용사에 대한 보충절 역할을 한다고 하겠다.

16.3.1. 주어절

That she is still alive is sheer luck.
[그녀가 아직도 살아 있다는 것은 아주 다행스러운 일이다.]
That they had no desire to accumulate wealth was seen as laziness.
[그들이 재산을 모으고자 하는 욕구가 없다는 점이 게으름으로 여겨졌다.]
That you haven't seen him demonstrates your lack of interest in your surroundings.
[네가 그를 보지 못했다는 것은 네가 처한 환경에 관심이 없었다는 점을 보여 주는 것이다.]
That everyone got back safely was a great relief.
[모든 사람들이 무사히 돌아왔다는 것은 커다란 위안이었다.]

다음과 같은 문장의 연속체 중 두 번째 문장에서 that-절이 문장의 맨 앞에 놓이는 것은 정보의 전달상 이것이 주어이면서 이미 앞에서 언급된 정보와 서로 관련성을 가지고 구정보로서 주제 역할을 하기 때문이다. 다시 말하자면, 앞에 놓인 문장에서 이미 that-절의 내용이 언급되어 있기 때문에 자연스럽게 이것이 주제로서 문두에 놓이게 된 것이다.

> **Five days after the earthquake, a woman was found alive under the ruins of her house. That she had survived** was described as a miracle. How she did it no one knew. (Yule 2006: 168)
> [지진이 일어난지 5일 만에 한 여성이 자기 집의 폐허 아래에서 산 채로 발견되었다. 이 여성이 생존했었다는 것은 하나의 기적으로 묘사되었다. 이 여성이 어떻게 생존하게 되었는지 아는 사람이 아무도 없었다.]

주어 역할을 하는 that-절에 쓰일 수 있는 동사에는 상당한 제약이 뒤따른다.[3] 예컨대 appear, seem과 같은 연결동사를 비롯하여 make와 같은 사역동사, 정감(emotion)을 나타내는 동사, 인간적인 반응을 나타내는 동사, 그리고 mean, matter (= be of importance), make a difference 따위와 같은 동사들이다.

> **That the child's fever has gone down** *is* very encouraging.
> [그 어린이의 열이 내렸다는 것이 아주 고무적이다.]
> **That her husband left her** *made* her very melancholy.
> [남편이 자기 곁을 떠나서 그녀는 매우 슬펐다.]
> **That she was called upon to speak** *flattered* her greatly.
> [연설해 달라는 요청을 받고 그녀는 상당히 우쭐했다.]
> **That you are dishonest** *disturbs* me.
> [네가 정직하지 못해서 내 마음이 어지럽다.]
> **That they are very rich** *means* nothing to me.
> [그들이 무척 부자라는 점이 내게는 아무것도 아니다.]

이처럼 주어 역할을 하는 that-절이 주어 위치에 놓이는 것은 격식을 갖추고 쓰인 글에서 볼 수 있는 것이 특징이다. 일반적으로 말하자면, 영어 문장에서는 대개 길고 복잡한 구조를 가진 that-절이 주어 자리에 놓이는 것을 꺼려한다. 그러므로 (5a)에서처럼 원래 주어가 놓이는 자리에 길고 복잡한 that-절이 주어로 쓰이게 됨으로 말미암아 발생하게 되는 이른바

---

[3] *That* clause subjects co-occur with a very limited number of verbs. Most stative copulas can take *that* clause subjects and so can verbs that suggest emotional states or personal reactions. — Berk (1999: 233). See also Frank (1993: 283).

'두부 과대' 현상(top-heavy), 즉 주어 역할을 하는 머리 부분이 무겁게 나타나는 현상을 피하여 결국 주부와 술부 사이에 안정감이 이루어지도록 하기 위하여 상위절의 동사가 '사실적인'(factive) 내용을 나타내는 것이면 (5b)에서처럼 일종의 명사구와 같은 성격을 갖는 동명사절로 나타내거나,[4] 또는 (5c)에서처럼 the fact를 that-절 앞에 첨가하여 이 두 개의 요소가 서로 동격 관계를 나타내는 복합 명사구를 만들 수 있다.[5] 그렇지 않으면 (5d)에서처럼 that-절을 외치[6]시키고 그 자리에 '형식주어'로서 it을 두어 이것이 '사실주어'로서의 외치된 that-절을 가리키게 할 수도 있다.[7]

(5) a. **That he had no girl-friends** worried him a lot..
   [여자 친구가 없는 것이 그를 상당히 괴롭혔다.]
   b. **Having no girl-friends** worried him a lot.

---

[4] that-절과 달리, 동명사절은 명사구와 같은 성격을 갖는다. 즉, that-절이 주어절일 때, Yes/No 의문문을 만들려면 먼저 that-절을 외치시키고 그 다음에 의문문이 만들어지는 반면(ia-c), 동명사절을 의문문으로 만들 때에는 바로 be 동사와 주어인 동명사절의 순서를 바꾸기만 하면 된다(iia-b)는 점에서 양자의 성격이 서로 다르다는 점을 알 수 있다:
   i a. **That he had no girl-riends** worried him a lot.　　　　　　　[that-절이 주어]
   　b. **It** worried him a lot **that he had no girl-friends**.　　　　[that절이 외치되었음]
   　c. ***Did*** it worry him a lot **that he had no girl-friends**?　　[that-절이 외치된 Yes/No 의문문]
   ii a. **Having no girl-friends** worried him a lot.　　　　　　　　[동명사절이 주어]
   　b. Did **having no girl-friends** worry him a lot? [동명사절이 주어 역할을 하는 Yes/No 의문문]
[5] 문장이 that-절로 시작하는 것이 어색하므로, 대신에 사실을 나타내는 절일 경우에는 이 대신에 the fact that ..., the idea that ...과 같은 동격절을 두는 것이 자연스럽다고 Alexander (1996: 14)는 말하고 있다: By using expressions like *the fact that* and *the idea that* we can avoid the awkwardness of beginning a sentence with *that*:
   The fact that his proposal makes sense should be recognized.
   The idea that everyone should be required to vote by law is something I don't agree with.
[6] that-절의 외치에 대해서는 16.6에서 다루게 된다. 이 이외에 to-부정사절과 동명사절의 외치에 대해서는 각각 본서 제2권 "8.5.1.1 부정사절의 외치"와 "9.8 동명사절의 외치"에서 다루고 있다.
[7] 보통 it이 전방 조응적 지시(anaphoric reference), 즉 이미 앞에 나와 있는 것을 가리키지만, 외치된 that-절을 가리키는 경우에는 후방 조응적 지시(cataphoric reference), 즉 뒤에 나오는 대상을 가리키는 역할을 한다.
   Do you like **my tie**? **It** was on sale.
   　[내 넥타이가 맘에 들어? 세일했었지. → it은 앞에 나온 my tie를 가리킴.]
   It's impossible **to get there in time**.
   　[제 시간에 거기에 도착하는 것은 불가능하다. → it은 뒤에 나오는 to-부정사절을 가리킴.]

[→ 동명사절이 주어 역할을 하고 있음. 동사 worried가 사실동사이므로 이에 대한 주어도 동명사절을 사용하여 사실적인 내용을 나타내고 있음.]

c. ***The fact* that he had no girl-friends** worried him a lot.

[여자 친구가 없다는 사실이 그를 상당히 괴롭혔다. → the fact that-절이라는 복합 명사구가 주어가 되고 있음. 주어 자리에 that-절이 놓이는 것보다 명사구가 놓이는 것이 아주 자연스러움.]

d. ***It*** worried him a lot **that he had no girl-friends**.

[→ 주어 역할을 하는 that-절 자체가 문두의 주어 자리에 놓이는 것이 아주 어색하기 때문에 긴 주어가 외치되고 있음.]

흔한 경우는 아니지만, (6)에서처럼 주어절 역할을 하는 that-절이 후치(後置: postposition)되기도 한다. 즉, 하나의 주제와 관련된 여러 개의 문장들이 연속적으로 등장하는 경우에, 바로 앞에 나온 문장과 관련이 있는 주격보어 역할을 하는 형용사구가 문장 맨 앞에 놓이고, 주어절 역할을 하는 that-절이 신정보를 전달하기 때문에 문장의 맨 마지막에 놓이게 된다. 바로 이러한 점 때문에 주격보어 + be 동사 + that-절의 어순으로 나타나게 되는 것이다.

(6) Even more disturbing is **that the neighbors hadn't noticed his absence**.

[더욱 걱정스러운 점은 이웃 사람들이 그가 없어진 것을 알아차리지 못했다는 점이다.
→ cp. **That the neighbors hadn't noticed his absence** is even more disturbing.]

전달하고자 하는 기본적인 명제 내용이 동일하기는 하지만, 문장 (6)보다 다음과 같은 문장 (7a-c)가 더 보편적이다.[8]

(7) a. Even more disturbing is **the fact that the neighbors hadn't noticed his absence**.

[→ that-절이 사실적인 내용을 나타내는 것이기 때문에 바로 앞에 the fact를 첨가하여 동격 관계를 이루는 복합 명사구를 이루도록 하고 있음.]

---

8 Huddleston & Pullum (2002: 958)에서 인용함.

b. What is even more disturbing is **that the neighbors hadn't noticed his absence**.

[→ 의사 분열문에서 that-절이 be 동사의 보어 역할을 하도록 하고 있음.]

c. **It** is even more disturbing **that the neighbors hadn't noticed his absence**.

[→ that-절이 외치된 주어절 역할을 하고 있음.]

다음 문장은 아무런 상황도 주어지지 않은 중립적인 상황이라면 주어 + 진행형의 동사 + 목적어의 어순이라야 하지만, 위에서 설명한 바와 같은 이유 때문에 진행형의 동사 + 목적어 + 주어절의 어순으로 나타나고 있는 것이다.

Complicating this neat schema is **the fact that many nouns can be used as either mass or count**. — John R. Taylor, *Cognitive Grammar*.

[이처럼 간결한 도식을 복잡하게 만드는 것은 많은 명사들이 질량명사로 쓰이거나 가산명사로도 사용될 수 있다는 사실이다. → 이 문장은 본래 **The fact that many nouns can be used as either mass or count** is complicating this neat schema. 에서 나온 것임.]

16.3.2. 주격보어절

that-절이 연결동사(連結動詞: linking verb) — 거의 언제나 be 동사 — 다음에 놓여 주어에 대하여 보어, 즉 주격보어절 역할을 담당하기도 한다. 본질적으로 추상적인 내용을 나타내는 이 절은 핑싱 문장의 주어와 동일한 대상을 가리키기 때문에 주어 억시 추상석인 성격을 나타내게 된다. 그러므로 이러한 문장 구조에서 주어에는 항상 belief, fact, hope, idea, notion, plan, suggestion 따위와 같은 추상명사가 포함되거나, 다음의 마지막 예에서처럼 추상적인 내용을 나타내는 절이 놓이게 된다.

The *fact* is **that all human actions are both free and determined, according to the point of view from which one considers them**.

[사실상 인간의 모든 행동은 그것을 보는 관점에 따라 자유롭기도 하고 또한 결정된 것이기도 하다.]

The *sad thing* is **that smoking is the most preventable cause of disease**

and death today.

[슬픈 일은 흡연이 오늘날 질병에 걸려 사망에 이르는 것을 가장 잘 예방할 수 있는 원인이라는 점이다.]

The *prognosis* for the cancer patient is **that he has six months to live**.

[그 암 환자에 대한 의사의 진단은 그가 6개월밖에 살지 못한다는 것이다.]

What I do maintain is **that success can only be one ingredient in happiness**.

— Bertrand Russell, *The Conquest of Happiness*.

[내가 진정으로 주장하는 바는, 성공이 행복의 한 가지 요소밖에 될 수 없다는 점이다.]

16.3.3. 목적어절

16.3.3.1. 타동사 + that-절

that-절이 주어 역할을 하는 것보다 목적어 역할을 하는 경우가 훨씬 더 많다. 그 까닭은 영어 문장의 일반적인 경향은 주어 부분보다 술부를 보다 상세하게 나타내고자 하는 경향이 있기 때문이다. 다시 말하자면, 일반적으로 담화(談話: discourse)에서는 이미 앞 문장에서 언급된 내용이 다음에 이어지는 문장의 맨 앞에 놓여 주어 — 보통 주어가 주제 역할을 함 — 가 되고, 이 주어에 대하여 문장의 뒷부분에서 상세히 전달하는 형식으로 이루어지기 때문에 자연히 주어 부분보다 술부가 길어지게 되는데, 이러한 경우에 목적어로 내세울 수 있는 구조 가운데 하나가 곧 that-절이라는 것이다.

It's human nature to *believe* **that successful people have never made mistakes**. But it's not so.

[성공한 사람들은 결코 잘못을 저지른 적이 없다고 믿는 것이 인지상정(人之常情)이지만, 사실은 그렇지 않다.]

I do not *deny* **that the feeling of success makes it easier to enjoy life**.

[나는 성공했다는 느낌이 들면 보다 더 수월하게 인생을 즐길 수 있게 한다는 점을 부인하지 않는다.]

Chinese cooks *claim* **that snake meat keeps you warm in winter**.

[중국 요리사들은 뱀 고기가 겨울에 몸을 따뜻하게 해준다고 주장한다.]

North Korea also *notified* **the South that the ship (= the Mangyong-**

bong-92) would serve as lodging for the artists, a move apparently designed to keep them from having contact with South Koreans.
— *The New York Times*, February 5, 2018.

[북한은 만경봉 92호가 예술인들의 숙소 역할을 할 것이라는 점도 남한에 통보했는데, 이것은 이들이 남한 사람들과 접촉하지 못하게 하려는 명백한 조치이다. → 2018년 2월 9일부터 개최되는 강원도 평창 동계 올림픽에 참석하는 140명의 북한 예술단원의 한국내 체류와 관련하여 북한이 내린 조치.]

이상과 같은 예에서처럼, that-절이 직접목적어 역할은 할 수 있지만, 간접목적어 역할은 하지 않는다. 간접목적어는 예컨대 He gave **his brother** a good gift. (그는 자기 동생에게 좋은 선물을 주었다.)라는 문장에서 his brother의 경우처럼 의미상 '수혜자'(recipient) 역할을 하는 것이며, 이러한 역할을 하려면 대개 인간을 포함하여 '유생적' 존재(animate beings)를 나타내는 명사구라야 하기 때문이다.

that-절이 assure, convince, inform, notify, persuade, promise, remind, teach, tell, warn 등 간접목적어와 직접목적어를 필요로 하는 몇 가지 이항타동사(ditransitive verb)가 들어 있는 문장에서도 직접목적어 역할을 한다. 그러나 이러한 구조에서는 간접목적어가 명사구로 나타나는 경우와 달리 전치사를 수반하여 직접목적어 다음의 위치로 이동하지 못한다.

Professor McIntire taught *her students* **that writing can be fun**.

[맥킨타이어 교수는 제자들에게 글쓰기가 재미있을 때도 있다는 것을 가르쳤다. → 간접목적어 her students가 직접목적어 that writing can be fun 뒤로 이동하여 *... taught **that writing can be fun** to her students와 같은 어순은 허용되지 않음.]

John tried to convince *me* **that he was innocent**.

[존은 나에게 자신이 무죄임을 납득시키려고 했다.]

We told *Alice* **that Karl wrecked her truck**.

[우리는 앨리스에게 카알이 자동차를 망가뜨렸다고 말했다.]

The company notified *their employees* **that a pay raise would go into effect the following month**.

[회사에서는 다음 달에 봉급 인상이 있게 될 것이라고 종업원들에게 통보했다.]

또한 일부 동사들의 경우에는 직접목적어인 that-절 앞에 특정한 전치사구를 수반한 간접

목적어가 올 수도 있다.

> He complained *to his friend* **that his wife couldn't cook**.
> [그는 자기 친구에게 자기 아내가 요리를 할 줄 모른다고 불평을 했다.]
> She disagreed *with her husband* **that the children should be spanked when they misbehaved**.
> [그녀는 자녀들이 못된 행동을 하면 때려야 한다는 점에 대하여 남편과 의견이 엇갈렸다.]

16.3.3.2. $\left\{ \begin{array}{c} \text{it} \\ \text{the fact} \end{array} \right\}$ + that-절

(8a)에서처럼 동사가 갖는 특성 때문에 목적어로서 that-절을 수반하지 못하는 동사들도 있다. 그럼에도 불구하고 이런 동사들이 목적어로서 that-절을 수반할 수 있는 한 가지 방법은, (8b)에서와 같이 동사 다음에 형식목적어로서 it을 두고 이것이 이 다음에 놓인 사실목적어인 that-절을 가리키게 함으로써 문법적으로 틀린 문장을 피할 수 있다.

> (8) a. *He didn't like **that she had brought the children**.
>   [→ like는 목적어로서 that-절을 취하지 못하는 동사.]
>   b. He didn't like *it* **that she had brought the children.**
>   [그는 그녀가 애들을 데리고 온 것을 좋아하지 않았다. → it이 like의 목적어이면서 동시에 이 다음에 놓인 that-절을 가리키고 있음.]
> She resents *it* **that they appointed someone less qualified than her**.
> [그녀는 그들이 자기보다 못한 사람을 임명한 것에 분개한다.]
> I hate *it* **that my daughter smokes**.
> [나는 내 딸이 담배피우는 것을 무척 싫어한다.]

명사구와 달리, that-절은 전치사 다음에 놓여 그 전치사의 목적어가 될 수 없다. 그럼에도 불구하고 agree **to**, insist **on**, depend **on**, get **over**, rely **on**, see **to** 따위처럼 일부 전치사를 수반한 동사들(prepositional verbs)의 경우에도 that-절을 사용할 수 있는 다른 표현 방법이 있다. 즉, 다음과 같이 it, this, that이 that-절을 가리키게 하거나, 또는 the fact 등을 that 앞에 두어 이것이 다음에 놓인 that-절과 동격 관계를 갖도록 할 수 있다.[9]

---

9 If the need of having a content-clause dependent on a preposition arises less frequently in

첫째, 탈락 가능한 전치사를 탈락시킨다. 예컨대 agree, insist 따위의 동사들은 그 자신이 거느리는 전치사 없이 사용 가능한 동사들이다. 다시 말하자면, 이러한 부류의 동사들은 나타내고자 하는 뜻에 따라 전치사구를 수반할 수 있는가 하면, 전치사를 생략하고 동사 바로 다음에 that-절이 놓일 수도 있다.

He **insisted on** his innocence.
He **insisted that he was innocent**.
[그는 아무런 죄도 없다고 주장했다.]
I **agree with** you **about** his latest book — it's awful.
[나는 그가 최근에 쓴 책에 관해서 너와 동감이야—아주 형편없어.]
They **agreed that there should be changes**.
[그들은 변화가 있어야 한다는 점에 동의했다.]

둘째, depend on, rely on 따위와 같은 경우처럼 전치사가 탈락될 수 없는 경우이거나, 탈락될 수 있음에도 불구하고 전치사가 그대로 유지되는 경우에는 그 전치사 다음에 전치사에 대한 형식목적어로서 it을 두어 이것이 다음에 놓인 사실목적어인 that-절을 가리키게 할 수 있다.[10]

English than in Danish, where such constructions are extremely frequent, it is chiefly due to the great extent to which the *ing*-construction is used. In other cases the use of a clause after a preposition is rendered possible by the insertion of such a word as *it, this, that, the fact* or *the circumstance*, to which then the clause is added "in apposition". — Jespersen (1927: 31).

10 When the preposition is expressed, it is often placed before some formal word, such as *it* or *this*, which points to the following subordinate clause, the real object of the preposition: I am counting *on it that you come*. It has come to *this, that he can't support his family any more*. — Curme (1947: 176);
I took his word for it *that* he would make an effort.
He boasted [of it] *that* he did it.
I will see to it *that* he does it.
She couldn't make up her mind [to it] *that* the price would have to be lowered.
As shown by the above examples, the preposition stands immediately before a clause introduced by an indefinite conjunctive pronoun, adjective, or adverb; but if the clause is introduced by *that* it becomes necessary to place after the preposition the anticipatory object *it*, which points to the following clause, the real object. The *it*, however, is in certain expressions usually dropped. — Curme (1935: 101-102).

I am counting on *it* **that you come**.

[나는 네가 올 것으로 기대하고 있다. → it이 전치사 on의 형식목적어이면서 동시에 이것은 바로 다음에 놓인 사실목적어인 that-절을 가리키고 있음.]

He insisted on *it* **that I should help him**.

[그는 내가 자기를 도와야 한다고 주장을 했다.]

They agreed to *it* **that there should be changes**.

[그들은 변화가 있어야 한다는 점에 의견을 같이 했다.]

You can depend on *it* **that she'll find a solution**.

[틀림없이 그녀가 해답을 찾아낼 수 있을 것이다.]

다음 문장에서처럼 allow for, boast about, lie in 등 전치사를 수반한 또 다른 일부 동사들은 that-절 앞에 the fact를 첨가하여 양자 사이에 일종의 동격 관계를 나타내는 복합 명사구(複合名詞句: complex noun phrases)가 이루어지게 할 수도 있다.[11] 특히 동격 명사구의 한 가지 형태로서 the fact는 that-절의 내용이 '사실적인'(factual) 경우에 한해서 사용될 수 있다.(→ 이에 대해서는 16.5 참조)

You must allow for *the fact* **that he is severely depressed**.

[너는 그가 심각하게 의기소침해 있다는 사실을 참작해야만 한다.]

He is constantly boasting about *the fact* **that his son is an excellent athlete**.

[그는 자기 아들이 훌륭한 운동선수라는 사실을 항상 자랑으로 여기고 있다.]

Her interest in Monet lies in *the fact* **that he was a French painter**.

[그녀가 모네에 관심을 갖는 것은 그가 프랑스 화가였다는 사실 때문이다.]

---

11 ***That*-clauses** do not follow **prepositions** in English and consequently cannot realise the Op[*Object of preposition* is mine] function. Instead, one of three solutions is adopted:
 a) the preposition (e.g. *on*) is omitted;
 b) the preposition is retained and is followed by anticipatory *it*, or
 c) *the fact* can be inserted before a *that*-clause with a factual meaning.
  a. He insists that we all go.
  b. He insists on it that we all go.
  c. You must allow for the fact that they are handicapped.
 — Downing & Locke (2006: 104); In other cases, we more often use *the fact* that instead of dropping a preposition. — Swan & Walter (2011b: 196). See also Frank (1993: 287).

Everything points to ***the fact* that he had been seriously ill**.

[모든 점으로 미루어 보아 그가 중병을 앓았을 것이라고 생각된다.]

이처럼 that-절이 the fact와 나란히 놓여 the fact that-절이라는 동격 구조를 이루게 되면 이것은 일종의 복합 명사구이기 때문에 that-절이 단독으로 놓일 수 없는 위치, 즉 오로지 명사구만 놓여야 할 위치에 놓일 수 있게 된다. that-절 앞에 동격 명사구로서 the fact가 첨가되면 that-절에 드러난 정보 내용을 하나의 행위나 사건으로서가 아니라, 사실(fact)로서 강조하는 것이다.[12]

이밖에도 전달하고자 하는 뜻에 따라 전치사가 반드시 있어야 하는 경우에는 이상에서 본 바와 같은 방법으로 전치사와 that-절을 동시에 나타낼 수 있다.

The judge paid a lot of attention to ***the fact* that the child was unhappy at home**.

[판사는 그 아이가 가정적으로 불행했다는 사실에 많은 관심을 기울였다.]

There was no doubt about ***it* that, without the peacekeeping force, the civil war would have continued**.

[평화 유지군이 없었더라면 내란이 계속되었을 것이라는 점에는 아무런 의심도 없었다.]

because of, in view of, on account of, owing to, due to, in spite of, despite 따위와 같은 전치사 어구들 다음에 오는 that-절이 사실적인 내용을 나타내고 있기 때문에 the fact that-절이 쓰인다.[13]

His love of literature was *due to* ***the fact*** **that his mother read poetry to him when he was a child**.

[그가 문학을 좋아하는 것은 그가 어렸을 때 어머니께서 시를 읽어주었다는 사실 때문이었다.]

except that, in that,[14] save that 따위의 경우처럼 '전치사 + 접속사' 형태가 있지만, 이와

---

12 When **the fact** appears before a **that** clause, technically the clause is in apposition with **fact**. **The fact that** places emphasis on the information as a fact rather than on an action or an event. — Frank (1993: 287).
13 Swan (2005: 577).
14 in that이 원래 전치사구였지만, 지금은 How ...?로 시작되는 의문문에 대한 대답으로 나타나는 일

같은 것은 하나의 고정된 종속접속사 역할을 하는 것이지, 이 이외의 다른 전치사들도 자유롭게 that-절 앞에 놓일 수 있는 것은 결코 아니다. 예컨대 in that ...은 사전에서 "used for introducing an explanation of what you have just said, showing in what way it is true"(방금 말한 내용에 대한 설명을 제시할 때 사용하는 것으로 어떤 면에서 그 진술 내용이 사실인가를 나타낸다.)라고 설명되고 있는 고정된 표현이다.

I didn't tell him anything *except that* **I needed the money**.
[나는 그 돈이 필요하다는 말 이외에는 아무 말도 그에게 하지 않았다.]
He is heartless *in that* **he will not talk to his own parents**.
[그는 자기 부모님하고도 말을 하지 않으려고 하는 것을 보니 무정하다.]

16.3.3.3. 목적어 + 목적보어

목적어 + 목적보어가 필요한 문장 구조에서 목적어가 명사구이면 이것은 본래 목적어가 놓이는 위치, 즉 목적보어 앞에 놓이게 된다.

I find **his behavior** hardly surprising.
[알고 보니 그의 행동이 별로 놀랍지 않다.]

목적어 + 목적보어의 구조에서 목적어 역할을 하는 동명사절도 반드시 목적보어 앞에 놓여야 한다. 그 까닭은, 동명사절이 비록 구조상으로는 주어와 동사 등 절이 필요로 하는 모든 요소들을 갖추고 있으면서도 to-부정사절이나 that-절과 달리 문법적인 작용에 있어서는 명사구와 거의 동일하게 작용하기 때문이다.

Dorothy considers **Bill's keeping his fish in the bathtub** quite unimport-

---

종의 양태절(clauses of manner)을 이끄는 종속접속사라는 견해가 있다: *In that* was originally a prepositional phrase, the pronoun *that* serving as object of *in*: "He disappointed her in that: he didn't write very often." This force is now lost, and the phrase is felt as a conjunction. Archie disappointed his mother *in that he didn't write very often*.
— Roberts (1954: 321). 한편 Jespersen (1933: 350)은 in that ..., except that ... 등의 경우처럼 전치사가 목적어로서 that-절을 수반하는 것은 예외적이라고 말하고 있으며, 문용 (2008: 456) 교수도 in that ...을 둘로 나눠 that-절을 전치사 in에 대한 목적어로 보고 있다.

ant.

[도로시는 빌이 자신의 물고기를 욕조에 두는 것은 전혀 중요하지 않은 일로 여긴다. → 동명사절이 목적어절로서 목적보어 앞에 놓여 있음.]

반면에 that-절은 문장과 같은 성격을 보다 두드러지게 나타내는 특성을 갖고 있기 때문에 이것이 목적어이면 반드시 목적보어 다음의 위치로 외치되어야 한다. 그리고 본래 목적어 역할을 하는 that-절이 놓여야 할 그 자리에는 형식목적어로서 it이 놓여 외치된(extraposed) 사실목적어 역할을 하는 that-절을 가리키게 된다.

I find *it* hardly surprising **that he tried to retract his statement**.

[나는 그가 자기가 한 말을 철회하려고 한 것이 별로 놀라운 일이 아니라는 걸 알고 있다. →

*I find **that he tried to retract his statement** hardly surprising.은 목적어로서 명사구가 놓여야 할 위치에 that-절이 놓였기 때문에 틀린 문장이 되고 있음.]

They regard *it* as a discourtesy **that you didn't notify them earlier**.

[그들은 네가 그들에게 좀 더 일찍 통보하지 않은 것을 무례한 짓으로 여긴다.]

I'd like to make *it* crystal clear **that I do not agree with these proposals**.

[나는 이런 제안에 동의하지 않는다는 점을 명백히 하고 싶다.]

He has proved *it* a fallacy **that old age brings wisdom**.

[그는 나이가 들면 지혜로워진다는 점이 잘못이라는 점을 입증했다.]

목적어절이 문장의 주제 역할을 하게 되면 문두의 위치로 전치(前置: fronting, preposing)되는데, 이러한 경우에는 형식목적어 it은 필요치 않게 된다. 위의 첫 번째 문장에서 외치된 that-절이 주제가 되어 문두에 놓이게 되면 다음과 같다.

That he tried to retract his statement I find hardly surprising.

[→ 아무런 상황도 주어지지 않을 경우에는 I find *it* hardly surprising **that he tried to retract his statement**.와 같은 문장으로 나타나야 하지만, that-절이 주제가 되도록 하기 위하여 문두의 위치로 전치되었음.]

16.3.4. 동격절

16.3.4.1. the fact that-절

axiom, fact, idea, news, notion, theory 따위와 같은 순수한 추상명사, 또는 announcement, assumption, belief, excuse, hypothesis, impression, proof, proposition, suggestion 따위와 같이 동사에서 파생된 추상명사들이 바로 다음에 that-절을 동반하여 이 두 요소 사이에 일종의 동격 관계가 이루어지게 할 수 있다. 대개 정관사를 수반한 이러한 명사구들은 that-절과 결합하여 일종의 복합 명사구를 만들며, 이 두 요소는 각각 동격 명사구와 동격절이라고 한다.

복합 명사구 구조 — 여기서는 명사구와 that-절이 결합된 구조 — 는 일부 순수한 추상명사 또는 타동사에서 만들어진 명사와 이 타동사의 목적어인 that-절을 동격절 역할을 하는 문장 구조에서 나온 것이다. 예컨대 (9a)에서 나타난 타동사 suggest와 이 동사에 대하여 목적어 역할을 하는 that-절에서 (9b)에서 볼드체로 나타난 복합 명사구 구조가 나오게 된 것이다.

(9) a. **Bill *suggested*** [that we stay here].
          동사   목적어절
          ↓   ↓

b. **Bill's *suggestion* that we stay here** was agreeable.
       동격 명사구   +   동격절 ⇒ 복합 명사구
    [우리가 이곳에 있자고 하는 빌의 제안이 마음에 들었다.]

몇 가지 예를 더 추가하기로 한다.

They *announced* that all flights were cancelled because of bad weather.
[그들은 궂은 날씨 때문에 모든 항공기들이 결항된다고 발표했다.]
Their *announcement* that all flights were cancelled because of bad weather greatly distressed the waiting passengers.
[궂은 날씨 때문에 모든 항공기 운항이 취소된다는 그들의 발표 때문에 기다리던 승객들이 크게 기분이 상했다.]
Jane *alleged* that Bill is a thief.

[제인은 빌이 도둑놈이라고 주장했다.]

Jane's *allegation* that Bill is a thief is false.

[빌이 도둑놈이라는 제인의 주장은 옳지 않다.]

The natives $\begin{Bmatrix} believe \\ have\ the\ belief \end{Bmatrix}$ **that the whites are great magicians**.

[원주민들은 백인들이 대단한 마술사라고 믿는다.]

동격절 역할을 하는 that-절은 구 요소(phrase element), 즉 복합 명사구의 일부가 된다. 다시 말하자면, that-절은 동격절로서 문장의 주어, 타동사의 목적어, 전치사의 목적어, 그리고 보어 역할을 하는 명사구와 동격 관계를 이룬다.

The belief **that human beings live on after death in the form of spirits** is widespread.

[인간은 죽은 뒤에도 영혼의 형태로 계속 생존한다고 믿는 사람들이 많다. → 동격절로서 that-절은 주어 역할을 하는 명사구 the belief와 동격 관계를 갖고 있음.]

The fact **that more and more people are being thrown out of work** makes them take more risks.

[점점 더 많은 사람들이 직장을 잃고 있다는 사실이 그들을 더 위협하고 있다. → 동격절로서 that-절은 주어 역할을 하는 명사구 the fact와 동격 관계를 갖고 있음.]

There is no *proof* **that drinking coffee increases the risk of heart disease**.

[커피를 마시면 심장병에 걸릴 위험성이 더 높아진다는 아무런 증거도 없다. → 동격절로서 that-절은 주어 역할을 하는 명사구 no proof와 동격 관계를 갖고 있음.]

One of the chief causes of lack of zest is *the feeling* **that one is unloved**, whereas conversely *the feeling* **that one is being loved** promotes zest more than anything else does.

— Bertrand Russell, *The Conquest of Happiness*.

[열정이 결여되는 주된 이유 가운데 하나는 자신이 사랑을 받지 못하고 있다는 생각인 반면, 이와는 반대로 자신이 사랑을 받고 있다는 생각은 다른 어떤 것보다 더 열정을 증대시켜 준다. → 동격절로서 that-절은 보어 역할을 하는 명사구 the feeling과 동격 관계를 갖고 있음.]

Euclid's insight became *the proof* **that there are infinitely many prime** numbers.

[유크리드의 통찰력은 소수(素數)가 무한히 많다는 증거가 되었다. → 동격절로서 that-절은 보어 역할을 하는 the proof와 동격 관계를 이루고 있음. → prime number(소수)는 1, 3, 5.... 등 자신의 수에 의해서만 나눌 수 있는 숫자.]

I am skeptical of *the claim* that iron floats.

[나는 쇠가 물 위에 뜬다는 주장을 의심한다. → 동격절로서 that-절은 전치사의 목적어 역할을 하는 명사구 the claim과 동격 관계를 이루고 있음.]

16.3.4.2. 제한적/비제한적 동격절

동격절 역할을 하는 that-절은 앞에 놓인 명사구에 대하여 어떤 역할을 하느냐에 따라 제한적 동격절과 비제한적 동격절 등 두 가지로 나누어 볼 수 있다.[15] 이상과 같은 예에서 that-절은 모두 which fact?, which belief?, which feeling?, which proof? 따위와 같은 물음에 대한 대답으로 나타나는 동격절이다. 그러므로 예컨대 (10a)에서 the belief ...라고 말하면 청자는 which belief?라고 묻게 되고, 이에 대한 대답으로 예컨대 (10b)와 같이 말하게 된다. 바로 이렇게 쓰인 that-절은 the belief의 내용을 구체적으로 밝혀주는 역할을 하는 것이기 때문에 '제한적'(restrictive)으로 쓰인 동격절이라고 하는 것이다.

(10) a. **The belief** is widespread.
  b. **The belief that human beings live on after death in the form of spirits** is widespread.

이와는 달리, 다음과 같은 예에서처럼 동격절의 내용이 상대방에게 이미 알려져 있는 것이기 때문에 더 이상 그 내용을 반드시 밝혀야 하는 것이 아니다. 그럼에도 불구하고 첨가된 동격절은 앞에 놓인 동격 명사구의 내용을 부차적으로 환기시켜 주는 역할을 하는 것이므로 '비제한적'(nonrestrictive)으로 쓰인 것이 된다. 이런 경우에는 동격절의 전후에 쉼표가 첨가되어 동격절의 내용이 부수적인 것이라는 점을 밝혀주게 되는 것이다.[16] 그러므로 다음

---

15 Frank (1993: 286).
16 Yule (2006: 164)에 의하면, 동격절이 다음 예에서처럼 쉼표(,), 대쉬(—), 또는 ( )로 분리되어 나타나기도 한다:
  His excuse, **that he had fallen asleep on the bus**, was hard to believe.
  One idea — **that he had fallen asleep on the bus** — was hard to believe.

의 첫 예에서 보면 His main argument was considered absurd.라고만 하더라도 상대방은 그의 주된 주장의 내용이 무엇을 뜻하는지 이미 알고 있는 것으로 여겨진다.

His main argument, that scientific laws have no exceptions, was considered absurd.
　[과학의 법칙에는 예외가 없다고 하는 그의 주된 주장은 상식에 벗어난 것이라고 여겨졌다.
　→ 동격절인 that-절 앞뒤에 쉼표가 놓여 이 절이 동격 명사구 his main argument에 대하여 부수적인 내용임을 나타내고 있음.]

Your criticism, that no account has been taken of psychological factors, is fully justified.
　[심리적인 요인에 대해서는 전혀 아무런 고려도 하지 않았다는 너의 비판은 상당한 정당성이 있다.]

The hard truth, that they had spent all their money, was a great shock to her.
　[그들이 돈을 다 써버렸다는 엄연한 사실이 그녀에게는 커다란 충격이었다.]

16.3.4.3. 동격 관계: 주어 + 보어

(11a)의 복합 명사구 the fact that he is getting promoted가 동격 관계를 갖는다는 점은 (11b)에서처럼 명사구와 that-절이 연결동사로서 be 동사를 사용하여 일종의 주어와 주격보어의 관계로 나타날 수 있다는 사실을 통해서 알 수 있다. 예컨대 (11a)에서 목적어인 the fact that-절을 내부적으로 들여다보면 the fact는 주어이고 that-절은 이 주어에 대한 보어절 역할을 하는 관계라는 점이 드러난다.

(11) a. He advertised **the fact that he is getting promoted**.
　　　　[그는 자신이 승진하게 될 것이라는 사실을 공표했다.]
　　　b. The fact *is* that he is getting promoted.
　　　　[사실은 그가 승진할 것이라는 점이다.]
This evidence reinforces **my view that he is a spy**.

They were questioning her about her first explanation **(that there had been a burglar)** when she suddenly changed her story completely.

[이 증거가 곧 그가 간첩이라는 나의 견해를 한층 더 뒷받침해 준다.]

My view *is* that he is a spy.

[그가 간첩이라는 것이 나의 생각이다.]

이러한 문장 구조에서 보어절은 추상적인 개념을 나타내며, 주어 역시 보어와 동일한 대상을 가리키기 때문에 당연히 plan, idea, notion, belief, hope 따위와 같은 추상 명사구를 포함하게 된다.[17]

동격 관계의 경우와 달리, 선행사와 관계사절의 구조도 얼핏 보면 주어와 주격보어의 관계와 같은 것처럼 보이겠지만, 관계사절의 경우에는 be 동사를 사이에 두고 두 요소를 주어와 주격보어의 관계로 풀어 쓸 수 없다. 그러므로 다음의 두 번째 문장은 that-절은 the news의 구체적인 내용을 밝히는 것이 아니기 때문에 비문법적이다.

The news that we heard over the radio ....　　　　　　[선행사 + 관계사절]

[우리가 라디오에서 들은 그 뉴스]

*The news was that we heard over the radio.

[→ 위의 the news that ... the radio가 동격 관계를 나타내는 것이 아니기 때문에 주어와 주격보어의 관계로 나타낼 수 없음.]

16.3.4.4. 복합 명사구로부터의 외치

(12a)에서와 같이 주어 역할을 하는 복합 명사구도 명사구이기 때문에 그 자체는 that-절과 달리 외치되지 않지만, 동격 관계를 가진 두 요소가 동사를 사이에 두고 분리될 수도 있다.[18] 즉, (12b)에서처럼 술부의 동사가 자동사이거나 또는 수동형 동사일 경우에는 복합 명

17　Berk (1999: 231-232).
18　Embedded sentences do not always remain under the NP node, where they are generated by the PS rules. Consider the following sentences:
　　(8.30) a. The fact that the rain had ruined the crops was obvious.
　　　　　b. The fact was obvious that the rain had ruined the crops.
　　(8.31) a. The idea that the earth is round had not been formulated.
　　　　　b. The idea had not been formulated that the earth is round.
　　(8.32) a. The theory that the earth is the center of the universe was proposed by the ancient Greeks.
　　　　　b. The theory was proposed by the ancient Greeks that the earth is the center of the

사구로부터 that-절이 분리되어 문미의 위치로 외치될 수 있다.

(12) a. **Fears that the ship would sink** mounted.
   b. **Fears** mounted **that the ship would sink**.
   [배가 침몰하리라는 불안감이 고조되었다. → 동격 관계의 that-절이 한 개의 자동사로 이루어진 술부 mounted 다음으로 외치되었음.]

복합 명사구로부터 that-절이 외치된 예를 몇 개 더 들기로 한다.

The notion is prevalent among Westerners **that bride price is a payment by which a bride is purchased**.
— I. Brown, *Understanding Other Cultures*.
   [신부의 값이란 신부를 사면서 지불되는 돈이라는 생각이 서양인들 사이에 널리 퍼져 있다. → cp. **The notion that bride price is a payment by which a bride is purchased** is prevalent among Westerners.]

The statement is often heard **that people can say anything they want to, in any way they care to, because no such thing as "right" or "wrong" exists in language**.
— **Peter Farb**, *Word Play: What Happens When People Talk*.
   [언어에는 "옳다" "그르다"와 같은 것이 없기 때문에 사람들은 자기들이 원하는 방식으로 하고 싶은 어떤 말이라도 할 수 있다는 말이 자주 들린다. → cp. **The statement that people can say anything... in any way they care to** is often heard, because ....의 구조에서 that-절이 수동 동사 is often heard 다음으로 외치됨.]

The possibility can't be ruled out **that he will call an early election**.
   [그가 조기 선거를 요구할 가능성을 배제할 수 없다. → cp. **The possibility that he will call an early election** can't be ruled out. rule out은 타동사이지만, 수동 동사이기 때문에 that-절의 외치가 허용되고 있음.]

---

   universe.
In (8.30a)-(8.32a) the sentence appears "attached to" its head noun, but in the (b) examples it is placed at the end of the main sentence. This suggests that there is a rule (which we call Extraposition) that moves (or extraposes) the embedded sentence to the end of the main sentence.
—Akmajian & Heny (1975: 279-280).

While Titus was comforting the victims of Pompeii, **news** came to him **that a great fire had broken out in Rome and was destroying the city.**
— "Emperor Titus — an Admirable Ruler" (from an article in a magazine Look and Learn.)

[티투스 황제가 폼페이의 희생자들을 위로하고 있을 때 로마에서 대형 화재가 발생하여 이 도시를 파괴하고 있다는 소식이 그에게 전해졌다. → News that a great fire ....]

At first we thought that there had been an accident or that a fire had broken out on board, but in a few minutes **word** went around **that a man had been seen floating in the ocean.**

[처음에 우리는 사고가 났거나 배 위에서 화재가 난 것으로 생각했었지만, 잠시 뒤에는 한 남자가 바닷물 위에 떠 있었다는 말이 나돌았다. → cp. **Word that a man had been seen floating in the ocean** went around.]

Evidence was discussed **that smoking is correlated with incidence of lung cancer.**

[흡연이 폐암 발생과 서로 관계가 있다는 증거에 대한 토론이 벌어졌다.]

선행사와 관계사절 사이에서 관계사절이 외치되는 것(→ 17.2.1.6 참조)과 마찬가지로, 주어 역할을 하는 복합 명사구로부터 that-절이 외치되는 이유도 주어 부분의 '두부 과대 현상'(top-heavy) 때문이다. 즉, 주어 부분은 길고 상대적으로 술부는 짧아서 주어 부분과 술부 사이에 균형이 이루어지지 않기 때문이다. 그러므로 주어진 조건을 충족하는 경우에 that-절이 외치되면 결과적으로 문장이 전반적으로 균형을 이루어 안정감을 갖게 된다.

16.3.5. 형용사의 보충

to-부정사절, 전치사구를 비롯하여 that-절이 형용사의 보충 요소가 될 수 있다. 즉, 다음과 같은 형용사들의 뜻을 보충하기 위하여 that-절이 형용사 다음에 놓이게 된다. 예컨대 I am **glad**.에 화자 자신이 기뻐하는 이유가 무엇인가 하는 점을 보다 명백히 하기 위하여 I am *glad* **that you're safe!**(네가 무사하다니 기쁘다!)에서처럼 that-절을 수반할 수 있다. 다음에 제시된 형용사들은 that-절을 보충 요소로 수반할 수 있다.

> afraid, amazed, aware, certain, confident, conscious, disappointed, eager, fearful, glad, grateful, happy, hopeful, positive, proud, relieved, sad, sorry, sure, thankful; amazed, determined, disgusted, disturbed, irritated, pleased, shocked, sorry, surprised, upset, worried, ...

I'm *afraid* that I can't come till next week.
   [다음 주까지 올 수 없을 것 같은데.]
I'm *determined* that he won't get the better of me.
   [나는 그가 나에게 이기지 못할 것이라고 자신한다.]
I am *eager* that they should win.
   [나는 그들이 이기기를 무척 바라고 있다.]
She is *shocked* that most people are so unfriendly.
   [그녀는 대부분의 사람들이 매우 다정스럽지 못하다는 점 때문에 충격을 받고 있다.]
Are you *positive* that you've never seen that man before?
   [전에 저 사람을 만난 적이 없다는 것을 확신하느냐?]

물론 이러한 형용사들 다음에 전치사가 오게 되면 전치사의 목적어로서 명사구가 오게 되거나, 아니면 that-절이 전제, 즉 '이미 알려져 있는 사실'(known fact)을 나타내는 것이라면 the fact that-절이 올 수도 있다.[19]

Elizabeth was astonished *at her sister's courage*.
   [엘리자베스는 자기 언니의 용기에 놀랐다.]
I was astonished by *the fact* that she had left her job.
   [나는 그녀가 직장을 그만 두었다는 사실에 놀랐다.]
The salesman is conscious of *the fact* that he must increase sales.
   [그 판매원은 판매 실적을 올려야 한다는 사실을 의식하고 있다.]

---

[19] Swan & Walter (2011b: 196).

16.4. that-절의 동사형

16.4.1. 가정법 동사

능동형이든 수동형이든 관계없이 상위절의 동사가 일종의 '요구'라고 하는 폭넓은 뜻을 나타내는 것이면 이 동사의 목적어절로서 수반되는 that-절에는 시제에 관계없이 일종의 가정법 형태로서 원형 동사가 쓰이거나, 'should + 원형 동사'가 쓰인다.[20] 영국영어에서는 should가 쓰이지만, 미국영어에서는 should가 쓰이지 않는 경향이 있다.[21] 예컨대 I insisted that she { should be / be } well paid.(나는 그녀가 충분한 보수를 받아야 한다고 주장했다.) 라는 문장에서 상위절의 동사 insisted가 과거형이라고 하여 시제의 일치 규칙에 따라 that-절의 동사를 과거형 was well paid라고 하게 되면 문법적으로 틀린 문장이 된다.

I **begged** that he { **should be** / **be** } **sent** home at once.

[나는 그를 당장 집으로 돌려보내달라고 요청했다.]

Experts **advise** that your suntan lotion **should be reapplied** on an hourly basis.

[햇볕에 타지 않게 하는 로션을 시간마다 바르라는 것이 전문가들의 조언이다.]

"I **move** that Hillary Clinton **be selected** as the nominee of the Democratic Party for president of the United States," Sanders declared.

— *Chicago Tribune*, July 27, 2016.

["본인은 힐러리 클린턴을 민주당의 미국 대통령 후보 지명자로 선출할 것에 동의합니다." 라고 샌더스 (Bernie Sanders)가 선언했다. → Bernie Sanders는 2016년 민주당 대통령 후보 지명 경선에서 Hillary Clinton에게 패배한 버몬트 주 출신 연방 상원의원이다.]

---

20 A subset of verbs that we can call *verbs of request or demand* — for example, *ask, demand, insist, recommend,* and *stipulate* — must be followed by a *that* complement containing a bare infinitive, as shown in (7).

(7) We *recommend* that she *accept* his offer.

That is, the verb in the *that* complement is not inflected for tense, and the complement clause is therefore a *nonfinite* clause. The bare infinitive in such clauses is often referred to as the *subjunctive* form. — Cowan (2008: 495). See also Berk (1999: 149-150).

21 언젠가 필자는 같은 학과 소속 미국인 객원교수로부터 요구동사의 목적어로 that-절이 쓰인 문장에 should가 쓰이느냐는 질문을 받은 적이 있다.

The judge then **ordered** that the beggar **be given** fifty blows with a whip.

[그때 판사는 그 거지에게 회초리 50대를 때리도록 명령했다.]

It **is requested** that all gentlemen **wear** coats and ties.

[모든 신사들은 코트를 입고 넥타이를 매도록 되어 있습니다.]

이와 같은 문장의 상위절에는 주로 다음과 같은 동사들이 쓰여 '요구'의 뜻을 나타내게 된다.

> advise, agree, ask, beg, command, decide, demand, desire, forbid, insist, move, order, propose, recommend, request, require, suggest, urge

그러나 이러한 동사에 속하는 단어일지라도 '요구'의 뜻을 나타내지 않는다면 that-절의 동사는 전달하려는 뜻에 따른 동사의 시제 형태를 사용하게 된다.[22] 다음 두 개의 문장 (13a, b) 중에서 suggest가 (13a)에서는 '요구'의 뜻을 나타내고 있지만, (13b)에서는 이와 다른 뜻을 나타내고 있다.

(13) a. It has been **suggested** that bright children **take** their exams early.

---

[22] A content clause in construction with *demand* or *mandatory* — or *require, stipulate, essential, necessary*, etc — is always mandative, but other items such as *insist, suggest, important* can select either a mandative or a non-mandative clause as complement:

[7] i a. She <u>insisted</u> [that he tell her the whole story].
　　b. I <u>suggest</u> [you go and see a doctor].
　　c. It's <u>important</u> [that he should take us into his confidence].　　　　mandative]
　ii a. She <u>insisted</u> [that he had been lying].
　　b. I <u>suggest</u> [she doesn't like us very much].
　　c. It's not <u>important</u> [that the gift won't be a surprise].　　　　[non-mandative]

The difference in meaning is comparable to that between imperative and declarative clauses. With mandatives it is a matter of bringing about the situation expressed in the content clause. As with imperatives, we can invoke the concept of 'compliance': in [ia] she insisted on compliance, in [ib] I'm advocating compliance in a relatively tentative way, and in [ic] compliance is said to be important. With the non-mandatives, by contrast, it is a matter of the truth of the proposition expressed in the content clause. In [iia] she insisted on the truth of the proposition, in [iib] I put the proposition forward as something that may well be true, and in [iic] the truth of the proposition is taken for granted, presupposed: it is treated as a fact, a fact that is said to be not important. — Huddleston & Pullum (2002: 995-996).

[총명한 어린이들은 일찍 시험을 치르도록 해야 한다는 제안이 나왔다. → 상위 절의 동사 suggest는 '제안하다' 라는 '요구'의 뜻을 나타내기 때문에 that-절에 should가 생략되고 원형 동사가 쓰이고 있음.]

b. All the evidence **suggests** (that) he **stole** the money.

[모든 증거를 통해 그가 그 돈을 훔쳤다는 점을 시사하고 있다. → suggest는 '제안하다' 라는 뜻이 아니므로 과거시간을 나타내는 that-절의 동사가 과거형으로 나타나고 있음.]

위에 열거된 유형의 '동사에서 파생된 명사'(deverbal noun) 다음에 오는 that-절의 경우에도 마찬가지이다. 즉, 이러한 동사의 명사형이 that-절 바로 앞에 놓여 that-절과 동격 관계를 이루거나, 문장의 주어, 목적어 역할을 하게 되면 that-절의 동사는 (should +) 원형 동사가 된다.

The **requirements** for a good meditation posture are that it **be** still, steady, relaxed, and comfortable. If the body moves, sways, twitches, or aches, it will distract you from meditation.

— Swami Rama, *Meditation and Practice*.

[좋은 명상 자세의 요건은 그 자세가 고요하고, 안정되고, 긴장이 풀리고, 편안해야 한다. 만약 몸이 움직이거나, 좌우로 흔들리거나, 꼬이게 되거나, 통증을 느끼게 되면 명상이 되지 않는다.]

He ignored his doctor's **advice** that he **(should) take** a vacation.

[그는 휴가를 가져야 한다는 의사의 조언을 묵살해 버렸다.]

He rejected my **suggestion** that we **should appoint** Roger.

[그는 로저를 임명하자고 하는 나의 제안을 거절했다.]

The **orders** were that the demonstrators **should be kept away** from Downing Street.

[시위대들이 다우닝가에 접근하지 못하게 하라는 명령이 내려졌다.]

16.4.2. 추정의 should

that-절의 내용이 (14a, 15a)에서처럼 '사실'(fact)을 나타내거나, 또는 (14b, 15b)에서처럼 '생각'(idea)을 나타내는 뜻으로 해석될 수 있는데, 후자의 경우에는 특히 영국영어에서

that-절에 법조동사 should가 널리 쓰인다. 즉, that-절의 내용이 사실적인 내용을 나타내는 경우라면 직설법 동사가 쓰여 '...하는 것'이라고 해석된다. 이와는 달리, that-절의 내용을 하나의 생각을 나타내는 것, 즉 that-절이 나타내는 상황이 어쩌면 발생하게 될지도 모른다고 보는 경우라면 should가 첨가되어 추정적(putative) 또는 이론적인(theoretical) 뜻이 추가되기 때문에 '...한다고 하더라도/한다면'이라는 뜻으로 해석된다.[23]

(14) a. I am not surprised that you **find** your job rather tedious.
  [나는 네가 하는 일에 좀 지루하다고 느끼는 것에 놀라지 않는다.]
 b. I am not surprised that you **should find** your job rather tedious.
  [나는 네가 하는 일에 좀 지루하다고 느낀다고 하더라도 놀라지 않는다.]
(15) a. It is strange that Eric **refuses** our request.
  [에릭이 우리의 요구를 거절하다니 이상하다.]
 b. It is strange that Eric **should refuse** our request.
  [에릭이 우리의 요구를 거절한다면 이상한 일이다.]

다음과 같은 예에서도 직설법 동사가 쓰인 경우는 사실적인 뜻을 나타내지만, should가 들어 있는 문장들은 사실성 여부가 중립적이기 때문에 그 내용의 실현 가능성 여부를 확실히 알 수 없다.

---

23 The modal auxiliary *should* is used extensively (esp. in BrE) in *that*-clauses to convey the notion of a 'putative' situation, which is recognized as possibly existing or coming into existence. Contrast:
 I'm surprised that he *should feel* lonely. [1]
 I'm surprised that he *feels* lonely. [2]
 While [1] questions the loneliness, [2] accepts it as true. Here, as often, the difference is mainly one of nuance, since the factual bias of the matrix clause overrides the doubt otherwise implicit in the *should*-construction.... The nonfactual bias of the *should*-construction emerges most clearly in instances where the construction is close in meaning to a conditional *if* clause:
 It's a pity *that* they *should* be so obstinate.
 It's a pity *if* they *are* so obstinate. — Quirk et al. (1985: 1014); The effect of using *should* rather than an indicative form is that the noun clause gets a **theoretical** or **putative** meaning rather than a factual one.... Whereas a factual sentence is truth-committed (i.e. implies that the statement is true), a theoretical sentence is truth-neutral (i.e. leaves the question of truth and falsehood open). — Declerck (1991: 422). See also Leech (2004: 120) and Leech & Svartvik (2002: 149).

It's ridiculous that John **refuses** to help his son.
> [존이 자기 아들을 돕지 않는 것은 어리석은 짓이다. → 존이 실제로 자기 아들을 돕지 않음.]

It's ridiculous that John **should refuse** to help his son.
> [존이 자기 아들을 돕지 않는다면 어리석은 짓이다. → 존이 자기 아들 돕기를 거부한다는 생각 자체가 어리석다는 뜻임.]

16.5. the fact that-절

위에서 동격절을 설명하는 부분에서는 명사구로서 여러 가지 다양한 추상명사들이 등장하였다. 여기서 다루게 되는 the fact that-절의 경우에는 동격 명사구로서 반드시 the fact만 나타난다. 동격 명사구로서 the fact는 주어나 목적어 역할을 하는 that-절이 사실적인 내용을 나타내는 경우에 동격절 앞에 나타날 수 있다.

16.5.1. 사실동사와 비사실동사

주어나 목적어 역할을 하는 that-절의 진술 내용이 의미 전달상으로 두 가지로 나누어진다. 하나는 that-절의 진술 내용이 '전제'(前提: presupposition)를 나타내는 것일 수 있다는 점이다. 여기서 전제란 that-절에서 진술한 내용이 '이미 알려져 있는 '사실'(known fact) 적인 내용을 나타낸다는 것이다. 이런 문장은 상위절의 동사를 토대로 하여 '사실적' 구문(factive construction)이라 한다. 이와는 반대로, 진술 내용이 상위절의 동사를 토대로 하여 사실적인 것이라기보다는 오히려 화자 자신의 '주장'(assertion)에 불과한 것인데, 이런 문장을 '비사실적' 구문(nonfactive construction)이라고 한다.[24] 다음 두 개의 문장 (16a, b)

---

[24] Kiparsky and Kiparsky (1968) distinguished verbs and adjectival predicates according to whether they carry *presuppositions*, or inherent assumptions, regarding the factual status of their complements.... A factive complement clause is a clause that is true regardless of whether the higher clause is affirmative, negative, or interrogative:
John regrets that he committed the crime.
John does not regret that he committed the crime.
Does John regret that he committed the crime?
In all three examples, it remains a presumed truth that John committed the crime....
Compare now a nonfactive complement, which yields different results:
The police maintain that John committed the crime.
The police do not maintain that John committed the crime.

에 담긴 뜻을 중심으로 이 두 가지 구문을 비교하여 보기로 한다.

(16) a. John *regrets* that he committed the crime.　　　　(사실적)
　　　[존은 자신이 범죄를 저지른 것을 유감으로 생각하고 있다.]
　　b. The police *maintain* that John committed the crime.　(비사실적)
　　　[경찰에서는 존이 범죄를 저질렀다고 주장하고 있다.]

담겨진 내용으로 보면 문장 (16a)는 존이 실제로 범죄를 저질렀다는 뜻을 나타내는 것이고, 또한 이 점에 대하여 존이 유감으로 생각하고 있다는 뜻을 내포하고 있다. 물론 여기에 담겨진 정보 내용이 잘못 전달된 것일 수도 있지만, 이러한 점은 전혀 문제가 되지 않는다. 중요한 점은 청자가 존이 범죄를 저질렀다고 하는 정보를 하나의 전제로 받아들이고 있다고 하는 것이다. 반면에, 문장 (16b)는 존이 실제로 범인이냐 아니냐 하는 사실성 여부를 떠나서 경찰에서 존이 범죄를 저질렀다고 믿는 것에 불과하다. 다시 말하자면, 문장 (16b)에서 실제로 존이 범죄를 저질렀느냐 하는 점은 알 수 없고, 다만 경찰에서 그렇게 믿고 있다고 하는 주장에 불과한 것이다. 이러한 뜻의 차이는 (16a, b)에서처럼 상위절의 동사 regrets와 maintain에서 볼 수 있는 차이에서 비롯된다.

　이 두 개의 문장에 내포된 내용은 이 두 개의 문장을 (17a, b)에서처럼 의문문을 만들거나, 또는 상위절의 동사 regret와 maintain을 각각 부정형으로 바꿨을 때, regret를 사용한 문장에서는 that-절에 포함된 뜻에 아무런 차이도 생기지 않는다. 즉, 부정문이나 의문문으로 바뀌어도 that-절의 내용이 여전히 사실적인 내용을 전달하고 있다. 이와 반대로, maintain이 사용된 문장에서는 긍정문일 때와 (18a, b)에서처럼 부정문이나 의문문에서 that-절에 포함된 뜻에 차이가 생기고 있다.

(17) a. **Does John regret** that he committed the crime?
　　　[자신이 범죄를 저지른 것을 존이 유감으로 생각하고 있느냐?]

　Do the police maintain that John committed the crime?
In these sentences, there is no presumption about whether John did or did not commit the crime, regardless of whether the police have strong beliefs about John's guilt or innocence. In a similar way, to say *It is likely that the Yankees won the game* does not presume that the Yankees won or did not win; nor is this presumed if the sentence is made negative or cast as a question. — Celce-Murcia & Larsen-Freeman (1999: 676-677); . See also Berk (1999: 236-237).

b. John **does not regret** that he committed the crime.
[존은 자신이 범죄를 저지른 것을 유감으로 생각하지 않고 있다.]

(18) a. **Do the police maintain** that John committed the crime?
[경찰에서는 존이 범죄를 저질렀다고 주장하고 있는가?]

b. The police **do not maintain** that John committed the crime.
(Celce-Murcia & Larsen-Freeman 1999: 677)
[경찰에서는 존이 범죄를 저질렀다고 주장하지 않고 있다.]

문장 (16a)를 (17a)에서처럼 의문문으로 바꾸든, (17b)에서처럼 상위절의 동사 regret를 부정형으로 바꾸더라도 이 세 개의 문장 (16a), (17a), (17b)에 내포된 that-절의 내용에는 아무런 변화도 일어나지 않는다. 다시 말하자면, 이 모든 경우에 that-절은 여전히 존이 범죄를 저질렀다는 사실적인 내용을 전달하고 있는 것이다. 반면에, 문장 (16b)를 (18a)에서처럼 의문문으로 만드는 경우와, (18b)의 경우처럼 상위절의 동사 maintain을 부정형으로 했을 때 결국 문장 (18a), (18b)에서 that-절의 내용이 (16b)와 달라지고 있다. 즉, (16b)에서 존이 범죄를 저질렀다고 주장하다가 (18b)에서처럼 상위절의 동사를 부정형으로 함으로써 이제는 믿지 않는 쪽으로 주장이 바뀌고 있다. 또한 (18a)에서는 존이 범죄자인가 하는 점에 대하여 의심을 품고 있다.

이러한 관계는 that-절이 주어일 경우에도 마찬가지이다. 즉, 상위절의 동사로서 astonished가 포함된 (19a)는 사실적인 내용을 전달하고 있는 반면, 상위동사로서 appeared가 나타난 (19b)는 비사실적인 내용을 전달하고 있다.

(19) a. That John committed the crime **astonished** me.
[존이 범죄를 저지른 것이 나를 놀라게 만들었다. → 존이 실제로 범죄를 저지른 사실에 대하여 화자가 놀랍다고 하는 내용임.]

b. That John committed the crime **appeared** to be true.
[존이 범죄를 저질렀다는 것이 사실처럼 보였다. → 존이 범죄를 저지른 것 같다는 화자의 생각을 나타내고 있음.]

이처럼 '전제'를 나타내는 사실적 구문과 '주장'을 나타내는 비사실적 구문을 구별하는 것은 다음에 예시된 것과 같은 상위절의 동사 — be + 형용사를 포함하여 — 가 사실동사인가, 비사실동사인가의 차이에 따른 것이다.

> A) that-절이 '전제', 즉 이미 알려진 사실을 나타내는 사실동사의 예:
> <u>that-절이 주어절일 때</u>: be significant/odd/tragic/exciting/relevant, matter, count, make sense, suffice, amuse, bother,...
> <u>that-절이 목적어절일 때</u>: regret, be aware, grasp, comprehend, mind, take into consideration, take into account, bear in mind, ignore, make clear, deplore, resent,...

That the weather was bad didn't *matter*.
[날씨가 궂은 것은 문제가 되지 않았다.]
That he did not survive was *tragic*.
[그가 살아남지 않았다는 것은 비극이었다.]
I *regret* that I didn't get the job.
[나는 그가 일자리를 얻지 않은 것을 유감으로 생각한다.]
It is not *surprising* that many Western businessmen and investors remain skeptical.
[서양의 많은 사업가들과 투자자들이 아직도 회의적이라는 점은 놀라운 일이 아니다.]
It is *odd* that our friend disappeared.
[우리 친구가 없어진 것이 이상하다.]

바로 이처럼 상위절의 동사로서 사실동사가 쓰이는 경우에 이 동사에 대한 주어 또는 목적어 역할을 하는 that-절은 동격 요소로서 the fact를 수반하여 the fact that-절이 일종의 복합 명사구(complex noun phrases)를 이룰 수 있다.[25]

---

[25] accept, conceal, criticize, discuss, disregard, hide, overlook 따위와 같은 일부 동사들은 이들이 간직하고 있는 뜻 때문에 목적어로서 단순히 that-절 대신에 반드시 the fact that-절이라야 한다.
We must accept *the fact* that we live in a world of great political tension.
[우리는 정치적 긴장이 심각한 세상에서 살고 있다는 사실을 받아들여야 한다.]
He cannot conceal *the fact* that he dislikes his employer.
[그는 사장을 무척 싫어한다는 사실을 숨길 수 없다.]
그러나 다음 예에서처럼 that-절과 the fact that-절이 모두 올 수도 있다:
Her husband finally admitted **that/the fact that he had been married several times**.
[마침내 그녀의 남편은 여러 번 결혼했다는 것/사실을 인정했다.]
He always regretted **that/the fact that he had not continued his schooling**.
[그는 학업을 계속하지 않았다는 것/사실을 늘 유감으로 생각했다.]

The fact that she doesn't like you has nothing to do with the matter.
  [그녀가 너를 좋아하지 않는다는 사실은 그 문제와 아무런 관계도 없다.]
We resent *the fact* that you are always late.
  [우리는 네가 항상 지각한다는 사실에 분개하고 있다.]
I soon grasped *the fact* that she didn't know the answer.
  [나는 그녀가 그 해답을 모르고 있다는 사실을 즉시 알았다.]

또한 the fact 다음에 that-절 대신에 of가 이끄는 동명사절이 올 수 있다. 따라서 위의 마지막 문장에서 that-절은 다음과 같이 바뀔 수 있다.

I soon grasped *the fact* of her not knowing the answer.

> B) that-절이 '주장'을 나타내는 비사실동사의 예:
> that-절이 주어절일 때: be likely/sure/possible/true, seem, appear, happen, chance, turn out,...
> that-절이 목적어절일 때: suppose, assert, allege, assume, claim, charge, maintain, believe, conclude, deem, fancy, realize,...

They *alleged* that they had been unjustly dismissed.
  [그들은 부당하게 해고되었다고 주장했다.]
If he's not here in five minutes, we'll *assume* that he isn't coming.
  [5 분 안에 그가 오지 않으면 우리는 그가 오지 않을 것으로 생각할 것이다.]
It *turned out* that nobody remembered the address.
  [그 주소를 기억하는 사람이 아무도 없다는 점이 판명되었다.]
It *chanced* that she had just been to the bank.
  [때마침 그녀는 방금 은행에 다녀왔었다.]

비사실동사가 쓰이는 경우에는 the fact를 첨가하여 that-절과 동격 관계를 나타낼 수 없을 뿐만 아니라, the fact of ... 다음에 that-절을 동명사절로 바꿀 수도 없다.

Jane suspects { that / *the fact that } Tanya left Henry.

[제인은 타냐가 헨리 곁을 떠났다고 생각하고 있다. → suspect는 비사실동사이기 때문에

that- 절 앞에 동격 명사구 the fact를 첨가하여 복합 명사구를 만들지 못함.]
*Jane suspects *the fact* of Tanya's having left Henry.
[→ suspect가 비사실동사이기 때문에 the fact of + 동명사절이 놓일 수 없음.]

마지막으로, 사실동사가 수반된 문장에서 that-절은 이에 대응하는 동명사절로 바꿀 수 있는 반면, 비사실동사가 수반된 문장에서는 that-절을 부정사절로 바꿀 수 있다. 이처럼 사실동사에 연결된 that-절은 사실적인 내용을 나타내기 때문에 이에 따라 '사실'(fact)을 나타내는 동명사절을 수반하게 되지만, 비사실동사는 '생각'(idea)을 나타내는 것이기 때문에 이에 따라 '생각'을 나타내는 부정사절로 바뀌게 되는 것이다.

That he was found guilty bothers me.
(= **His having been found guilty** bothers me.)
[그가 범인이라는 점이 밝혀진 것이 나를 괴롭게 만든다. → bothers가 사실동사이기 때문에 that-절이 동명사절로 바꾸어 나타낼 수 있음.]

It is likely **that he will accomplish even more**.
(= He is likely **to accomplish even more**.)
[그 사람이 더 많은 것을 이루어낼 것 같다. → is likely가 비사실동사에 속하기 때문에 that-절이 동명사절로는 바뀔 수 없고, '생각'을 나타내는 부정사절로 바뀔 수 있음.]

16.5.2. the fact that-절의 문법적 특성

the fact that-절은 일종의 복합 명사구이고, the fact를 수반하지 않은 that-절은 명사절로서, 이 두 가지 구조는 문법적인 작용에 있어서 상당히 다르다.
첫째, the fact that-절은 복합 명사구이기 때문에 이것이 주어 역할을 하는 문장 (20a)를 (20b)와 같은 yes/no 의문문으로 만들려면 보통의 명사구가 주어 역할을 하는 경우와 마찬가지로 주어와 동사의 어순을 바꾸기만 하면 된다.

(20) a. **The fact that she left home** is not to be wondered at. ⇒
[그녀가 집을 나갔다는 사실이 놀라운 일이라고 할 수 없다.]
b. Is **the fact that she left home** not to be wondered at?
[그녀가 집을 나갔다는 사실이 놀라운 일이라고 할 수 없는가?]

반면에 (21a)에서처럼 that-절이 주어일 때 yes/no 의문문을 만들려면 (21b)에서처럼 단지 동사와 주어인 that-절의 위치만 서로 바꾸게 되면 비문법적인 문장이 된다. 그러므로 (21c)에서와 같이 먼저 that-절을 외치시키고 나서 그 다음에 (21d)에서와 같이 주어와 동사의 어순을 바꿔야 한다.

(21) a. **That he may never succeed** is no accident.
[그가 절대로 성공하지 못할 것이라는 점은 결코 우연한 일이 아니다.]
b. *Is **that he may never succeed** no accident?
[→ 주어 역할을 하는 that절과 be 동사의 어순을 바꿔 의문문을 만들 수 없음.]
c. *It* is no accident **that he may never succeed**.   [that-절의 외치]
d. *Is it* no accident **that he may never succeed**?   [yes/no 의문문]

둘째, (22a)에서처럼 주어 위치에 놓여 주어 역할을 하는 that-절은 (22b)에서처럼 외치될 수 있는 반면, 앞에서 본 바와 같이 (23a)와 같이 주어 위치에 놓인 the fact that-절은 전체가 일종의 복합 명사구이기 때문에 (23b)에서처럼 외치될 수 없다.

(22) a. **That the attempt to save her had failed** soon became widely known.
b. **It** soon became widely known **that the attempt to save her had failed**.
[그녀를 구출하려는 시도가 실패로 끝났다는 점이 곧 널리 알려졌다.]
(23) a. **The fact that the company is almost bankrupt** is not generally known.
[그 회사가 도산 직전에 놓여 있다는 사실이 널리 알려져 있지 않다.]
b. ***It** is not generally known **the fact that the company is almost bankrupt**.
[→ 복합 명사구 전체가 외치될 수는 없지만, 이미 16.3.4.4에서 설명한 바와 같이 복합 명사구로부터 that-절이 외치되어 **The fact** is not generally known **that the company is almost bankrupt.**라고는 할 수 있음.]

셋째, 앞에서 본 바와 같이 '목적어 + 목적보어'의 구조를 가진 문장에서 목적어가 that-절로 나타날 경우에 그 목적어는 필수적으로 외치되어야 하지만, 복합 명사구는 반드시 목적어가 놓이는 그 자리에 놓여야 하며, 결코 외치될 수 없다.

> *I consider **it** a fabrication **the story that Joseph has become a Leninist**. ⇒
> [→ 목적어 역할을 하는 복합 명사구 the story … a Leninist를 목적보어 다음의 위치, 즉 문장의 맨 마지막 위치로 외치가 불가능함.]
> I consider **the story that Joseph has become a Leninist** a fabrication.
> [나는 요셉이 레닌 신봉자가 되었다는 이야기를 거짓이라고 여긴다.]
> I consider **the claim that Carl has become a Marxist** absurd.
> [나는 카알이 마르크스주의자가 되었다는 주장이 터무니없는 것이라고 여긴다. → 목적어가 that-절이면 이것은 I consider **it** absurd **that Carl has become a Maxist**. 에서처럼 반드시 외치되어야 함.]

16.6. that-절의 외치

1) 외치(外置: extraposition)란 'to be positioned outside'(밖에 놓이다)라는 뜻으로, 주어 역할을 하는 that-절이 정상적으로 주어 본래의 위치에 놓이지 않고 문장의 맨 마지막 위치로 이동하는 것을 말한다. 예컨대, (24a)의 경우처럼 주어 역할을 하는 that-절이 길고, 나머지 부분인 술부가 주어절에 비해 상대적으로 짧고 구조가 간단한 경우에는 이른바 문미 중점의 원칙(principle of end-weight)에 따라 주어절 본래의 위치에 놓이는 것보다 (24b)에서처럼 문장이 맨 마지막 위치로 이동하고, 그 빈자리에는 아무런 뜻도 없는 형식주어(形式主語: formal subject)로서의 it을 배치하여 이것이 문장의 맨 마지막 위치로 이동한 사실주어(事實主語: real subject)로서의 that-절을 가리키게 할 수 있다.[26]

---

[26] (55) It is disappointing *that the young directors of the new wave made their best films at the beginning*. [C02: 127]

In the example at [55], the nominal *that*-clause ('that the young … beginning'), despite its position in the sentence, has the syntactic function of Subject. The Predicator is the verb *be*, and the sentence also contains the adjective *disappointing*, functioning as a Complement. The subject does not take up its expected initial position because of a principle operating in the organisation of English sentences known as 'end-weight'. According to this principle, long and weighty elements will tend to take up final position in a sentence. Consequently, in [55], the long *that*-clause Subject is 'extraposed' and its initial position in the sentence is held by the 'dummy' *it*. Subject *that*-clauses regularly undergo extraposition, on the end-weight principle. — Jackson (1990: 181). See also

(24) a. **That the child had been badly treated** was obvious to everyone.
　　　　(주어절)
　　　[그 어린이가 학대를 받았었다는 점이 모든 사람들에게 명백했다.]
　　b. **It** was obvious to everyone **that the child had been badly treated**.
　　　(형식주어)　　　　　　　　　　　　(외치된 주어절 → 사실주어)

이렇게 되면 한 개의 문장에 두 개의 주어가 있는 셈이 된다. 즉, 외치된 주어절인 that-절은 사실주어가 되고, 앞에 놓인 it은 형식주어 역할을 하게 된다.

It is arguable **that their decision was the best one**.
　[그들의 결정이 가장 훌륭하다는 점은 논란의 여지가 있다.]
It was a great tragedy **that she died before she could enjoy the fruits of all her hard work**.
　[그 여자가 자신이 기울인 모든 힘든 일의 결실을 맛볼 수 있기도 전에 세상을 떠난 것은 커다란 비극이었다.]
It was clear **that the President was not going to approve Congress's plans for cutting the arms budget**.
　[대통령이 군비를 삭감시키려는 의회의 계획을 승인하지 않으려고 하고 있다는 점이 분명했다.]
Without a time limit for your decision, **it** is possible **that you may dither forever**.
　[결정하는데 시간제한이 없으면 한없이 망설일 수 있을 것이다.]

chance, come about, happen 따위와 같은 자동사, 또는 appear, seem, turn out 따위의 연결동사가 보어를 수반하지 않을 경우에는 (25a)와 같이 주어 역할을 하는 that-절은 (25b)에서처럼 필수적으로 외치가 이루어져야 한다.

(25) a. *That she was in when I called { **chanced** / **happened** }.
　　b. It { **chanced** / **happened** } that she was in when I called.
　　　　[그 여자에게 전화를 걸었더니 때마침 집에 있었다. → 자동사 chance, happen

Huddleston & Pullum (2002: 960-961).

의 주어로서 that-절을 문두에 두게 되면 비문법적이기 때문에 반드시 주어 자리에 it을 두고, that- 절은 문미로 외치되어야 함.]

It **suddenly occurred to me** that I knew how to solve that problem!
[내가 그 문제를 푸는 방법을 알겠다는 생각이 갑자기 떠오른 것이 아닌가!]

It **appeared** that he was trying to hide his true identity.
[그 사람은 자신의 진정한 정체를 숨기려고 하는 것처럼 보였다. → 연결동사 appeared의 주어인 that-절이 반드시 외치되어야 함.]

It **seemed** that his failure was predestined.
[그가 실패할 것이 미리 결정된 것처럼 보였다.]

연결동사가 쓰였을지라도 그 자신의 보어를 거느리고 있으면 주어 역할을 하는 that-절의 외치는 선택적이다. 때문에 다음 (26a, b)에서처럼 that-절이 문장의 맨 앞, 주어 본래의 위치에 놓이든 외치되든 모두 문법적이다.

(26) a. That she will win *appears true*.
   b. It *appears true* that she will win.
      [그녀가 승리하리라는 것이 사실처럼 보인다. → appear의 보어로 true를 수반하고 있어서 주어절인 that-절의 외치가 선택적임.]

That the relation between the two countries is close *seems clear* from several circumstances.
[양국간의 관계가 긴밀하다는 점이 여러 가지 상황으로 미루어 보아 분명한 것 같다.]

It *seems unlikely* that he will catch the train.
[그가 열차를 타지 못할 것 같다.]

It now *looks certain* that the game will be postponed.
[이제 보니 경기가 연기될 것이 확실한 것 같다.]

It *remains true* that sport is about competing well, not winning.
[아직도 스포츠가 훌륭하게 경쟁을 벌이는 것이지 승리하는 것이 아니라는 점이 사실이다.]

say, hope, intend 따위와 같은 동사들의 수동형일 때도 that-절의 외치가 필수적이다.

They say **that age is an important factor in opinion polls**.
[여론조사에서 나이가 중요한 요인이라고 한다.]

***That age is an important factor in opinion polls** is said.
[→ say의 목적어인 that-절이 수동태의 주어가 되면 반드시 외치되어야 함에도 불구하고 외치가 되지 않았기 때문에 비문법적인 문장이 되고 있음.]

***It** is said **that age is an important factor in opinion polls**.
[→ is said의 주어 역할을 하는 that-절이 필수적으로 외치되어 있음.]

In Buddhism, ***it**'s said **that suffering is the result of craving expressed through the Three Poisons**: greed, hatred, and delusion.
[불교에서는 고통이라는 것이 탐·진·치라고 하는 삼독심(三毒心)으로 나타나는 갈망 때문에 생겨나는 것이라고 한다. → 삼독심이란 세 가지 독과 같은 마음, 즉 탐내는 마음, 성내는 마음, 그리고 어리석은 마음을 뜻함.]

감탄문에서 주어가 that-절일 경우에도 반드시 외치가 이루어져야 한다.

How strange *it* is **that the children are so quiet**!
[애들이 그토록 조용하다니 참으로 이상한데! → cp. *How strange **that the children are so quiet** is!는 비문법적인 문장임.]

2) 또한 '목적어 + 목적보어'의 구조가 들어 있는 문장에서 목적어가 명사구로 나타나는 경우에 그 목적어는 반드시 목적어가 놓이는 본래의 위치에 놓여야 하지만, that-절의 구조로 나타나게 되는 경우에 그것은 반드시 외치되어야만 한다. 목적어절의 외치에 대해서는 16.3.3.3에서 이미 다루었다.

I think *it* wonderful **that people have walked on the moon**.
[인간이 달나라에 발을 딛었다는 점이 놀라운 일이라고 생각한다.]

16.7. that의 생략

명사절을 이끄는 종속접속사 that은 아무런 뜻도 갖지 않고 다만 절을 이끌어 문장의 나머지 부분에 연결시키기만 하는 것이다. 바로 이러한 점 때문에 구조와 내용을 이해하는데 지장이 없으면 목적어절이나 주격보어절 등을 이끄는 that이 비격식적인 경우에 생략되는 예들을 흔히 볼 수 있다.

16.7.1. 주어와 주제

that-절이 (27)에서처럼 주어절로서 주어 본래의 위치에 있거나, 또는 주어절은 아닐지라도 주제(主題: topic) 역할을 하기 위하여 (28)에서처럼 문두에 that-절이 놓여 있으면 that이 생략되지 않는다. 만약 문두에 놓여 있는 that-절을 이끄는 that을 생략하게 되면 마치 별개의 문장이 문두에 놓여 있는 것처럼 여겨져 그것이 주어절이라는 점을 식별하기가 어렵기 때문이다.[27] 예컨대 **That they were lying** is now quite obvious.에서 주어절을 이끄는 접속사 that이 생략되면 ***They were lying** is now obvious.와 같이 문법에 어긋난 문장이 된다.

(27) **That they were lying** is now quite obvious.
  [그들이 거짓말을 하고 있었다는 것이 이제는 아주 명백하다. → 문두에 놓인 주어절을 이끄는 that을 생략할 수 없음.]

(28) But **that he really intended to cheat us** I still can't believe _____.
  [그러나 그가 사실상 우리를 속이려고 했다는 점을 나는 아직도 믿을 수 없다. → 문두에 놓인 that-절은 타동사 believe의 목적어로서 중립적인 상황에서는 밑줄 친 부분에 놓여야 하지만, 이전에 나온 문장과의 관계를 고려하여 주제가 되기 위하여 문두에 놓이고 있기 때문에 목적어절을 이끄는 that을 생략할 수 없다. 그러나 that-절이 believe 다음 위치, 즉 목적어의 위치에 놓이게 되면 that을 생략할 수 있음.]

그러나 외치된 주어절을 이끄는 that은 생략이 가능하다. 즉, that-절이 주어의 위치에 놓이지 않고 외치되는 경우에는 문두에 나타난 요소들이 그 다음에 종속절이 나타난다는 점을 미리 알려 주기 때문에 that이 생략될 수 있는 토대를 마련해 주는 셈이 된다.

It's a miracle **(that) you weren't killed in that car**.
  [네가 그 자동차에서 피살당하지 않은 것은 기적이다. → cp. 원래 **That you weren't killed in that car** is a miracle.이라는 문장에서 주어절이 문장의 맨 마지막 위치로 이동되었음.]
It's unfortunate **you missed the concert**.

---

[27] So it happens that the reason why *that* as subject cannot normally be omitted is not because it is a subject but because without it the constituents are too hard to identify. ― Bolinger (1972: 12).

[그 연주회를 놓치다니 안 됐군.]

16.7.2. 주격보어절

that-절이 주격보어 역할을 하는 경우에는 that이 생략될 수 있다. 이러한 경우에 be 동사 다음에 that이 생략되었음을 나타내기 위하여 생략된 그 자리에 쉼표가 첨가되기도 한다.

The fact is **(that) you know too much**.
[사실은 네가 아는 것이 너무 많다는 점이다.]
I have to pay this bill by Tuesday, but the trouble is **I don't get my salary until Friday**.
[나는 화요일까지 이 청구서의 요금을 지불해야 하는데, 문제는 금요일까지는 봉급을 받지 못한다는 점이다.]
The reason we returned so early is { , / (that) } one of the children got sick.
[우리가 그토록 일찍 돌아온 이유는 애들 중 한 아이가 아팠기 때문이다.]
The truth is**, I don't remember where I met him**.
[사실은 내가 어디에서 그 남자를 만났는지 기억하지 못 한다는 점이다.]

16.7.3. 목적어절

목적어로서 that-절이 등장하는 경우, 이 절을 이끄는 접속사 that이 언어적 환경에 따라 생략 가능한 경우와 그렇지 않은 경우가 있을 수 있다.

16.7.3.1. that의 생략 가능성

목적어절의 경우에는 절이 짤막해서 복잡하지 않으면 특히 비격식적인 상황에서 that의 생략이 아주 보편적이다. 더욱이 that의 생략은 주로 상위절에 선택된 동사의 상대적인 격식성(formality)에 달려 있다. 즉, believe, know, mention, promise, say, think 등 자주 사용되는 일상적인 동사들 다음에서는 선택적으로 that을 생략할 수도 있다.

The politician *said* **he had always paid his taxes**, which was true.
[그 정치인은 빠짐없이 세금을 납부했다고 말했는데, 그 말은 사실이었다.]

I *find* **(that) it pays to be honest**.
  [나는 정직하면 득이 된다는 것을 알고 있다.]
I hate to say it, but I don't *think* **their marriage will last**.
  [말하고 싶지 않지만, 그들의 결혼이 오래가지 않을 것이라고 생각한다.]
She *believes* **it's true**.
  [그녀는 그것이 맞다고 믿는다.]
I *suppose* **you're right**.
  [나는 네가 옳다고 생각한다.]

반면에 주로 격식적인 동사들, 예컨대 complain, confide, deny, grumble, speculate 따위와 같은 동사에 대한 목적어로 쓰인 that-절에서는 일반적으로 that이 생략되지 않는 것 같다.[28]

Doctors *believe* **that REM is very important for a good night's sleep**.
  [의사들은 REM(순간적인 눈의 움직임)이 밤잠을 푹 자는데 대단히 중요하다고 믿는다.
  → REM: rapid eye movement의 어두 문자어(acronym)로 수면중에 뇌파나 박동의 변화, 근육의 이완 따위에 의해 빈번히 나타나는 순간적인 눈의 움직임.]
Experts agree **that three-quarters of all married couples have problems with their in-laws**, which can make the relationship a source of unhappiness.

---

28 The determining factors on omission *that* from a complement clause which immediately follows a predicate are largely stylistic — it is more likely to be omitted in casual than in formal speech, and more likely to be omitted if the reference of the complement clause is to some minor item of information rather than an important piece of reportage. Compare *He announced (that) it was eggs for breakfast*, where *that* is quite dispensable, with (18a) *He announced that Roosevelt had won another election*, where it would be unusual not to include *that*. A few verbs will almost invariably include *that* in a following complement clause, and this is because they carry a formal aura of meaning, e.g. *require, propose, undertake, order, request*. — Dixon (2005: 41-42). Nicholson (1957: 575)은 동사에 따라 that의 생략이 결정된다고 하여 다음과 같이 세 가지 부류로 나누고 있다:
(a) 대개 that을 수반하는 동사: agree, assert, argue, assume, aver, calculate, conceive, contend, hold, indicate, learn, maintain, observe, reckon, state, suggest, etc.
(b) 대개 that이 생략되는 동사: believe, dare say, presume, suppose, think, etc.
(c) that의 생략이 선택적인 동사: be told, confess, consider, declare, grant, hear, know, perceive, propose, say, see, understand, etc.

— Jean Parvin, "Do Your In-laws Drive You Crazy?"

[결혼한 모든 부부들 중 3/4은 그들과 인척 관계에 있는 사람들과 문제가 있다는 점을 전문가들은 동의하는데, 바로 이러한 점이 이들 사이의 관계를 불행의 주된 요인이 되게 할 수 있다.]

He *asserted* **that he would come**.

[그는 올 것이라고 주장했다.]

She *postulates* **that it is true**.

[그녀는 그것이 옳은 것으로 받아들인다.]

I *assume* **that you are right**.

[나는 네가 옳다고 생각한다.]

The court *held* **that she must pay a fine**.

[법원에서는 그 여자에게 벌금형을 판결했다.]

17.7.3.2. that이 생략되지 않는 구조적 특성

이와는 달리, 문장의 구조적으로 보아 특정한 상황에서는 that을 생략하지 않는 것이 문장을 올바르게 이해하는데 도움이 된다.

첫째, 동사 바로 다음에 that-절이 오지 않으면 that의 생략이 허용되지 않는다.[29] 그러므로 (29a-c)와 (30a-c) 중에서 (29c)와 (30c)는 틀린 문장이다.

(29) a. John believes **(that) the world is flat**.

    b. John believes *fervently* **that the world is flat**.

[존은 세계가 평평하다고 열렬히 믿는다.]

    c. *John believes *ferevently* **the world is flat**.

[→ 동사 다음에 부사가 있으므로 that을 생략할 수 없음.]

(30) a. John says **(that) the world is flat**.

    b. John says *frequently* **that the world is flat**.

---

29 (31) Furthermore, there are constructions that contain verbs that permit *That* Deletion in which *That* Deletion cannot apply. Again, the reason appears to be that *that* does not immediately follow the verb in such constructions.... The generalization here appears to be that *That* Deletion may apply only when the *that* clause immediately follows the verb or adjective that governs the rule. — Culicover (1982: 297).

[존은 세계가 평평하다고 자주 말한다.]
c. *John says *frequently* **the world is flat**.
[→ 동사 다음에 부사가 있으므로 that을 생략할 수 없음.]

둘째, 부사류가 어느 절에 속하는 것인지 명확하게 하려면 that을 생략하지 말아야 한다.[30] 예컨대 They told us *once again* **the situation was serious**.에서처럼 that이 생략될 경우에는 부사구 once again이 접속사 that 앞에 있어야 할 것인지, 다음에 놓여야 할 것인지 애매하게 된다.

They told us *once again* **that the situation was serious**.
[그들은 우리에게 상황이 심각하다고 **재차 말했다**.]
They told us **that** *once again* **the situation was serious**.
[그들은 우리에게 상황이 **재차 심각하다**고 말했다.]

바로 이와 같은 애매성을 없애기 위해서 다음 예에서처럼 종속절을 이끄는 접속사 that이 생략되어서는 안 된다.

Mr Adrian Oliver, director of the excavation, said *yesterday* **that work was progressing well**.
[발굴단장인 아드리안 올리버 씨는 일이 잘 진행되고 있다고 어제 말했다. → that 앞에 놓인 yesterday는 동사 said를 수식하고 있는 것이지, was progressing을 수식하는 것이 아님.]
Mr. Trump said *in 2017* **that Mr. Warmbier was "tortured beyond belief by North Korea."** — *The New York Times*, March 1, 2019.
[2017년에 트럼프 대통령은 웜비어가 북한으로부터 믿을 수 없을 정도로 고문을 당했다고 말했다. → that이 생략된다면 in 2017이 that-절에 놓인 것으로도 볼 수 있음.]
Your throat feels scratchy, your body shudders slightly. Then comes that

---

30 The distinction between the two constructions is therefore now that in one the subordination of the clause is left to be inferred from the context, in the other the subordination is expressly indicated. Therefore *that* is necessary in those cases in which the mutual relation of the two sentences is not perfectly evident from the material contents of each or from their position; *that* is often desirable to avoid doubt as to their mutual relation or as to the belonging of some word or word group. — Jespersen (1927: 32-33).

first awful convulsion of a sneeze, and you know **that *once again* those vicious viruses of the common cold have caught you**.
— Lowell Ponte, "The Facts about Vitamin C"
[목구멍이 간지럽고, 몸이 약간 으쓱해진다. 그 다음에는 최초의 꿈직스러운 경련성 재치기가 나오며, 그 사나운 감기 바이러스가 재차 침입했음을 알게 된다.]

We see *on the whole* **that the masters knew how to enjoy life and secure the best things to themselves**.
— O. Jespersen, *Growth and Structure of the English Language*.
[우리는 대체로 대가들은 인생을 즐기는 법과 가장 좋은 것을 자신들이 간직하는 법을 알고 있다는 점을 안다.]

셋째, 등위적으로 연결된 두 개의 that-절에서 첫 번째 절을 이끄는 that은 생략되더라도 뜻이나 기능적으로 전혀 오해의 여지가 없기 때문에 생략할 수 있다.

He believes **his son's confession was coerced** and **that he is innocent of some of the crimes for which he was convicted**.
[그는 자기 아들의 고백이 강요된 것이며, 아들이 유죄로 판결된 몇 가지 죄에 대해서는 무고하다고 믿고 있다.]

이와는 달리, 두 번째 절을 이끄는 that이 생략되면 문장의 뜻과 구조를 잘못 이해하게 될 수도 있다. 즉, 두 번째 절을 이끄는 that이 생략되면 이 절이 마치 독립절이 and에 의해 등위적으로 연결된 것으로 오해하게 된다. 바로 이러한 점 때문에 앞에 나온 절을 이끄는 that은 생략될 수 있어도, 등위접속사 and 다음에 놓인 두 번째 절을 이끄는 that을 생략하지 말아야 한다. 다음 두 개의 문장 (31a, b)를 비교하여 보자.

(31) a. I realize **that I'm in charge** and **that everybody accepts my leadership**.
   [나는 내게 책임이 있고, 또한 모든 사람들이 나의 지도력을 인정한다는 점을 깨닫고 있다.]
   b. I realize **that I'm in charge**, and **everybody accepts my leadership**.
   [나는 내게 책임이 있다는 점을 깨닫고 있으며, 또 모든 사람들이 나의 지도력을 인정하고 있다.]

(31a)에서 and 다음에 놓인 절을 이끄는 접속사 that이 있기 때문에 첫 번째 that-절과 더불어 두 개의 that-절이 모두 realize의 목적어절이라는 점을 알 수 있다. 그러나 (31b)에서는 I realize **that** I'm in charge와 everybody ... leadership이 각각 별개의 절이 and로 대등하게 연결된 것처럼 여겨진다. 바로 이러한 점 때문에 I'm in charge와 everybody ... leadership까지 두 개의 절이 모두 realize의 목적어절이라는 점을 명백하게 밝히고자 한다면 두 번째 절을 이끄는 that을 생략해서는 안 된다.

다음 문장에서처럼 첫 번째 절이 that-절이 아닌 다른 유형의 절일지라도 위에서 말한 바와 같은 이유 때문에 두 번째 절을 이끄는 접속사 that을 생략해서는 안 된다.

> The dealer told me **how much he was prepared to pay for my car** and **that I could have the money without delay**.
> [거래상은 자신이 자동차 값으로 지불할 수 있는 금액이 얼마라는 점과, 내가 즉시 돈을 받을 수 있다는 점을 내게 말해 주었다. → 타동사 told의 직접목적어로서 how much로 시작되는 의문사절과 that-절이 쓰였음.]
>
> Everybody could see **what was happening** and **that poor George was really scared**.
> [모든 사람들이 어떤 일이 벌어지고 있는지, 그리고 불쌍한 조오지가 정말로 겁을 내고 있다는 것을 알 수 있었다. → 타동사 see의 목적어로서 what으로 시작되는 의문절과 that-절이 포함되어 있음.]

넷째, 절이나 긴 어구가 동사와 that-절 사이에 놓여 있을 때 that이 생략되면 그 다음에 놓인 절이 별개의 독립된 문장인 것처럼 여겨지기 쉽기 때문에 that이 생략되지 않는다.

> We decided, *in view of his special circumstances*, **that we would admit him for a probationary period**.
> [그가 처한 특별한 상황을 고려해서 우리는 보호관찰 기간 동안 그를 받아들이기로 결정했다.]
> It is customary in these days of psycho-analysis to assume **that**, *when any young person is out of harmony with his environment*, **the cause must lie in some psychological disorder**.
> [어떤 청년이 자신이 처한 환경에 적응하지 못한다면 그 원인은 어떤 심리적 장애가 있어서 그렇게 되었다고 가정하는 것이 현대 정신분석학의 통설이다.]
> We cannot therefore say, *from this point of view*, **that one language is**

more 'primitive' or more 'advanced' than another.
— John Lyons, *Chomsky*.
[그러므로 이러한 관점에서 볼 때 우리는 어떤 한 언어가 다른 언어보다 더 '원시적' 이거나 더 '발달된' 것이라고 말할 수 없다.]

16.7.3.3. wh-요소의 이동과 that의 생략

that이 반드시 생략되는 문장 구조가 있다. 즉, (32a)에서처럼 타동사에 대한 목적어로서 that-절이 놓였을 때 that-절의 주어가 의문사나 관계사로서 문장이나 절의 맨 앞 위치로 이동하게 하려면 (32b)와 같이 that이 반드시 생략되어야 한다는 것이다. 만약 that이 생략되지 않고 본래의 위치에 놓이게 되면 이것이 다음에 놓인 동사에 대한 주어로 오해할 가능성이 있기 때문이다.[31]

(32) a. You hoped **that his son would be the winner**.
  b. You hoped **his son** would be the winner.
       (→ who)
  c. **Who** did you hope **would be the winner**?
    [너는 누가 승자가 되기를 바라는가? → hoped의 목적어절 역할을 하는 that-절에서 that이 생략되었음.]

다음과 같은 예들도 마찬가지이다.

Which team do you think **will win the cup**?
  [어느 팀이 우승컵을 받게 되리라고 생각하느냐? → cp. <You think his **team will win the cup**.]
Who did you say **was coming**?

---

31 *That* is *impossible*, on the other hand, if SUBJECT is fronted. Since *that* occurs only in finite clauses, and SUBJECT-fronting as such is possible only in infinitival clauses, the environment in question will arise only as the result of QUESTION-fronting, where the fronted item happens to be SUBJECT. — Hudson (1971: 200); If the subject of the *that*-clause is a pushdown *wh*-element and is therefore moved to the front of the superordinate clause, the subordinator *that* must be omitted, perhps to prevent that being initially misinterpreted as subject of the following verb. — Quirk et al. (1985: 1050, footnote [d]).

[누가 온다고 말했니?]

They pointed out the damage **which** they supposed **had been done by last night's storm**.

[그들은 지난밤의 폭풍으로 파손되었다고 생각한 손실을 지적했다. → 관계대명사 which는 원래 had been done에 대한 주어였음.]

문두의 위치로 이동하는 의문사나 관계대명사가 that-절 안에서 주어 역할을 하는 것이 아니면 that의 생략이 선택적이다.

Who did you say $\left\{ \begin{array}{c} \emptyset \\ \text{that} \end{array} \right\}$ you invited?

[너는 누구를 초대했다고 말했느냐? → 이 문장에서는 의문사가 that-절에서 목적어 역할을 하는 것이기 때문에 that를 생략하는 것이 선택적임.]

Who do you expect $\left\{ \begin{array}{c} \emptyset \\ \text{that} \end{array} \right\}$ they have chosen?

[그들이 누구를 선택한 것으로 예상하느냐? → 의문사 who는 타동사 have chosen 의 목적어 역할을 하는 것이기 때문에 that의 생략이 선택적임.]

They mentioned the name of the men **(who)** they knew $\left\{ \begin{array}{c} \emptyset \\ \text{that} \end{array} \right\}$ you had **spoken to**.

[그들은 네가 말을 나누었던 것으로 그들이 알고 있는 그 사람들의 이름을 말했다. → 이 문장에서 관계대명사 who는 전치사 to의 목적어이므로 that-절을 이끄는 that 의 생략이 선택적임.]

16.8. 논평절

다음 두 문장을 비교하여 보자.

(33) a. **That George was really afraid**, I believe.
　　 b. **George was really afraid**, *I believe*.

(33a)에서 that-절은 타동사 believe의 목적어로서 문두의 위치로 이동하여 주제로서의 역할을 하고 있다. 반면에, (33b)에서 George was really afraid는 문두에 놓여 있으면서도 that에 의해 유도되지 않은 주절이며, 문장의 마지막에 놓인 I believe는 문두에 놓인

주절의 진술 내용에 대한 화자 자신의 논평을 나타내는 일종의 논평절(論評節: comment clause)[32] 역할을 하는 것이다.

(33b)와 같은 주절과 논평절의 구조는 원래 목적어절 — 가끔 주어절 — 에서 **that**이 탈락되어 주절이 되고 원래 문장에서 주절의 주어 + 동사는 괄호와 같은 성격을 가지면서 일종의 논평절 역할로 바뀐 것이다.[33]

주절 + 종속절	논평절 + 주절
It appears that he's guilty.	He's guilty, **it appears**.
I believe he is an honest man.	He is an honest man, **I believe**.

---

32 논평절 형식에는 다음과 같이 부사절, 명사적 관계사절, 부정사절, 분사절과 같은 구조들도 있다:
I'm working the night shift, **as you know**.　　　　　　　　[as로 유도되는 정형 부사절]
　[네가 아는 바와 같이 나는 야간 교대반으로 일하고 있어.]
What was more upsetting, we lost all our luggage.　　　　　[명사적 관계사절]
　[더욱더 마음을 괴롭히는 것은 우리가 가방을 모조리 잃어버렸다는 것이다.]
I'm not sure what to do, **to be honest**.　　　　　　　　　　[to-부정사절]
　[솔직히 말해 나는 무엇을 해야 좋을지 모르겠어.]
Stated bluntly, he had no chance of winning.　　　　　　　[-ed 분사절]
　[노골적으로 솔직히 말해서 그는 이길 가망성이 없어.]

33 15.54 Type (i) comment clauses, which are the most important, generally contains a transitive verb or adjective which elsewhere requires a nominal *that*-clause as object. We can therefore see a correspondence between sentences containing such clauses and sentences containing indirect statements:
There were no other applicants, *I believe*, for that job.　　[1]
I believe that there were no other applicants for that job.　　[2]
To convert a sentence with a *that*-clause such as [2] into a sentence such as [1], we have to reverse the relationship of subordination between the two clauses, making the *that*-clause into the matrix clause, at the same time omitting the subordinator *that*, and making the matrix clause into the comment clause. Because of this reversal of syntactic roles, the two sentences [1] and [2] are not exact paraphrases; but the relationship between them illuminates the function of comment clause. — Quirk et al. (1985: 1113); **Comment clauses** are similar in structure to reporting clauses: they are loosely connected to the main clause, they normally lack an explicit link, and they are usually short and can appear in a variety of positions. They differ from reporting clauses by being more formulaic, and in the frequency counts later in the book we therefore choose to regard some of them (notably *you know* and *I mean*) as inserts. They are also usually in the present rather than past tense, first or second rather than third person, and comments on a thought rather than the delivery of a wording. — Biber et al. (1999: 197).

He tells me this is the only solution.	This, **he tells me**, is the only solution.

논평절은 문장의 중간이나 끝에 놓일 수 있다.

This, **he tells me**, is the only one solution.
(= **He tells me (that) this is the only solution**.)
  [이것이 유일한 해결책이라고 그가 내게 말한다.]
Mr. Jones, **I understand**, is a multimillionaire.
(= **I understand (that) Mr. Jones is a multimillionaire**.)
  [나는 조운즈 씨가 수백만장자로 이해하고 있다.]
The native speaker's 'creative' command of his language, **it should be noted**, is in normal circumstances unconscious and unreflecting.
— John Lyons, *Chomsky*.
  [모국어 화자들이 자신의 언어를 '창조적'으로 사용한다는 점은 정상적인 상황에서 보면 무의식적이고 무분별적이라는 점에 주목하여야 한다.]
He is an honest man, **I believe**.
(= **I believe (that)** he is an honest man.)
  [나는 그가 정직한 사람이라고 믿는다.]
They can leave at once, **he says**.
(= **He says (that)** they can leave at once.)
  [그들이 즉시 떠나도 좋다고 그가 말한다.]

논평절은 주어가 명사이면 동사 + 주어의 어순으로 나타나고, 주어가 대명사이면 주어 + 동사의 어순으로 나타난다.

One common mistake my parents make, **say experts**, is thinking that kids will automatically find friends on their own.
  [우리 부모님께서 저지르는 한 가지 흔한 실수는 애들이 남의 도움 없이 자기 스스로 친구를 사귄다고 생각하는 것이라고 전문가들은 말한다.]
Ants, **I am told**, are intelligent creatures.
  [개미는 영리한 존재라고 나는 들었다.]

논평절에는 주어가 1인칭, 동사가 현재시제형으로 나타나는 것이 일반적이다. 그러나 주어를 one이나 they 등 3인칭으로 삼고, 동사가 법조동사를 수반하기도 한다.

Trying to find a job these days is no joke, **I can tell you**.
[요즘 직장을 구하려고 노력하는 것이 심각한 문제라고 말할 수 있지요. → is no joke = 'be/become a serious matter']

There were no other applicants, **I believe**, for that job.
[그 직장을 구하려고 하는 다른 지원자가 없던 것으로 나는 믿고 있다.]

He was, **it seemed at that moment**, a very lucky young man.
[그 당시 그는 아주 운이 좋은 젊은이처럼 보였다.]

They can leave at once, **he says**.
[그들이 당장 떠나도 좋다고 그 사람이 말한다.]

His enthusiasm was somewhat lacking in spontaneity, **I thought**.
[그의 열정에는 다소 자발성이 부족하다고 나는 생각했다.]

No matter what they do, **says Heaney**, people lose some bone as they approach middle age.
— Per Ola & Emily D'aulaire, "The Health Risk Women Can No Longer Ignore"
[무엇을 하든간에 사람들은 중년에 접어들면서 뼈의 일부를 잃는다고 히어니가 말하고 있다.]

이 경우에 논평절은 다음과 같은 동사를 내세워서 진술 내용에 대하여 화자가 덜 확실한 (tentative) 내용을 전달한다.

> I believe, I think, I expect, I assume, I understand, I suppose, I consider, I suspect, I have heard tell, they tell me, they allege, they say, it is reported, it has been claimed, it appears, it seems, I may assume, I can see, etc.

또는 다음과 같은 동사가 쓰여 확실성(certainty)을 나타내기도 한다.

> I know, I claim, I see, I remember, I agree, I admit, I'm convinced, I have no doubt; it's true, it transpires, there's no doubt, I must say, I must admit, I must tell you, etc.

제17장

관계사절(Relative Clauses)

17.1. 관계사와 관계사절

영어에는 일정한 구조와 뜻을 가진 어구가 명사(구) 뒤에 놓여 앞에 놓인 명사를 후치수식할 수 있는 구조들이 몇 가지 있다. 그 중에서 가장 보편적인 구조의 하나가 곧 **관계사절**(關係詞節: relative clauses)[1]이라는 것인데, 이것은 관계대명사와 관계부사에 대하여 공통적으로 붙여진 용어인 관계사(關係詞: relative words)가 이끄는 절 구조를 말한다.

> People like *people* who like them.
>   (선행사) (관계대명사가 이끄는 관계사절)
> [사람들은 자기를 좋아하는 사람들을 좋아한다.]
>
> *The store* where we buy food collects plastic bags to be recycled.
> (선행사)   (관계부사가 이끄는 관계사절)
> [우리가 식품을 사는 그 가게는 재활용할 플라스틱 봉지를 회수한다.]

이 두 개의 문장에서 who와 where는 각각 관계대명사와 관계부사이며, 이들이 이끄는 절 who like them과 where we buy food는 모두 관계사절로서 각각 앞에 놓인 명사 people과 the store를 수식하는데, 바로 이 두 개의 문장에서처럼 관계사절 앞에 놓여 이러한 절의 수식을 받는 단어나 구를 '**선행사**'(先行詞: antecedents)라고 한다.

---

[1] 전통적으로 관계사가 이끄는 절을 '형용사절'이라고 부른다. 필자 역시 한 때는 형용사절이라는 용어를 사용한 적이 있다. 그러나 형용사절이라는 용어는 적절하지 못하다고 여기게 되었다. 즉, The book which I bought yesterday is very helpful.의 경우처럼 명사를 수식할 때에는 which I bought yesterday와 같은 절을 형용사절이라고 하더라도 문제가 되지 않을 것이다. 그러나 Whoever comes late will not be allowed.와 He gave me what he bought yesterday.에서처럼 whoever나 what 따위와 같은 관계대명사가 이끄는 두 개의 절 형식을 형용사절이라고 할 수는 없다. 그러므로 관계사가 이끄는 모든 절을 통틀어서 '관계사절'이라고 일관성있게 부르는 것이 바람직하다고 하겠다.

여기서는 관계대명사가 이끄는 절에 대해서만 다루기로 하고, 관계부사가 이끄는 절에 대해서는 17.10에서 다루기로 한다.

17.1.1. 선행사 + 관계사절

그런데, 선행사가 반드시 관계사절 바로 앞에만 놓여 있어야 하는 것은 결코 아니다. 때로는 전치사구나 부사구와 같은 다른 어구가 부득이 사이에 놓여야 하기 때문에 선행사와 관계사절이 서로 분리될 수도 있다.[2] 이러한 현상이 일어나는 까닭은, 전치사구가 바로 앞에 놓인 선행사 역할을 하는 명사구를 후치수식하기 때문이거나, 또는 전치사구나 부사구가 주절의 동사를 수식한다는 점을 분명히 하기 위하여 다른 위치에는 놓일 수 없고 필연적으로 선행사와 관계사절 사이에 놓여야 하기 때문이다.

The continental divide refers to ***an imaginary line*** *in the North American Rockies* that divides the waters flowing into the Atlantic Ocean from those flowing into the Pacific.
    [대륙 분계선이란 대서양으로 흐르는 물과 태평양으로 흐르는 물을 나누는 북아메리카의 록키산맥에 있는 가상적인 선을 말한다. → 전치사구인 in the North American Rockies는 선행사인 명사구 an imaginary line을 수식하므로 다른 위치에 놓일 수 없음.]
The lines dividing the three periods are based on ***significant changes*** *in the language* that happened about those times.
    [세 시대를 구분하는 선은 그 무렵에 발생한 그 언어에 있어서의 중요한 변화들을 토대로 한 것이다. → 전치사구 in the language가 선행사인 명사구 significant changes를 수식하기 위하여 바로 뒤에 놓였음.]
There are ***a great many stars*** *in the sky* which are too far away from the earth for any instrument to detect.
    [하늘에는 지구에서 너무 멀리 떨어져 있어서 어떤 기구로도 탐지할 수 없는 수많은 별들이 있다. → 전치사구 in the sky는 주절의 동사인 be 동사를 수식하므로 다른 위치로 이동할 수 없음.]
The credit card company sends you ***a bill*** *once a month* that shows the purchases you made and any balance left to pay from the month before.

---

[2] 17.1.4.2에서 보는 바와 같이, 관계사절이 선행사에서 분리되어 문미 위치로 외치되기도 한다.

[신용카드 회사에서는 구매한 물건들과 지난 달에 지불하지 않은 잔액을 보여주는 청구서를 한 달에 한 번씩 여러분에게 보내준다.]

Is there **any knowledge** in the world which is so certain that no reasonable man could doubt it? — Bertrand Russell, *The Problems of Philosophy*.

[너무나 명백해서 이성적인 어떤 사람이라도 의심할 수 없는 지식이 이 세상에 존재하는가?]

Another high school student who survived reported that a crew member named Park Ji-young,[3] 22, had helped teenagers to get life jackets and escape by urging them to jump into **the rigid waters** of the Yellow Sea **where rescue boats were waiting**. — *The New York Times*, April 21, 2014.

[생존한 또 다른 고등학생은 22세의 박지영이라는 한 승무원이 10대들에게 구명복을 입고, 구명정이 기다리고 있는 황해의 차가운 물 속으로 뛰어들라고 촉구하면서 탈출을 도왔다고 전했다.]

고어체에서나 아주 격식적인 경우가 아니면 인칭대명사는 선행사가 되지 않는다. 그러므로 I who ..., you who ..., me who ... 따위는 불가능하지만, 다음과 같이 인칭대명사 he가 선행사로 쓰인 예를 볼 수 있다. 그러나 이러한 예는 특정한 사람을 가리키지 않는 경우의 표현으로, 옛날 영어에서만 볼 수 있는 것이다. 오늘날의 영어에서는 he who ...와 같은 표현을 고어적인 말투로 간주하고 있으며, 이 대신에 a person who .., those who .., people who ... 따위와 같은 표현이 쓰이고 있다.

He who laughs last laughs best.
  [속담 — 마지막에 웃는 자가 정말 웃는 사람이다; 너무 미리부터 좋아하지 마라.]
He who is without sin among you, let him first cast a stone at her.

---

3 2014년 4월 15일 경기도 안산 단원고 2학년 학생들이 인천에서 세월호를 타고 제주도로 수행여행을 가다가 이튿날 4월 16일 아침 진도 앞바다에서 배가 전복되었을 때 승무원 박지영씨가 생명의 위험을 무릅쓰고 학생들이 구명복을 입고 탈출하도록 돕다가 결국 자신의 목숨을 희생하였으며, 학생들의 탈출을 돕다가 자신의 목숨을 희생한 단원고 교사 최혜정 선생님 등 두 분은 '포 채프린스 메모리얼 파운데이션'(FCMF: Four Chaplains Memorial Foundation)이라는 필라델피아에 본부를 두고 있는 민간 공익재단으로부터 "올해의 골드 추모 메달"을 받게 된다고 2015년 1월 23일자 신문에 보도되었음. 이 재단은 2차대전 중인 1943년 2월 3일 독일군 U보트 잠수함의 공격으로 침몰한 미국 수송선 도체스터호에 타고 있던 성직자(채플린)를 추모하기 위해 1951년 당시 해리 투르만 미국 대통령이 설립했다. 4명의 성직자들은 마지막 순간까지 자신들의 구명조끼를 벗어주며 병사들의 대피를 도왔고, 결국 수송선과 함께 생을 마감했다.

[너희들 가운데 죄 없는 자가 먼저 이 여인에게 돌을 던지게 하라. 즉, 죄 없는 자가 없음을 암시.]

Persons who divorce and remarry are guilty of adultery in the sight of God.

— Bertrand Russell, *Unpopular Essay*.

[신의 눈으로 볼 때 이혼하고 재혼하는 사람들은 간음죄를 범하는 것이다.]

A person **who** is religiously enlightened appears to me to be one who has, to the best of his ability, liberated himself from the fetters of his selfish desires.

— Albert Einstein, "Science and Religion"

[내가 볼 때 종교적으로 깨달은 자는 최고의 능력을 발휘해서 자신의 이기적인 욕망의 굴레에서 해방된 사람처럼 보인다.]

There are *those* **who** protect themselves from accidents by carrying a rabbit's foot. — S. I. Hayakaya, "Maps and Territories"

[토끼의 발을 갖고 다님으로써 위험으로부터 자신을 보호하는 사람들도 있다. → 토끼의 발은 행운을 가져온다는 생각에 이전에 일부 나라에서 토끼의 발을 갖고 다니던 사람들이 있었다고 함.]

부정대명사도 부분적으로 선행사가 될 수 있다.

I don't know *anyone* who can fix this.

[나는 이것을 고칠 줄 아는 어떤 사람도 알지 못한다.]

Someone who behaves as foolishly as you has no right to prescribe how others should behave.

[너처럼 어리석게 행동하는 사람은 다른 사람들에게 어떻게 행동하라고 할 권리가 없다.]

He says he's willing to do *anything* that's required of him.

[그는 자신이 해야 할 일이라면 무슨 일이든지 기꺼이 하겠노라고 말한다.]

지시대명사 that과 이에 대한 복수형 those가 모두 제한적 관계사절에 대한 선행사가 될 수 있다. 그러나 that which의 경우처럼 that이 선행사로 쓰이는 것은 아주 격식적이고, that which 대신 선행사를 포함하는 관계대명사 what이 보편적으로 쓰인다. 그리고 those는 선행사가 사람이나 사물 모두에 쓰인다.

$\begin{Bmatrix} \textbf{That which} \\ \textbf{What} \end{Bmatrix}$ is most highly valued in the tribe is valor.

[그 부족에서 가장 높이 평가되고 있는 것은 용기이다.]

It has become an American tradition that **those** who attain great wealth return some of it to the public through philanthropy.

— Anna Harris Live, *Yesterday and Today in the U. S. A.*

[상당한 재산을 이룬 사람들이 그 재산의 일부를 자선을 통해 대중들에게 환원하는 것이 미국민의 전통이 되었다.]

There are many kinds of causes, **those** that are intelligent, and **those** that, being moved by others, in turn, compelled to move others.

— Bertrand Russell, *The History of Western Philosophy.*

[많은 종류의 원인들이 있다. 그럴듯한 원인들과 다른 사람들에게 감동을 받았기 때문에 이번에는 다른 사람들을 감동시킬 수밖에 없는 원인들이 있다.]

관계대명사가 주격 형태일 때 그 다음에 오는 동사는 선행사와 수의 일치(number agreement)를 이룬다. 즉, 선행사가 단수이면 관계대명사 다음에 놓인 동사도 단수형이 되고, 선행사가 복수이면 동사도 복수형이 된다. 그런데 (1)과 같은 문장에서 관계사절 앞에 단수와 복수라고 하는 수(數: number)가 서로 다른 두 개의 명사구가 있을 때 선행사는 전치사 다음에 놓인 전치사의 목적어이다. 그러므로 (1)에서 관계사절 안에 있는 동사는 선행사 the men에 일치하여 복수 형태라야 한다.[4] 그 까닭은 one이 the men에 포함되기 때문이다.

(1) He is one of ***the men*** who $\begin{Bmatrix} \textbf{have} \\ \textbf{*has} \end{Bmatrix}$ **made** our country what it is.

[그는 우리나라를 오늘날과 같이 만든 사람들 가운데 한 사람이다.]

이 문장에서 관계사절에 대한 선행사가 one이 아니라, the men이라는 점은 이 문장을 다음과 같이 바꿔 보면 쉽게 알 수 있다

---

4 그러나 관계사절이 다음 예에서처럼 '비제한적'으로 나타나는 경우에 선행사는 전치사 다음에 놓인 복수 명사구 the porters가 아니라, 전치사구의 수식을 받는 one이며, 따라서 관계사절 안에 놓인 동사 says는 one에 일치하고 있다.

I've been talking to ***one*** of the porters, who says the train may be an hour late.
[나는 사환들 중 한 사람과 대화를 해왔는데, 그는 열차가 한 시간 늦어질 것이라고 한다.]

Of the men who **have mad**e our country what it is, he is one.

그러나 말을 하거나 글을 쓸 때 one이 맨 먼저 마음속에 떠오르는 것이기 때문에 관계대명사를 one과 일치시킨 결과 *He is **one** of the men who **has made** our country what it is.에서처럼 단수에 일치시키는 잘못을 범하기 쉽다.

이와는 달리, 다음 문장에서는 관계사절에 들어 있는 동사는 단수형이라야 한다.

He is ***the only one*** of the students who $\begin{Bmatrix} \text{has} \\ \text{*have} \end{Bmatrix}$ already **taken** Latin. (Pickett 2006: 331)

[그는 그 학생들 중에서 이미 라틴어 강의를 수강한 유일한 학생이다.]

뜻으로 보면 그가 라틴어 강의를 수강한 여러 명의 학생들 가운데 한 명이라는 뜻이 아니라, 그 학생들 중에서 라틴어 강의를 수강한 학생이 단지 한 명뿐이라는 뜻이다. 즉, (1)의 경우와 달리, 이 문장에서는 one이 the students에 포함되지 않는다. 따라서 the students는 라틴어를 수강한 학생들 안에 포함되지 않는다. 그러므로 관계사절의 선행사는 the students가 아니라, the only one이기 때문에 관계사절에서 who 다음에 있는 동사는 복수형 have가 아니라 단수형 has라야 한다.

17.1.2. 관계사절의 형성

관계사절을 만들 때에는 다음과 같은 네 가지 과정을 거치게 된다.

> (1) 서로 관련된 두 개의 문장에서 지시 대상이 서로 같은 두 개의 (대)명사를 찾아 그 중에서 첫 번째 (대)명사를 선행사로 하고, 두 번째 것을 관계대명사로 바꾸며,
>
> (2) 관계대명사는 선행사가 사람을 가리키느냐, 사람 이외의 것을 가리키느냐에 따라 선택되고,
>
> (3) 관계대명사가 관계사절 안에서 담당하는 문법적인 역할에 따라 그 형태가 결정된다.
>
> (4) 이렇게 해서 만들어진 관계사절은 선행사 바로 다음에 놓이거나, 일종의 수식어를 사이에 두고 이다음의 위치에 놓이게 된다.

(2) a. Here's an article. ⊕

 b. It [→ that/which] might interest you.

 c. Here's *an article* $\left\{\begin{array}{c}\text{that}\\\text{which}\end{array}\right\}$ **might interest you**.

　　[여기에 너의 관심을 끌게 될지도 모르는 한 가지 기사가 있다.]

(3) a. The school is about seven miles from the sea. ⊕

 b. It [→ which] is surrounded by houses.

 c. ***The school*** **which is surrounded by houses** is about seven miles from the sea.

　　[주택으로 둘러싸인 그 학교는 바다에서 대략 7마일쯤 떨어져 있다.]

(4) a. Stevenson is an architect. ⊕

 b. Her [→ whose] design have won international praise.

 c. Stevenson is ***an architect*** **whose design has won international** praise.

　　[스티븐슨은 자신의 설계가 국제적으로 찬사를 받는 건축가이다.]

이처럼 문장의 주어나 목적어 따위의 역할을 하는 (대)명사가 관계대명사로 바뀌어 절을 이끌게 되면 관계대명사를 제외한 절의 나머지 부분은 당연히 구조적으로 불완전하게 된다. 즉, 그 절 안에는 동사가 요구하는 주어나 목적어, 또는 전치사의 목적어 등이 관계대명사로 바뀌어 절의 맨 앞으로 이동함으로 말미암아 원래 이러한 요소들이 놓여 있던 위치에는 자연히 공백(gap)이 생기게 되며, 바로 이와 같은 점 때문에 관계사절은 불완전한 절이 된다.[5]

(5) a. These are the keys. ⊕

 b. They open the front and back door.

---

[5] Because the relative pronoun always occurs at the beginning of a relative clause (or in a PP that is clause-initial, as in *the friend* [with whom *I travelled*]), some relative clauses are harder to recognize as clauses, because they don't have canonical word order. In *A man whom I met offered me a job*, the subject NP of the relative clause *whom I met* is *I*, the direct object NP *whom* having been moved to the front of the relative clause as shown in (8).

　(8) whom I met _____

― Kaplan (1989: 359-360).

c. These are ***the keys*** $\left\{\begin{array}{l}\text{*that they}\\ \text{that}\end{array}\right\}$ **open the front and back door.**

[이것은 현관문과 뒷문을 여는 열쇠이다. → 관계대명사 that이 절 안에서 주어 역할을 하고 있으므로 별도로 주어(they)를 다시 내세우게 되면 비문법적인 문장이 됨.]

(6) ***A man*** **whom I met** $\left\{\begin{array}{l}\text{*him}\\ \varnothing\end{array}\right\}$ **offered me a job.**

[내가 만난 어떤 사람이 내게 일자리를 제의했다. → 관계대명사 whom이 met의 목적어 역할을 하기 때문에 별도로 목적어가 있으면 틀림.]

예컨대 (2a, b) 두 개의 문장에 내포된 뜻과, 관계대명사를 이용하여 이 두 개의 문장을 하나의 문장으로 바꾼 (2c)는 뜻이 서로 같다. (3a-c), (4a-c), (5a-c)와 (6)의 경우에도 마찬가지이다.

그러나 all, anybody, anything, everybody, everything, nothing 따위와 같은 부정대명사, 또는 한정사 no + 명사 따위와 같이 한정의 뜻이 강한 요소가 선행사일 경우에는 이들 선행사를 포함하는 문장이 갖는 뜻과 이 문장을 둘로 나누었을 때 나타나는 뜻은 서로 같지 않다.

(7) ***Anyone*** **who lacks decision shouldn't be a leader.**

[결단력이 부족한 사람은 누구든지 지도자가 되지 못할 것이다.]

문장 (7)을 둘로 나누면 대충 Anyone shouldn't be a leader. He lacks decision.이 될 것이다. 그런데 문장 (7)과 달리, 둘로 나누어진 이 두 개의 문장은 '어느 누구도 지도자가 되지 못한다'는 뜻과 '그는 결단력이 없다'는 뜻이 되기 때문에 결국 이 두 문장이 전달하는 뜻과 이 두 개의 문장을 관계대명사를 사용하여 하나의 문장으로 만들어진 문장 (7)은 뜻이 서로 같지 않다. 다음과 같은 문장의 경우에도 마찬가지이다.

Anyone **who helps the handicapped deserves our support.**

[누구든지 신체 장애인들을 돕는 사람들은 우리의 지원을 받을 자격이 있다. → 신체 장애인들을 돕는 사람들만 우리의 지원을 받을 자격이 있다는 뜻이지, 어느 누구든지 우리의 지원을 받을 수 있다는 뜻이 아님.]

Nobody **who knows her could believe her capable of such an act.**

[그녀를 알고 있는 사람은 아무도 그녀가 그런 행위를 할 수 있을 것으로 믿지 못할 것이다.]

I will welcome *all* who wish to come.

[나는 오고 싶어 하는 사람은 모두 환영할 것이다.]

17.1.3. 연쇄 관계사절

지금까지 위에서 본 예에서 관계사절을 내포하고 있는 문장들은 모두 관계대명사를 이용하여 단문과 단문이 연결되어 만들어진 것이다. 그렇지만, 예컨대 believe, hope, imagine, say, suggest, suppose, tell, think 따위와 같은 타동사의 목적어 역할을 하는 명사절 — 목적어절 — 안에 들어 있는 주어나 목적어 등이 관계대명사로 바뀌어 관계사절을 이끌기도 한다.[6] 이와 같이 종속절의 어느 한 요소가 관계대명사로 바뀌어, 이것이 절을 이끌어 다시 선행사에 연결되는 것을 연쇄 관계사절(連鎖關係詞節: concatenated relative clause)이라고 한다. 보다 구체적으로 말하자면, 관계사절을 이끄는 관계대명사가 단문에서 주어나 목적어 등의 역할을 하는 것으로부터 유래된 것이 아니라, 종속접속사 that이 생략된 목적어절 안에 있는 주어나 목적어 등이 관계대명사로 바뀌어 절을 이끌어 이것이 다시 선행사에 연결되는 경우를 말한다.

(8) a. That is the book. ⊕
 b. I thought he read it [→ which].
  (→ which I thought he read ø)
 c. That is ***the book*** which I thought **he read**.
  [그것은 그가 읽었다고 내가 생각하는 책이다.]
(9) a. The student is studious. ⊕
 b. I believe he [→ who] will graduate from college a year earlier.
  (→ who I believe ø will graduate from college a year earlier)
 c. ***The student*** who I believe **will graduate from college a year earlier** is studious.
  [일년 일찍 대학을 졸업하리라고 내가 믿는 그 학생은 학구적이다.]

문장 (8c)에서 관계사절을 이끄는 관계대명사는 (8b)에 내포된 종속절—(that) he read it

---

6 A relative clause may be concatenated or interwoven with another clause. The simplest case is with a content-clause after some verbs like *say, hear, fear*, etc. — Jespersen (1927: 196).

―에서 read의 목적어 역할을 하는 것이고, (9c)에서 관계사절을 이끄는 관계대명사는 (9b)에 내포된 종속절에서 동사 will graduate의 주어 역할을 하는 것이다.

위와 같은 구조를 가진 예를 몇 가지 더 들기로 한다.

Don't dive headlong into *a task* **which** you know **you can't complete**.
 [끝내지 못하리라는 걸 아는 일에 성급히 뛰어들지 마라. → 관계대명사 which는 목적어절 안에 있는 타동사 complete의 목적어 역할을 하는 것임.]

The man **who** John believed **Mary had been talking to** had already left.
 [메리가 대화를 나누고 있었다고 존이 믿었던 그 사람이 이미 떠났다. → 관계대명사 who는 목적어절 안에 있는 전치사 to의 목적어 역할을 하는 것임.]

Furthermore we are capable of making *many sounds* **that** we know intuitively **are not speech sounds in our language**.
 [더욱이 우리는 우리가 사용하는 언어의 소리가 아니라고 직관적으로 알고 있는 많은 소리를 발음할 수 있다. → 관계대명사 that은 that-절의 주어 역할을 하는 것임.]

The doctor prescribed *a medicine* **which** he claimed **would stop my migraine**.
 [그 의사는 나의 천식을 멈추게 할 것이라고 하는 약을 처방했다. → 관계대명사 that은 that-절의 주어 역할을 하는 것임.]

위와 같은 예에서 본 바와 같이, 관계대명사 바로 다음에 놓인 <주어 + 동사>의 구조는 관계사절로 바꾸기 이전 원래의 문장에서 주절의 주어 + 동사 역할을 하는 것이다. 그러나 다음 (10a, b)를 비교하여 보자.

(10) a. Barbara is a woman who **I think** deserves a praise.
  [바바라는 칭찬을 받을만한 사람이라고 생각되는 여자이다.]
 b. Barbara is a woman who, **I think**, deserves a praise.
  [내 생각으로 바바라는 칭찬을 받을만한 여자이다.]

(10a)에서 관계대명사 who는 본래 I think 다음에 놓인 종속절의 주어에서 나온 것이다. 반면에 (10b)에서처럼 I think의 앞뒤에 쉼표가 붙어 있다면 이 부분은 일종의 삽입어구로서

논평절이다.[7] 그러므로 이처럼 I think가 삽입된 문장 구조의 경우에 관계사절을 이끄는 관계대명사 who는 종속절의 주어에서 온 것이 아니라는 점에 유의하여야 한다. 즉, (9b)는 **I think** Barbara is a woman who deserves praise.라는 문장에서 나온 것이라고 생각하면 된다.

17.1.4. 복합 명사구

17.1.4.1. 명사구 + 관계사절

명사구 + 전치사구[8], 명사구 + that이 이끄는 동격절[9]의 경우와 마찬가지로, 관계사절 역시 선행사 역할을 하는 명사구와 결합해서 '복합 명사구' (複合名詞句: complex noun phrases)를 이룬다. 특히 명사구 + 관계사절의 형식으로 이루어진 복합 명사구는 문장의 주어나 목적어 등의 역할을 하지만, 동격절과 마찬가지로 관계사절 그 자체는 이러한 문장 요소의 일부에 지나지 않는다.

> *Those* **who expect the worst** are less likely to be disappointed.
> [최악의 상황이 발생하리라고 예상하는 사람은 실망할 가능성이 그만큼 더 적다.]
> *The one thing* **that doesn't abide by majority rule** is a person's conscience.
> [다수결의 규칙을 따르지 않는 한 가지는 사람들이 갖고 있는 양심이다.]
> *A swindler* is *a predator* **who cheats others**.
> [사기꾼이란 남을 속이는 약탈자이다.]

더욱이 의문문이나 부정문, 또는 수동문을 만들 때 복합 명사구는 마치 한 개의 단어나 구와 같은 문법적인 작용을 한다. 그러므로 이러한 복합 명사구로부터 관계사절이 외치되는 경우를 제외하고는 문장 유형이 달라지더라도 선행사인 명사구와 이를 수식하는 관계사절이 서로 분리되지 않는다.

---

7 논평절에 대해서는 16.8 참조.
8 명사구 + 전치사구로 이루어진 복합 명사구에 대해서는 14.2.(→ pgs. 186-188) 참조.
9 명사구 + that이 이끄는 동격절에 대해서는 16.3.4 참조.

***The suit* which she bought** was on sale.

[그녀가 산 그 옷은 할인 판매 중이었다.]

→ Was *the suit* **which she bought** on sale?   (Yes/No 의문문)

→ ***The suit* which she bought** was not on sale.   (부정문)

***Something* that I had said** annoyed her.   (능동문)

[내가 한 말이 그녀를 화나게 만들었다.]

→ She was annoyed by ***something* that I had said**.   (수동문)

[그녀는 나의 말을 듣고서 화가 났다.]

17.1.4.2. 복합 명사구로부터의 외치

(11a)의 경우와 달리, 제한적 관계사절이 그 자신이 수식하는 명사구 바로 뒤에 놓이지 않을 때도 있다. 때로는 글을 쓰거나 말을 할 때 복합 명사구에서 관계사절이 외치(外置: extraposition)될 수도 있다.

(11) a. ***A man who has red hair*** just came in.

   [머리가 빨간 사람이 방금 들어 왔다. → 주어 역할을 하는 복합 명사구가 연속적으로 나타나 있음.]

   b. ***A man*** _____ just came in **who has red hair**.

   [→ 주어 역할을 하는 복합 명사구가 짧은 술부를 사이에 두고 불연속적으로 나타나 있음.]

(11b)에서와 같이 복합 명사구에서 관계사절이 외치되는 경우에는 다음과 같이 두 가지 제약이 충족되어야 한다.

첫째, 선행사는 '막연한'(indefinite) 대상을 가리키는 명사구라야 하며, 특정한 대상을 가리키는 명사구이면 비문법적인 문장이 이루어진다.[10] 즉, 관계사절의 수식을 받는 명사구

---

10 It has generally been held in the literature that Extraposition from NP results in unacceptability if an indefinite NP is replaced by a definite NP. Observe the following:

  (1) a. A man is here who is carrying a large package.
     b. *The man is here who is carrying a large package.
        (Rochemont and Culicover [19:60])

  In (1a), the relative clause *who is carrying a large package* is extraposed from an indefinite

가 (12a)에서처럼 a, some, any, no 따위와 같은 막연한 뜻을 나타내는 한정사를 수반하거나, 아무런 한정사를 수반하지 않은 복수 명사이거나 셀 수 없는 명사라야 한다. 이에 따라 (12b)는 문법적인 문장이다. 반면에 (13a)는 선행사가 특정한 것을 가리키는 정관사를 수반하고 있어서 이것이 '특정한'(definite) 대상을 가리키는 것이기 때문에 관계사절이 선행사로부터 분리될 수 없으며, 따라서 (13b)는 비문법적인 문장이다.

(12) a. ***A guy*** **that I met at Treno's yesterday** just came in.
　　b. ***A guy*** just came in **that I met at Treno's yesterday**.
　　　[내가 트레노의 집에서 만난 한 사람이 방금 들어왔다.]
(13) a. ***The guy*** **that I met at Treno's yesterday** just came in.
　　　[내가 트레노의 집에서 만난 그 사람이 방금 들어왔다.]
　　b. *****The guy*** just came in **that I met at Treno's yerday**.
　　　[→ 선행사가 특정한 대상이면 관계사절의 외치가 허용되지 않음.]

둘째, 상위절의 동사가 자동사이거나, 또는 타동사가 수동 동사의 형태로 바뀌어 자동사처럼 쓰여야 한다.11 바로 이와 같은 경우에 주어 역할을 하는 선행사가 관계사절의 수식을 받게 됨으로 말미암아 주어 부분이 술부에 비해 상대적으로 길어지게 되면 복합 명사구를 이루는 선행사인 명사구와 이것을 수식하는 관계사절이 서로 분리될 수 있는데, 이 경우에 관계사절은 문미, 즉 문장의 맨 마지막 위치로 외치된다는 것이다.12 예컨대 다음 두 문장의

---

　　subject NP, *a man*, and the sentence is acceptable. In (1b), on the other hand, the same relative clause is extraposed from a definite subject NP, *the man*, and the sentence is unacceptable. — Takami (1992: 100). See also Givón (1993: 147-149).
11　Under certain circumstances, it is possible to move a relative clause to the right, away from its noun. This usually takes place in cases where the verb is either intransitive or passivized, since the presence of another noun phrase in the verb phrase might create an ambiguity. — Culicover (1982: 233).
12　Earlier in this chapter, we indicated that there is a rule called the relative-clause-movement that permits the shifting of a relative clause modifying a noun to the end of the sentence in which it occurs. Sentences 211 and 212 were given to illustrate the effect of the transformation. We repeat:
　　211. The man who was supposed to introduce the speaker hasn't arrived yet.
　　212. The man hasn't arrived yet who was supposed to introduce the speaker.
　　The stylistic significance of this transformation is particularly clear: It reduces the apparent complexity of the surface subject of the sentence, and so enables a speaker or writer to

관계를 보자.

(14) a. No doubt ***many organs*** **of which we do not know the transitional grades** exist.

b. No doubt ***many organs*** exist **of which we do not know the transitional grades**. — Charles Darwin, *The Origin of Species*.

[우리가 과도기를 모르는 많은 기관들이 있다는 점은 의심의 여지가 없다.]

(14a)에서 주어 부분은 수식하는 부분을 포함하여 many organs에서 transitional grades까지인 반면, 주어를 제외한 술부는 exist 뿐이다. 이처럼 주어 부분은 길고 복잡한 반면, 상대적으로 술부가 짧을 경우에는 (14b)에서처럼 짧은 술부를 사이에 두고 주어 역할을 하는 선행사와 이를 수식하는 관계사절이 서로 불연속적(discontinuous)으로 놓이게 함으로써 문장이 균형을 이루게 되어 안정감을 갖게 할 수 있다.

No form of work is to be adopted **which may lead to inaccurate habits of language-using,** for habit-forming without accuracy means the forming of bad habits. — H. E. Palmer, *The Principles of Language Study*.
[부정확한 언어 사용 습관을 가져오게 할지도 모르는 어떤 일도 해서는 안 된다. 왜냐하면 정확성이 없는 습관 형성은 나쁜 습관을 형성한다는 의미이기 때문이다.]

In the Renaissance ***a new middle class*** emerged **who wanted their children to speak the dialect of the "upper" classes.**
— V. Fromkin, R. Rodman & N. Hyams, *An Introduction to Language*.
[르네상스 시대에는 자녀들이 "상류층"이 사용하는 방언을 말하기를 원하는 새로운 중산층

---

compose a sentence with a conceptually complex subject without having to burden his listener or reader with a lot of material in front of the main verb. — Langendoen (1970:170-171); The relative clauses discussed thus far directly follow their head nouns. This presumably makes the hearer's task of tracking the co-reference relation between the head noun and the missing noun inside the REL-clause more manageable. But there is a variant REL-clause construction in English that is not adjacent to its head noun, but rather is **extraposed** — placed at the end of the main clause. — Givón (1993: 145); Relative clauses are readily extraposed, generally due to the heaviness of the relative clauses themselves. It is well known that heavy phrases/clauses (in terms of length and/or structure) are preferred to be extraposed to the end of the sentence. — Jang (2006: 369). See also Cowan (2008: 430).

이 등장하였다.]

Rockets are now being made **that are powerful enough to shoot a man beyond the earth's gravitational pull.**

[인간을 지구의 중력의 영향을 받지 않는 곳까지 쏘아 올릴 수 있는 강한 힘을 가진 로켓이 지금 만들어지고 있다.]

Secret talks with the kidnappers took place **which finally resulted in the release of the two hostages.**

[마침내 두 명의 인질을 석방하게 될 납치범들과의 은밀한 담판이 이루어졌다.]

Sometimes the natural environment changes radically, and ***those living things*** perish **which cannot adapt themselves to meet the changed condition.**

[때로는 자연 환경이 급격히 변한다. 그래서 변화된 조건을 충족시킬 수 있는 환경에 적응할 수 없는 그러한 생물체들은 사라져버린다.]

Men will continue to be born **who are not fitted for life** and life will be a burden to them. — William S. Maugham, *The Summing Up*.

[생존하기에 적합하지 않은 인간이 계속해서 태어날 것이며, 또한 이러한 사람들에게는 세상살이가 부담이 될 것이다.]

Evidence has now accumulated **which proves that various regions of the earth have undergone slow climatic changes.**

[이제 지구상의 여러 지역에 완만한 기후 변화가 일어났다는 증거가 모아졌다.]

이상과 같은 예에서는 관계사절이 명사구로부터 외치될 경우, 외치된 관계사절 바로 앞에 애매성을 가져올만한 또 다른 명사구가 없기 때문에 구조적으로 전혀 애매하지 않다. 그렇지만, 문장 (15a)에서 관계사절 whom I dislike를 문미의 위치로 외치시키게 되면 (15b)가 된다. 이렇게 되면 관계사절에 대한 선행사가 a man이 아니라, 바로 앞에 놓인 a neighbor로 여겨지게 된다. 바로 이처럼 의미와 구조적인 면에서 애매해지게 될 가능성이 있는 경우에는 관계사절을 외치시키지 말아야 한다.[13]

(15) a. ***A man*** whom I dislike spoke to a neighbor.

　　　　[내가 몹시 싫어하는 어떤 사람이 이웃 사람과 말을 했다.]

---

13 Cowan (2008: 430).

b. A man spoke to *a neighbor* **whom I dislike**.
[어떤 사람이 내가 싫어하는 이웃에게 말을 했다.]

17.2. 관계사절의 유형

영어에는 명사구 다음에 놓여 이들을 수식하는 이른바 명사 후치수식 구조들을 많이 볼 수 있는데, 그 중에서 가장 흔히 볼 수 있는 한 가지 구조가 곧 관계사절이다. 그런데 선행사에 대하여 어떤 역할을 하느냐에 따라 관계사절은 다음과 같은 두 가지 서로 다른 유형으로 나누어진다:

17.2.1 제한적 관계사절(制限的關係詞節: restrictive relative clauses)
17.2.2 비제한적 관계사절(非制限的關係詞節: nonrestrictive relative clauses)

17.2.1. 제한적 관계사절

17.2.1.1. 제한적

제한적 관계사절이란 선행사의 지시 범위를 '제한한다'(limit), 또는 그 지시 대상을 '식별한다'(identify)고 하는 역할을 하는 것으로서, 비제한적 관계사절보다 더 보편적이다. 즉, 동일한 이름으로 부를 수 있는 대상이 많기 때문에 그 많은 대상들 중에서 어느 것을 가리키는지 청자로서는 알 수 없다. 그러므로 그 지시 대상을 명백히 밝히기 위하여 관계사절을 이용하여 선행사의 지시 범위를 좁힘으로써 그 지시 대상을 구체적으로 밝히게 된다. 예컨대 **The guy** isn't reliable.이라고 말한다면 이 말을 처음 듣는 청자는 Which guy?라고 물을 것이다. 그렇지만 ***The guy* who borrowed your car** isn't reliable.(너의 자동차를 빌려간 그 사람은 믿을 사람이 못 된다.)에서처럼 관계사절 who borrowed your car를 제한적 용법으로 첨가하게 되면 여기서 가리키는 the guy가 누구인지 그 대상이 아주 뚜렷하게 밝혀지게 된다. 즉, 믿을 수 없는 그 사람이 너의 이웃 사람도, 네가 어제 만난 사람도, 너의 돈을 빌려간 사람도 아니라, 바로 너의 자동차를 빌려간 사람이라는 점이 명백해지게 된다.

I am *the woman* **who just telephoned you**.
[제가 바로 전화를 드렸던 그 여자입니다.]

What is the name of ***the player*** **who was injured**?

[부상당한 그 선수의 이름이 무엇인가요?]

The repairperson **who fixed your computer** was totally incompetent.

[너의 컴퓨터를 고쳐 준 그 수리공은 전적으로 무능한 사람이었다.]

Sometimes they have ***special offers*** **that make the total cost of renting a car even lower**.

[그들은 전체 자동차 임대료를 더 많이 내리는 특별 제의를 할 때도 가끔 있다.]

17.2.1.2. 분류적

이 이외에 제한적 관계사절이 어떤 '**부류**'를 분류하는(classifying) 역할을 하기도 한다. 다음 예를 보자.

The pancreas is ***an organ*** **in the body that produces insulin**.

[췌장은 인슐린을 만들어 내는 인체의 기관이다.]

이 문장에서 관계사절은 '췌장'이 우리 몸에서 어떤 역할을 하는 기관인가 하는 점을 나타내고 있다. 그러므로 이러한 용법으로 쓰이는 관계사절은 선행사가 나타내는 대상을 '분류하는' 역할을 하기 때문에 이 문장은 What kind of organ is the pancreas?라는 질문에 대한 대답으로 나타나게 된다.

He is ***a man*** **on whose shoulders falls a heavy responsibility**.

[그는 어깨에 무거운 짐을 지고 있는 사람이다.]

Brazil is ***the country*** **that produces the most coffee**.

[브라질은 가장 많은 커피를 생산하는 나라이다.]

A diplomat is ***a person*** **who works to handle business between his or her nation and other nations**.

[외교관이란 자국과 타국들 사이에 발생하는 업무를 처리하는 사람이다.]

A player **who is injured** has to leave the field.

[부상당한 선수는 경기장에서 나가야 한다.]

Take a memory break. It's like ***a coffee break*** **that brings peace to the mind**.

[추억을 더듬는 시간을 갖도록 하라. 그것은 마음에 평온을 갖다 주는 커피 마시는 시간과도 같은 것이니까.]

A true mountaineer is *the one* **who can calculate, predict, anticipate these abrupt changes in conditions**. — Catherine Galitzine, "For the Love of Mountains"

[진정한 산악인이란 이처럼 급격한 상황 변화를 미리 계산하고, 예견하고 또 이에 대비할 수 있는 사람을 말한다.]

17.2.1.3. 이중 제한

<관계사절 + 관계사절>

예컨대 다음과 같은 복합 명사구에서 선행사 the man은 관계사절 who grows peaches의 수식을 받으며, 이와 동시에 the man who grows peaches는 다시 who lives near your cousin의 수식을 받고 있다.

the man who grows peaches *who lives near your cousin* ...
[복숭아를 재배하는 사람으로서 너의 사촌과 가까운 곳에 사는 사람]

이러한 예에서처럼 선행사가 한 개의 관계사절의 수식을 받는 것이 보편적이지만, 필요에 따라서는 두 개의 관계사절의 수식을 받을 수도 있다. 이러한 문장에서 선행사는 두 개의 관계사절에 의해 '이중 제한'(double restriction)을 받는다고 한다.[14]

---

14 4.51. We may speak of *double restriction*, if two relative clauses are only seemingly coordinated, while really the second restricts the antecedent as already defined by the first: here the practice of writers varies considerably with regard to the relative words employed: — Jespersen (1927: 87); Cowan은 double restriction 대신에 stacking(중첩)이라는 용어를 사용하고 있다: Relative clauses are frequently strung together, one clause after the other, as shown in (43) and (44). This phenomenon, which appears to occur more frequently in conversation than in writing, is called *stacking*.
  (43) The people [who take the course][who Dana likes] usually come from local high schools.
  (44) The book [which I like][which everyone else in the class hates] was written by Joan Didion.
Notice that stacked relative clauses modify the same noun, *people* in (43) and *book* in (44). Notice, as well, that the sentences each involve only two relative clauses. Although there

One thing they said in the article *that was really interesting* was that in the U.S. there are over a hundred thousand people who are over a hundred years old.

[그들이 그 논문에서 말한 것으로 정말 흥미 있는 것 한 가지는, 미국에는 100세 이상이 되는 사람이 십만 명이 넘는다는 점이다. → someone who is 100 years old or older = a centenarian.]

The women we spoke of earlier *who look with envy on every well-dressed woman* are, one may be sure, not happy in their instinctive life.

[우리가 앞서 말한 여자들로서 옷을 잘 입은 모든 여자들에게 부러움의 눈길을 돌리는 여자들은 본능적인 생활에서 행복을 느끼지 못할 것이 틀림없을 것이다.]

The first speech element that we have found *which we can say actually "exists"* is the word. — Edward Sapir, *Language: An Introduction to the Study of Speech.*

[우리가 발견한 것으로서 우리가 실제로 "존재한다"고 말할 수 있는 첫 번째 언어 요소는 단어이다.]

다음과 같은 예에서 보는 바와 같이, 선행사가 두 개의 관계사절에 의해 이중 제한을 받을 때 첫 번째 관계사절을 이끄는 목적격 관계대명사는 대개 생략된다.

She is **the only girl (that) I know** *who can play the guitar.*

[그녀는 내가 아는 사람으로서 기타를 칠 줄 아는 유일한 소녀이다.]

It's **the only building (which) I've ever seen** *which is made entirely of glass.*

[그것은 내가 지금까지 본 것 중에서 전체가 유리로만 지어진 유일한 집이다.]

The curriculum, built around the Great Books, was rooted in the belief that there are **universal ideas men could study** *that would show the oneness of human life.* — Allan Bloom, "A Book Can Transform a Life"

[고전 중심으로 이루어진 교과 과정은 인간이 연구할 수 있는 것으로서 인간의 삶의 일체성을 보여 줄 보편적인 관념들을 토대로 한 것이었다. → universal ideas와 men 사이에 목

---

is probably no limit to the number of relative clauses that could be linked in this way, in general native speakers do not stack more than two relatives. — Cowan (2008: 430). See also Close (1975: 55).

적격 관계대명사 that이 생략되었음. Great Books는 막스, 프로이드, 웨버, 플라톤 따위와 같은 위인들이 쓴 책을 말함.]

There are **many things they have studied** *which they still cannot seem to use correctly, easily and as automatically as they would like.*

[그들이 연구한 것으로서 아직도 자신들이 원하는 만큼 올바르고 쉽게, 그리고 자동적으로 사용할 수 없는 것처럼 보이는 것들이 많다. → many things와 they 사이에 목적격 관계대명사 that이 생략되었음.]

<관계사절 + and + 관계사절>

이와는 달리, 하나의 문장에서 두 개의 관계사절이 다른 절에 대하여 서로 독립적으로 동일한 선행사를 수식할 때, 이 두 개의 관계사절은 등위접속사로 연결된다. 이 경우에 두 번째 관계사절을 이끄는 관계대명사는 that이 쓰이지 않고, 대개 who와 which이다.[15] 예컨대 아래의 첫 문장에서, a man **whom** all his friends ... and **who** won ...은 a man whom all his friends ...와 a man who won ...이 결합된 것이며, 두 번째 관계사절에 대한 선행사는 공통적이기 때문에 생략된 것이다.

He was *a man* **whom all his friends admired** and **who won the respect even of his enemies**.

[그는 자신의 모든 친구들로부터 호평을 받고 심지어 적으로부터도 존경을 받는 사람이었다. → 하나의 선행사 a man에 대하여 이를 수식하는 두 개의 관계사절이 and에 의해 연결되어 있음.]

This is *the car* **that he bought sixteen years ago** and **which he is still using**.

[이것은 그가 16년 전에 사서 아직도 이용하고 있는 자동차이다.]

17.2.1.4. 필수 관계사절

대개 제한적 관계사절이 선행사에 대하여 일종의 형용사와 같이 수식어 역할을 한다. 그러므로 관계사절이 없더라도 문법적으로는 전혀 아무런 영향도 받지 않는다. 그렇지만 전

---

15 When two relative postmodify the same antecedent, they are coordinated. In that case the second relative clause normally uses *which/who* rather than *that*. — Declerck (1991: 549).

달하고자 하는 '논리적인' 뜻으로 보면 제한적 관계사절이 반드시 필요하기 때문에 생략할 수 없는 경우도 있다.

 Man is an only living creature **that can make and use tools**.
  [인간은 연장을 만들어 쓸 줄 아는 유일한 생명체이다.]

이 문장에 관계사절 that can make and use tools가 수반되지 않으면 결국 이 문장은 유일한 생명체는 인간뿐이라고 하는 논리적으로 모순된 뜻을 전달하게 된다. 바로 이처럼 관계사절이 문법적으로 단순히 선행사를 수식하는 역할만 하는 것이 아니라, 문장 전체가 논리적으로 자연스러운 뜻을 전달하는데 필수적인 역할을 담당하는 예들도 있다는 점에 유의하여야 한다. 몇 가지 예를 더 들기로 한다.

 The capacity to endure a more or less monotonous life is ***one* which should be acquired in childhood**.
 — Bertrand Russell, *The Conquest of Happiness*.
  [얼마간의 단조로운 생활을 참는 능력은 어린 시절에 습득되어야 하는 것이다.]

Man is ***the only creature* that consumes without producing**. He does not give milk, he does not lay eggs, he is too weak to pull the plough, he cannot run fast enough to catch rabbits. — G. Orwell, *Animal Farm*.
  [인간은 생산은 하지 않으면서 소비하는 유일한 동물이다. 인간은 우유를 생산하지 않으며, 알을 낳지 않으며, 쟁기를 끌만한 힘도 없으며, 토끼를 잡을 수 있을만큼 빠르지도 않다.]

***Children* who breathe parents' secondhand smoke** have high rates of chronic ear ailments, pneumonia, bronchitis and other respiratory-tract infections.
 — Bonnie Munday, "Make Sure Your Kids Never Start Smoking"
  [부모의 간접 흡연을 하는 어린이들은 만성적인 귓병, 폐렴, 기관지염과 그밖의 다른 호흡기 감염율이 높다.]

A martyr is ***someone* who gives up his life for his beliefs**.
  [순교자란 자신의 신념을 위해 목숨을 버릴 줄 아는 사람이다.]

***People* who take physical exercise** live longer.
  [운동하는 사람은 더 오래 산다.]

17.2.1.5. 관계사절의 번역 순서

흔히 제한적 관계사절은 선행사의 지시 범위를 제한하는 것이기 때문에 선행사와 쉼표 없이 연결되어 '관계사절 → 선행사'의 순으로 번역하는 것이라고 하지만, 반드시 그렇지는 않는다. 즉, 쉼표를 붙여 '제한적' 용법과 '비제한적' 용법을 형식적으로 구별하여 독자들의 편의를 도모해 주는 관계를 지키지 않고, 이 두 가지 의미 해석 방법 중 어느 쪽으로 하느냐 하는 것을 독자들에게 맡겨버리는 필자들이 오늘날에는 많다는 점을 잊지 말아야 한다. 그러므로 비제한적으로 써야 할 경우에도 쉼표를 붙이지 않는 경우들이 있으므로, 쉼표에만 의존하지 말고 문맥에 따라 필자가 전달하고자 하는 메시지를 자연스럽게 파악하도록 하여야 할 것이다.

Ted, her husband, was felled by ***a massive stroke*** that affected his balance and left him barely able to speak intelligibly.
— Ardis Whitman, "Secrets of Survivors"

[그녀의 남편 테드가 심한 뇌졸증으로 쓰러져, 그 때문에 균형을 잃게 되고 거의 말을 알아들을 수 없게 되었다. → 이 경우에 제한적으로 쓰였다고 해서 '... 그의 신체적 균형에 영향을 미치고 말을 잘 알아들을 수 없는 심한 뇌졸증으로 쓰러졌다.' 라고 번역하면 어딘가 좀 어색하다.]

At the restaurant where he worked, he found ***a waiter* who helped him to learn to read better**. — Ardis Whitman, "Secrets of Survivors"

[자신이 일하는 식당에서 그는 한 웨이터를 만났는데, 그는 글을 보다 더 잘 읽는 방법을 가르쳐 주었다.]

And then I heard ***a bell* whose every vibration found an echo in my innermost heart**.

[그때 나는 종소리를 들었는데, 그 하나하나의 울림소리가 가장 깊숙한 내 마음 속에 메아리쳤다.]

The next big influence on English was Christianity. Wanting to bring the faith to the Angles, Pope Gregory the Great sent ***monks* who built churches and monasteries**. — R. MacNeil, "The Glorious Messiness of English"

[영어에 미친 그 다음으로 큰 영향은 기독교화였다. 앵글족에게 신앙을 전파하고 싶어서 교황 그레고리 대제는 수도사(修道師)들을 보냈는데, 그들은 교회와 수도원을 지었다.]

The Warren Commission concluded that Lee Harvey Oswald fired ***the***

***shoots* that killed President Kennedy and wounded (Texas) Governor Connally.**
[워렌 위원회는 리 하비 오스월드가 여러 발의 총을 쏘아 케네디 대통령을 죽이고, (텍사스) 주지사 코널리에게 부상을 입혔다고 결론을 내렸다. → 텍사스 달라스 소재 케네디 (JFK: John F. Kennedy) 박물관에 게시된 "Who did it?"이란 제목의 글 중에서 발췌.]

이와 같은 예에서처럼, 시간적으로 주절의 내용이 먼저 일어나고, 관계사절의 내용이 뒤따라 일어나는 문장에서는 상황이 일어난 순서대로 번역하는 것이 보다 더 자연스럽다.

17.2.2. 비제한적 관계사절

17.2.2.1. 부가적 정보 전달

제한적 관계사절의 경우와 달리, 선행사 역할을 하는 명사구의 지시 대상이 일반적으로 유일한 대상으로 간주되거나, 또는 고유명사는 아닐지라도 대화의 문맥을 통해서 그 자체만으로도 다른 대상들과 구별되는 구성원으로 간주되는 등 이미 뚜렷이 밝혀져 있는 경우들이 있을 수 있다. 바로 이러한 이유 때문에 선행사의 지시 대상을 더 이상 제한할 필요가 없으므로 관계사절이 그 선행사와 쉼표로 분리되어 비제한적으로 사용되는 것이다.[16] 예컨대

My daughter, who is in Seoul, phoned me just now to come home tomorrow.
[내 딸이 서울에 사는데, 내일 집에 온다고 방금 전화가 왔어.]

에서처럼 비제한적으로 쓰인 관계사절이 문중에 들어가게 되면 그 절의 앞뒤에 쉼표가 붙게 된다. 이처럼 선행사 다음에 첨가된 수식 구조인 관계사절은 선행사의 지시 대상을 식별

---

16 말로 하는 경우에 비제한적 관계사절은 억양에서 차이가 난다. 즉, 비제한적 관계사절은 절의 마지막 위치에서 하강 억양 곡선(falling intonation contour)을 가지며, 따라서 두 가지 억양 곡선으로 나타난다. 반면에 제한적 관계사절이 포함된 문장은 한 가지 억양 곡선으로 나타난다: (Cowan 2008: 437).

The students, *who had to take final exams today*, are tired.　　[비제한 관계사절의 억양 곡선]
The students *who had to take final exams today* are tired.　　[제한적 관계사절의 억양 곡선]

하는데 꼭 필요한 것이 아니라, 오로지 그 선행사에 대하여 추가적인 정보를 제공하는 것에 불과하므로[17] 생략되더라도 선행사의 지시 대상을 식별하는데 아무런 문제도 생기지 않게 된다. 즉, 하나밖에 없는 나의 딸은 서울에 살든 다른 어떤 곳에 살든간에 그가 누구인지 이미 뚜렷이 정체가 밝혀져 있기 때문에 who is in Seoul이 비제한적으로 쓰인 것이다.

다음과 같은 예 (16a, b)를 통해 제한적·비제한적 관계사절의 용법상의 차이를 비교하여 보기로 한다.

(16) a. Two cars had to swerve to avoid each other. One car left the road and hit a tree, and the other ended up on its roof. The driver of ***the car* which hit a tree was killed**.

[두 대의 자동차가 서로 피하려고 급회전을 해야만 했다. 한 대는 도로에서 벗어나 나무에 부딪쳤고, 다른 자동차는 뒤집혔다. 나무에 부딪친 자동차 운전자는 죽었다.]

b. A car had to swerve to avoid a horse and left the road. The driver of ***the car*, which hit a tree, was killed**.

[자동차 한 대가 말을 피하려고 급회전해야만 해서 도로에서 벗어났다. 그 자동차 운전자는 나무에 부딪쳐서 죽고 말았다.]

문장 (16a)는 두 대의 자동차 중에서 어느 자동차를 가리키는가 하는 점을 명백히 밝히려면 지시 범위를 제한하여야 하기 때문에 선행사가 제한적 관계사절의 수식을 받고 있는 것이다. 반면에, 문장 (16b)는 어느 한 대의 자동차에 대하여 앞에서 이미 밝혀져 있으므로 다시 그 자동차에 대하여 말할 때에는 그 지시 범위를 제한할 필요가 없다. 바로 이러한 점 때문

---

17 Non-restrictive relative clauses perform a very different function from restrictive relative clauses; they simply provide additional information about the NP and are never crucial in identifying the referent(s). While non-restrictive relative clauses are subordinate clauses, i.e., they can't stand alone, they are not embedded within the NP. Unlike restrictive clauses, they can co-occur with proper nouns and they don't co-occur with indefinite pronouns. — Berk (1999: 273-274); 비제한적 관계사절을 이용하여 추가적인 정보를 덧붙이는 것은 다소 격식적이다. 따라서 (a)와 같은 문장 구조는 주로 글로 쓸 때 사용되며, 말로 하는 경우에는 두 개의 짧은 문장을 (b)에서처럼 생각이 나타나는 순서를 따라 '병렬적'(paratactic)으로 전달하는 경우가 흔하다:

(a) Jake, who lives next door to Melanie, is rather strange. (문어적)
(b) Jake lives next door to Melanie. He's rather strange. (구어적)
  [제이크는 멜라니의 이웃에 사는데, 어딘가 좀 이상한 사람이야.]

— Eastwood (2005: 338).

에 선행사인 the car에 대하여 비제한적 관계사절이 첨가된 것이다.

　이처럼 선행사에 대하여 추가적인 정보 내용을 전달하는 역할을 하는 비제한적 관계사절은 쉼표로 분리되는 이외에도 (17)에서처럼 대시(─)로 분리하여 추가적인 정보 내용을 더욱 강조하기도 하고,

 (17) ***The government* — which promises to cut taxes — will be popular.**
   [정부는 세금을 삭감하겠다고 약속하고 있어서 인기를 얻게 될 것이다. → 어느 정부에 대하여 말하고 있는가 하는 점이 이미 밝혀져 있기 때문에 더 이상 지시 범위를 제한시킬 필요가 없으므 로 선행사인 the government에 대하여 관계사절이 비제한적으로 쓰이고 있음.]

또는 (18)에서와 같이 (　) 안에 넣어 이것이 선행사의 지시 대상을 이해하는데 반드시 필요한 정보 내용이 아니라는 점을 암시하기도 한다.

 (18) The American attitude toward manual labor and its effect on social distinction might be illustrated by a recent incident which occurred in a newly opened dinner theater in Boulder, Colorado. ***Such theaters (in which the talented young actors and actresses who entertain guests also serve as waiters and waitresses)*** have become increasingly popular throughout the country.
   — Gladys Doty & Janet Ross, *Language and Life in the U.S.A.*
   [미국인들의 육체노동에 대한 태도와 그것이 사회적 명성에 미치는 영향은 콜로라도 주 볼더 시에서 개업한 극장식 식당에서 일어났던 최근의 일로써 예시할 수 있을 것이다. (손님들을 즐겁게 해주는 재능 있는 젊은 남녀 배우들이 웨이터 일도 하는) 그러한 극장이 이 나라 전역에서 점차 인기를 끌게 되었다. → 문맥으로 보아 such theaters는 이미 앞에서 언급된 dinner theater를 가리키므로 더 이상 제한시킬 필요가 없어서 (　) 안에 넣어 비제한적으로 쓰였음을 나타내고 있음.]

17.2.2.2. 비제한적 관계사절의 선행사

　이처럼 관계사절이 비제한적으로 쓰이려면 어떤 식으로든 선행사의 지시 대상이 이미 청자에게 명백히 알려져 있어서 더 이상 제한할 필요가 없는 것이라야 하는데, 다음과 같은 예

들이 이러한 설명을 뒷받침해 준다고 할 수 있을 것이다.

1) 선행사가 특정한 어느 대상 가운데 하나 또는 그 일부를 가리키는 것이 아니라, 그 대상 전부를 '총칭적'(generic)으로 가리키는 경우에는 관계사절이 비제한적으로 쓰이게 된다.

***Carbon monoxide*, which makes up about three to five percent of the smoke,** depletes oxygen in red blood cells and may worsen the effect of cholesterol deposits in the arteries, thus restricting oxygen flow to the heart.
— Joseph E. Brown, "Scared Smokeless"

[연기 중에 3-5% 정도 들어 있는 일산화탄소는 적혈구 속에 있는 산소를 고갈시켜 동맥에 있는 콜레스테롤의 작용을 악화시켜 산소가 심장으로 흘러 들어가는 것을 제한한다. → 여기서 선행사인 carbon monoxide는 총칭적인 뜻을 나타내기 때문에 그 지시 범위를 제한시킬 수 없으므로 관계사절이 비제한적으로 쓰였음.]

One of the most useful materials in the world is *glass*, **which is made chiefly from sand, soda, and lime.**

[이 세상에서 가장 유용한 물질 가운데 하나는 유리인데, 이것은 주로 모래와 소다 및 석회로 만들어 진다. → '유리'라는 물질을 총칭적으로 가리키고 있기 때문에 비제한적인 관계사절이 쓰였음.]

***The chairs*, which were in bad condition**, were sent out to be repaired and refinished.

[그 의자들은 상태가 좋지 않아서 수리하고 외형을 새로 단장하기 위하여 보내졌다. → 어떤 장소에 있는 모든 의자를 가리키고 있음.]

마지막 문장을 *The chairs* which were in bad condition were sent out …라고 하여 관계사절이 제한적으로 쓰이게 되면 오로지 상태가 좋지 않은 의지들을 뜻하게 되며, 이 이외의 나머지 의자들은 상태가 좋다는 뜻을 함축하게 된다.

또한 명사가 정관사를 수반하게 되면 그것은 청자도 알고 있는 특정한 대상이 될 수 있다. 그렇다고 하더라도 그 명사구가 바로 직전의 대화를 통해서 언급된 것일 경우에만 비제한적 관계사절을 수반하게 된다.

He was delighted to join a briefing session with people more his own age.

Some of them, as a matter of fact, were considerably older than he was. ***The briefing session*, which consisted of talks, demonstrations and short films,** lasted two hours.

[그는 자기보다 나이가 더 많은 사람들과 브리핑 시간에 참석하게 되어 기뻤다. 사실상 그들 중 몇몇 사람들은 자기보다 훨씬 나이가 많았다. 대화와 실제적인 증명 및 짧은 영화 상영으로 구성된 이 브리핑 시간은 두 시간이나 계속되었다. → 바로 앞에 나온 문장에서 a briefing session 이 언급되었으므로 다음에 언급될 때 그것은 정관사 the를 수반하여 이미 알려져 있는 것을 나타내고 있기 때문에 비제한적으로 쓰이고 있음.]

According to a newspaper article which I read, the police arrested the man who had robbed the First National Bank. ***The man*, who was wearing a plaid shirt and blue jeans,** was caught shortly after he had left the bank.

[내가 읽은 신문 기사 내용에 따르면 경찰은 First National Bank를 강탈한 그 사람을 체포했다. 바둑판 무늬의 셔츠에 청바지를 입은 이 사람은 은행에서 나오자마자 곧 체포되었다. → the man은 바로 앞에 놓인 문장에서 언급된 은행 강도를 가리키므로 비제한적 관계사절의 수식을 받고 있음.]

또한 정관사나 this/these, that/those 따위와 같은 지시 한정사를 수반한 명사구가 특정한 대상을 가리키더라도 바로 대화의 장소에 있는 것이거나, 대화의 상대방도 이미 알고 있다고 생각되는 경우에만 비제한적 관계사절의 수식을 받게 된다.

***These drugs*, which are used to treat stomach ulcers,** have been withdrawn from sale.

[위궤양 치료제로 사용되는 이 약들은 판매가 금지되고 있다. → 방금 언급된 화제의 대상이거나, 약을 대화 현장에 놓고서 대화를 하는 경우에는 어느 약을 말하는지 알 수 있기 때문에 관계사절이 비제한적으로 쓰였음.]

***That artist*, who I had not heard of before,** had a lot of talent.

[내가 전에 들어 본 적이 없는 그 예술인은 재능이 많았다.]

***The plane crash*, which cost a hundred lives,** happened in the morning.

[백 명의 생명을 앗아간 그 비행기 추락 사고는 오전에 발생했다.]

2) 선행사가 고유명사이거나, 또는 고유명사와 다름없다고 생각되는 사람이나 사물일 경우, 이들은 같은 이름으로 부를 수 있는 또 다른 대상이 없기 때문에 반드시 비제한적 관계

사절의 수식을 받게 된다.

> ***Peter*, whom everyone suspected**, turned out to be innocent.
> [모든 사람들이 의심했던 피터가 아무런 죄가 없음이 판명되었다. → 피터의 경우처럼 사람을 가리키는 고유명사는 그 자체로서 지시 대상이 분명하기 때문에 더 이상 지시 대상을 제한할 필요가 없으므로 비제한적 관계사절이 쓰이고 있음.]
>
> ***The Acme Travel Agency*, with which our company has been dealing for several years**, has opened four new branches.
> [우리 회사가 여러 해 동안 거래를 해온 애크미 여행사는 네 개의 새로운 지점을 개점했다. → 사람의 이름과 마찬가지로, 회사 명칭도 고유명사이므로 비제한적 관계사절이 쓰여 선행사에 대하여 부연 설명하고 있음.]
>
> Among the many living forms of human speech, and those countless tongues which have arisen and perished in the past, ***the English language*, which has now spread over so large a portion of the world,** is as humble and obscure in its origin as any other.
> — Logan Pearsall Smith, *The English Language*.
> [살아있는 많은 인간의 언어 형태들과 과거에 나타났다가 사라져버린 무수한 언어들 중에서 세계의 대단히 넓은 지역에 퍼져 있는 영어는 다른 어떤 언어 못지않게 그 출발이 보잘 것 없고 잘 알려져 있지 않다. → 언어 이름도 고유명사이므로 비제한적 관계사절이 놓여 선행사에 대하여 부연 설명하고 있음.]
>
> Cosmic rays and tiny dust particles are another problem. ***Outer space*, which has no air**, is filled with both of these.
> [우주선(宇宙線)과 미세한 먼지 입자는 또 다른 문제가 되는 것이다. 공기가 없는 외계는 이 두 가지로 가득 차 있다. → outer space라고 할 수 있는 곳이 여럿이 있는 것이 아니기 때문에 이것은 비제한적 관계사절의 수식을 받고 있음.]

그렇지만 선행사 역할을 하는 고유명사가 나타내고자 하는 뜻에 따라 적절한 관사를 수반하여 예컨대 an Asian Switzerland(아시아의 스위스), the Susan(그 수잔), the young Joyce(젊은 시절의 조이스), a second Churchill(제2의 처칠) 따위처럼 나타날 수 있다.[18] 이처럼 관사를 수반한 고유명사들은 잠정적으로 보통명사와 같은 특징을 가지기 때문에 제한적 관계사절의 수식을 받게 된다.

---

18 이에 대해서는 본서 제1권 "1.3.2 고유명사"를 참조.

Which of ***the Springfields* that are in the Midwest** do you mean?

[중서부에 있는 스프링필드들 중에서 어느 것을 말씀하시는 것인가요? → 스프링필드라고 하는 여러 도시 가운데 어느 하나를 뜻하기 때문에 제한적 관계사절이 쓰이고 있음.]

***The swinging London* which they used to talk about** no longer exists.

[늘 그들의 대화 대상이 되었던 동요하던 그 런던이 이제는 존재하지 않는다. → the swinging London은 런던이 보여줄 수 있는 여러 가지 모습 중의 하나를 뜻하기 때문에 보통명사의 경우처럼 제한적 관계사절의 수식을 받고 있음.]

***The John Doe* who is in my statistics class** is an idiot.

[내 통계학 강의를 수강하는 그 존 도우는 바보야. → 존 도우라고 부를 수 있는 여러 명 가운데 한 사람을 가리키고 있기 때문에 제한적 관계사절의 수식을 받고 있음.]

The new president is ***a Robin Hood* who raised taxes heavily on the rich**.

[새 대통령은 부자들에게 무거운 세금을 부과한 로빈후드와 같은 분이다. → 고유명사에 부정관사를 수반하여 a Robin Hood라고 하게 되면 'Robin Hood와 같은 사람'이라는 뜻이 되며, 따라서 새 대통령은 이런 이름으로 부를 수 있는 여러 명 가운데 한 사람이라는 뜻이 되기 때문에 제한적 관계사절의 수식을 받음.]

이러한 문장에서 the swinging London이나 a Robin Hood와 같은 표현은 동일한 이름을 가진 사람 중 어느 한 사람이나 한 지역의 서로 다른 모습을 나타내고 있어서 이제는 더 이상 고유명사로 취급되지 않기 때문에 제한적 관계사절의 수식을 받게 되는 것이다. 바로 이러한 점 때문에 제한적 관계사절은 선행사를 가리킬 수 있는 대상이 하나 이상일 경우에만 사용 가능하다.

3) mother, father, daughter, son, uncle, aunt, grandmother 따위와 같이 가족 관계를 나타내는 명사가 선행사일 경우에는 그것이 유일한 대상을 가리키느냐 그렇지 않느냐에 따라 이들을 수식할 관계사절의 선택이 달라진다. 예컨대, 이 세상에 자기 어머니가 둘 있는 사람이 없으므로 자기의 어머니가 선행사인 경우이거나, 자기의 막내 동생이 둘 있는 사람이 있을 수 없으므로 (설령 막내 동생이 쌍둥이일지라도 반드시 형과 동생의 구분이 있음) 선행사로 이들 대상을 다른 대상들과 구분할 수 있기 때문에 관계사절은 반드시 비제한적으로 쓰여야 한다. 그렇지만 할머니는 친할머니와 외할머니가 있기 때문에 예컨대 my grand-mother는 제한적 관계사절의 수식을 받을 수 있지만, my maternal grand-mother(나의 외할머니)는 오직 한 분밖에 없기 때문에 비제한적 관계사절의 수식을 받게 된다.

***His aunt*, who lives in California,** came to visit him recently.

[그의 고모께서 캘리포니아에 사시는데, 최근에 그를 찾아왔다. → 그에게는 고모가 한 분뿐이며, 지금 캘리포니아에 살고 있다는 뜻임.]

His aunt **who lives in California** came to visit him recently.

[캘리포니아에 사시는 그의 고모께서 최근에 그를 찾아왔다. → 그에게 고모가 여러 명 있는데 그 중에 캘리포니아에 사시는 고모가 찾아왔다는 뜻임.]

The boy's mother, **who loves him very much,** has made many sacrifices for his happiness.

[그 소년을 무척 사랑하시는 어머니는 아들의 행복을 위해 많은 희생을 하셨다. → 누구에게나 어머니는 한사람밖에 있을 수 없으므로 비제한적 관계사절이 쓰였음.]

A mother **who loves her son very much** will make many sacrifices for his happiness.

[자기 아들을 무척 사랑하는 어머니는 아들의 행복을 위해 많은 희생을 할 것이다. → 어떤 특정한 어머니가 아니므로 a mother는 제한적 관계사절의 수식을 받아야 함.]

Her daughter **who lives in America** is an anthropologist.

[미국에 살고 있는 그녀의 딸은 인류학자이다. → her daughter가 제한적 관계사절의 수식을 받는 것은 그녀에게 딸이 여러 명 있어서 그 중의 어느 한 명의 딸을 가리키고 있기 때문임.]

Twenty-four hours later, in a Boston hospital, Tracy's liver was transplanted into ***my husband, David,*** **who was suffering from a terminal liver disease.**

[24시간 뒤 보스턴의 한 병원에서 트레이시의 간이 내 남편 데이비드에게 이식되었는데, 남편은 말기 간질환으로 고통을 받고 있었다.]

I discussed it with ***my brother***, **who is a lawyer**.

[나는 변호사인 나의 형님과 그 문제를 상의했다.]

Our teacher, **who is very strict with us in class**, is very kind to us outside class.

[수업 시간에는 아주 엄하신 우리 선생님께서 수업이 끝나면 아주 친절하시다. → 화자가 자기의 선생님이라고 부를 수 있는 선생님은 오직 한 분임을 암시하고 있으므로 유일한 지시 대상이라서 그 지시 범위를 제한시킬 수 없기 때문에 관계사절이 비제한적으로 쓰였음.]

4) 선행사가 a car, some nurses/friends 따위와 같이 막연한 대상을 나타내는 명사구, 즉 부정 명사구(不定名詞句: indefinite noun phrases)일 경우에는 의미상 별 차이 없이 관

계사절이 제한적으로, 또는 비제한적으로 쓰일 수 있다.[19]

He's got *a new car* that goes like a bomb.
[그는 아주 잘 달리는 새 자동차를 갖고 있다.]
He's got *a new car*, **which goes like a bomb**.
[그는 새 자동차를 한 대 갖고 있는데, 그것은 아주 잘 달린다.]
Loren talked to *a friend*, **who promptly offered to do the job.**
[로렌이 어떤 친구에게 말했더니 그는 즉각 자기가 그 일을 하겠다고 제의했다.]
There, next to a palm tree, he built a house for his family. Behind this house he grew *roses*, **which he trucked into San Francisco three mornings a week**.
[그곳 종려나무 가까이에 그는 가족들이 살 집을 지었으며, 이 집 뒤에서 그는 장미를 재배하여 그것을 일주일에 3일 아침마다 트럭으로 산프란시스코로 실어 날랐다.]

일반적으로 말하자면, 관계사절이 전달하는 정보 내용이 전반적인 내용에 가장 중요한 역할을 한다고 여겨지는 경우에는 제한적 관계사절이 사용되지만, 그렇지 않다고 여겨진다면 비제한적인 관계사절을 즐겨 사용하는 편이다.[20]

수량어/최상급 등, ... { of which / whom }

주절에서 진술된 특정수의 사람이나 사물 중에서 일부 또는 전부에 대하여 추가적인 정보를 전달하고자 할 때에는 (19a, b)에 나타나는 수량어들(數量語: quantifiers), 또는 최상급 형태가 (19c)에서처럼 of which/whom/whose ... 등을 수반하여 비제한적으로 쓰인다.[21]

---

19 The distinction between identifying and non-identifying clauses is most clear when they modify definite noun phrases like *the car, this house, my father, Mrs Lewis*. After indefinite noun phrases like *a car, some nurses* or *friends*, the distinction is less clear, and both kinds of clause are often possible with slight differences of emphasis. — Swan (2005: 485).
20 Swan (2005: 485).
21 Azar (1999: 285). See also Cowan (2008: 438), Hewings (2005: 110), and Swan (2005: 483-484).

(19) a. In my class there are 20 students. ⊕

　　b. Most of them [→ whom] are from the Far East.

　　c. In my class there are **20 students**, **most of whom** are from the Far East.

　　　　[우리 학급 학생 수가 20명인데, 그들 대부분이 극동지역에서 온 학생들이다.]

이러한 구조에 나타나는 수량어 또는 최상급 형태에는 다음과 같은 것들을 볼 수 있다.

---

all, any, both, each, either/neither, half, many/much, most, neither, none, part, several, some, the majority, 수사(one, two, three 등; the first, the second 등), 분수(a third, two thirds 등); 최상급(the best, the biggest 등)

The bank was held up by *a group of men*, **three of whom** were said to be armed.

　　[그 은행은 일당의 사람들에게 강탈당했는데, 그 가운데 세 사람은 무장했었다고 한다.]

I tried on *six pairs of shoes*, **none of which** I liked.

　　[나는 여섯 켤레의 신발을 신어 보았는데, 그 중에서 어느 것도 마음에 들지 않았다.]

The teachers discussed *Jim*, **one of whose problems** was poor study habits.

　　[선생님들은 짐에 대한 논의를 했는데, 그의 문제 가운데 하나는 보잘 것 없는 공부 습관이었다.]

The speed of growth of a plant is influenced by *a number of factors*, **most of which** we have no control over.

　　[식물의 성장 속도는 많은 요인의 영향을 받는데, 그 대부분을 우리는 맘대로 할 수 없다.]

수량어 + of which/whom/whose ...와 같은 구조에서 수량어가 주어이면 이것은 이 다음의 위치에 놓일 수 있다. 또한 목적어 역할을 하는 수량어는 동사 다음에도 놓일 수 있다. 그러나 이와 같은 어순은 아주 격식적인 경우에 국한된다.[22]

I met *several bikers*, { two of whom / of whom two } were university students.

22　Declerck (1991: 553).

[나는 여러 명의 자전거 타는 사람을 만났는데, 그 가운데 두 명은 대학생이었다.]

I can lend you *several books*, $\left\{ \begin{array}{l} \textbf{five of which I can recommend} \\ \textbf{of which I can recommend five} \end{array} \right\}$.

[너에게 여러 권의 책을 빌려줄 수 있는데, 그 중에서 다섯 권을 추천할 수 있다.]

He has lost *a lot of money*, **of which most** was borrowed.

[그는 많은 돈을 잃었는데, 그 중 대부분은 빌린 것이었다.]

They picked up *five boat-loads of refugees*, **of whom some** had been at sea for several months.

[그들은 다섯 척의 배에 탄 난민들을 구출했는데, 그들 가운데 일부는 여러 달 동안 바다에 있었다.]

17.2.2.3. 비제한적 관계사절이 나타내는 뜻

뜻으로 보면, 앞에서 본 바와 같은 비제한적 관계사절이 때로는 이유절이나 양보절과 같은 부사적인 뜻으로 해석되기도 하는데, 그 뜻은 대개 문맥에 따라 결정된다.

Wearing colorful clothes is considered immoral by the Amish people, **who always wear simple clothes in white or dark colors**.

(= ... because they always wear simple clothes in white or dark colors.)

[화려한 색깔의 옷을 입는 것이 암만파 신도들에게는 비도덕적인 것으로 여겨진다. 왜냐하면 그들은 항상 하얀색이나 검정색의 소박한 옷을 입기 때문이다.]

Ann thanked her teacher, **who had been very helpful**.

(= ..., because he had been very helpful.)

[앤은 자기 선생님이 도움을 많이 주셨기 때문에 감사의 뜻을 표했다.]

My brother, **who has lived in America for over 30 years**, can still speak Italian.

(= My brother can still speak Italian, although he has lived in America for over 30 years.)

[내 동생은 30년 이상 미국에 살았지만 아직도 이탈리아어를 말할 줄 안다.]

또는 비제한적 관계사절이 주절에 대하여 의미상 등위적으로 연결하는 기능을 담당하는 경우에는 관계대명사를 접속사 and /but와 주어 또는 목적어 역할을 하는 인칭대명사 형태

로 풀어서 번역할 수 있다.[23]

She married a very young architect from Belfast, **whom she met on a bus**.
(= ..., and she met him on a bus.)
   [그녀는 벨파스트 출신의 아주 젊은 건축가와 결혼했는데, 그녀는 그를 버스에서 만났다.]
I threw the sandwich to the boy, **who stood behind Al**.
(= ..., and he stood behind Al.)
   [나는 샌드위치를 그 소년에게 던졌는데, 그는 앨 뒤에 서 있었다.]
He gave the girl a valuable ring, **which she pawned the very next day**.
(= ..., but she pawned it the very next day.)
   [그가 그 소녀에게 귀중한 반지를 주었더니 바로 그 다음날 전당잡히고 말았다.]

17.3. 관계대명사의 기능

종속접속사는 종속절을 이끌어 주절에 연결시키는 역할만 할 뿐, 자신이 속한 절 안에서 아무런 역할도 하지 않는다. 관계대명사도 종속접속사와 마찬가지로 관계사절을 이끌어 문장의 주절에 연결시키는 '연결 기능'을 담당하지만, 종속접속사와 달리 관계대명사는 자신이 속한 관계사절 안에서 주어, 타동사나 전치사에 대한 목적어, 또는 보어와 같은 역할도 담당한다.

People *who* consume large amounts of fats are more likely to get cancer and heart disease.
   [동물성 지방질을 많이 섭취하는 사람들은 암과 심장병에 걸릴 가능성이 보다 더 높다. → 관계대명사 who는 동사 consume의 주어 역할을 하고 있음.]
She's one of the kindest people *that* I know.
   [그녀는 내가 알고 있는 가장 친절한 사람 가운데 한 사람이다. → 관계대명사 that은 타동사 know의 목적어임.]
Imagine a world **in *which*** everyone eats and enjoys the same things.
   [사람마다 먹고 즐기는 것이 똑같은 세상을 상상해 보아라. → 관계대명사 which는 전치사

---

23 바로 이러한 점 때문에 비제한적 관계사절을 "계속적" 용법으로 쓰였다고 하지만, 이러한 용어는 결코 옳은 것이 못 된다.

in의 목적어임.]

Money is a commodity **without *which*** we can't live.

[돈이란 우리가 없으면 살 수 없는 재화이다. → 관계대명사는 전치사 without의 목적어임.]

17.4. 관계사절에서 전치사의 위치

관계대명사는 절을 이끌어 주절에 연결하는 기능을 갖기 때문에 대개 관계사절에서 맨 앞에 놓인다. 그러나 a commodity ***without*** which we can't live와 같은 예에서 보는 바와 같이, 관계대명사가 전치사의 목적어로서 전치사의 지배를 받는다고 할 때 전치사가 관계대명사 바로 앞에 놓이거나, 아니면 좌초[24]되어 관계사절에서 본래 놓여 있는 그 위치에 그대로 남아 있게 된다. 이처럼 전치사가 어느 하나의 위치에 놓이게 되는 이유는 여러 가지 요인이 작용하기 때문이라고 할 수 있다.

1) 관계대명사가 전치사의 목적어일 때 전치사가 놓이는 위치와 관련된 문제는 문체에 따라 달라질 수 있다. 즉, 비격식적인 영어에서는 전치사가 좌초되어 본래 놓여 있는 위치에 그대로 놓여 있게 되지만, 격식적인 영어에서는 관계대명사 바로 앞으로 이동하게 된다.

I spoke with the student **whom** I loaned the book ***to***.

[나는 책을 빌려준 학생과 대화를 했다. → 비격식체.]

~ I know the student ***to*** **whom** you loaned the book.

[나는 네가 책을 빌려준 그 학생을 안다. → 격식체.]

I drove straight to the hotel { **which** / **that** } she was staying ***at***.

~ I drove straight to the hotel ***at*** **which** she was staying.

[나는 그녀가 묵고 있는 호텔로 곧장 차를 몰고 갔다.]

2) 전치사가 어느 하나의 위치에만 놓이기도 한다. 예컨대, 목적격 관계대명사로서 that이 쓰이거나, 또는 that, whom, 또는 which가 생략되면 전치사는 반드시 좌초되어 본래 놓여 있는 그 위치에 그대로 놓이게 된다.

This used to be a quiet beach **that few people knew *about***.

---

24 전치사의 좌초에 대해서는 14.8.(→ pgs. 198-203) 참조.

[이곳은 아는 사람이 거의 없는 조용한 해변 지역이었다. → *... about that few people knew라고 할 수 없음.]

This is the book I was telling you *about*.

[이것이 내가 말하던 그 책이다 → 선행사 the book 다음에 관계대명사 that 또는 which가 생략되었기 때문에 전치사가 좌초되어 본래의 위치에만 놓여야 함.]

Is this the woman you gave my address *to*?

[이 분이 네가 나의 주소를 전해 준 그 여자인가? → 선행사 the woman 다음에 관계대명사로서 that 또는 who(m)가 생략되어 전치사가 좌초되어 본래의 위치에만 놓여야 함.]

I've checked the kitchen and made a list of the things we're *out of*.

[나는 부엌을 점검하고 떨어진 물건 목록을 작성했다. → 선행사 the things 다음에 관계대명사가 생략되었으며, 따라서 전치사가 본래의 위치에 놓여 있음.]

관계대명사가 전치사의 목적어인 경우, 전치사가 자신이 지배하는 목적어와의 관계가 보다 밀접하다고 여겨지게 되면 대개 관계대명사 앞으로 이동하게 된다. 예컨대 전치사가 관계대명사보다 절 안에 있는 동사나 다른 단어와의 관계가 보다 긴밀하다고 느껴지게 되면 그 전치사는 좌초되어 본래의 위치에 놓이는 것이 보다 자연스럽다고 하겠다.[25]

A sentence is the largest unit of grammatical organization *within* **which parts of speech and grammatical classes are said to function**.

[문장이란 그 안에서 품사와 문법적인 부류가 어떤 기능을 담당한다고 하는 가장 큰 단위의 문법적인 조직체이다. → 전치사 within은 관계사절에서 맨 마지막 위치에 있는 동사 function보다 전치사 바로 다음에 놓인 관계대명사와 관계가 더 긴밀하기 때문에 관계대명사 앞에 놓여 있음.]

The rate *at* **which a material heats up** depends on its chemical composition.

[물질이 가열되는 속도는 그 물질을 이루는 화학적 합성물에 따라 다르다. → 전치사 at이 관계사절의 마지막에 놓여 the rate which a material heats up *at* ...이라고 하게 되면 어색할 것으로 여겨짐.]

The conditions *under* **which omission is prohibited** are not the same in the two cases.

[그 두 가지 경우에 생략이 허용되지 않는 조건이 같지 않다. → 관계대명사 앞에 놓여 있는

---

25 Jespersen (1927: 185).

전치사 under가 절의 맨 마지막 위치인 prohibited 다음에 놓이게 되면 어색하게 여겨짐.]
Her many friends, ***among* whom I like to be considered**, gave her encouragement.

[내가 고려의 대상에 속했으면 하는 그녀의 많은 친구들이 그녀를 격려해 주었다.]

His house, ***for* which he paid £10,000**, is now worth £50,000.

[10,000 파운드를 지불한 그의 집이 지금은 50,000 파운드의 가치가 있다. → = His house, which he paid £10,000 **for**, ..라고 하여 전치사 for가 원래의 위치에 놓이게 되면 어색한 문장으로 여겨짐.]

관계사절의 동사로서 예컨대 come **across**, fill **in**, look **after**, take **on** 따위와 같은 전치사를 수반한 동사(prepositional verbs)가 쓰이는 경우에 전치사가 관계대명사 앞으로 이동하게 되면 전달하고자 하는 관계사절의 뜻이 선명하게 드러나지 않을 수도 있다.[26] 예컨대 다음의 첫 문장을 예로 들자면, 여기서 전치사 across를 관계대명사 앞으로 이동시켜 **across* **which** a local farmer came in a field가 되면 무슨 뜻인지 이해하지 못하게 될 것이다.

The Roman coins, **which a local farmer came *across*** in a field, are now on display in the National Museum.

---

26 **10.2₂** We shall now first consider those cases in which the preposition is naturally placed at the end of the clause, because it is felt to be less intimately connected with the relative than with some verb or other word in the clause; very often the two form together a set, composite phrase. Therefore end-position is frequent or even necessary in combinations like:

a thing which he *is fond of*
  longs for
  is possessed of
  delights in
  takes care of
  has always wondered at
  has recourse to
  makes use of
  has often comes across
  takes advantage of, etc.

— Jespersen (1927: 185).

[어느 지방의 한 농부가 우연히 밭에서 주운 로마 동전이 지금 국립 박물관에서 전시 중이다. → 전치사 across가 관계대명사 앞으로 이동하게 되면 전혀 뜻이 통하지 않게 됨.]

The house **which the thieves broke *into*** is owned by Peter Brown.
[그 도둑놈들이 침입한 그 집은 피터 브라운의 소유이다.]

She was a girl **(that) you would never have thought *of***.
[그녀는 네가 생각해 본 적이 없었을 아가씨였다.]

그러나 the girl ***with* whom he broke**(그가 헤어진 여자)는 the girl **whom he broke *with***라고 하더라도 얼른 뜻을 이해할 수 있기 때문에 전치사가 어디에 놓이더라도 문제가 되지 않는다.

또한 do away with, make up to, sit in on, get away with 따위와 같은 전치사를 수반한 구동사(prepositional phrasal verbs)에서 마지막에 놓인 전치사가 관계대명사 앞으로 이동하게 되면 이들이 갖는 본래의 뜻을 바르게 이해할 수 없기 때문에 전치사는 항상 좌초되어 관계사절에서 본래의 위치에 놓여야 한다.

The only relatives **who I'd like to do away *with*** are my aunts.
[내가 없이 지내고 싶은 유일한 친척은 나의 고모들이다. → *... ***with* whom I'd like to do away** ...의 경우처럼 전치사가 관계대명사 앞으로 이동될 수 없음.]

The boy **who she is trying to make up *to*** now is at college.
[그녀가 지금 구애하려고 애쓰고 있는 그 남자는 대학생이다. → 전치사 to가 관계대명사 앞으로 이동하여 the boy ***to* whom** she is ... **to make up**이라고 하면 뜻을 이해하기가 어려움.]

that meeting **which I'd like to sit in *on***
[내가 참가하고 싶은 그 회의 → 전치사 on이 관계대명사 앞으로 이동한 *the meeting ***on* which** I'd like to **sit in**이라고 할 수 없음.]

다음과 같은 전치사들은 대개 관계사절에서 마지막 위치에 놓이지 못하고 관계대명사 앞으로 이동한다.

around, beside, beyond, concerning, despite, down, during, except, near, inside, opposite, outside, regarding, round, since, up

A lot of tourists were staring at the slope *down/up* **which the man was climbing**.

[많은 관광객들이 그 남자가 기어 내려오는/올라가는 경사지를 바라보고 있었다.]

That was the meeting *during* **which I kept falling asleep**.

[그것은 내가 내내 잠들었던 회의였다.]

The knight suddenly opened the door *outside* **which the jester was listening**.

[갑자기 그 기사는 문지기가 밖에서 듣고 있는 문을 열었다.]

전치사구가 양태를 나타내는 것이면 전치사는 관계대명사 앞에만 놓인다.

The manner *in* **which he spoke** was shocking.

[그가 말하는 태도는 충격적이었다.]

The tenacity *with* **which he followed the scent** was remarkable.

[그가 그 향기를 쫓아가는 끈질김이란 놀라울 정도였다.]

17.5. 관계대명사의 종류

선행사를 수식하는 관계사절을 이끄는 관계대명사에는 who/whose/whom, that, 그리고 which가 있다. 이들 관계대명사는 선행사가 어떤 유형에 해당되는 것이냐, 그리고 관계사절 안에서 담당하는 문법적인 기능이 무엇이냐에 따라 선택이 달라진다.

	주격	속격	목적격
사람	who	whose	whom
사람·사물	which	whose/ of which	which
사람·동물·사물	that	—	that

17.5.1. who, whose, whom

1) who, whose, whom은 선행사가 사람을 가리키며, 제한적 관계사절이나 비제한적 관계사절 중 어느 경우에도 사용된다.

who는 동사에 대한 주어일 때 사용되는 주격 관계대명사이다.

Christ had *12 apostles* **who** spread the word of Christianity.
 [예수는 기독교의 복음을 전파하는 열두 제자를 두고 있었다.]
A money gift is particularly welcome to *people* **who** are chronically short of funds, such as university students working their way through school.
 [돈 선물은 고학하는 대학생들처럼 항상 돈이 모자라는 사람들에게는 특히 환영을 받는다.]
A scientific study published here Wednesday sheds light on why *men* **who** eat a lot of broccoli are less likely to develop prostate cancer.
— Washington (AFP).
 [수요일에 이곳에서 발표된 한 과학적 연구 결과는 브로콜리를 많이 먹는 사람들은 전립선 암에 걸릴 가능성이 더 적은 이유를 밝혀주고 있다.]

타동사나 전치사의 목적어일 때에는 목적격 관계대명사 whom이 쓰인다. 그러나 이러한 역할을 할지라도 격식을 갖추지 않는 경우이거나, 전치사 바로 다음에 놓이는 경우가 아니면 대개 whom 대신에 who가 쓰인다.

He has married *someone* **whom** I really do not like.
 [그는 정말로 내 마음에 들지 않는 사람과 결혼했다. → like의 목적어로서 목적격 관계대명사 whom을 쓴 것은 격식적이며, 이 대신에 who를 쓸 수 있음.]
The *woman* **who** I marry will have a good sense of humor.
 [내가 결혼하는 그 여자는 유머 감각이 좋을 것이다. → marry의 목적어로 목적격 관계대명사 whom 대신에 who가 쓰였음.]
Frank is a *guy* **who** you can always count on.
 [프랭크는 네가 언제라도 신뢰할 수 있는 사람이다. → 전치사 on과 이에 대한 목적어가 서로 떨어져 있기 때문에 목적격 whom 대신에 주격 who를 쓸 수 있음.]
The *girl* **who** I gave the message to is not here.
 [내가 메시지를 전달한 그 소녀는 여기에 없다. → 전치사 to의 목적어 whom 대신에 who가 쓰이고 있음.]

주격보어나 목적보어 역할을 하는 것으로서, 선행사가 특정한 사람 바로 그 자신을 가리키는 것이 아니라, 그 사람이 갖는 자질이나 특성 등 그 사람과 관련된 부수적인 사항을 나타내고자 하는 경우에는 who가 쓰이지 않고, that이나 which가 쓰인다.

He is not ***the athlete*** { that / *who } he was when he was at college.
    [그는 대학 시절에 보여주었던 그런 운동선수가 아니다. → 대학 시절과 다른 면모를 보여주는 운동선수라는 뜻임.]

You are not ***the girl*** **which** I thought you to be.
    [너는 내가 생각했던 그런 소녀가 아니다. → 사람 그 자체를 가리키는 것이 아니라, 그 사람의 성품 등을 나타내는 것이기 때문에 관계대명사로서 which가 쓰이고 있음.]

I was not ***the person*** they all thought I was.
    [나는 그들 모두 생각하는 그런 사람이 아니었다. → 선행사 다음에 관계대명사가 생략되었지만, 만약 쓰인다면 that 또는 which가 쓰일 것임.]

2) whose는 **Whose** is this?, **Whose coat** is this?의 경우에서처럼 의문사로 쓰일 경우에는 대명사나 한정사로 쓰인다. 그러나 관계사로 쓰일 때 whose는 대명사 역할을 하지 않고, 반드시 바로 다음에 명사를 수반하여 그 명사의 지시 범위를 한정하는 역할을 하는 것이기 때문에 관계한정사(relative determiner)라고 불리게 된다. 이것은 특히 문어영어에서 어떤 사람에 속하거나 그 사람과 관련된 어떤 것에 대하여 말할 때 쓰이는 것이다.

The dictionary is especially intended for people **whose native tongue** is not English.
    [이 사전은 특히 영어가 모국어가 아닌 사람들을 위한 것이다. → whose는 관계한정사로서 다음에 놓인 명사어구 native tongue의 지시 범위를 구체적으로 밝혀주고 있음.]

The girl **whose handbag** was snatched away is suffering from shock.
    [손가방을 날치기당한 그 처녀는 지금 충격으로 고통에서 벗어나지 못하고 있다.]

때로는 다음과 같은 문장에서처럼 무생물이 선행사로 쓰인 경우에도 whose가 쓰인다.

The others were playing a game **whose rules** I couldn't understand.
    [다른 사람들은 내가 이해할 수 없는 규칙으로 하는 게임을 하고 있었다.]

I found an old coin **whose date** has become worn and illegible.
    [나는 그 연대가 닳아져서 읽을 수 없게 된 옛날 동전을 하나 주웠다.]

특히 선행사가 사물을 가리키는 명사구일 때도 whose를 사용함으로써 화자/필자로 하여금 다음과 같은 보다 어색한 표현을 피할 수 있게 해주는 이점이 있다.

I found an old coin **the date** $\left\{\begin{array}{c}\text{of}\\\text{on}\end{array}\right\}$ **which** has become worn and illegible.

17.5.2. that

1) that은 항상 제한적 관계사절에만 쓰이며, 선행사는 사람이든 사물이든 어떤 것일지라도 허용된다. 또한 이것이 한정사로는 쓰이지 않는다.

I thanked $\left\{\begin{array}{l}\text{*the woman, that}\\\text{the woman that}\end{array}\right\}$ helped me.

[나는 나를 도와준 그 여인에게 고마움을 표했다. → that은 비제한적 관계사절에 쓰이지 못함.]

특히 선행사로는 어떤 것이라도 허용되기 때문에 다음과 같이 인간과 비인간이 한꺼번에 선행사로 나타나는 경우에도 that이 쓰인다.

He seemed fascinated by *the soldiers, horses* and *cannon* **that** filled the valley.
[그는 계곡을 가득 메운 군인, 말 그리고 대포에 매혹된 것 같았다.]

2) 선행사가 사람일 때, 특히 다음에 열거된 유형의 단어들이 선행사일 때에는 who보다 that을 선호하는 경향이 있다.
(1) last나 only, 또는 서수를 포함하여 최상급이 선행사에 포함되어 있을 때:

He was *the finest scholar* **that** Dr. Fleming remembered.
[그는 프레밍 박사가 기억하는 가장 훌륭한 학자였다.]

(2) any, some, few, none, no one 따위와 같은 부정대명사, 또는 한정사에 -body/-one 이 수반된 이들의 복합어가 선행사일 때:

No one $\left\{\begin{array}{c}\text{that}\\\text{(who)}\end{array}\right\}$ has seen these pictures will ever forget them.
[이 그림을 본 사람은 어느 누구도 이 그림을 절대로 잊지 않을 것이다.]

The inhabitants of the village are forbidden to leave their houses after 7 p.m. ***Any* that** ignore the curfew risk being shot.

[그 마을 주민들은 오후 7시 이후에 집밖 외출이 금지되어 있어서, 통행금지를 무시하는 사람은 누구든지 충격을 받을 위험이 있다.]

There is $\left\{\begin{array}{l}\textit{none}\\\textit{no one}\end{array}\right\}$ **that** can help me.

[나를 도와줄 사람이 아무도 없다.]

(3) 한정사 all 다음에:

***All the students* that** come late will be punished.

[지각하는 학생들은 모두 벌 받게 될 것이다.]

그러나 all이 대명사로서 선행사 역할을 할 경우에는 who가 더 많이 쓰인다.

A free ticket was given to ***all* who** asked for one.

[표를 요청한 사람들은 모두 공짜 표를 받았다.]

3) 선행사가 사람이 아닌 다음과 같은 경우에는 전치사 바로 다음의 경우가 아니면 which가 전혀 쓰이지 않거나 잘 쓰이지 않는다.

(1) last, only 및 서수를 포함하여 최상급 다음에서:

This is ***the worst article* that** has ever been published in this journal.

[이것은 여지껏 이 잡지에 실렸던 것 중에서 가장 형편없는 논문이다.]

***The first thing* that** man needed was some sharp-edged instrument.

[인간이 최초로 필요한 물건은 끝이 예리한 도구였다.]

***The only thing* that** you have to do is apologize to the teacher.

[네가 해야 할 일이라고는 선생님께 잘못했다고 사과하는 것뿐이다.]

(2) all, any(thing), every(thing), few, little, much, many, no(thing), none, some 따위와 같은 부정대명사나 한정사로서 선행사에 첨가되어 있는 경우에는 대개 which가 쓰이지 않는다. 그러나 some(thing)이 선행사일 경우에는 which도 쓸 수 있지만, that을 더 선

호하는 편이다.

All **that** remains for me to do is to say goodbye.
[내가 해야 할 일은 작별 인사를 하는 것뿐이다.]
Everything **that** can be done has been done.
[할 수 있는 모든 일들이 다 이루어졌다.]
This is *something* **(that)** I had never expected.
[이것은 내가 예상치 못했었던 것이다.]
There are *few books* **that** I have read twice.
[내가 두 번 읽은 책은 별로 없다.]
He sat taking notes of *everything* **that** was said.
[그는 듣는 말을 모두 노트하면서 앉아 있었다.]

17.5.3. which

1) which는 선행사가 사람이 아닐 때, 제한적 관계사절과 비제한적 관계사절을 이끄는데 쓰인다.

Barley is one of *those grains* **which** can clear cholesterol from the blood.
[보리는 혈액 속에 있는 콜레스테롤을 제거할 수 있는 곡물 중의 하나이다.]
We do not envy *a good fortune* **which** we conceive as quite hopelessly out of our reach.
[우리는 전혀 이룰 수 없을 것으로 생각되는 행운을 부러워하지 않는다.]
The house at the end of the street, **which** has been empty for two years, has just been sold.
[2년 동안 빈 채로 두었던 그 길 끝에 있는 그 집이 이제 방금 팔렸다.]
Ozone is a poisonous gas found in parts of the earth's atmosphere, **which** is a form of oxygen.
[오존은 지구의 상층 대기권의 일부 지역에 있는 독성 가스인데, 이것은 산소의 한 가지 유형이다.]

baby, child, infant 따위와 같은 명사가 선행사일 경우에는 이들이 인격 발달이 아직 덜

되어 있다고 생각한 나머지 중성명사로 취급되어 그 지시 대상을 it으로 가리키는 경우[27]에는 which가 관계대명사로 쓰인다. 그렇지만 이들의 부모와 형제자매들은 일반적으로 이들을 인격체로 인정하고, 성에 따라 남성명사나 여성명사로 취급하기 때문에 who를 사용한다.

> Which is *the baby* which suffers from hemophilia?
> [혈우병(血友病)을 앓고 있는 아기가 어느 아기인가?]
> This is *the baby* which needs inoculation.
> [이 아기는 접종을 받아야 할 아기이다.]
> *The child* who says 'I've finished my homework' is probably asking to be allowed to go out to play now.
> ['숙제 다 했어요'라고 말하는 어린이는 이제 나가서 놀라고 하는 말을 요구하는 것과 같다.]

2) 관계한정사 역할을 할 경우에 which는 반드시 비제한적으로만 쓰이는데, 아주 격식적인 영어에서 이렇게 쓰인다. 이런 경우에 which가 앞서 나온 내용을 되풀이하는 일반적인 명사를 수반하는데, 예컨대 in which case, at which point 따위와 같은 예에서처럼 이 앞에 주로 전치사가 놓인다.

> She may be late, **in which case** we ought to wait for her.
> [그녀가 늦을지도 몰라. 그럴 경우에 우리는 기다려야 해.]
> After the war he went to Rome, **in which city** he lived for three years before moving to Paris.
> [전쟁이 끝난 후 그는 로마로 갔는데, 그 도시에서 그는 파리로 이사가기 전에 3년 동안 살았다.]
> He spoke in Greek, **which language** I could only follow with difficulty.
> [그는 희랍어로 말했는데, 그 언어를 나는 겨우 이해할 수 있을 따름이었다.]
> He suggested selling the house, **which idea** shocked his parents.
> [그는 그 집을 팔겠다고 내놓았는데, 그 생각이 그의 부모님들에게 충격을 주었다.]

17.5.4. 유사 관계대명사

이상과 같은 관계대명사 이외에 as와 but이 특정한 환경에서는 관계대명사로 쓰이는데,

---

27 이에 대해서는 본서 제1권 "1.7. 성" 참조.

우리는 이것을 흔히 유사 관계대명사라고 부른다.

17.5.4.1. as

유사 관계대명사로서의 as는 제한적 관계사절에서 선행사가 the same ...이나 such ...와 같은 한정사를 수반할 때 이들과 '상관적'(correlative)으로 쓰인다. 즉, the same ... as와 such ... as처럼 쓰이는데, 이런 구조에서 as는 위에서 본 관계대명사와 마찬가지로 주어·목적어·보어 역할을 한다.

Alexander performed *such deeds* **as** had never been seen in the world before.
　[알렉산더는 전에 이 세상에서 보인 적이 없었던 그러한 행동을 보여주었다. → as는 had never been seen에 대한 주어 역할을 하는 유사 관계대명사.]

He arranged his books and hung on the walls *such pictures* **as** he possessed.
　[그는 자신의 책들을 정돈하고 자기가 갖고 있는 그런 그림들을 벽에 걸었다. → as는 possessed의 목적어 역할을 하는 유사 관계대명사.]

Bees like *the same odors* **as** we do.
　[벌들은 우리가 좋아하는 것과 같은 냄새를 좋아한다. → as는 do의 목적어 역할을 하는 유사 관계대명사.]

I am not *such a coward* **as** you are.
　[나는 너와 같은 그런 겁쟁이가 아니다. → as는 are에 대한 주격보어 역할을 하는 유사 관계대명사.]

John is just *the same* **as** he used to be five years ago.
　[존은 5년 전의 바로 그 사람이다. → as는 be에 대한 주격보어 역할을 하는 유사 관계대명사.]

He is not *such a good person* **as** you think him.
　[그는 네가 생각하는 것처럼 그렇게 좋은 사람은 아니다. → 목적보어.]

that과 마찬가지로, as도 전치사 바로 다음에 올 수 없다.

This is *the same book* **as** I told you **about** last week.
　[이것은 지난주에 내가 말한 것과 같은 책이다. → *about as ...처럼 쓰이지 않음.]

the same ... as에서 as 대신 that을 사용한 the same ... that은 '바로 그...'라는 뜻을 나타내며, 또한 선행사가 사람이면 that 대신에 who를 사용할 수 있다.

That's ***the same man*** { **that** / **who** } asked me for money yesterday.
[저 사람이 어제 나에게 돈을 달라고 요구한 바로 그 사람이다.]
When we go home and tell people that the actors and dancers are ***the same people*** who bring your dinner to your table, they just won't believe it.
— Gladys Doty & Janet Ross. *Language and Life in the U.S.A.*
[우리가 고향으로 돌아가서 사람들에게 배우와 무희들이 식탁에 저녁 식사를 나르는 바로 그 사람들이라고 말하면 그들은 이 말을 전혀 믿지 않을 것이다.]

17.5.4.2. but

또 다른 유사 관계대명사 but은 문어체나 격식적인 문장체에서만 사용되는 것으로, 선행사가 내포된 주절에 no, not, 또는 never와 같은 부정어가 들어 있는 경우에 한정된다. 이런 경우에 but은 선행사에 따라 that ... not 또는 who ... not으로 풀어 쓸 수 있다.

There is ***no man*** **but** feels pity for starving children.
(= There is no man { **that** / **who** } does **not** feel pity for starving children.)
[굶주린 아이들에게 측은한 생각이 들지 않는 사람은 아무도 없다.]
There is ***not one of us*** **but** wishes to help you.
[우리들 중에는 너를 도와주고 싶지 않은 사람은 한 사람도 없다.]
There is ***no rule*** **but** has exceptions.
(= There is no rule **that** does **not** have exceptions.)
[예외 없는 규칙이란 없다.]

이러한 구조를 가진 문장에서 but이 관계대명사의 하나로 간주되는 이유는, 이것이 관계사절에서 주어 역할을 하는 것이 명백하기 때문이다.[28]

---

[28] The reason why *but* is treated as a relative pronoun is that it is apparently the S of the relative clause (since there is no other element that fulfills this function). — Declerck (1991: 547).

17.6. 관계사절의 축약

17.6.1. 제한적 관계사절

관계사절이 정형절(→ 18.2 참조) 형식으로 나타나는가 하면, 주격 관계대명사와 be 동사가 생략됨으로써 관계사절이 '축약'(縮約: reduction)되어 비정형절이나 무동사절 형식으로 나타나기도 한다. 다시 말하자면, (20a)에서처럼 관계대명사가 이끄는 절에서 관계대명사가 주격 형태이고, 그 다음에 be 동사가 놓여 있으면 (20b)에서처럼 주격 관계대명사와 be 동사가 동시에 생략됨으로써 관계사절이 여러 가지 구조로 축약될 수 있다는 것이다.[29]

(20) a. *The man* **who was sitting next to me** had blood on his shirt.
b. *The man* **sitting next to me** had blood on his shirt.
[내 곁에 앉아 있던 그 분은 셔츠에 피가 묻어 있었다.]

그렇지만 주격 관계대명사 다음에 놓인 be 동사의 생략에는 어느 정도 제약이 뒤따른다. 즉, 생략된 be 동사가 원래 어떤 형태였느냐 하는 것은 문맥에 의해 결정될 수 있는 것이라야 한다. (21a-d)의 경우를 보기로 하자.

(21) a. I am teaching a class of **highly intelligent students**.
[나는 상당히 똑똑한 학급 학생들을 가르치고 있다.]
b. I am teaching a class of students **who *are* highly intelligent**.
c. I am teaching a class of students **who *were* highly intelligent**.
d. I am teaching a class of student **who *will* be highly intelligent**.

(21a)는 (21b)에 대한 변이형(variant)이라고 할 수는 있지만, 결코 (21c)나 (21d)에서 나온 것은 아니다. 왜냐하면 상위절의 동사가 현재시제형일 때 관계사절에서 예상되는 be 동사

---

29 관계대명사와 be 동사가 생략되어 축약되는 현상을 'whiz deletion'이라 한다. 여기서 wh-는 관계사의 앞 글자를 뜻하고, -iz는 is를 소리나는대로 나타낸 것이다: There is also a transformation that deletes a relative pronoun or particle together with any form of the verb *be*. Since, as John R. Ross has observed, relative pronouns generally begin with the letters *wh,* and since *is* (pronounced as if it were spelled *iz*) is a common form of the verb *be,* we may refer to this rule conveniently as "whiz" deletion. — Langendoen (1970: 145). See also Barry (1997: 209).

의 형태가 현재시제형이기 때문이다. 결코 이 이외의 동사 형태가 나타날 것으로는 기대할 수 없다. 다음은 주격 관계대명사와 be 동사가 생략되어 관계사절이 축약된 결과 명사구 다음에 현재분사와 과거분사가 이끄는 절 형태이다.[30]

The man **talking to John** is from Korea.
[존과 대화를 나누고 있는 그 사람은 한국에서 온 분이다. → 현재분사절.]
The ideas **presented in that book** are interesting.
[그 책에 제시된 내용들은 재미있다. → 과거분사절.]
Debbie only drinks *juice* **made from** *fresh fruit* **grown organically**.
[데비는 유기농으로 재배한 싱싱한 과일로 만든 주스만 마신다. → 과거분사절.]

다음은 주격 관계대명사와 be 동사가 생략된 결과 관계사절에서 남아 있는 부분이 전치사구나 부사구, 또는 형용사구로 나타나는 예이다.

The coat **on the chair** is wet.
[의자에 있는 그 코트는 젖어 있다. → on the chair: 전치사구.]
We must reach out to *those* **in need**.
[우리는 도움이 필요한 사람들에게 도움을 아끼지 말아야 합니다. → in need: 전치사구.]
Everyone **there** enjoyed the party.
[그곳에 참석한 모든 사람들이 파티를 즐겼다. → there: 부사구.]
Many brides wear *something* **blue**.
[많은 신부들이 파란 것을 입는다. → blue: 형용사구.]

---

30 자동사의 과거분사는 결코 수동적인 뜻을 갖지 않는다. 그러므로 다음 문장 [1]의 관계사절에 대응하는 -ed 후치수식어는 없다.
 The train *which has arrived at platform 1* is from New York. [1]
 ?*The train *arrived at platform 1* is from New York.
이에 대한 예외로서, -ed 분사 바로 앞에 특정한 부사가 있는 경우에는 자동사의 -ed 분사가 앞에 놓인 명사를 수식할 수 있다.
 The train *recently arrived at platform 1* is from New York.
 A man { *just gone to India* / *come from the meeting* } told me about it.

그러나 The police arrested ***the students*** in the park.(경찰은 공원에 있는 그 학생들을 체포했다./경찰은 공원에서 그 학생들을 체포했다.)와 같은 문장은 뜻이 애매하다. 즉, 이 문장에서 the students와 in the park 사이에 who were가 생략되고 전치사구 in the park가 바로 앞에 놓인 명사구 the students를 수식하는 것인지, 아니면 생략이 이루어지지 않고 원래 동사 arrested를 수식하는 부사적인 역할을 하는 전치사구인지 애매하다. 그러므로 이 문장은 다음과 같은 두 개의 의문문 중 어느 하나에 대한 대답일 수 있다.

Where did the police arrest the students?
Which students did the police arrest?

반면에, He knows ***the man*** at the door.(그는 문간에 있는 사람을 안다.)는 외형적으로는 방금 위에서 본 문장과 같음에도 불구하고 전혀 애매하지 않다. 즉, 이 문장은 the man과 at the door 사이에 who is가 생략된 결과라고 보아야 할 것이다. 만약 이 문장을 ... the man who is at the door에서 who is가 생략된 결과로 생긴 것이 아니라, 원래 at the door가 동사 knows를 수식하는 것이라고 보면 전혀 뜻이 통하지 않게 된다. 그러므로 이 두 개의 문장을 비교해 보면 이런 문장에서 생길 수 있는 애매성은 문장이 나타낼 수 있는 가능한 의미상의 차이에서 오는 것이지, 결코 외형상의 구조에서 비롯되는 것이 아니다.

17.6.2. 상태동사의 분사형

관계대명사와 be 동사가 생략됨으로써 관계사절이 축약되는 경우와 달리, 예컨대 a compound **containing** the elements hydrogen and oxygen의 경우에는 containing 앞에 주격 관계대명사와 be 동사가 생략된 것이 아니다. 왜냐하면 contain을 비롯하여 cost, equal, measure, resemble, weigh 따위와 같은 동사들은 시작과 끝을 나타낼 수 없는 상태동사로서 진행형의 형태로 나타날 수 없기 때문이다. 물론 외형적으로 보면 이러한 구조는 주격 관계대명사가 생략되고 다음에 놓인 상태동사를 분사 형용사로 바꿔서 축약된 것처럼 보인다.[31]

---

31 (52) b. That man *standing over* there knows the Prime Minister
   (53) b. The bills *passed by the House yesterday* died in the Senate.
   (54) b. Senators *familiar with details of the proposal* believe that it has a good chance of passing.

Water is a compound $\begin{Bmatrix} \text{which contains} \\ \text{*which is containing} \end{Bmatrix}$ the elements hydrogen and oxygen.

→ Water is *a compound* **containing** the elements hydrogen and oxygen.

[물은 수소와 산소라는 요소들이 들어 있는 복합물이다.]

Anyone <u>wishing</u> to leave early **may do so**.
   (= who wishes)

[일찍 떠나고 싶은 사람은 그렇게 해도 좋다.]

Anyone <u>knowing</u> anything about the crime is asked to communicate with
   (= who knows)
the police.

[그 범죄에 대하여 어떤 것이라도 알고 있는 사람은 경찰에 연락해 주시오.]

English has ***an alphabet*** **consisting of** 26 letters.

[영어는 26개의 문자로 이루어진 철자를 갖고 있다.]

People **living** in poverty have as much drive and creativity to succeed as anyone else.

[가난하게 사는 사람들도 다른 어떤 사람에 못지않게 성공하려고 하는 많은 충동과 창의성을 갖고 있다.]

또한 동작을 나타내는 동사일지라도 그것이 관계대명사를 생략하고 난 다음에 형용사 역

---

(55) b. He is considered to be a prophet *descended from heaven*.

As we saw in Chapter 16, present participles of stative verbs (*cost, equal, measure, resemble, weigh*, etc.) do not normally appear in the progressive aspect. However, sequences beginning with the present participle form of stative verbs often appear after nouns, as in (56). These sequences appear to be reduced relative clauses like those previously discussed: their missing subject always corresponds to the head noun they modify, and they always have the same meaning as a relative clause with the same verbs in a tensed form (e.g., [56] has the same meaning as *A woman who resembles your wife is sitting in front of me*).

(56) A woman *resembling your wife* is sitting in front of me.

Clearly, we would not want to say that *resembling your wife* in (56) arises from the application of the same reduction rule that produces the (b) versions in (52) through (55). If we did, we would be claiming that (56) is a reduced version of the ungrammatical sentence **A woman who is resembling your wife is sitting in front of me*. Nonetheless, as we've just seen, syntactic and semantic evidence seems to argue for such an analysis. — Cowan (2008: 432).

할을 하는 현재분사형으로 바뀌어 앞에 놓인 명사를 수식할 수 있으려면 그 동사가 나타내는 뜻이 '이미 끝난 일회에 한정된 행위'를 나타내는 것이 아니라, '반복되는 행위'(repeated action)를 나타내고 있어야만 한다. 다음의 복합 명사구 (22a, b)와 (23a, b)를 보기로 하자.

(22) a. the gang **who stole the jewels**
　　　　[보석을 훔친 그 강도(들)]
　　b. → *the gang **stealing the jewels**
(23) a. people **who travel into London**
　　　　[런던으로 여행가는 사람들]
　　b. → people **travelling into London**

(22a)는 오로지 일회에 한정된 행위를 나타내고 있기 때문에 (22b)에서처럼 관계사절을 축약시킬 수 없지만, (23a)는 (23b)에서와 같이 관계사절을 축약시킬 수 있다.³² 즉, (23a)는 어느 한 차례의 여행을 뜻하는 것이 아니라, 반복적으로 이루어지는 여행과 관련된 뜻을 나타내는 것이기 때문에 축약이 가능한 것이다.

17.6.3. 형용사의 전치

관계사절 구조에서 주격 관계대명사와 be 동사가 생략되어 절이 축약되었을 때 (24b)에서처럼 축약된 절에 오로지 형용사가 단독으로 남아 있게 되는 경우, 그 형용사는 (24c)에서와 같이 반드시 선행사인 명사 앞으로 '전치'(前置: fronting, preposing)되어야 한다. 그리고 (25b)에서처럼 관계사절이 축약되고 난 후 남아 있는 요소가 형용사 (분사 형용사를 포함하여)와 이 형용사의 뜻을 강화시켜 주는 부사뿐일 경우에도 (25b)에서와 같이 이들이 수식받는 선행사인 명사 앞으로 함께 전치되어야 한다.³³

32　We can sometimes use the active participle for a repeated action.
　　*People **travelling** into London every day are used to the hold-ups.*
　　(= people who travel into London every day)
　　But we do not normally use the active participle for a single complete action.
　　*The man **who escaped** from prison is said to be dangerous.*
　　(NOT ~~The man escaping from prison is said to be dangerous.~~)
　　— Eastwood (2005: 382).
33　If, upon application of whiz deletion, all that is left of the original relative clause is an

(24) a. ***The chairperson** **who is old*** is still vigorous.

   b. *****The chairperson** **old*** is still vigorous.

   c. The **old** *chairperson* is still vigorous.

     [나이 많은 그 의장은 아직도 원기 왕성하다. → (24c)는 (24a)에서 who is가 생략되고 난 다음에 형용사 old가 명사 앞으로 전치되어 이루어진 것임.]

(25) a. John just met ***a girl** **who is extremely ravishing***.

   b. John just met ***an extremely ravishing** **girl***.

     [존이 방금 무척 아름다운 소녀를 만났다.]

Mia has ***a son** **who is extremely handsome***.

→ Mia has ***an extremely handsome** **son***.

  [미아에게는 아주 잘 생긴 아들이 있다.]

$\left\{ \begin{array}{l} \textbf{A beggar richly dressed} \\ \textbf{A richly dressed beggar} \end{array} \right\}$ is suspicious.

  [화려한 옷을 입은 거지는 의심을 받는다.]

그러나 수식받는 선행사가 someone, anyone, something 등 부정대명사이면 이상과 같은 요소들이 전치되지 않는다. 그러므로 something that is special에서 that is가 생략되더라도 special이 전치되어 ***special** something이라 하지 않고, 항상 something **special**처럼 형용사가 후치된다.

  something that is unique and specialized

  → *something* unique and specialized

  → *unique and specialized something

    [유일하고 전문화된 것]

17.6.4. 부정사절이 포함된 관계사절

명사 또는 대명사가 다음에 놓인 부정사절의 목적어일 때 대개 관계대명사가 쓰이지 않는다. 예컨대 다음 문장에서 부정사절의 수식을 받고 있는 대명사는 부정사절의 동사 invite

---

  adjective, or an adjective preceded by its modifiers, then the adjective, together with its modifiers, is moved in front of the noun modified. We call the rule that accomplishes this the adjective-preposing transformation. — Langendoen (1970: 145).

의 목적어이다.

    I can't think of <u>anybody to invite</u>.
              (NOT ... ~~anybody whom to invite~~)
      [나는 초대할 어느 누구도 생각나지 않는다.]

이처럼 부정사절이 내포된 관계사절 구조에서는 필요에 따라 부정사절 자체의 주어가 뚜렷이 나타날 수도 있다.

    a book **to give to Alice** ~ a book *for you* **to give to Alice**
                  [네가 앨리스에게 줄 책]
    a bench **to sit on** ~ a bench *for you* **to sit on**
            [네가 앉을 벤치]

그러나 a good instrument **to measure vibration** *with*에서처럼 부정사절에 적절한 전치사를 가질 수 있는 구조는 다음과 같은 예에서처럼 그 전치사가 관계대명사 앞으로 이동하고, 이 다음에 부정사절이 포함된 구조로 나타낼 수 있다.

    This is a good instrument **with which to measure vibration**.
      [이것은 진동을 측정할 수 있는 좋은 기구이다.]
    She is not a person **on whom to rely**.
      [그녀는 신뢰할만한 사람이 아니다.]
    John is not the right person **in whom to confide**.
      [존은 믿을만한 사람이 아니다.]

전치사가 전치되는 경우에만 관계대명사가 사용되는 이러한 구조[34]는 격식적인 영어에서 볼 수 있는 것이다. 반면에 비격식적인 영어에서는 전치사가 부정사절에서 동사 다음의 위치에 놓이고, 관계대명사는 나타나지 않는다. 그러므로 a refrigerator **in which to put the beer**는 a refrigerator **to put the beer in**으로 바꿔 쓸 수 있게 된다.

특히 이러한 구조로 나타나는 관계사절에 포함된 부정사절에는 그 자체의 주어가 나타나

---

34   Cowan (2008: 434).

지 않는다. 그러므로 부정사절의 주어가 나타나 있는 다음과 같은 두 가지 구조는 모두 문법에 어긋난다.35

*a bench on which **for Jerry** to sit
*a refrigerator in which **for you** to put the beer

17.6.5. 비제한적 관계사절

비제한적 관계사절도 그 안에 들어 있는 주격 관계대명사와 be 동사가 생략되어 축약될 수 있다. 그러나 제한적 관계사절이 축약되는 경우와 달리, 비제한적 관계사절의 축약은 선행사에 대한 동격 명사구를 이루게 되거나, 분사절 형식으로 축약될 수 있는 경우에만 허용된다.

17.6.5.1. 동격 명사구

비제한적 관계사절이 주어와 명사구로 나타난 주격보어의 구조로 이루어진 것일 때, 관계대명사와 be 동사가 생략되어 절이 축약되면 그 결과 두 개의 명사구가 쉼표로 분리되어 나란히 놓이게 된다.

***South Korea**, **which was once a major importer of capital**, is now exporting funds to less developed neighbors.
→ **South Korea**, **once a major importer of capital,** is now exporting funds to less developed neighbors.
[한때 주요 자본 수입국이었던 남한이 지금은 이웃 저개발 국가에 자금을 수출하고 있다.
→ 비제한적 관계사절에서 which was가 생략됨으로 말미암아 South Korea와 once a major importer of capital이 동격 관계를 나타내고 있음.]

이러한 축약 구조에서 두 번째 명사구는 첫 번째 명사구에 대하여 추가적으로 정보를 제공해 주는 역할을 하는데, 이때 이 두 개의 명사구는 서로 비제한적 동격 관계를 갖게 된다.36

---

35 Baker (1997: 297-298).
36 When a non-restrictive structure is an NP rather than a clause, it is usually called an

The basic source of calories is ***glucose***, **a sugar developed by plants**.

[칼로리의 주된 근원은 포도당, 즉 식물에서 만들어지는 한 가지 유형의 당분이다. → a sugar 앞에 which is가 생략됨으로써 glucose와 a sugar developed by plants가 동격 관계를 이루고 있음.]

Lansing, **the capital of Michigan**, has a population of 200,000.

[미시간 주의 주도(州都) 랜싱은 인구가 200,000명이다.]

Mr Watkins, **a neighbor of mine**, never misses the opportunity to tell me the latest news.

[나의 이웃 와킨스 씨는 내게 최근의 소식을 빠짐없이 말해 준다.]

Energy comes from a healthy body, of course; it also comes from ***a psychological balance***, **a lack of conflicts and insecurities**.

— Norman Lewis, *Word Power Made Easy*.

[물론 에너지는 건강한 신체에서 뿐만 아니라, 심리적인 균형 상태, 즉 갈등과 불안정이 없는 상태에서도 나온다.]

17.6.5.2. 분사절

영어에 다음과 같이 명사구 바로 다음에 쉼표로 분리되어 분사절이 삽입된 문장들의 예를 볼 수 있다.

My Uncle Bob, **called Bubba by his friends**, is a corporate vice-president.

[친구들이 부바라고 하는 나의 삼촌 보브는 어느 회사의 부사장이다.]

---

appositive. Like non-restrictive relative clauses, appositives refer to the same entity as the NP they follow. — Berk (1999: 275); Relative pronoun + *be* deletion can also operate on some of the nonrestrictive relative clauses that contain a noun phrase identical to one in the main clause:

Mr. Langstrom, who is our new neighbor, comes from Providence.
→ Mr. Langstrom, our new neighbor, comes from Providence.
Lansing, which is the capital of Michigan, has a population of 200,000.
→ Lansing, the capital of Michigan, has a population of 200,000.

The resulting phrase is what traditional grammarians refer to as an appositive — that is a group of words following an expression that further defines that expression. These phrasal appositives are reduced forms of the appositive clauses we described earlier on page 593.
— Celce-Murcia & Larsen-Freeman (1999: 596).

My brother, **known by everyone as the best player on the team**, was benched all season.
[팀에서 가장 우수한 선수로 알려져 있으면서도 내 동생은 시즌 내내 경기에서 제외되었다.]
The apple tree, **swaying gently in the breeze**, was a reminder of old times.
[미풍에 살며시 흔들리고 있는 사과나무는 옛날이 생각나게 하는 것이었다.]

이와 같은 문장에서 명사구 바로 다음에 쉼표와 쉼표 사이에 놓여 있는 분사절 구조는 비제한적 관계사절에서 주격 관계대명사와 be 동사 형태가 생략된 결과라고 볼 수 있을 것이다.

My youngest brother, <u>standing by the curb</u>, was almost hit by a car.
(= who was standing by the curb)
[커브에 서 있던 내 막내 동생이 하마터면 자동차에 치일 뻔 했다.]
The first British TV commercial, **broadcast in 1955**, was for toothpaste.
(= which was broadcast in 1955)
[1955년에 방송된 영국 최초의 TV 상업 방송은 치약을 선전하는 것이었다.]

선행사에 대하여 부가적인 정보를 제공해 주는 비제한적 관계사절은 항상 선행사 다음에 놓이게 되지만, 이 절이 분사절 구조로 축약되면 (1) 뜻에 변화 없이 문두의 위치로 이동될 수 있다.

The substance, <u>discovered almost by accident</u>, revolutionized medicine.
(= which was discovered almost by accident)
~ **Discovered almost by accident, the substance** has revolutionized medicine.
[거의 우연히 발견된 이 물질은 의학적 혁명을 가져왔다.]
One of his (= Oh Ju Seok's) popular books on Korean traditional art, "Special Lecture on Korean Paintings" was posthumously translated into English and published last month. **Originally published in Korean in 2003, the book** offers Oh's insights on how to appreciate Korea's traditional paintings, the traditional philosophy and values embedded in them.
[한국의 전통 예술에 관한 오주석의 인기있는 책 가운데 한 권인 "한국의 미 특강"이 그의

사후에 영어로 번역되어 지난달에 출판되었다. 원래 2003년에 한국어로 출판된 이 책은 한국의 전통적인 그림, 그 안에 담겨진 전통적 철학과 가치를 어떻게 감상할 것인가에 관한 오주석의 통찰력을 제공해 주고 있다.]

A British possession since 1838, it(= Pitcairn Island) is financed to a large extent by the sale of Pitcairn postage stamps.

— Dea Birkett, "Island of Dreams"

[1838년 이래 영국령인 피트게어른 섬은 우표 판매 수익으로 커다란 재정적 뒷받침을 받고 있다. → = Pitcairn Island, which is a British possession since 1838, is financed to ....]

(2) 특히 이상과 같은 분사절 구조는 애매성을 초래할 수도 있다. 정형 부사절과 비제한적 관계사절에서 축약된 분사절 구조가 같기 때문이다. 그러므로 (26a)에 내포된 분사절은 (26b)에서처럼 비제한적 관계사절 who was wearing ...이 축약된 것이거나, 이유 또는 시간을 나타내는 정형 부사절이 축약된 것으로 볼 수 있을 것이다.37

(26) a. The man, **wearing such dark glasses**, obviously could not see clearly.

b. The man, { who was wearing / because he was wearing / whenever he wore } such dark glasses, obviously could not see clearly.

[상당히 어두운 안경을 끼고 있는/그토록 어두운 안경을 끼고 있어서/그렇게 어두운 안경을 끼고 있을 때는 언제나 그는 분명히 잘 볼 수 없었다.]

17.7. 관계대명사의 생략

제한적 관계사절 안에서 목적어 역할을 하는 관계대명사는 선택적으로 생략할 수 있다. 그러나 일반적으로 말해서 글로 나타나는 경우에는 관계대명사를 생략하는 것보다 관계대명사를 유지하는 것을 더 선호하는 편이다. 이와는 달리, 비격식적인 말에서는 관계대명사를 생략하는 것이 더 많은 편이다.38

---

37 Quirk et al. (1985: 1271).
38 Celce-Murcia & Larsen-Freeman (1999: 583).

1) 관계사절 안에서 주어 역할을 하거나, 또는 그 기능에 관계없이 비제한적 관계사절을 이끄는 관계대명사는 생략되지 않는다.

Those $\left\{\begin{array}{c}\text{who}\\ *\varnothing\end{array}\right\}$ **vote for law against smoking** are obviously non-smokers.

[흡연 금지법에 찬성투표를 하는 사람들은 틀림없이 비흡연자들이다. → who는 vote for에 대한 주어 역할을 하는 주격 관계대명사이므로 생략할 수 없음.]

The policeman said he had always paid his taxes, $\left\{\begin{array}{c}\text{which}\\ *\varnothing\end{array}\right\}$ was true.

[그 경찰관은 자기는 꼬박꼬박 세금을 납부했다고 말했는데, 그것은 사실이었다. → which는 문장 관계사절(sentential relative clause)을 이끄는 것이므로 생략할 수 없음.]

그러나 제한적 관계사절에서 타동사의 목적어 역할을 하는 관계대명사는 생략될 수 있다. 특히 *the key* ($\left\{\begin{array}{c}\text{that}\\ \text{which}\end{array}\right\}$) you lost yesterday(네가 어제 잃어버린 그 열쇠)와 같은 경우처럼 관계대명사가 생략된 절은 비교적 짧은 것이 일반적이며, 비격식적인 영어에서 아주 흔하다.

Some of the follies **we commit** because of false maps (= errors and superstitions) in our heads are so commonplace that we do not even think of them as remarkable. — S. I. Hayakawa, *Language in Thought and Action*.

[우리 머릿속에 있는 그릇된 지도, 즉 잘못된 생각과 미신 때문에 우리가 범하는 일부 어리석은 짓들은 너무나 흔한 것이라서 우리는 그런 것들을 대단한 것으로 생각조차 하지 않는다.]

This book contains ***all the information*** **you need**.

[이 책에는 여러분이 필요로 하는 모든 정보가 들어 있다.]

Many of the answers **we need today** are not necessarily to be found between covers.

[오늘 우리가 필요로 하는 많은 해답들이 반드시 책 속에서 찾을 수 있는 것은 아니다.]

In the US, people prefer waiting for a table to sitting with ***people*** **they don't know**.

[미국에서는 사람들이 자기가 모르는 사람들과 식탁에 같이 앉는 것보다 기다리는 것을 더 선호한다.]

Modern people tend to have poor posture because of ***bad habits*** **they de-**

veloped as children while walking and sitting.

— Swami Rama, *Meditation and Practice*.

[어린 시절 걸을 때와 앉아 있을 때 발달한 나쁜 습관 때문에 현대인들은 좋지 못한 자세를 취하는 경향이 있다.]

격식을 갖추지 않은 영어에서는 선행사가 there is/are 다음에 사실주어(real subject) 역할을 하는 것이면 주격 관계대명사일지라도 생략될 수 있다.[39]

There's ***a man*** at the door **wants to see you**.

[당신을 만나보고 싶어하는 사람이 문간에 와 있습니다. → 동사 wants 앞에 주격 관계대명사 who가 생략되었음.]

The next day there was ***a policeman*** **came to ask questions about the woman** who had disappeared.

[그 다음날 실종된 그 여자에 대하여 물으러 온 경찰관이 있었다.]

또한 구어영어에서 존재의 뜻을 나타내는 관계사절의 주어 역할을 하는 관계대명사가 흔히 생략되기도 한다.

The little food **there was in the house** was stale.

[그 집에 있는 얼마 되지 않은 그 음식이 상했다.]

Mercury, Jove's son, is also the name of a planet and an important metal, Hg, ***the only liquid metal*** **there is**.

[조우브의 아들 머큐리는 혹성의 하나이기도 하며, 또한 현존하는 유일한 액체 금속인 중요한 금속 Hg이다.]

Little kids ate up ***all the food*** **there was in the refrigerator**.

---

39   R. Cowan (2008: 441)은 다음 문장에서처럼 관계대명사가 생략되면 문법적으로 틀린 것으로 보고 있다:

(84) a. *There are ***many people*** in Hong Kong want to emigrate.
         [홍콩에는 이민가고자 하는 사람들이 많다.]
     b. *There are ***episodes*** in fiction tell the readers about the discussion.
         [소설에는 그 논의에 대하여 말하는 에피소드들이 있다.]
     c. *There are ***many people*** like syntax.
         [통사론을 좋아하는 사람들이 많다.]

[꼬마들이 냉장고에 있는 먹을 것을 다 먹어버렸다.]
I think I've read ***all the books*** there are about **America**.
[나는 미국에 관해서 있는 책들은 모조리 읽었다고 생각한다.]

주격보어나 목적보어 역할을 하는 관계대명사도 생략될 수 있다.

He is not ***the man*** he once was.
[그는 이전의 그 사람이 아니다. → 생략된 관계대명사는 was의 주격보어 역할을 하는 것임.]
I am not ***the man*** you thought me.
[나는 네가 생각했던 그런 사람이 아니다. → 생략된 관계대명사는 타동사 thought의 목적보어 역할을 하는 것임.]

2) 전치사의 목적어 역할을 하는 관계대명사도 생략될 수 있다. 전치사가 관계대명사 앞에 있을 때는 생략될 수 없지만, the very chaos ***from which*** Thailand suffers가 the very chaos **Thailand suffers** ***from***(태국이 겪고 있는 바로 그 혼란)에서와 같이 관계대명사가 생략될 경우에 전치사는 여전히 절의 맨 앞에 놓일 수 없으므로 주절에서와 같은 위치인 본래 그것이 놓여 있던 위치로 이동하여야 한다.

The topic in which he is most interested is scientific theory.
[그가 가장 관심을 갖고 있는 주제는 과학 이론이다. → 관계대명사가 생략되면 전치사 in은 원래의 위치인 interested 다음에 놓이게 됨.]
Freedom is ***the basic value from which*** all others flow.
[자유란 다른 모든 것들이 흘러나오는 기본적인 가치이다. → 관계대명사가 생략되면 from은 flow 다음에 놓이게 됨.]
My husband's death taught me that I had ***strengths*** I was unaware ***of***.
[내 남편의 죽음은 내게 인식하지 못하는 힘이 있다는 것을 가르쳐 주었다.]
Airports are not always named after ***the city*** they are ***in***. New York City has two international airports: John F. Kennedy and LaGuardia.
[공항이 항상 그 공항이 있는 지역의 이름을 따서 붙여지는 것은 아니다. 뉴욕시에는 두 개의 국제공항이 있다: 존 에프 케네디 공항과 르과디아 공항.]

특히 전치사가 관계대명사 앞에 놓이지 않게 되거나, 생략될 경우에는 who나 which 대

관계사절(Relative Clauses)

신에 that을 쓸 수 있으며, 목적격 관계대명사의 생략 원칙에 따라 생략될 수 있다.

> The girl (***that***) the policeman was talking ***to*** seemed very nervous.
> [그 경찰관이 대화를 나누던 그 소녀는 매우 긴장된 듯 했다. → 전치사 to가 절의 앞으로 이동하게 되면 to whom이라야 함.]

17.8. 문장 관계사절

지금까지 앞에서 보았던 관계사절들은 모두 명사구가 선행사 역할을 하는 것이다. 그렇지만 항상 명사구만 선행사 역할을 하는 것은 아니다. 때로는 앞에 놓인 문장의 일부, 문장 전체, 또는 심지어 앞에 나온 문장의 연속체도 선행사 역할을 할 수 있는데, 바로 이와 같은 경우에 그 선행사를 설명하는 관계사절을 문장 관계사절(sentential relative clauses)이라 한다.

> I have two jobs, which doesn't leave much room for socializing.
> [나는 두 가지 일을 하는데, 그 때문에 사회생활을 할 수 있는 여유가 많지 않다.]

이 문장에서 관계대명사 which에 대한 선행사는 two jobs가 아니라, 바로 앞에 놓인 절 전체가 뜻하는 내용, 즉 화자 자신이 두 가지 일을 한다는 사실 자체가 된다.[40] 바로 이러한 점 때문에 관계대명사 다음에는 반드시 단수 동사형이 놓여야 한다. 특히 문장 관계사절은 반드시 which에 의해 유도되며, 동시에 비제한적으로만 쓰인다.

17.8.1. 문장 관계사절의 형성과 선행사

문장 관계사절은 다음과 같이 두 개의 독립된 문장 (27a, b)가 결합되어 이루어진 것으로서, 반드시 문장의 마지막 위치에 놓이게 된다.

> (27) a. I have two jobs. ⊕
> b. <u>And it/this</u> doesn't leave much room for socializing.

---

40 *Which* can be used to refer to a whole clause, not just one word. In such cases, it can be replaced by *and this* or *and that*. — Alexander (1996: 23).

(→ , <u>which</u> doesn't leave much room for socializing.)
c. <u>I have two jobs</u>, **which doesn't leave much room for socializing**.

문장 (27b)의 주어 it은 문장 (27a)의 내용 전체를 가리킨다. 그리고 이 두 개의 문장 (27a)와 (27b)를 합쳐서 (27c)와 같은 문장을 만들려면 문장 (27a) 전체를 선행사로 삼고, 문장 (27b)의 주어 역할을 하는 it을 관계대명사 which로 바꾸어 이것이 비제한적 관계사절을 이끌게 하기만 하면 된다.

여러 가지 유형의 선행사를 갖는 문장 관계사절의 몇 가지 용례를 더 보기로 한다.

We told him <u>to give up his plan</u>, **which he reluctantly did**.
  [우리는 그에게 계획을 포기하라고 말했는데, 그것을 그는 마지 못해서 했다. → which의 선행사는 앞 문장에서 to give up his plan으로 문장의 일부가 되고 있음.]
He <u>walks for an hour each morning</u>, **which would bore me**.
  [그는 매일 아침 한 시간씩 걷기를 하는데, 나에게 그것은 지겨운 일이겠지. → which의 선행사는 walk for an hour each morning임.]
John told me <u>that Mary's operation was successful</u>, **which I was relieved to hear**.
  [존이 나에게 매리의 수술이 성공적이라고 말했는데, 그 말을 듣고 나는 마음이 놓였다. → that-절이 which의 선행사 역할을 하고 있음.]

특히 비격식적인 영어에서는 which가 문두에 놓일 수도 있다.[41]

<u>Yesterday John promised to help us</u>. <u>Now he says he can't</u>. — **Which is exactly what I was afraid of**. (Ek & Robat 1984: 164)
  [존이 어제는 우리를 도와주겠다고 약속했다가, 지금은 도와줄 수 없다고 말하는데, 바로 이 점이 내가 염려했던 사항이다. → which의 선행사는 앞에 놓인 두 개의 문장 전체임.]
<u>He was fined £500</u>. **Which we all thought served him right**.
  [그에게 500 파운드의 벌금이 부과되었는데, 우리 모두는 그에게 그런 벌금 부과가 마땅하다고 생각했다.]

---

41 Alexander (1996: 23).

17.8.2. 문장 관계사절이 나타내는 뜻

기능상으로 보면, 이러한 문장 관계사절은 그 선행사에 대하여 다음과 같이 두 가지 뜻을 전달하는데 쓰이는 것으로 여겨진다.

1) 선행사가 나타내는 전반적인 상황에 대한 화자/필자 자신의 '생각'(idea)을 밝히는 것이다.

The book won't be published until next year, **which is disappointing**.
[그 책은 내년까지는 출판이 되지 않을 것인데, 그것은 실망스러운 일이다. → 그 책이 내년까지는 출판되지 않는다는 점에 대해 실망스럽다는 화자 자신의 견해를 나타내고 있음.]

John didn't go to the show, **which is a pity**.
[존이 쇼 구경을 가지 않았는데, 그것은 애석한 일이다.]

He has broken two world records in one day, **which is quite an achievement**!
[그는 하루 사이에 두 개의 세계 기록을 갱신했는데, 그것은 대단한 업적이 아닐 수 없지!]

Police found her fingerprints on the knife, **which is irrefutable proof that she was in the kitchen**.
[경찰이 그 칼에서 그녀의 지문을 발견했는데, 그것은 그녀가 부엌에 있었다는 명백한 증거이다.]

The shoe store refused to give me my money back, **which was a crummy thing to do**.
[그 신발 가게에서는 내게 환불해주기를 거절했는데, 그렇게 하는 것은 부당한 짓이었지.]

The elevator is out of order, **which is too bad**.
[엘리베이터가 고장인데, 그것은 참으로 불쾌한 일이지.]

2) 선행사에 대하여 화자 자신의 생각이 전혀 첨가되지 않고 오로지 '사실'(fact)적인 내용을 객관적으로 전달한다.

My name, Leone, is a feminine spelling of Leon, **which often causes confusion**. — *Reader's Digest*, September 1989.
[나의 이름 Leone은 Leon의 여성형 철자이므로, 이 때문에 혼란스러울 때가 자주 있다.]

It has a lot of extra features, **which is why it's expensive compared to** other cars.

[그것은 많은 특이한 특징을 갖고 있는데, 그래서 다른 자동차에 비해 비싼 거야.]

He suddenly became rich, **which changed his whole mode of life**.

[그가 벼락부자가 되었는데, 그것이 그의 전반적인 생활 태도를 바꿔 놓았다.]

Some countries do not have enough skilled workers, **which causes serious problems**.

[일부 국가들은 숙련된 근로자들이 모자라서, 그 때문에 심각한 문제들이 발생한다.]

17.9. 명사적 관계사절

지금까지 살펴 본 관계사절은 명사구 등을 선행사로 삼아 그 선행사의 지시 대상을 한정하거나, 또는 이미 알려진 선행사에 대하여 보충 설명하는 정보를 제공해 주는 것이었다. 그러나 what, whoever/whosever/ whomever, whichever, whatever 등이 이끄는 특정한 관계사절은 표면구조상으로 선행사를 수반하지 않고 명사구와 같은 역할을 한다. 바로 이러한 점 때문에 이러한 관계사절을 문법적인 기능과 구조를 고려하여 명사적 관계사절(nominal relative clause)[42]이라고 하는 것이다. 즉, 문법적인 기능면에서는 명사적인 역할을 하는 것이고, 구조적으로 보면 관계사절이다.

17.9.1. what

17.9.1.1. 관계대명사

the house that/which ..., the photocopier that/which ..., a language that/ which ... 따위의 경우처럼 관계사절의 선행사가 뚜렷한 대상을 밝혀주는 명사구로 나타나는 경우와 달리, the thing(s) that/which ...(...한 것)의 경우처럼 선행사의 지시 대상을 특정한 것이기는 하지만, 구체적으로 밝히지 않고 '막연하게' 나타낼 수도 있다. 바로 이와 같은 경우에 구체적으로 밝혀지지 않은 막연한 대상을 가리키는 선행사인 the thing(s)과 관계대명사 that/which가 따로따로 나타나지 않고, 선행사의 뜻이 포함된 관계대명사 what이 쓰이게 되는 것이다.

---

[42] 명사적 관계사절은 선행사 없이 쓰이기 때문에 '자유 관계사절'(free relative clauses)이라고도 한다.

1) 명사적 관계사절은 선행사를 수반한 관계사절과 크게 다르다. 즉, 명사적 관계사절은 그 자체가 문장의 주어나 목적어, 또는 보어와 같은 '문장 요소'로서의 역할을 한다. 반면에, 선행사를 수반하는 관계사절은 그 자체가 문장의 요소가 되지 못하고, 문장의 요소가 되는 명사구의 일부, 즉 앞에서 보았던 복합 명사구의 일부로서 그 명사구를 수식하는 역할을 하는 것에 불과하다. 다음 두 문장을 비교하여 보자.

(28) a. **What we saw** astonished us greatly.
　　 b. ***The thing***(*s*) **which we saw** astonished us greatly.
　　　　[우리가 본 것이 우리를 크게 놀라게 했다.]

문장 (28a)에서 what we saw는 명사적 관계사절로서 주어라는 문장 요소로서의 역할을 담당한다. 반면에, 문장 (28b)에서 the thing(s) which we saw 전체는 what we saw와 마찬가지로 주어 역할을 하지만, 관계사절 which we saw 그 자체는 형용사처럼 선행사 the thing(s)을 수식하는 복합 명사구의 일부, 즉 '구 요소'의 역할을 하는 절에 불과한 것이다.

2) 이러한 명사적 관계사절은 명사(구)와 마찬가지로 문장의 주어·목적어·보어 역할을 한다.

What looks like disaster may turn out to be the best thing that happens to us.
— Ardis Whitman, "Secrets of Survivors"
　　[재앙처럼 보이는 일이 우리에게 일어나는 가장 유익한 일이라는 점이 판명될 것이다. → 주어.]
What the eye does not see the heart does not grieve.
　　[눈에 보이지 않는 것에 대하여 마음은 슬퍼하지 않는다. → 목적어.]
Reputation is **what the world believes us to be for the time being**; character is **what we truly are**. — E. Hemingway, "Advice to a Young Man"
　　[평판이란 세상 사람들이 일시적으로 우리에 대해 믿는 것인데 반해, 인격이란 우리의 진정한 모습이다. → 두 개의 관계사절이 모두 주격보어 역할을 하고 있음.]

또는 가끔 구 요소가 되기도 한다. 즉, 명사적 관계사절이 전치사구 안에서 전치사의 지배를 받는 목적어 역할을 하기도 한다.

He pointed *to* **what looked like a tree**.

[그는 나무처럼 보이는 것을 가리켰다.]

People go about their tasks without weariness if they have a goal and a belief *in* **what they are doing**. — Ardis Whitman, "Secrets of Survivors"

[사람들이 목표가 있고 자신이 하는 일에 대한 신념이 있으면 지친 줄도 모르게 자기들에게 주어진 일을 행한다.]

17.9.1.2. 관계한정사

what이 관계대명사로서의 역할만 하는 것이 아니라, 자신이 수식하는 명사를 수반하여 관계한정사(關係限定詞: relative determiner) 역할을 하기도 한다.

I gave them **what books I had**.
[나는 내가 갖고 있는 책들을 모조리 그들에게 주어버렸다. → what books는 'the books I had, although I didn't have many'라는 뜻임.]
I'll give you **what help I can**.
[나는 가능한 모든 도움을 너에게 줄 것이다. → = ... any help that I can.]
What money he has comes from his family.
[그가 가진 돈은 전부 그의 가족들이 준 것이다.]

이러한 용법은 다음과 같은 특징을 갖는다. 즉, 관계한정사 what에 수반된 명사는 대개 'all'이나 'little' 또는 'few'라는 뜻을 포함한다. 특히 후자와 같은 뜻을 함축할 경우에는 그 뜻을 명백히 하기 위하여 수식받는 명사에 따라 뚜렷하게 few나 little을 수반할 수 있다.

I'll give her *what* (*little*) **assistance I can**.
(= 'I'll give her all the assistance I can give, but it is not much.')
[나는 별로 크지는 않지만 내가 할 수 있는 모든 도움을 그녀에게 줄 것이다. → assistance가 불가산 명사이기 때문에 이 앞에 little이 놓일 수 있음.]
***What few* relatives she has** live abroad.
[몇 안 되는 그녀의 친척들이 모두 외국에 살고 있다. → relatives가 가산명사이기 때문에 이 앞에 few가 놓일 수 있음.]
He mentioned *what reasons* **he could to justify his deed**.
(= 'He mentioned such reasons as he could to justify his deed.')

[그는 자신의 행동을 정당화할 수 있는 이유들을 다 털어놓았다. → = 'all the reasons that he could ...']

이처럼 나타내는 뜻 때문에 관계한정사 what은 불가산명사와 복수 가산명사하고는 같이 쓰일 수 있지만, 단수 가산명사는 같이 쓰일 수 없다. 그러므로 다음 문장에서처럼 what 다음에 복수 가산명사 books와 불가산명사 information은 가능하지만, 단수 가산명사 book은 허용되지 않는다.

Give me what $\begin{Bmatrix} \text{books} \\ \text{*book} \\ \text{information} \end{Bmatrix}$ you have on the subject.

[그 주제에 관해 네가 갖고 있는 책/정보를 모두 주시오.]

그러나 복합 관계대명사가 한정사로 쓰였을 때에는 단수 가산명사를 수반할 수 있다.

Whatever book a *Times* reviewer praises sells well.
(Quirk et al. 1985: 755)
[타임 잡지의 서평가가 좋게 평하는 책은 어떤 것이라도 잘 팔린다.]

더욱이 what은 관계대명사와 의문대명사의 두 가지 역할을 하는 것이기 때문에, 양자간에는 문맥 내용에 따라 뜻과 기능이 명백히 구별되기도 한다.

(29) a. She intentionally broke **what I had made for her**.
[그녀는 내가 그녀를 위해 만든 것을 고의로 깨뜨려 버렸다.]
b. She asked me **what I had made for her**.
[그녀는 내게 자기를 위해 무엇을 만들었느냐고 물었다.]

문장 (29a)에서 what ... 이하의 절은 관계사절로 해석될 뿐, 결코 다른 해석을 허용하지 않는다. 그러므로 이 절에서 what은 선행사가 내포된 관계대명사이기 때문에 이 절을 the thing which I had made for her로 나타낼 수 있다. 반면에, 문장 (29b)에 내포된 what ... 이하의 절은 간접 의문사절로만 해석되는 것으로서 what은 의문대명사이다. 그러므로 이 문장은 다음과 같은 직접화법의 문장이 간접화법으로 바뀐 것이다.

She said to me, "What did you make for her?"

예컨대 know는 목적어로서 간접 의문사절을 요구하며, be unclear 역시 주어로서는 간접 의문사절을 요구한다. 반면에 eat은 목적어로서 관계사절을, 그리고 go into the trash는 주어로서 관계사절을 필요로 한다.

What Fred offered to her was unclear.
[프레드가 그녀에게 무엇을 제의했는지 불분명했다.]
John knows **what Fred ate**.
[존은 프레드가 무엇을 먹었는지 알고 있다.]
Karen ate **what Fred offered to her**.
[카렌은 프레드가 자기에게 준 것을 먹었다.]
What Harry fixed for Sally went into the trash.
[해리가 샐리에게 만들어 준 것은 쓰레기통에 들어 갔다.]

그러나 다음과 같은 문장에서처럼 둘 사이의 구분이 명확하지 않는 경우도 있을 수 있다는 점에 유의하여야 한다.

What he wrote was a mystery.

이 문장에서 what이 명사적 관계사절을 이끌고 있는 관계대명사인지, 아니면 간접 의문사절을 이끄는 의문대명사인지 불분명하다. 그러므로 이 문장은 보기에 따라 다음과 같이 두 가지로 풀어 쓸 수 있을 것이다.

The question of what he wrote was a mystery.　　　　(간접 의문사절)
(*or* What did he write? — That was a mystery.)
[그가 무엇을 썼는지 하는 문제는 알 수 없었다.]
The thing which he wrote was a mystery.　　　　(명사적 관계사절)
[그가 쓴 것은 신비소설이었다.]

이 이외에도 what이 이끄는 명사적 관계사절이 논평절(comment clauses) 역할을 하기도 한다. 즉, 대개 문두에 놓여 다음에 오는 문장의 내용에 대하여 화자 자신의 견해를 나타내기도 한다.

What's more, I can't even dance.
[더욱이 나는 춤도 추지 못한다.]
What's even more incredible, he has managed to get control of the whole company.
[더욱 더 믿을 수 없는 점은, 그가 간신히 그 집단 전체를 통제할 수 있게 되었다는 것이다.]

17.9.2. whoever 등

명사적 관계사절을 이끄는 관계대명사에는 앞에서 본 what 이외에 who, whose, what, which에 -ever가 첨가되어 whoever, whosever, whatever, whichever와 같은 형태로 나타나는 복합 관계대명사(compound relative pronouns) 형태들도 있다.[43]

주격	속격	목적격
whoever (= anyone who) '...하는 사람은 누구든지'	whosever	whomever
whichever (= anything which) '...하는 것은 어느 것이든지'	—	whichever
whatever (= anything all) '...하는 것은 무엇이든지'	whatever	whatever

이들은 명시적으로 선행사를 수반하지는 않지만, 우리의 마음속으로는 막연하거나 알려지지 않은 대상 — 사람이나 사물 — 이 선행사라고 생각되는 경우에 쓰인다. 이러한 복합 관계대명사가 이끄는 절은 문중에서 담당하는 기능에 따라 명사적으로 또는 부사적으로 쓰인다.

---

43 whatever, whoever 따위와 같이 한 단어로 나타나는 이러한 형태들은 강의어 ever를 수반해서 두 단어로 나타나는 의문사 what ever, which ever, who ever와 구별해야 한다.

17.9.2.1. 명사적 역할

복합 관계대명사가 이끄는 절이 문중에서 명사적으로 쓰여 주어절이나 타동사와 전치사의 목적어절 역할을 한다.

> He says he's willing to do **whatever is required of him**.
> [그는 자신에게 요구하는 것이라면 무엇이든지 기꺼이 하겠다고 말한다. → whatever에서 him까지는 타동사 do의 목적어절.]
> **Whoever wishes to increase human happiness** must wish to increase admiration and to diminish envy. — B. Russell, *The Conquest of Happiness*.
> [인간의 행복을 증진시키고자 하는 사람이면 누구든지 칭찬하는 감정을 늘이고 부러움의 감정을 줄여나가려고 해야 한다. → whoever에서 happiness까지는 주어절.]
> A reward is offered to **whoever catches the escaped lion**.
> [도망간 사자를 잡는 사람에게는 누구에게라도 상금이 지급된다. → whoever부터 lion까지는 전치사 to의 목적어 역할을 하는 절.]
> He criticizes **whomever he dislikes**.
> [그 사람은 누구든 상관없이 자신이 싫어하는 사람을 비판한다. → whomever에서 dislikes까지는 criticizes의 목적어절.]

의문대명사 what과 which 사이에 존재하는 차이와 복합 관계대명사 whatever와 whichever 사이에 존재하는 차이가 같다. 다음 두 문장의 경우에, 첫 번째 문장의 whatever는 마음에 일어나는 생각이 얼마나 되는지 알 수 없으며, 두 번째 문장에서 whichever는 어느 특정한 대상을 염두에 두고, 그 대상 중에서 선택한다는 점을 암시하는 것이다.

> **Whatever goes on in your mind** shows up on your face.
> [마음에 일어나는 온갖 현상들은 얼굴에 나타난다.]
> You can take **whichever you like best**.
> [어느 것이든 네가 제일 좋다고 하는 것을 가져도 좋다.]

형태상의 구별이 있는 whoever와 whomever가 이끄는 관계사절이 전치사 바로 다음에 놓이는 경우에는 이 두 가지 형태 중에서 어느 것을 선택하느냐 하는 문제에 직면하게 된다. 이러한 경우에 관계대명사의 형태는 관계사절 안에서 담당하는 역할에 따라 결정되는 것이지, 무턱대고 바로 앞에 놓인 전치사에 의해 결정되는 것이 결코 아니다. 따라서 (30a)에서 주격 관계대명사 whoever는 wants it의 주어 역할을 한다. 그리고 전치사 to의 목적어는 관계대명사 그 자체가 아니라, 이것이 이끄는 절 전체가 된다. 반면에, (30b)에서 목적격 관계대명사 whomever가 쓰인 것은 이것이 바로 앞에 놓인 전치사 to의 지배를 받기 때문이 아니라, 관계사절 안에서 타동사 invite의 목적어 역할을 하는 것이기 때문이다.

(30) a. The teacher will give this book *to* { whoever / *whomever } wants it.
 [선생님께서는 이 책을 누구든지 원하는 사람에게 줄 것이다.]
 b. You may send the invitation *to* **whomever you wish to invite**.
 [초청하고 싶은 사람이면 누구에게라도 초청장을 보내도 좋다.]

이러한 관계대명사들은 그 자체의 절 안에서 주어나 목적어 역할을 한다. 그러나 다음과 같은 예에서처럼 whoever는 항상 한정사 역할만 하며, whatever와 whichever는 대명사 이외에 한정사 역할도 할 수 있다.

Use **whatever study skills you are most comfortable with**.
 [어떤 공부 방법이라도 네가 가장 편안한 방법을 이용하라.]
Take a look at the photos and choose **whichever one you think is the best**.
 [그 사진을 보고서 어느 것이든 제일 마음에 든다고 생각하는 것을 고르라.]
Whichever party comes to power at the election will face major economic problems.
 [어느 당이 선거에서 권력을 잡든 커다란 경제 문제에 직면할 것이다.]

17.9.2.2. 부사적 역할

복합 관계대명사 또는 명사를 수반한 한정사가 이끄는 절이 관계사절로서 명사적인 역할만 하는 것이 아니다. 때로는 이들이 문두 또는 문미에 놓여 양보의 부사절 역할을 하기도 한다. 이러한 경우에 이들 복합 관계대명사들은 예컨대 whatever는 no matter what, whoever는 no matter who와 같은 뜻을 가지고 일종의 접속사처럼 쓰여 그 자신이 이끄는 양보의 부사절을 주절에 연결시키기도 한다.

Whatever I suggest, she always disagrees.
(= 'No matter what I suggest, she always disagrees.')
   [내가 어떤 제안을 하더라도 그녀는 항상 반대로 간다.]
Whoever says that, it's a lie!
   [누가 그런 말을 해도 그것은 거짓말이야!]
The result will be unsatisfactory **whichever side wins**.
   [어느 쪽이 승리하든 결과는 만족스럽지 못할 것이다.]
Whoever you marry, make sure he can cook.
   [누구와 결혼하든 그가 요리를 할 수 있는지 확인하라.]

이러한 양보의 부사절의 내용에 대한 무지나 불확실성을 암시하기 위하여 법조동사 may 가 수반되기도 한다.

Whatever faults he may have, I still like him.
   [그에게 어떤 결점이 있다고 하더라도 그래도 나는 그를 좋아한다. → 그에게 결점이 있는지 알 수 없음.]

17.10. 관계부사

17.10.1. 관계부사의 종류와 기능

지금까지 우리는 관계대명사가 이끄는 절에 대하여 살펴 보았다. 여기서는 관계부사 where, when, why, how 등이 이끄는 관계사절 — 엄격히 말하면, **관계부사절**이라 해야 함 —을 보기로 한다. 이것은 명사구를 선행사로 삼는다는 점에서는 앞에서 본 관계대명사 가 이끄는 관계사절과 같다.

Sam knows *the place* **where** we're meeting and *the time* **when** we're meeting, but he doesn't know **the reason why** we're meeting.
   [샘은 우리가 만나는 장소와 만나는 시간은 알고 있지만, 만나는 이유는 모르고 있다.]

관계부사를 필요로 하는 경우에 이에 대한 선행사는 반드시 장소(place)·시간(time)·이유(reason)·양태(manner) 등을 나타내는 명사구라야 한다. 즉, 관계부사가 where일 때 선행사는 the place를 비롯하여 house, street, city, country와 같은 장소를 나타내는 명사구가 되며, 관계부사가 when이면 the time을 비롯하여 period, moment, day, summer 따위가 선행사로 등장하게 된다. 또한 관계부사 why는 a/the reason 등을 선행사로 삼는다.

관계부사	선행사
where	the place, house, street, city, country, etc.
when	the time, period, moment, day, summer, etc.
why	a/the reason, etc.

(31) a. The house has been knocked down. ⊕

b. I used to live $\begin{Bmatrix} \text{there} \\ \text{in that house} \end{Bmatrix}$. (= → where)

(→ where I used to live)

c. → ***The house*** where I used to live has been knocked down.

[내가 과거에 살았던 그 집은 허물어져 버렸다.]

여기서 (31a)의 주어 the house와 (31b)에서 부사적 역할을 하는 $\begin{Bmatrix} \text{there} \\ \text{in that house} \end{Bmatrix}$는 같은 대상을 가리킨다. 부사 역할을 하는 이것을 관계부사 where로 바꿔 이것이 (31b)의 맨 앞에 놓여 관계사절을 이끌게 하고 (31a)에 있는 the house를 선행사로 하면 the house where I used to live라는 <선행사 + 관계사절>의 구조가 이루어져 결국 (31c)와 같이 관계부사가 이끄는 절이 내포된 문장이 만들어진다.

이렇게 만들어지는 관계사절이 내포된 문장의 예를 몇 가지 더 들기로 한다.

On this map X marks ***the spot*** where the treasure is buried.

[이 지도에서 X라고 표시된 곳이 보물이 묻혀 있는 지점이다.]

There is no ***reason*** why China should not become as advanced as Taiwan or Korea in 5 to 10 years.

[중국이 앞으로 5년에서 10년 뒤에 대만이나 한국만큼 발전하지 못할 이유가 없다.]

the time when ...이 주어이고 이에 수반되는 동사가 자동사이면 관계사절이 외치될 수 있다.

The time is approaching **when we will have to leave**.
  [우리가 떠나야 할 시간이 다가오고 있다. → cp. = ***The time*** **when we will have to leave** is approaching.]
The time has passed **when he was an object of ridicule**.
  [그가 비웃음의 대상이 되었던 때가 이제는 지났다. → cp. = ***The time*** **when he was an object of ridicule** has passed.]

where의 선행사로서 case, condition, example, situation, system 따위와 같이 장소 이외의 관계를 나타내는 명사구가 쓰이기도 한다.

There are ***many cases*** **where more than one preposition is acceptable in a given context**.
  [특정한 문맥에서 하나 이상의 전치사가 허용되는 경우들이 많다.]
We've reached ***a point*** **where we don't have enough money to continue all our services**.
  [우리는 돈이 충분치 않아 모든 서비스를 더 이상 지속시키지 못할 지경에 이르렀다.]

옛날 영어의 경우와 달리, 오늘날의 영어에서는 선행사가 the way이면 문장 표면에 관계부사 how는 나타나지 않으며,[44] 반대로 the way가 나타나지 않으면 how가 쓰일 수 있다. 그러나 the way가 선행사로 나타나면 how 대신에 that이나 in which가 쓰이거나, 이들이 생략될 수 있다.

That's ***the way*** **she spoke**.
  [그것은 그녀가 말하는 태도이다. 그녀는 그렇게 말을 하지.]
That's **how he solved the problem**.
  [그것이 그가 그 문제를 해결한 방법이다.]
They (= Survivors) confront their stresses and sorrows in ***ways*** **that deepen their lives**. — Ardis Whitman, "Secrets of Survivors"
  [시련을 이겨낸 사람들은 자신들이 겪는 고난과 슬픔을 인생을 심화시켜 주는 계기로 삼는다.]

---

[44] It is interesting to note that the sequence "the way how" was acceptable in earlier forms of standard English and still is acceptable in some dialects — but not in current standard English. — Celce-Murcia & Larsen-Freeman (1999: 599).

Your teenager is living his or her life in ***a way* that's completely the opposite of your values**. — Gregory L. Jantz, *How to De-stress Your Life*.

 [십대들은 여러분이 생각하는 가치와 정반대의 삶을 살아가고 있습니다.]

The movement of particles of an atom is analogous to ***the way* the planets move round the sun**.

 [원자의 입자들의 운동은 행성들이 태양의 주위를 도는 방법과 유사하다. → 선행사 the way 다음에 관계부사가 생략되었음.]

관계부사 why 대신에 비격식적인 경우에는 that을 사용할 수 있다.

We aren't going, for ***the simple reason* that we can't afford it**.

 [우리는 단지 형편이 맞지 않다는 이유 때문에 가지 않아.]

17.10.2. 관계부사의 생략

관계부사가 생략될 수도 있다.

Those are ***the places* I go whenever I can**.

 [그곳은 내가 형편이 닿을 때마다 가는 곳이다. → 관계부사 where가 생략되었음.]

That was ***the last time* I saw her**.

 [그 때가 내가 그녀를 마지막으로 본 때였다. → 관계부사 when이 생략되었음.]

***The way* he spends money** argues him to be rich.

 [그가 돈을 쓰는 걸 보면 그가 부자라는 걸 말해 준다. → 관계부사 that 또는 in which가 생략되었음.]

That is ***the reason* I asked you**.

 [그래서 내가 물어 본 것이다. → 관계부사 why가 생략되었음.]

또는 관계부사는 그대로 유지되면서 선행사가 생략될 수 있다. 즉, 선행사가 the time, the place, the way, the reason 따위와 같이 뜻의 범위가 넓은 일반적인 뜻을 나타내는 것이면 생략될 수 있다. 이렇게 되면 관계사절은 선행사를 수식하는 형용사적인 성격을 상실하고 명사절 역할을 하게 된다.

Macy's is **where I bought the food**.
> [메이시 백화점이 내가 그 식품을 산 곳이다. → 일반적인 뜻을 나타내는 선행사 the place가 생략됨으로써 관계사절이 명사절이 되어 is에 대한 보어 역할을 하고 있음.]

New York is very near to **where I was born**.
> [뉴욕은 내가 태어난 곳과 아주 가깝다.]

April is **when the lilacs bloom**.
> [4월은 라일락이 필 때이다. → 일반적인 시간을 나타내는 선행사 the time이 생략됨으로써 관계사절이 명사절로 바뀌어 is에 대한 보어 역할을 하고 있음.]

When we took out the black box, we found out **why the plane had crashed**.
> [블랙박스를 꺼내보니 비행기가 추락한 이유가 밝혀졌다.]

그런데 선행사의 생략이 외형상 선택적인 것처럼 보이지만, 이렇게 되면 의미상으로는 본래의 뜻보다 덜 명확해지게 된다. 예컨대, 다음 문장 (32)에서 선행사 the village를 생략하게 되면 마치 막연한 장소의 뜻을 나타내는 the place가 생략된 것으로 생각되어 결국 선행사의 지시 범위가 상당히 넓어진다. 문장 (33)의 경우에도 마찬가지이다.

(32) She returned to (*the village*) where she was born.
> [그녀는 자신이 태어난 곳(마을)으로 돌아갔다.]

(33) I can remember (*the day of the week*) when he was married.
> [나는 그가 결혼한 요일을 기억하고 있다.]

그러므로 다음 예에서처럼 선행사가 특정한 시간이나 장소와 관련해서 구체적인 내용을 전달하는 것이면 전달하고자 하는 의미가 달라지기 때문에 그 선행사를 생략할 수 없다.

At 7:30, he drops the kids off at school and then drives to ***the car dealership* where he is a manager**.
— Jean Parvin, "How to Beat the Daily Grind"
> [7시 30분에 그는 아이들을 학교에 내려주고 자신이 책임자로 있는 자동차 판매 대리점으로 차를 몰고 간다. → the place where he is a manager (자신이 책임자로 있는 곳)라고 하면 그곳이 어딘지 알 수 없고, 따라서 본래 전달하고자 하는 뜻과 동떨어짐.]

Saturday was a very busy day at ***the dormitory* where Jack lives**.

[토요일은 재크가 살고 있는 기숙사에서 가장 바쁜 날이었다.]
They talked about *the good times* when their mother, father and sisters were all together.
[그들은 어머니, 아버지와 누이동생들이 모두 함께 있었던 그 좋은 시절에 대한 이야기를 나눴다. → the time when their mother, father and sisters were all together라고 하면 이들이 함께 있었던 때의 상황을 제대로 알 수 없음.]
Sunday is *the only day* when parents visit their sons.
[일요일은 부모들이 자기 아들을 찾아가는 유일한 날이다.]

더욱이 일반적인 뜻을 가진 선행사가 생략되면 애매하게 되는 수가 있다. 즉, 다음 예에서처럼 선행사가 생략되면 when이 이끄는 절이 관계사절로도 해석될 수 있을 뿐만 아니라, 간접 의문사절로도 해석이 가능하다.

I remember when **it happened**.
[나는 언제 그 일이 벌어졌는지(의문사절)/그 일이 벌어진 때를(관계사절) 기억하고 있다.]

즉, 이 문장은 I remember 다음에 의문문 When did it happen?이 첨가된 것으로 해석될 수 있을 뿐만 아니라, 이다음에 선행사 the time이 생략된 것으로도 해석이 가능하다.
관계대명사의 경우와 마찬가지로, 관계부사들 중에서 when과 where도 그 선행사가 특정한 것이라서 이미 그 지시 범위가 한정된 경우에는 비제한적으로 쓰인다.

The modern history of Italy dates from *1860*, **when the country became united**.
[이탈리아의 근대사는 1860년부터 시작되는데, 그때 이 나라가 통일되었다.]
He spent the summer in *Canada*, **where his son has a farm**.
[그는 캐나다에서 여름을 보냈는데, 그의 아들이 그곳에 농장을 가지고 있다.]

at which point/time, by which point/time, during which time 따위도 비제한적 관계사절의 맨 앞에 놓인다.

The next Olympics are in three years, **by which time Stevens will be 34**.
[이 다음 올림픽은 앞으로 3년 남았는데, 그때가 되면 스티븐스는 서른네 살이 된다.]

17.10.3. 전치사 + 관계대명사

특히 격식적인 영어에서는 관계부사 대신에 적절한 <전치사 + 관계대명사 which>로 바꿔 쓸 수 있다. 이 경우에 전치사는 전달하고자 하는 뜻에 따라 달라질 수 있다. 예컨대 He met her $\begin{Bmatrix} \text{at} \\ \text{in} \end{Bmatrix}$ the library.라고 할 수 있다. 바로 이러한 점 때문에 the library where he met her에서 관계부사 where 대신에 전달하고자 하는 뜻에 따라 **at** which 또는 **in** which를 선택할 수 있다. 즉, 전달하고자 하는 장소를 한 지점으로 생각해서 말한다면 전치사 at을 선택하게 될 것이고, 그 장소의 '바깥'이 아니라 그 장소 '안'이라고 할 때에는 in을 선택하게 된다.

Of the three girls, only Susan can reach *the shelf* **on** **which** their mother keeps the cookies.
　[그 세 명의 소녀들 중에서 스잔만 자기들의 엄마가 과자를 놓아둔 선반에 닿을 수 있다. → on which는 where 대신에 쓰였음.]
There are *hundreds of rugged mountains* **from which** he can launch attacks and *thousands of unmapped caves* **in which** he can hide.
　[그가 공격을 할 수 있는 울퉁불퉁한 산들이 수백이나 되며, 그가 숨어 있을 수 있는 지도에 표시되지 않은 동굴들이 수천이나 된다. → from which와 in which는 모두 선행사가 장소를 나타내는 것이므로 관계부사 where 대신에 쓰인 것임.]

이처럼 관계부사 대신에 <전치사 + 관계대명사> 형태를 선택할 수 있는 것은 시간·장소·양태 등을 나타내는 요소들이 부사어구로 나타날 수도 있지만, 이 대신에 전치사 + 시간·장소·양태 등을 나타내는 명사구의 형태로도 나타날 수 있기 때문이다.

This was the place ⊕
We first met $\begin{Bmatrix} \text{here} \\ \text{in this place} \end{Bmatrix}$. (= → where/in which)
→ This is the place $\begin{Bmatrix} \text{where} \\ \text{in which} \end{Bmatrix}$ we first met.
　[이곳은 우리가 처음 만난 장소이다.]

예컨대 다음 예에서 관계부사 when이나 관계대명사 that 대신에 선행사에 따라, 또는 나타내고자 하는 뜻에 따라 which가 서로 다른 전치사에 수반된다.

July is ***the month*** **in which** the weather is usually the hottest.
[칠월은 대개 날씨가 가장 무더운 달이다. → 선행사가 the month이기 때문에 in이 쓰였음.]

Monday is ***the day*** **on which** we will come.
[월요일이 우리가 올 날이다. → 선행사가 the day로서 특정한 날을 뜻하기 때문에 on이 쓰였음.]

7:05 is ***the time*** **at which** my plane arrives.
[7시 5분이 내가 탄 비행기가 도착할 시간이다. → 시간상의 한 시점을 뜻하기 때문에 at이 쓰였음.]

1960 is ***the year*** **in which** the revolution took place.
[1960년이 혁명이 일어난 해이다. → 선행사가 the year이기 때문에 in이 쓰였음.]

Do you know ***the date*** $\left\{ \begin{array}{c} \text{by} \\ \text{on} \end{array} \right\}$ **which** we have to submit the first essay?
[너는 우리가 첫 에세이를 제출할 마감 날짜/제출 날짜를 알고 있느냐? → 제출해야 할 마감 날짜를 뜻한다면 by which가 쓰이게 되고, 제출하는 특정한 날짜를 뜻한다면 on which가 쓰이게 되는 것임.]

I still remember ***the summer*** **during which** we had the big drought.
[나는 심한 가뭄을 겪었던 그 여름을 아직도 기억하고 있다. → 특정한 기간을 뜻하기 때문에 during이 쓰였음.]

Our fire engine pulled up to ***a burning house*** **in which** a woman was trapped on the second floor.
[우리의 소방차가 한 여성이 이층에 갇혀있는 불난 집에 멈췄다. → '집 안'을 뜻하기 때문에 in이 쓰였음.]

참고문헌

고경환. 1986. 英語의 從屬節에 關한 硏究. 고려대학교 박사학위논문.

문용. 1994. 2008. 고급 영문법해설. 박영사.

____. 1999. 한국어의 발상·영어의 발상. 서울대학교 출판부.

이기동. 1999. 영어전치사연구. 교문사.

조병태, 박경수, 송병학, 정연규, 김태한. 1993. 영문법개론 I. 신아사.

조성식 역 (中島文雄 저). 1981. 英語의 構造. 신아사.

조성식. 1983-1990. 英文法硏究 I-V. 신아사.

Aarts, Bas. 2011. *Oxford Modern English Grammar*. Oxford: Oxford University Press.

Aarts, Flor & Jan Aarts. 1988. *English Syntactic Structures: Functions and categories in sentence analysis*. New York: Prentice Hall.

Akmajian, Adrian & Frank Heny. 1975. *An Introduction to the Principles of Transformational Syntax*. Cambridge: The MIT Press.

Alexander, L. G. 1996. *Longman English Grammar*. London: Longman.

Azar, Betty Schrampfer. 1999. *Understanding and Using English Grammar*. London: Longman.

Bache, Carl & Niels Davidsen-Nielsen. 1997. *Mastering English: An Advanced Grammar for Non-native and Native Speakers*. New York: Mouton de Gruyter.

Baker, C. L. 1997. *English Syntax*. Cambridge: The MIT Press.

Barry, Anita. K. 1997. *English Grammar: Language as Human Behavior*. NJ.: Pearson Education, Inc.

Berk, Lynn M. 1999. *English Syntax: From Word to Discourse*. Oxford: Oxford University Press.

Biber, Douglas, Stig Johansson, Geoffrey Leech, Susan Conrad & Edward Finegan.

1999. *Longman Grammar of Spoken and Written English*. London: Longman.

Bolinger, Dwight. 1972. *That's That*. The Hague: Mouton.

_____. 1977. *Meaning and Form*. London: Longman.

Brook, G. L. 1958. *A History of the English Language*. New York: W. W. Norton & Company, Inc.

Carter R. & M. McCarthy. 2006. *Cambridge Grammar of English*. Cambridge: Cambridge University Press.

Celce-Murcia, M. & D. Larsen-Freeaman. 1983. 1999. *The Grammar Book: An ESL/EFL Teacher's Course*. Heinle & Heinle Publishers.

Christophersen, P. & A. V. Sanved. 1971. *An Advanced English Grammar*. London: Macmillan.

Close, R. A. 1975. *A reference grammar for students of English*. London: Longman.

_____. 1992. *A Teacher's Grammar: An Approach to the Central Problems of English*. London: Commercial Colour Press.

Cowan, Ron. 2008. *The Teacher's Grammar of English: A Course Book and Reference Guide*. Cambridge: Cambridge University Press.

Culicover, Peter W. 1982. *Syntax*. New York: Academic Press.

Curme, George O. 1931. *Syntax*. Boston: D. C. Heath and Company.

_____. 1935. *A Grammar of the English Language: Parts of Speech and Accidence*. Boston: D. C. Heath and Company.

_____. 1947. *English Grammar*. New York: Barnes & Noble, Inc.

Declerck, Renaaat. 1991. *A Comprehensive Descriptive Grammar of English*. Tokyo: Kaitakusha.

Dixon, R. M. W. 2005. *A Semantic Approach to English Grammar*. Oxford: Oxford University Press.

Downing, A. & P. Locke. 1992. *A University Course in English Grammar*. New York: Prentice Hall.

_____. 2006. *English Grammar: A University Course*. New York: Routledge.

Eastwood, John. 1997. *Oxford Guide to English Grammar*. Oxford: Oxford University Press.

_____. 2005. *Grammar Finder*. Oxford: Oxford University Press.

Eckersley, C. E. & J. M. Eceersley. 1963. *A Comprehensive Grammar for Foreign Students*. London: Longmans.

Ek, Jan van & Nico J. Robat. 1984. *The Student's Grammar of English*. Oxford: Basil Blackwell. (고경환 역. 1988. 대학영문법. 한신문화사.)

Frank, Marcella. 1993. *Modern English: A Practical Reference Guide*. Englewood Cliffs, NJ.: Regents/Prentice Hall.

Fries, Charles Carpenter. 1940. *American English Grammar: the Grammatical Structure of Present-Day American English with Especial Reference to Social Differences or Class Dialects*. New York: Appleton-Century-Crofts, Inc.

Garner, Bryan A. 2009. *Garner's Modern American Usage*. Oxford: Oxford University Press.

Givón, T. 1979. *Understanding English Grammar*. New York: Academic Press.

_____. 1993. *English Grammar: A Function-Based Introduction*. vol. II. Philadelphia: John Benjamins Publishing Company.

Hewings, Martin. 1999. 2005. *Advanced Grammar in Use* (A self-study reference and practice book for advanced students of English). Cambridge: Cambridge University Press.

Hornby, A. S. 1975. *Guide to Patterns and Usage in English*. Oxford: Oxford University Press. (영어의 형과 어법 연구회 역. 1989. 혼비 영문법. 법문사.)

Huddleston, Rodney D. & Geoffrey K. Pullum. 2002. *The Cambridge Grammar of the English Language*. Cambridge: Cambridge University Press.

_____. 2005. *A Student's Introduction to English Grammar*. Cambridge: Cambridge University Press.

Hudson, R. A. 1971. *English Complex Sentences: An introduction to systemic grammar*. Amsterdam: North-Holland Publishing Company.

Jackson, Howard. 1990. *Grammar and Meaning: A Semantic Approach to English Grammar*. London: Longman.

Jacobs, Roderick A. 1995. *English Syntax: A Grammar for Language Profession-*

als. Oxford: Oxford University Press.

Jang, Youngjun. 2006. "Order of Discontinuous Constituents in English." *Studies in Generative Grammar*. 16:3. pgs. 365-385.

Jespersen, O. *A Modern English Grammar, on Historical Principles*. pts. II(1913), III(1927), IV(1931), V(1940), VI(1942), VII(1949). London: George Allen & Unwin Ltd.

_____. 1924. *The Philosophy of Grammar*. London: George & Unwin Ltd.

_____. 1933. *Essentials of English Grammar*. London: George & Unwin Ltd.

_____. 1937. *Analytic Syntax*. N. Y.: Holt, Rinehart and Winston, Inc.

_____. 1938. *Growth and Structure of the English Language*. Oxford: Basil Blackwell.

Kaplan, J. P. 1989. *English Grammar: Principles and Facts*. Englewood Cliffs, N. J.: Prentice-Hall, Inc.

Kolln, Martha & L. Gray. 2010. *Rhetorical Grammar: Grammatical Choices, Rhetorical Effects*. Boston: Longman.

Langendoen, D. Terence. 1969. *The Study of Syntax: The Generative-Transformational Approach to the Structure of American English*. New York: Holt, Reinhart Winston, Inc.

_____. 1970. Essentials of English Grammar. New York: Holt, Reinhart Winston, Inc.

Leech, Geoffrey. 1971, 1989, 2004. *Meaning and the English Verb*. London: Longman. (고경환 역. 1985. 英語動詞意味論. 한신문화사.)

_____ & Jan Svartvik. 2002. *A Communicative Grammar of English*. London: Longman.

Liles, Bruce L. 1979. *A Basic Grammar of Modern English*. Englewood Cliffs, NJ.: Prentice-Hall, Inc.

Lindstromberg, Seth. 1997. *English Prepositions Explained*. Philadelphia: John Benjamins Publishing Company. (백미현, 최혜원 옮김. 2010. 영어 전치사 해설. 경문사.)

Onions, C. T. 1929. *An Advanced English Syntax*. London: Kegan Paul.

Park, Nahm-Sheik. 2005. *Looking into the Structure of English: Studies in Structur-*

al Rhythm and Relativity. Seoul National University Press.

Quirk, R., S. Greenbaum, G. Leech & J. Svartvik. 1972. *A Grammar of Contemporary English*. New York: Seminar Press.

_____. 1985. *A Comprehensive Grammar of the English Language*. London: Longman.

Roberts, Paul. 1954. Understanding Grammar. New York: Harper & Row.

Sinclair, John(editor-in-chief). 1990. *Collins Cobuild English Grammar*. London: Penguin Books.

Skeat, Walter W. 1983. *An Etymological Dictionary of the English Language*. Oxford: At the Clarendon Press.

Swan, M. 2005. *Practical English Usage*. (3rd ed.) Oxford: Oxford University Press.

Swan, M. & C. Walter. 2011a. *Oxford English Grammar Course* (Intermediate). Oxford: Oxford University Press.

_____. 2011b. *Oxford English Grammar Course* (Advanced). Oxford: Oxford University Press.

Takami, Ken-ichi. 1992. "On the Definiteness Effect in Extraposition from NP." *Linguistic Analysis*. 22: 1-2. 100-116.

Thomson, A. J. & A. V. Martinet. 1980, 1986. *A Practical English Grammar*. Oxford: Oxford University Press. (박의재 역. 1985. 實用英語文法. 한신문화사.)

Tyler, Andrea & Vyvyan Evans. 2003. *The Semantics of Prepostions: Spacial Scenes, Embodied Meaning and Cognition*. Cambridge: Cambridge University Press.

Yule, George. 2006. *Oxford Practice Grammar* (Advanced). Oxford: Oxford University Press.

_____. 2011. *Explaining English Grammar*. Oxford: Oxford University Press.

Wood, Frerderick T. 1978. *English Prepositional Idioms*. London: The Macmillan Press Ltd.

찾아보기

1. 문법사항

ㄱ

가정법 동사 ·················· 79, 376
강의부사 ······················· 25, 114
강의 형용사 ······················ 51-53
견해 형용사 ·························· 81
관계대명사 ······················ 436-441
 - 생략 ···························· 460-464
관계부사 ···························· 475-480
 - 생략 ···························· 478-480
관계사 ································· 403
관계사절 ···························· 403-435
 - 비제한적 관계사절 ············ 425-441
 - 전치사의 위치 ·················· 437-441
 - 제한적 관계사절 ··············· 418-425
 - 축약 ····························· 450-460
관계사절의 축약 ···················· 450-460
 - 부정사절 ························ 455-457
 - 비제한적 관계사절 ············ 457-460
 - 상태동사의 분사형 ············ 452-454
 - 제한적 관계사절 ··············· 450-452
 - 형용사의 전치 ·················· 454-455
관계한정사 ·························· 443
관점부사 ·················· 113, 115-118
구 요소 ············ 55, 88, 301, 369, 468
굴절 어미 ······························ 25

ㄴ

논평절 ···························· 399-402

능동-수동태 ·························· 92

ㄷ

다어 접속사 ························ 301, 303
단순 전치사 ···························· 189
단일 접속사 ···························· 302
대용어 ·································· 87
독립절 ································· 305
동격 명사구 ························ 457-458
동격절 ································ 368-374
동사 + and 동사 ··················· 325-326
동작주 명사 ···························· 46
동적 형용사 ··························· 29-30
동형의 형용사와 부사 ················ 92-94
두부 과대 현상 ···················· 357, 374
등위절 ································ 305-307
등위접속 ······························ 303-304
등위접속사 ······························ 301
 - 다어 접속사 ····················· 301, 303
 - 단일 접속사 ····················· 301-302
 - 상관접속사 ··························· 303
 - 생략 ····························· 310-313

ㅁ

명령문 + or ··························· 335
명사 + en ······························ 48
명사적 관계사절 ··················· 467-475
목적보어 ································· 55
문미 중점의 원칙 ······················ 387
문장 관계사절 ······················ 464-467
 - 뜻 ································· 466

- 형성과 선행사 ·················· 464-465
문장부사 ·························· 112, 157-165
문장 요소 ················· 55, 88, 301, 468

ㅂ

법부사 ··································· 159-160
병렬 관계 ······························ 301
복합 명사구 ·········· 186-189, 364, 368,
　　413-418
　- 구조 ································ 186-187
　- 외치 ················ 372-374, 414-418
복합어 ······································ 32
복합 전치사 ························ 189-191
복합 형용사 ······························ 32
부사 ···································· 88-92
　- 선택적 요소 ························ 88-91
　- 필수 요소 ·························· 91-92
부사 관련 형용사 ···················· 46-48
부사류 ································· 86-87
부사적 대용어 ··························· 87
부사적 명사구 ··························· 87
부정의 범위 ····················· 133, 345
분류 형용사 ···························· 43-46
분사절 ································ 458-460
분사형 전치사 ····················· 197-198
분열문 ····································· 169
불연속 복합 명사구 ·············· 187-189
불연속 수식 구조 ···················· 41-43
불연속적 ································· 416
비부사적 명사구 ·························· 87
비정도 형용사 ························· 26-29
비제한적 관계사절 ··············· 425-441
　- 동격 명사구 ···················· 457-458
　- 분사절 ··························· 458-460
　- 선행사 ···························· 427-435

비제한적 동격절 ·························· 370
빈도부사 ·························· 137-145
　- 부정 빈도 ························· 138-145
　- 일정 빈도 ························· 137-138

ㅅ

사실목적어 ···················· 362-364, 367
사실주어 ··································· 387
사실 형용사 ······························· 81
상관접속사 ····················· 303, 339-349
상태 형용사 ···························· 29-30
생략 요소 ······························ 313-319
　- (동사 +) 주격보어 ·············· 317-318
　- 동사구 + 목적어 ··············· 318-319
　- (조동사 +) 본동사 ·············· 315-317
　- 주어 ····································· 314
　- 주어와 술부의 일부 ··············· 315
선행사 ································· 403-409
순간동사 ··································· 259
시간부사 ······························ 124-127
시간 전치사 ························· 247-268

ㅇ

양태부사 ······························ 104-115
　- 위치 ······························· 109-112
　- 유형 ······························· 105-109
연쇄 관계사절 ····················· 411-413
외치 ··················· 367, 372-374, 387-390
우언적 ····································· 25
위치동사 ································· 119
유사 관계대명사 ···················· 447-449
유사 등위접속 ····················· 322-324
의사 분열문 ····························· 200
이동동사 ································· 119

이중 전치사 ·················· 191-193
이중 제한 ····················· 420-422
　- 관계사절 + 관계사절 ·············· 420
　- 관계사절 + and + 관계사절 ········ 422

ㅈ

장소부사 ····················· 118-124
장소 전치사 ··················· 204-247
재료 형용사 ···················· 48-50
전치 ················· 62, 144, 367, 454
전치사 ················· 179-183, 193-196
전치사구 ················ 179, 184-186
　- 부사적 ···························· 185
　- 형용사적 ························ 184
전치사와 접속사 ············· 196-197
전치사의 좌초 ········· 198-203, 438-441
전치사적 부사 ················ 193-196
절대 형용사 ························· 26
접속부사 ····················· 170-178
정도부사 ····················· 145-157
정도 형용사 ···················· 26-29
제한적 동격절 ······················ 370
주격보어 ····························· 55
주석부사 ··················· 115, 163-165
주어와 주제 ···················· 391-392
주어 지향적 ···················· 162-163
지속동사 ····························· 260
직설법 동사 ··············· 78-79, 379

ㅊ

초점 ·················· 109, 168-169, 270
초점부사 ······················ 165-170
　- 제한적 ·························· 165-166
　- 추가적 ·························· 166-170
'추정의' should ······················ 78-79
축약 ·· 40-41, 62, 116, 197-198, 344, 450-
452, 454, 457, 459-460

ㅍ

파생어 ·································· 30
평가부사 ······················ 160-163
　- 주어 지향적 ···················· 162-163
　- 화자 지향적 ···················· 161-162
평행 구조 ······················ 307-310

ㅎ

형식목적어 ···················· 363, 367
　- 어순 ································ 80-84
형식주어 ········· 77-78, 80, 357, 387-388
형용사 ································ 23-55
　- 기능 전환 ························ 33-37
　- 비교형 ································ 25
　- 서술적 ································ 24
　- 한정적 ························· 23, 37-54
형용사 + 부정사절 ···················· 70-77
형용사 + 의문사절 ······················ 80
형용사 + 전치사구 ···················· 66-70
형용사 + that-절 ····················· 77-80
　- 가정법 동사 ························ 79
　- 직설법 동사 ························ 78
　- '추정의' should ···················· 78-79
형용사의 어순 ························ 80-84
화자 지향적 ······················ 161-162
후치 ································ 37, 358
후치수식 ································ 38
후치적 ································ 41
후치 형용사 ·························· 60-65

2. 어구

A

ablaze ·· 56
about ·································· 272–275
above ································· 225–228
absolute ·· 27
according to ············· 117, 292–293
across ··· 237
admire ·································· 156–157
adrift ·· 56
afire ·· 56
afloat ·· 56
afoot ··· 56
afraid ··· 56–57
after ··································· 233, 265
against ································ 276–278
agape ·· 56
agaze ·· 56
aghast ··· 56
ago ··· 135
alike ··· 56–58
alive ··· 56–57
almost never ······························· 139
along ·· 239
a long way from ···························· 246
already ································· 128, 130
always ··· 139
amid ·· 243
among ································ 241–242
amongst ···························· 243–244
and ······································· 319–331
apart from ························· 284–286
appear ·· 55
around ································ 244–245
as ······························ 295, 448–449

as far as ·· 220
as far as ... is/are concerned ······· 117
ashamed ··· 58
aside from ··································· 281
asleep ······································· 56–58
at ·············· 205–208, 247–249, 289–290
at once ... and ····························· 339
at the front of ····························· 232
available ··· 65
awake ······································· 56–57
away from ···································· 217

B

badly ···································· 156–157
because of ·························· 269, 365
before ······························ 136, 234–236
behind ································ 232–234
below ································· 229–230
beneath ·· 230
beside ··· 245
besides ·· 283
between ···························· 241–243
beyond ··· 236
both ... and ···················· 339–340
but ································· 282, 336–339, 449
by ··················· 240, 247, 259, 278–280
by the time ·································· 259

C

certain ·· 54
cheap(ly) ·· 94
chief ·· 53
civil ··· 27
clean ··· 27
clean(ly) ·· 95
clear(ly) ·· 95

close(ly)	96
complete	27
concerning	272
correct	27
critical	27

D

decrease	157
deep(ly)	96
deeply	156
despite	285–286
different	42
difficult	42
direct(ly)	97
dislike	156
down	237–238
due to	269–270, 365
during	252–253

E

easy	42
either ... or	343–345
empty	27
enjoy	157
equal	27
essential	27
eternal	27
except (for)	281–283
except that	365

F

fair(ly)	97
fairly	147–148
false	27
far from	246

favorite	53
feel	55
firm(ly)	97
first	42
flat(ly)	98
for	254–256, 266–268, 276, 289, 296–297
for all	286
(for) a long time	132–134
for lack of	270
(for) long	132–134
for want of	270
frequently	139
frightened	57
from	210, 256–257, 295–296
from ... to/until	256–257

G

greatly	157

H

hard(ly)	98
hardly ever	144
hate	156
high(ly)	99
how	475

I

ideal	27
imaginable	65
impossible	27, 42
in	208–209, 214–215, 218, 249, 262–264, 266–268
'in + 시간명사	136
In accordance with	293

in back of	232
increase	157
in front of	232-234
in one's view/opinion	117
in spite of	286, 365
in ... terms	117
in terms of	117
in that	365-366
into	223-224
in view of	365

L

last	42
late	27
late(ly)	99
least	25
less	25
like	293-295
living	58
look	55
loud(ly)	100
love	156

M

main	53
most(ly)	100
much too	154-155

N

navigable	65
near	245-246
near to	245-246
neither ... nor	333, 339, 345-348
next	42
no longer	134-135

no more	135
no more ... than	135
nor	348
not ... any longer/more	134
not ... but	337-339
not ... but rather	338
not only ... but also	341-343
not ... or	332-333
not until	261
not very	152

O

odd	27
of	287-288, 296
off	212
on	210-212, 247-248, 251-253
on account of	269, 365
only	53, 166
on the back/front of	232
onto	221
opposite	63, 235
or	331-336
or else	332
original	27
other than	285
(out) of	295
out of	224, 269
over	224-229, 255-256, 275
owing to	269-270, 365

P

particular	27, 53-54
past	240
perfect	27
possible	65
pregnant	27

present ···················· 62
pretty, prettily ············ 101
prime ····················· 53
principal ·················· 53
proper ···················· 62

Q

quick(ly) ·················· 101
quite ················· 149–151
quite the ················· 151

R

rather ················· 147–149
regret ···················· 156
resent ···················· 156
responsible ················ 62
right(ly) ·················· 101
round ···················· 245

S

save that ················· 365
scarcely ever ············· 139
second ···················· 42
shameful ················· 58
short(ly) ················· 102
similar ················ 42, 58
since ················ 136, 258
sleeping ·················· 58
slow(ly) ·················· 102
smell ····················· 55
sole ······················ 53
still ················· 130–131
straight ··················· 27
such ... as ··············· 448
suitable ·················· 65

supreme ··················· 27

T

taste ····················· 55
that ················· 444–446
that-절 ··················· 352
 - 생략 ··············· 390–399
 - 외치 ··············· 387–390
 - 형성 ··············· 353–354
 - 후치 ··················· 358
 - it/the fact + that-절 ········ 362–366
the fact that-절 ············ 365
 - 문법적 특성 ········ 385–387
 - 사실동사와 비사실동사 ········ 380–385
the same ... as ············ 448
the same ... that/who ······· 449
through ·················· 238
throughout ··········· 239, 255
tight(ly) ················· 103
till/until ············ 257–258, 261
to ················ 217–220, 291–292
too ················· 153–154
too much ············ 154–155
to one's + 감정명사 ········ 161, 291–292
toward ··················· 219
try and ... ··············· 324
turn ······················ 55

U

ultimate ··················· 27
under ················ 229–230
underneath ··············· 230
unique ···················· 27
up ·················· 237–238
up to ··············· 220, 257, 261

V

value	156
very	151-154
very much	153
visible	65

W

waking	58
what	467-472
- 관계대명사	467-469
- 관계한정사	469-472
- 의문대명사	470-471
when	475
where	475
which	446-447
who(m)ever	473
who, whose, whom	441-444
why	475
wide(ly)	104-106
with	276, 278-280, 295-296
with all	286
within	210, 265
with(out)	288
with the exception of	281
wrong(ly)	104-106

Y

yet	129-131

의사소통을 위한
새로운영문법해설 3

1판 1쇄 발행 2020년 4월 30일

지 은 이 | 고경환
펴 낸 이 | 김진수
펴 낸 곳 | 한국문화사
등   록 | 제1994-9호
주   소 | 서울특별시 성동구 광나루로 130 서울숲 IT캐슬 1310호
전   화 | 02-464-7708
팩   스 | 02-499-0846
이 메 일 | hkm7708@hanmail.net
홈페이지 | hph.co.kr

ISBN   978-89-6817-876-4 94740
세트   978-89-6817-873-3 94740 (전4권)

· 잘못된 책은 구매처에서 바꾸어 드립니다.
· 이 책의 내용은 저작권법에 따라 보호받고 있습니다.
· 책값은 뒤표지에 있습니다.

· 이 도서의 국립중앙도서관 출판예정도서목록(CIP)은 서지정보유통지원시스템 홈페이지
  (http://seoji.nl.go.kr)와 국가자료공동목록시스템(http://www.nl.go.kr/kolisnet)에서
  이용하실 수 있습니다(CIP제어번호: CIP2020015703).